compreender
Georges Duby

Introdução à obra de um medievalista dos *Annales*

Milton Carlos Costa

compreender *Georges Duby*

Introdução à obra de um medievalista dos *Annales*

alameda

Grafia atualizada segundo o Acordo Ortográfico da Língua Portuguesa de 1990, que entrou em vigor no Brasil em 2009.

Edição: Joana Monteleone/Haroldo Ceravolo Sereza
Editor assistente: João Paulo Putini
Assistente acadêmica: Danuza Vallim
Projeto gráfico e diagramação: Ana Lígia Martins
Capa: Gabriel Patez Silva
Revisão: Marina Ruivo

Imagem da capa: Giotto di Bondone. *The Death of St. Francis* (detalhe), 1300.

CIP-BRASIL. CATALOGAÇÃO NA PUBLICAÇÃO
SINDICATO NACIONAL DOS EDITORES DE LIVROS, RJ

C874C

Costa, Milton Carlos
COMPREENDER GEORGES DUBY : INTRODUÇÃO À OBRA DE UM MEDIEVALISTA DOS ANNALES
Milton Carlos Costa. - 1. ed.
São Paulo : Alameda, 2015
368 p.; 23 cm

Inclui bibliografia
ISBN 978-85-7939-292-4

1. Duby, Georges, 1919-1996. 2. Historiografia. I. Título.

14-15102 CDD: 907.2
CDU: 82-64

ALAMEDA CASA EDITORIAL
Rua Conselheiro Ramalho, 694, Bela Vista.
CEP: 01325-000 – São Paulo, SP
Tel. (11) 3012-2400
www.alamedaeditorial.com.br

Para João Pereira Costa e Ana Fernandes Costa
In memoriam
com eterna gratidão

Para Dulcelina, Tiago, Aline

índice

prefácio

Esta publicação é de grande importância na trajetória intelectual de Milton Carlos Costa. Obra de peso, não só por ser fruto do amadurecimento intelectual do autor, mas por tratar-se de um estudo ímpar numa seara pouco explorada sobre um dos representantes dos *Annales*. Pode-se dizer que é um trabalho que convida o não especialista para a sua degustação, pois foi concebido para isso: um primeiro contato, uma leitura introdutória. Daí, certo pensamento recorrente, conforme se avança na leitura.

Explorador de vários campos, Duby percorre o mesmo caminho de seus colegas dos *Annales*, no que concerne à criatividade na escolha dos métodos e objetos de pesquisa. Seus interesses recaem na representação das mulheres, na cavalaria, no medo... Embora haja discrepâncias ao classificá-lo como um annalista, tornando-o fundador de outra Escola, cuja característica seria a fragmentação de seus objetos, no seu percurso, percebe-se o movimento de seu pensamento na rejeição e na recuperação de temáticas e metodologias, próprias de espíritos empedernidos como os historiadores dos *Annales*. Ora, Milton Carlos Costa procura apreender esse movimento, explorando-o ao longo de nove capítulos, nos quais ilumina as principais transformações efetuadas pelo historiador na historiografia, ampliando, sobremaneira, os seus horizontes. Com incansável paciência, retoma os temas do historiador, reconstruindo sua trajetória conforme a ênfase recaia nas mentalidades, na economia, na política, no imaginário, no sagrado ou na arte. Esse esforço de apreensão e síntese revela-se na recorrência das obras de Duby no corpo do livro. Para o leitor, a exploração do texto pode assemelhar-se à manipulação de um cubo mágico, em que cada lado é montado e desmontado diversas vezes, para, enfim, alcançar a configuração satisfatória do todo. Trazer em cena os trabalhos de Duby, retomando-o em perspectivas diversas, foi estratégia bem pensada de Milton Carlos Costa, contornando a difícil tarefa de reduzir e distorcer a complexidade do pensamento do personagem de seu livro. O espírito inovador não se deixa apreender com facilidade, sempre em busca do inusitado! Costa notou muito bem essa característica do gênio, respeitando-o, deixando-o *mostrar-se* através de suas obras.

Mas reconstituir o percurso dessa Escola não é tarefa fácil. Seu passado apresenta vários entroncamentos e encruzilhadas: desde a batalha inicial de seus fundadores contra o positivismo e historicismo, à segunda geração, com a ênfase no espaço e no tempo, brilhante sacada de Braudel, à terceira geração, com Duby, na recusa em reconstruir seus temas sob o determinismo imposto pelas condições materiais. As Escolas tradicionais, geralmente, apresentam-se caracterizadas pelo método e fontes homogêneas, limitando, desse modo, suas fronteiras. Não é bem o caso dos *Annales*, que parece servir a qualquer historiador que não se deixe classificar pela tradição historiográfica. Verdadeira "casa da mãe Joana", conforme expressão cunhada por volta do século XIV? O ranço pejorativo cai por terra, tão logo notamos que há inteligência nesse movimento, ao criar novos objetos e métodos na construção historiográfica. Lembremo-nos de que os modos de conceber a realidade transformaram-se com o avanço da ciência: o princípio de incerteza, Gödel, teorias da informação, psicanálise, dentre outras descobertas e invenções, e que exigiam a flexibilidade de nossas concepções e interpretações do mundo. Atualmente, nem mesmo as Ciências Exatas defendem o absolutismo de seus resultados, cientes da falibilidade de seus construtos.

Milton Carlos Costa domina a polêmica em torno das classificações. Como especialista em historiografia, mantém-se bem informado sobre as posições atuais. Porém, seria vantajoso estabelecer uma classificação para o pensamento de um autor? Duby fora marxista ou não? Poderíamos incluí-lo no conjunto dos *Annales*? Funda uma nova história? Buscar uma posição precisa para esse historiador é atividade inglória, da mesma forma que o é definir um estudioso conforme a querela dos universais. Com efeito, Costa notou bem isso, cotejando com humildade cada obra selecionada, sem recorrer a suposições apressadas, mas despertando no leitor o desejo de, ele próprio, atravessar a linha do tempo, em busca daquele mundo tão estranho e cruel para com os homens, mas, ao mesmo tempo, fascinante, que é a Idade Média.

Para isso, Milton Carlos escolheu a estrutura convencional de exposição do pensamento de um autor: apresenta, incialmente, um retrato da vida de Duby, seus estudos, influências, preocupações. Nessa abertura do trabalho, já obtemos a imagem de um vanguardista dos *Annales*, na escolha das diretrizes de seu pensamento. O que se nota é o processar de um espírito livre, e que assume o comando de suas escolhas, como faz, por exemplo, com os aspectos materiais da sociedade. Influenciado pela geografia e a economia, percebe a importância de aspectos espirituais, representados pela conduta do homem na sociedade, a qual desenha a paisagem cotidiana conforme múltiplos matizes. Por isso, Duby enfatizava, como bem nota Milton Carlos, uma história mais carnal, mais próxima do homem e de sua integração com o meio.

A tradição historiográfica e suas filiações teóricas não foram suficientes para satisfazerem uma abordagem mais humana, e que revelasse o cotidiano de uma sociedade, no seu sentido vivo, dinâmico, em que as crenças interagissem com os elementos materiais. A realidade, em sua plenitude, vista da perspectiva do historiador, treinado na leitura dos clássicos da literatura, revelar-se-ia também no estudo dos poemas e narrativas, mais afeitos às crenças e mentalidades, a aspectos que orientam, inconscientemente, os homens na vivência diária. Não seria essa a finalidade de Duby, ao vestir a camisa do especialista na arte medieval, conforme nota Milton Carlos na sua leitura, ao dizer que o historiador buscava o homem, o seu centro nevrálgico, ou seja, recusava, meramente, uma história dos objetos frios e imóveis, mas não "a história dos desejos, das inquietações, dos gostos". Definição mais que precisa de um historiador dos *Annales*, do pensador do século vinte, afeito aos novos modos de se fazer história. Se estivermos diante de uma "história em migalhas", estaremos também diante de um manancial rico para a pesquisa, e que vai além do ideal positivista de verdade, num mundo em que o homem, signo de si mesmo, recria-se a todo instante, na busca incessante de si. Daí, sua grande sacada, ao situar o historiador como mediador, como testemunha dos acontecimentos, e que somente na investigação dos agentes das obras literárias e artísticas descobriria o que os movia à criação, revelando, assim, o conjunto daquela sociedade. Para isso, atém-se à noção de ideologia, na concepção de Althusser, pensador que admirava.

A cada página do livro, vemos recompor o universo social e cultural de Duby, as posições assumidas perante antigas influências, inovando-as para novas aplicações. Neste ponto, a compreensão do leitor será favorecida, pois a pesquisa realizada por Costa permite adentrar nos meandros das transformações do pensamento do historiador. Basta uma rápida busca às nossas bibliotecas para certificar-se da escassez de estudos sobre Duby, no contexto da historiografia. Em sua maioria, Duby aparece superficialmente no estudo acerca da Escola dos *Annales*. Nesses casos, embora as inovações sejam apresentadas, deixam a desejar por não serem dotadas de caráter analítico, com cada obra esmiuçada detalhadamente, deixando entrever as razões das mudanças, como o leitor terá a oportunidade de notar ao longo deste livro. O estudo das mentalidades, por exemplo, alarga-se quando o pesquisador detém-se na especificidade do universo mental de indivíduos em meios culturais diferentes, como a cavalaria, a igreja, o campo, a cidade... A exploração interna das obras permite-nos entender a necessidade do historiador no uso amplo das ferramentas das Ciências Humanas, com destaque para o papel da linguagem, nos modelos criados pelas formas de expressão, e que orientam os grupos sociais. Enfim, conforme somos conduzidos pelas obras do historiador, compreendemos o que significa "história global ou total", ou seja, a superação dos limites, a explicação do universo social e cultural, através dos modos de comportamento, de adequação à realidade cotidiana, dos modos de conceber o corpo e o mundo a seu redor. As filigranas da realidade social, a mínima curiosidade desperta por um nobre ou camponês, atraia a mente atenta do historiador.

O trabalho de Costa é admirável por esmiuçar as obras de Duby, qualidade que, por si só, justifica a leitura de mais de trezentas páginas. A partir dele, preenchemos as lacunas deixadas pelos manuais. Uma imagem integral do historiador e de suas atividades intelectuais, das quais podemos concordar ou não, particularmente sob o ponto de vista teórico, mas não do ponto de vista da falta, da negligência no tratamento do objeto de pesquisa, explorado às últimas consequências. Como já ressaltamos: o historiador aparece através de suas obras, retomadas a cada nova discussão. Esse cuidado de pesquisador com seu objeto de estudo não se observa apenas na sua reconstituição, mas nas informações adicionais, encontradas nas notas essenciais de rodapé, e nos últimos capítulos de sua tese. As notas, por orientar o público para leituras complementares, seja sobre o próprio Duby seja sobre algum pensador que, porventura, venha a despertar o nosso interesse, mesmo divergindo do tema central. E, os três últimos capítulos, por considerarem três aspectos que acrescentam o trabalho de Costa: (cap. 7) as recepções do pensamento de Duby e as visões historiográficas, ou seja, como historiadores e filósofos buscaram aclarar suas pesquisas através do pensamento de Duby; (cap. 8) o estudo das influências exercidas pelos mestres dos *Annales* em Duby, o contato com Michelet e Fustel de

Coulanges e a discussão de temas correlatos a seus estudos, como a escatologia e a heresia, dentre outros; (cap. 9) o itinerário de Le Goff, contraponto importante, uma vez que os estudos atuais sobre a Idade Média, realizados no Brasil, conferem tratamento especial aos trabalhos de Le Goff. Sua participação, neste livro, mesmo que, em linhas gerais, não poderia faltar.

Milton Carlos Costa conseguiu atingir o seu objetivo, superando as dificuldades que um autor do peso de Duby oferece. Mais do que um trabalho introdutório para a degustação geral, trata-se de um estudo útil para o campo da historiografia brasileira, carente de nomes que insistem em percorrer os caminhos mais sombrios da história, pois tais historiadores não são atraídos pelo evidente, mas pelo que se oculta nas dobras dos acontecimentos.

Ricardo Gião Bortolotti
Departamento de História/Unesp - Assis

introdução

Nosso trabalho visa fazer uma apresentação ao mesmo tempo sistemática e seletiva da obra de Georges Duby, um dos maiores medievalistas do século XX, ligado à justamente célebre escola dos *Annales*, a qual renovou de maneira profunda o fazer historiográfico do nosso tempo.

A produção historiográfica de Duby se situa na vanguarda dos *Annales* e se caracteriza por ter operado uma verdadeira mutação nos estudos da medievalística contemporânea, pela amplitude de sua visão do período medieval, pela invenção no tratamento dos temas e da documentação e pela renovação teórico-metodológica.

Depois de vários anos de contato com a obra de Georges Duby e de ter refletido sobre ela em cursos, congressos, artigos, decidimos sistematizar nossas leituras e anotações num trabalho de tese com o objetivo de trazer suas obras para o campo historiográfico brasileiro, pois com certeza o debate sobre elas enriquecerá nossa compreensão não só da Idade Média Europeia, mas igualmente da própria prática historiográfica.

Nossa investigação comporta nove capítulos. No primeiro, "A trajetória historiográfica de Georges Duby", procuraremos traçar o itinerário da vida e principalmente dos trabalhos do eminente medievalista, produzidos numa atividade intensa de mais de cinquenta anos como profissional da História.

No segundo, "Teoria, método, historiografia", trataremos de sistematizar a contribuição decisiva do historiador para a reflexão em todos estes campos, nos quais sempre atuou como um inventor e mesmo desbravador de terreno, como no caso da história das mentalidades.

Em seguida, em "A economia política do feudalismo", exporemos suas posições sobre o principal objeto de sua obra, a sociedade feudal, da qual, em livros e artigos diferentes, ele traçou o contorno completo, procurando decifrá-la em todos os seus níveis e determinações.

No capítulo seguinte, "Sociedades e sociabilidades medievais", abordaremos sua visão abrangente das sociedades medievais como ele denominava as formações sociais da medievalidade europeia, mas igualmente das sociabilidades do período, em particular das mulheres, sobre as quais escreveu três volumes primorosos.

No quinto, "O universo político medieval: poder, ideologia, imaginário", buscaremos expor a extraordinária reinvenção a que Duby submeteu este campo historiográfico, ao abordá-lo sob o crivo de problemáticas novas, em obras-primas inesquecíveis como *Guilherme Marechal, Domingo de Bouvines, As três ordens ou o imaginário do feudalismo.*

A seguir, em "Arte, sagrado e sociedade: a sociologia histórica da arte medieval de Georges Duby", faremos a síntese da construção singular do historiador num campo especialmente difícil, minado por reducionismos diversos e para o qual ele contribui com trabalhos que trazem para nós um olhar inovador a respeito das intrincadas relações entre o universo artístico e a sociedade.

No sétimo capítulo, "Recepções de Georges Duby", estudaremos as recepções de que foi objeto a obra da Duby em vários pontos do mundo, o que sem dúvida será muito esclarecedor para perceber como os temas, métodos e problemáticas postos em prática pelo medievalista contribuíram para o esclarecimento não só do período por ele estudado, mas de questões relevantes para a historiografia contemporânea.

No oitavo capítulo, "Georges Duby e a medievalística contemporânea", como um primeiro contraponto à obra historiográfica de Duby exporemos as carreiras dos mestres dos *Annales* – Bloch, Febvre, Braudel –, bem como as posições da medievalística do século XX sobre os temas explorados pelo nosso historiador.

Finalmente, no nono capítulo, "O itinerário historiográfico de Jacques Le Goff", como um segundo contraponto aos trabalhos de Duby, abordaremos o percurso historiográfico de Jacques Le Goff, um historiador igualmente ligado aos *Annales*, com semelhante preocupação de abrangência na recuperação dos universos medievais do Ocidente, mas cuja obra possui orientação diferente da de Duby, já que aquele estudioso preocupou-se fundamentamente com o desenvolvimento de uma antropologia histórica do período.

capítulo 1

A trajetória historiográfica de Georges Duby

Neste capítulo inicial buscamos recuperar o percurso do historiador Duby tal como foi traçado por ele mesmo, por meio da análise de depoimentos escritos[1] e de diversas entrevistas concedidas em momentos diferentes de sua carreira, de modo que possamos ter uma visão ampla de sua obra numa espécie de autoimagem construída pelo autor.

A vida e a obra

No seu depoimento de ego-história, escrito a pedido de Pierre Nora, Duby faz um retrato de sua vida e, principalmente, de sua trajetória intelectual. Retrato curto mas precioso, porque se ele voltou a falar de sua obra em outros momentos, não o fez sobre sua vida.

O estudioso adverte desde o início que não se trata para ele de fazer a sua autobiografia e de que o principal de sua vida será silenciado. Seu projeto será escrever de uma maneira distanciada, "em terceira pessoa" (DUBY, 1999, p. 21). Para ele a busca da verdade era fugidia. Além disso, se sentia impotente para tal tarefa, um sentimento que lhe era doloroso. Manipular recordações: esta é a tarefa do historiador, atividade estranha segundo Duby.

Lembra, em tal depoimento, a vitória da Frente Popular na França, o papel dos notáveis de aldeia no país, o valor da liberdade. Recorda suas origens familiares

1 Duby, Georges. "El placer del historiador". In: *Obras selectas de Georges Duby.* Presentación y compilación de Beatriz Rojas. México: Fondo de Cultura Económica, 1999, p. 221-43; *Idem. A História continua.* Rio de Janeiro: Jorge Zahar, 1993.

no leste da França e como os notáveis das pequenas cidades valorizavam o trabalho bem realizado. No campo, gozava-se de liberdade e tinha-se em relação a Paris uma atitude ambígua.

Duby realizou os estudos secundários na província, onde teve como colegas filhos de funcionários públicos. O autor também se refere ao caráter religioso-católico da educação burguesa recebida por ele. Naquela época, o ensino consistia numa atividade prazerosa e, na companhia dos professores, aprendia-se o essencial de uma cultura fresca, plena de inovações vivas. Este ensino deu a Duby o primeiro contato com algumas artes como a pintura e a literatura, às quais permaneceria fiel por toda a vida.

Jovem apaixonado pela vida, pelos passeios e que não recusava a frequentar os cafés, sentia-se, também, ligado à política, por causa dos acordos de Munique e da paixão despertada pela guerra da Espanha.

O historiador realça as qualidades do sistema de ensino, o caráter copioso da educação humanista.

A influência familiar fazia-se presente nele, embora vivesse uma fase de "afirmação libertária" (DUBY, 1999, p. 25). Dedica-se intensamente às leituras, aos estudos e pensa integrar-se ao magistério, já com uma orientação para a História. Tem, pela primeira vez, um contato com Marx, um Marx do qual a política estava ausente, já que ele era encarado somente do ponto de vista heurístico.

Em Lyon teve aulas com oito docentes, mas, na verdade, segundo ele, os estudantes formavam-se sozinhos. A Geografia teve muita importância na formação de Duby. Naquela época, o prestígio dessa disciplina alcançou o seu auge. Ela o conquistou rapidamente, sobretudo por seu caráter concreto. Nosso historiador fala também dos seus mestres, como André Allix, por ele definido como um "grande senhor", um historiador modelado pela Geografia.

À época, Duby preocupa-se com as grandes questões que o perseguirão durante a sua vitoriosa carreira profissional, os problemas relacionados aos elementos materiais da sociedade e às relações entre a natureza e a cultura.

Ele lembra que o seu método histórico será o de ver as interferências e conexões de uma sociedade. Por isso, para ele, as Ciências Sociais deveriam ser a ancoragem profunda da História.

Ao falar de seu mestre Leon Homo, por ele lembrado como corretor de exercícios, vê-se na verdade diante da História tradicional e cita, logo em seguida,

Marc Bloch e seu programa de buscar nos fenômenos históricos os significados que estavam ocultos.

Em seguida, faz um retrato entusiasmado de Jean Deniau, a quem qualifica de "verdadeiro mestre" (DUBY, 1999, p. 28). Deniau era um historiador tradicional, mas que percebia a vida social nas suas formas complexas. O humanista Deniau surge para Duby como um antecipador da História Nova que ele vai praticar. Sua influência foi grande sobre nosso autor, com seu método de trabalho, o qual incluía brilhantes comentários de textos, tudo resultando numa história questionadora.

Duby está imerso nas leituras, nos prazeres ligados ao espírito e lembra 1940 como um ano, ao mesmo tempo, fecundo e febril. No entanto, não esquece a política e a guerra: diz que ele, assim como seus colegas, não compreendia o caráter das ditaduras; assinala que o homem é modificado pela guerra; fala do despreparo militar francês; lembra o papel das "diferenças de classe" (DUBY, 1999, p. 31); mostra como os pobres eram vulneráveis, porque não tinham recursos nem cultura; afirma que o governo colaboracionista de Vichy decidira liquidar "pela raiz a liberdade de pensamento" (DUBY, 1999, 32); enfatiza a necessidade do trabalho de desmistificação das ideologias, um dos grandes temas, lembramos, de sua obra;[2] observa que o edifício cultural da França foi minado pelo conflito militar.

Duby não esquece de dizer que continua a ser um leitor intenso de literatura, paixão constante na sua vida e que o levou à Academia Francesa.

O historiador procurou, depois, mostrar as vias percorridas na construção de sua carreira, por ele qualificadas de ascendentes. O contexto de seu desenvolvimento profissional foi a expansão geral conhecida pela França. Ele não deixa de notar, entretanto, como o sistema de valores era desbaratado pela grande confusão que afetava os patrimônios. Havia um "mal social" produto das injustiças ocorridas, as quais afetavam a dignidade humana. Instalado como professor, Duby goza das vantagens trazidas pela independência.

Ao mesmo tempo que desenvolvia atividades docentes, Duby passou a escrever sua tese:[3] este trabalho consistia na produção de um livro importante que resultou na obra: *La Société aux XI° et XII° siècles dans la région mâconnaise.*

---

2 Ver em particular a obra, publicada em 1978, *As três ordens ou o imaginário do feudalismo*. Lisboa: Estampa, 1982.

3 Ela será publicada em 1953 com o título: *La Société aux XIe-XIIe siècles dans la région mâcconnaise*. Paris: Sevpen, 1953. Uma segunda edição apareceu em 1973 editada pela École Pratique des Hautes Études, em Paris, com reimpressão em 1988.

Fala do seu orientador, François Perrin, um historiador–artesão, do sabor de ouvir seus monólogos, de seus conselhos.

Refere-se às dificuldades de trabalhar numa tese e às monografias regionais, que ofereceram a ele o modelo da sua. Nela, procurou mostrar as relações sociais existentes entre guerreiros e camponeses, as quais constituíam "uma paisagem social" (DUBY, 1999, p. 35).

Entretanto, Duby continua lendo literatura, nessa altura de sua vida Giono, autor clássico na França, mas quase desconhecido entre nós.

Duby trabalha em Aix, portanto distante da capital francesa, e faz o elogio dos seus estudantes. Ele lembra que as Ciências Humanas vivem em confronto e mostra como é importante ter a liberdade para praticar a inovação, como ocorreu com ele ao abordar a história das mentalidades.[4]

O historiador refere-se aos novos temas de que passou a tratar em sua obra, aqueles relativos à história da morte, do casamento, do parentesco. E fala que a partir de certo momento, descobriu o caráter determinante dos fatores espirituais na história.

Nos anos 1960 as universidades francesas conheceram um brusco crescimento e Duby comenta a expansão.

Observa como é importante conhecer as culturas estrangeiras para o entendimento da sociedade feudal, a qual será desde a sua tese o tema central de seus estudos.

Recorda o itinerário percorrido por Fernand Braudel,[5] uma figura exponencial dos *Annales*[6] e com quem Duby manteve ótimas relações. Fala depois do papel exercido pelos *Annales*, da sua luta, programa e triunfo.

---

4 Duby escreveu um estudo denso sobre as mentalidades para a *Enciclopédie de la Pléiade*, dedicada à *Histoire et ses méthodes*, em 1961.

5 Autor de *O Mediterrâneo e o mundo mediterrânico na época de Felipe II* (1949) e sucessor de Lucien Febvre como diretor da revista *Annales* entre 1956 e 1968.

6 A respeito da revista *Annales*, fundada em 1929 por Marc Bloch e Lucien Febvre e do movimento desenvolvido em torno dela, decisivo na renovação da historiografia do século XX, consultar: Burke, Peter. *A escola dos Annales. A revolução francesa da historiografia*. São Paulo: Ed. Unesp, 1991; Dosse, François. *A história em migalhas. Dos Annales à Nova História*. São Paulo: Ensaio, 1992; Burguière, André. "Anais (Escola dos)". In: Burgière, André (coord.). *Dicionário das Ciências Históricas*. Rio de Janeiro: Imago, 1993, p. 49-54; Revel, Jacques. *Las construciones francesas del passado. La escuela francesa y la historiografía del passado*. Buenos Aires: Fondo de Cultura Económica, 2002.

A formação básica de Duby, tanto em História quanto em Geografia, se deu com a leitura da revista *Annales*. Duby conheceu pessoalmente Lucien Febvre, um dos fundadores, de quem admirava as conversas e do qual recebeu conselhos.

Colaborou com Robert Mandrou – autor de importantes estudos de psicologia histórica, na linha de Febvre, relativos à França moderna – no trabalho referente à história das mentalidades,[7] *Histoire de la civilisation française*.

Duby também se refere ao apoio recebido de Jacques Le Goff, um dos maiores medievalistas do século XX, que escreveu uma obra paralela – e complementar – à de Duby, quando de seus seminários no Collège de France.

Sabemos que principalmente em relação aos seminários que redundaram na grande obra de Duby sobre as três ordens funcionais na Idade Média, a colaboração de Le Goff foi importante, já que levava seus alunos da École Pratique des Hautes Études ao seminário de Duby para propor e debater questões.

O nosso autor lembra ainda sua amizade com Pierre Nora, historiador/editor a pedido de quem Duby escreveu estudos, e que publicou obras do medievalista na coleção de história que dirigia na editora Gallimard, a *Bibliothèque des Histoires*.

Sempre voltando às referências literárias, Duby confessa ter sido leitor da *Nouvelle Revue Française*, a mais prestigiosa revista literária da primeira metade do século XX, lembrando ainda que a História voltou a ser um gênero literário de grande fertilidade.

Em relação ao livro sobre a batalha de Bouvines,[8] escrito por encomenda para a editora Gallimard, Duby fala da relação existente entre estruturas e acontecimentos.

Disse também ter esboçado uma "sociologia da arte medieval" (1999, p. 42) nos livros de história da arte que escreveu a pedido do editor Skira, e que posteriormente foram ampliados ou sintetizados em outras obras.[9]

Duby termina seu ensaio de ego-história com uma autocrítica, a qual reflete as preocupações de um historiador exigente com seu trabalho e muito rigoroso consigo mesmo:

---

7 Eles escreveram em conjunto o manual *Histoire de la civilisation française*, cuja primeira edição é de 1958. Duby encarregou-se da parte relativa à Idade Média e Mandrou daquela dedicada à França moderna e contemporânea.

8 Duby, Georges *O domingo de Bouvines. 27 de julho de 1214*. Rio de Janeiro: Paz e Terra, 1993 [1ª. ed. francesa, 1973].

9 Dentre elas a síntese *O tempo das catedrais. A arte e a sociedade 980-1420*. Lisboa: Estampa, 1979 [1ª ed. francesa, 1976].

> O que acabo de escrever não me satisfaz. Não estou certo na realidade de que o historiador esteja melhor situado que ninguém para tratar as lembranças que lhe dizem respeito. Me inclinaria a pensar que está menos bem colocado que muitos. Porque se a história dos outros é, na minha opinião, tanto melhor quanto mais apaixonada, a história de si mesmo requer, pelo contrário, a mais estrita objetividade. É necessário retificar a qualquer preço o que o amor próprio deforma irresistivelmente. Tenho consciência de que não logrei dominar inteiramente o meu, soltando cada vez mais as rédeas à medida que me aproximava do presente. Por isso, se por acaso alguém mais adiante queira informar-se do que era o ofício de historiador na França no segundo terço do século XX, terá que fazer uma crítica rigorosa deste testemunho (1999, p. 43).

O percurso historiográfico

O segundo trabalho que utilizaremos para a reconstrução da trajetória historiográfica de Duby é um livro escrito por ele e publicado na França em 1991, *A História continua*.

Apesar de relativamente pouco extenso, trata-se de um depoimento insubstituível sobre o caminho intelectual e, particularmente, historiográfico do nosso autor, pela felicidade de expressão, riqueza de pormenores e a ambição de totalidade que o caracteriza.

Constitui um testemunho de dentro, do interior da escola historiográfica dos *Annales*, que, além de nos ajudar de maneira fundamental na compreensão da obra do medievalista Duby, nos oferece igualmente um retrato vivo das conquistas e dilemas da historiografia do século XX.

O livro compõe-se de dezessete pequenos e substanciosos capítulos. Os sete primeiros são dedicados à recuperação detalhada da lenta construção da sua tese de doutorado, trabalho exaustivo sobre a sociedade do Macônnais que se tornou um clássico assim que publicado e que, infelizmente, jamais foi traduzido para o português, ao contrário da maioria das obras de Duby.

O capítulo VIII de *A História continua* é dedicado à História Econômica e Social escrita pelo autor.

O capítulo IX refere-se às Mentalidades, uma das glórias da historiografia dos *Annales*, que teve em Lucien Febvre o seu primeiro teórico e grande praticante na França e em Duby um continuador/inovador tanto na teoria quanto na prática historiográfica.[10]

O capítulo x trata da relação amorosa e intelectual de Duby com as manifestações artísticas e da elaboração por ele de trabalhos concernentes à História da Arte medieval.

O capítulo xi discorre sobre suas atividades no Collège de France, onde levou a cabo pesquisas e seminários que renovaram sua obra, conduzindo o historiador à abordagem de novos temas e para enriquecimentos metodológicos.

Os capítulos xi, xii e xiii tratam respectivamente de suas viagens de trabalho como historiador, das muitas honrarias por ele recebidas em reconhecimento dos seus estudos de medievalista e de sua experiência como dirigente de um canal de televisão oficial.

O capítulo xv versa sobre a elaboração de um de seus livros mais interessantes e sugestivos, a respeito de um destacado senhor feudal, Guilherme Marechal.[11]

O capítulo xvi trata da nova área de investigações aberta por Duby a respeito das relações de parentesco na Europa Medieval e o xvii e último destaca os seus "projetos", os quais, aliás, foram levados a cabo por ele em torno da História das Mulheres medievais.[12]

Passemos agora à reconstrução circunstanciada da carreira de Duby tal como a vemos neste fino e preciso trabalho de autobiografia intelectual.

Na introdução de seu ensaio o historiador afirma que "esta história não é apenas a minha. É a história, que se estende por meio século, da escola histórica francesa" (DUBY, 1993, p. 8).

Duby tinha uma ambição: realizar uma tese de doutorado. Escolher o tema significou para ele definir para toda a vida o seu programa de investigação.

Nestas suas memórias de intelectual, de profissional da história, Duby lançou um olhar sobre a disciplina histórica, tal como foi praticada por ele e outros no século xx. No capítulo inicial, referente à escolha do tema da sua tese, Duby começa por mostrar como se deu sua conversão à história da Idade Média.

---

10 Costa, Milton Carlos. "Georges Duby: teoria e prática da história das mentalidades". In: Andrade Filho, Ruy de Oliveira (org.). *Relações de poder na Antiguidade e Idade Média. Estudos em homenagem ao professor Daniel Valle Ribeiro.* Santana de Parnaíba: Solis, 2005, p. 67-70.

11 Duby, Georges. *Guilherme Marechal ou o melhor cavaleiro do mundo.* Rio de Janeiro: Graal, 1987 [1ª ed. Francesa: 1984].

12 *Idem. Damas do século xii.* São Paulo: Companhia das Letras, 1995, 1997, 2001. 3 v.

Naquele momento, a história política tradicional dominava. Mas ele volta seu interesse para a história econômica, área pioneira que ensaiava métodos estatísticos, ainda sumários. A época da constituição da história social, foi a da "obsessão dos números" (DUBY, 1993, p. 10). Seus cultores privilegiaram o estudo da história moderna, cujo precursor foi o belga Henri Pirenne, grande admiração dos pais fundadores dos *Annales*, Marc Bloch e Lucien Febvre.

Pirenne discutiu a formação do capitalismo e como o comércio foi importante para o nascimento deste sistema econômico. Duby (1993, p. 11) lembra as qualidades de Pirenne como escritor, "o poder evocador de sua escrita", seu "estilo jovial".

Para o nosso historiador, porém, não se tratava de permanecer aprisionado na história econômica, mas de passar para uma história que, além de econômica, fosse também social.

Duby fez a opção de estudar uma sociedade, a chamada feudal.

Como vimos, ele foi muito marcado em sua formação inicial pela Geografia. Aqui ele retoma este tema, dizendo serem os geógrafos os responsáveis por sua primeira formação. Tece considerações a respeito do trabalho realizado pelo geógrafo:

> O geógrafo contempla uma paisagem e procura explicá-la. Sabe que este objeto, verdadeira obra de arte, é o resultado de uma longa elaboração, que foi moldado ao longo das eras pela ação coletiva do grupo social instalado neste espaço e que continua a transformá-lo. Em conseqüência, o geógrafo sente-se obrigado a estudar antes de mais nada o material, ou seja, os elementos físicos modelados pouco a pouco por este grupo social, mas não menos atentamente as forças, os desejos, a configuração deste grupo, tornando-se de certa forma seu historiador[13] (DUBY, 1993, p.12).

Duby chegou a ter da História uma concepção nova: "mais carnal, saborosa e útil" (1993, p. 13) que a tradicional. O que lhe importará sobretudo é descobrir o homem comum na sua história, de maneira resoluta.

O historiador alcança uma definição do que é a sociedade:

> uma sociedade, como uma paisagem, é um sistema cuja estrutura e evolução são determinadas por múltiplos fatores, numa primeira etapa, pois cada um deles atua e evolui em seu próprio ritmo, mas

13 A respeito do impacto da Geografia entre os historiadores dos *Annales*, consultar: Dosse, François. "O recurso geográfico dos historiadores". In: *História e Ciências Sociais*. Bauru: Edusc, 2004, p. 115-148.

> [...] é imperativamente necessário considerá-los na indissociável coesão que os une, se quisermos compreender o funcionamento do sistema (1993, p. 13).

Duby já percebia que as realidades da natureza da matéria não sobrepujavam as do espírito. Data desse tempo seu convívio íntimo com a revista *Annales*, da qual ele percorreu os dez primeiros anos, lendo principalmente, de maneira apaixonada, as notas e resenhas, muitas delas de autoria de Bloch e Febvre.

Da leitura dos *Annales,* Duby retirou dois ensinamentos: a de que a História está ligada às Ciências Humanas e a de que ela deve ser escrita com estilo literário.

É o momento em que ele descobre Marc Bloch, cujo *Les Caractères originaux de l'histoire rurale française* é transformado no seu breviário.

Também decisiva para Duby foi a leitura da grande obra de Bloch, *A sociedade feudal*, da qual ele destaca os pontos positivos e a ousadia de algumas propostas.

Em todo caso, ele retém de Bloch uma sugestão: a necessidade da leitura da literatura com a qual os guerreiros se divertiam. Como sabemos, na última fase de sua carreira, Duby utilizou tal documentação para escrever seus trabalhos relativos às mulheres do século XII – as damas da aristocracia.

O capítulo dois do livro é dedicado à evocação do seu orientador, Charles Edmond Perrin. Esse autor procurou estudar a história social usando como instrumento a história do direito. Buscou verificar como ocorreram as transformações nas condições de homens e mulheres bem como quais delas afetaram o poder dos senhores.

Perrin aconselhou Duby a ler bastante, inclusive a fazer a leitura de um conjunto documental, para praticar. Baseando-se nessas leituras, Duby tratou de inventar paulatinamente o questionário de sua pesquisa A sua proposta era a de investigação da sociedade feudal.

O historiador passa no capítulo terceiro ao que chamou de "O material", ao estudo de suas fontes. A documentação básica da sua tese de doutorado é constituída por cartulários, arquivos familiares fragmentários e documentos diversos.

Duby refere-se "à prática de redigir atos para escorar direitos" (1993, p. 23) e nota o caráter denso da documentação. Havia grande número de documentos em Cluny, os quais garantiam direitos. Eles foram objeto de transcrições numerosas. O conjunto totalizava cinco mil peças, em sua maioria títulos de posse. As peças de origem mais antiga eram muito áridas.

No entanto, o historiador notou uma mudança na documentação em torno do ano mil: "É conseqüência de uma mudança radical na distribuição dos poderes e no exercício da justiça" (1993, p. 24). É a época em que o Estado começa a se reconstruir.

Os limites da pesquisa de Duby foram dados pela documentação; segundo afirma:

> À medida que eu examinava o *Recueil* tornavam-se mais precisos para mim os limites da faixa cronológica mais propícia às investigações que eu pretendia levar a efeito: *grosso modo*, dois séculos, o XI e o XII, e as três ou quatro décadas que antecederam e sucederam esses séculos (1993, p. 25).

O território de sua pesquisa era bastante limitado. O seu objetivo consistia em estudar neste espaço "as múltiplas articulações de um conjunto" (1993, p. 26). Buscou informações complementares à sua documentação, e encontrou um "cartulário inusitado", constituído de várias folhas de pergaminho. Para ele, as características da escrita dos abades eram as mesmas presentes em suas igrejas. Desse documento que lhe pareceu extraordinário, Duby decidiu fazer uma edição crítica.

Ele chegou, ao final de sua investigação, a reunir perto de dez mil documentos, mas não pode se servir das fontes narrativas, raras na região à época.

Duby lamenta não ter se servido melhor das crônicas de Raul Glaber – seu cronista preferido –, que lhe permitiriam ter acesso às atitudes mentais do período, pois, prisioneiro que ainda era dos esquemas da história econômica, não percebia, ainda, que os documentos poderiam ter outros sentidos, além do que era exterior a eles.

Passando, no capítulo quarto, à questão do tratamento de suas fontes, Duby procura mostrar como a universidade francesa preparava dois tipos de profissionais: os eruditos e os professores. Aqueles, cuja missão era purificar as fontes de maneira racional e rigorosa, e estes, donos do instrumental retórico, aptos a articular um discurso historiográfico.

Nosso autor escolheu o lado dos segundos, e se colocou uma questão fundamental desde o início, a da verdade:

> já avaliava a distância existente entre a verdade perseguida pelo historiador, sempre esquiva e aquilo que lhe oferecem as testemunhas que ele consegue interrogar. Dei-me conta de que entre esta verdade e mim se interpunha uma tela, formada pelas próprias fontes as quais [sic] extraía minha informação, por mais límpidas

> e atentamente filtradas que fossem. Os escritos que eu começava a explorar, aquela massa de cartas, notícias, peças de processos, inventários, estão entre os documentos menos suspeitos, mais neutros e factuais. Raramente são poluídos pela fantasia de seu redator, por sua paixão ou sua vontade de convencer. São ferramentas, das quais têm a sobriedade e a franqueza. A maioria tampouco estaria entre os documentos que alguém tivesse interesse em falsificar, na época de sua concepção (1993, p. 34-35).

O autor mostra ainda que a verdade que procurava nos pergaminhos se afastava dele quando entrava em contato com as palavras que buscavam reproduzir falas e gestos mais autênticos. As palavras dos documentos eram escritas numa linguagem formalista, de tabeliães, num latim do qual nada sabiam os camponeses e guerreiros cujas vontades elas deveriam expressar.

O objetivo de Duby – ingênuo, segundo ele mesmo – era entrar em contato direto com estes guerreiros e camponeses de oito séculos atrás para descobrir minimamente seus vínculos e suas relações com o mundo – natural e sobrenatural.

O historiador, fascinado pela Geografia como vimos, enxergava na paisagem um instrumento de conhecimento histórico, acreditava ser possível conhecer a paisagem e, através dela, a História.

Ressaltou a importância de conviver carnalmente com a terra, a qual constituía na verdade um documento histórico.

Nosso historiador revela seu amor pelas igrejas românicas, fala num "espírito de Cluny" (1993, p. 39), expresso na arrogância paternalista dos monges, senhores do poder temporal, manifesto em sua fortuna em bens fundiários e "senhores da salvação" (1993, p. 39).

Munido da segurança que dá ao historiador o contato direto com a realidade, Duby notou uma modificação profunda na localização e distribuição das casas onde vivia uma população cambiante e dispersa, sujeita a uma incipiente administração.

Ele vislumbrou, por intermédio dos indícios documentais, fragmentos de uma genealogia. Viu surgirem os homens e mulheres que detinham a maior riqueza. "Assim", afirma, "o amontoado heteróclito de nomes se adelgaçava, e da desordem inicial eu via surgir progressivamente, cada vez mais clara, cada vez mais coerente, a configuração de uma sociedade" (1993, p. 41).

Passando à "leitura" (1993, p. 43) dos documentos, Duby mostrará com um exemplo concreto o seu método e como eles revelavam progressivamente "os delineamentos de uma organização social" (1993, p. 43).

O texto reproduz parte de um sumário e Duby mostra suas vantagens e inconvenientes ao mesmo tempo. O documento estabelecia o estado de dependência de certo número de pessoas. A sociedade da época caracterizava-se por extrema fluidez. Duby procura estabelecer as características da "villa" na entrada do século XI. No período, havia superabundância de terras e escassez de mão de obra. Ele define a sociedade deste período como "uma substância granulosa" (1993, p. 46).

Indica como ocorria a dependência em termos pessoais. Descobre na "villa" quais eram os senhores.

O documento mostra a chegada de uma mulher à região. A partir deste fato Duby passa a tratar da isogamia e da exogamia na área rural.

A partir de outro caso, descreve duas condições pessoais e conclui que o padroeiro da catedral, São Vicente, é quem detinha verdadeiramente o poder ali.

Ocorre a venda de uma mulher e a indenização dos patrões por perdê-la. Descreve os direitos dos súditos da senhora em relação à terra.

Chega depois à noção de serviço, a qual define como "o conjunto das prestações e gestos rituais através dos quais se exprimia a submissão" (1993, p. 50). Faz ainda a descrição da situação de uma mulher de estatuto livre.

O documento proporcionou a Duby informações e descobertas.

Ele descobriu informações sobre o poder senhorial e a respeito da situação em que se encontravam os súditos. Obteve provas da mobilidade camponesa, do direito das mulheres, da grande liberdade de ação feminina.

Duby passa em seguida à "construção" da sua tese. Desbastado o material, é chegado o momento da síntese. Aí ocorre, pela montagem da documentação, o surgimento de uma sociedade viva, uma transformação operada por um processo alquímico.

É o momento de, aliando paixão e lucidez, erudição e retórica, produzir o texto historiográfico. Ele passa inicialmente pela construção de um plano. O leitor dos clássicos franceses, leitor voraz e literário, por meio de uma composição cerrada chega ao acabamento de sua obra, fase delicada misturando agonia e animação, tormento e incerteza. O escritor com treino literário é muito exigente.

A história do discípulo de Marc Bloch e Lucien Febvre, do seguidor da História Nova, constitui a revivificação dos vestígios documentais, opção pela qual "relativiza não apenas os fatos mas a sacrossanta objetividade do positivismo" (1993, p. 57).

Duby partira para a análise dos documentos munido de um conjunto de perguntas, de um questionário. Os historiadores o adaptam constantemente.

Dadas as insuficiências da documentação, o preenchimento dos vazios, os achados vêm do próprio historiador, da sua personalidade, cultura, imaginação.

Por isso, nosso autor acredita no papel da subjetividade na tarefa do pesquisador e, historiador da sociedade feudal, procura uma identificação com os personagens. Acredita que a busca da total objetividade é ilusória e que se deve renunciar a ela.

Mas o historiador da História Nova quer perseguir as estruturas em seu movimento. Ele se interessa menos pelos fatos que pelas relações. Se a fase da composição constitui o momento racional da pesquisa, quando chega a hora da redação a prioridade se desloca para a sensibilidade, ocasião em que o historiador reage livremente aos vestígios legados pelo passado.

O historiador, segundo Duby, exerce um controle sobre suas paixões, porém não busca estrangulá-las. Porque a História mais verdadeira é a apaixonada. Ele não pretende entregar ao leitor a verdade, mas o provável, proporcionar a ele uma imagem do real que seja honesta e da qual participa a imaginação que ele chama de "inevitável, indispensável feiticeira" (1993, p. 53). Contudo, o imaginário elástico deve estar preso solidamente às evidências documentais.

Passando diretamente à "tese" (1993, p. 63), Duby afirma que a defesa de uma tese constitui "um rito de iniciação dos mais cruéis" (1993, p. 63).

Ele propôs aos examinadores um modelo simples. O historiador descobriu a importância do poder exercido pelos ricos em relação aos camponeses. Mostra como se praticava a justiça nos séculos XI e XII. Descobre a existência de uma mutação social, dividindo a sociedade entre guerreiros e camponeses.

Nosso autor evidencia a consolidação da senhoria e que a organização social nova baseava-se nos castelos. O próprio poder judiciário organizava-se junto do castelo.

Um novo sistema, o senhorial, instala-se no século XI, processo que constitui uma mutação. Escorando-se no feudo, o Estado se reconstituía.

A mudança social revelada por Duby, e que depois ele chamaria de "revolução feudal", fora determinada principalmente por fatores políticos, o que o historiador não enfatizou muito na época.

Além disso, ele chama a atenção para as imperfeições de sua tese, pois não valorizou os homens da Igreja, cujo peso era fundamental, e nem falou dos mortos.

Duby desprezou quatro direções de pesquisa em seu trabalho de tese:

> A decisão de limitar-me aos leigos, de não considerar os monges e os clérigos, não se justifica. As duas partes da sociedade, a eclesiástica e a laica, se interpenetravam estreitamente, e os homens de Igreja, pela função fundamental que desempenhavam, pela riqueza de suas possessões e de sua cultura, exerciam um peso tão grande, que sua presença afetava profundamente, nos menores detalhes, a organização global das relações sociais. Voltando-me para este lado eu teria podido avaliar melhor a influência das crenças e práticas religiosas nos comportamentos, interessando-me mais, em especial, pelos mortos, membros muito presentes da comunidade social, e orientando-me já para o estudo das atitudes mentais. Em terceiro lugar, eu tirara muito pouco partido do material extremamente rico que me teria permitido reconstruir parcialmente as estruturas de parentesco, situar os indivíduos que observava nas malhas de filiação e aliança, examinar de perto a função do casamento. Finalmente, poderia ter dito muito mais sobre a economia. Se os textos praticamente não se referem nem à moeda nem ao negócio, são em compensação prolixos a respeito da terra, dessa mesma terra que ali estava diante de mim. Como era ela distribuída? Como era medida? Como os homens nela instalavam suas casas? São perguntas para as quais teria encontrado alguma resposta, se as tivesse sabido formular (1993, p. 68-69).

O historiador diz ser indulgente em relação a estas falhas, pois no final dos anos 1940, a comunidade de historiadores não possuía os instrumentos, de pesquisa e conceituais, para ampliar grandemente a investigação.

Posteriormente Duby aplicou-se a estudar de forma sucessiva aqueles campos deixados de lado por ele.

"A matéria e o espírito" (1993, p. 71) é o tema do capítulo seguinte do livro.

Duby observa que a preparação da tese constituiu um estímulo à sua carreira subsequente.

Convidado a escrever um manual de história da economia rural na Europa medieval, ele procurou ampliar o seu tema, tratando também da sociedade. Seu objetivo era "partir da economia, considerada uma fase necessária, para chegar àquilo que ela parcialmente determina, mas só parcialmente – as relações sociais" (1993, p. 73).

Depois de trabalhar na tarefa entre 1956 e 1961, o livro *A economia rural e a vida nos campos no Ocidente medieval* é publicado em 1962.[14]

O próprio autor apontou alguns pontos fracos no seu estudo:

> Por falta de conhecimentos suficientes em agronomia, minhas suposições relativas à evolução da produção, ao papel desempenhado pelas ferramentas, à função dos alqueives logo se revelaram sem fundamento, e não posso me perdoar por ter sugerido a ideia de que uma "revolução agrícola" tivera lugar na Europa do século XII (1993, p. 74).

Ele se propôs estudar a relação entre as cidades e o campo na Europa medieval.

Uma nova e impetuosa arqueologia surgia para ampliar os conhecimentos sobre a "cultura material" (1993, p. 74), uma arqueologia voltada não para o monumental, mas para o cotidiano.

O contexto no qual apareceu o livro de Duby favorecia o estudo das coisas da terra, do mundo rural, objeto do olhar de nostalgia em relação à civilização tradicional que desaparecia com celeridade.

Nosso historiador e outros queriam aplicar ao estudo do campesinato e do campo a parte mais fecunda do programa dos *Annales* – a que dizia respeito à cooperação entre as ciências humanas.

Ele estabeleceu como periodização o arco temporal que vai do século VII ao final do século XII para desenvolver nele a análise do crescimento econômico em escala europeia, estudando o papel das cidades e do comércio, além da área rural.

A economia de trocas no seu desenvolvimento constitui o eixo do trabalho do historiador.

Este segundo momento de sua carreira foi marcado pela dedicação à história econômica.

Segundo ele, no século XII surgiu a crença no progresso das coisas materiais, o qual encontrou sua grande manifestação na época das Luzes.

Duby fala da noção de progresso que irrompeu com força. Fala ainda da crise desta noção.

---

14 Duby, Georges. *A economia rural e a vida nos campos no Ocidente medieval*. Lisboa: Edições 70, 1987, 2 v.

Refere-se à influência pequena de Marx[15] nos anos 1930 e a ampliação posterior das correntes que encontravam no marxismo sua inspiração.

O historiador confessa ter lido com assiduidade Althusser,[16] que o impressionou pelo aspecto inovador e pela precisão de suas análises. Deste filósofo marxista, ele reteve principalmente a noção de "ideologia como uma ilusão inelutável no interior de toda formação social" (1993, p. 79).

Duby afirma ter desenvolvido sempre suas pesquisas num "contexto conceitual" (1993, p. 79). Sua formação teórica inicial foi feita com conhecimentos de Geografia e pela leitura dos *Annales*, e tinha como ideia central a noção de sociedade como um sistema de elementos solidários articulados. A contribuição marxista refinou mas não alterou sensivelmente tal esquema.

A presença marxista no pensamento historiográfico de Duby ocorre quando da elaboração das obras de sua segunda fase, entre 1955 e 1965.

Os conceitos que sustentam o livro *Guerreiros e camponeses,*[17] de 1973, foram fornecidos pelo marxismo, particularmente o de relações de produção e o de classes. Um modelo, o da luta de classes, foi aplicado no livro. Ele se mostrou muito eficaz e, ao evidenciar também sua inadequação, permitiu ao autor "perceber mais claramente as características originais e os mecanismos da senhoria" (1993, p. 80).

A leitura da obra de Lévi-Strauss[18] e outros antropólogos foi muito proveitosa para Duby.

O estruturalismo obrigou os historiadores a alterarem de forma radical seus questionários. Foi, de maneira direta, responsável pelo rejuvenescimento da escola

---

15 Para uma visão ampla de Marx e do pensamento marxista, consultar: Bottomore, Tom (ed.). *Dicionário do pensamento marxista*. Rio de Janeiro: Jorge Zahar, 1988. Uma análise sintética esclarecedora destes temas pode ser encontrada em: Anderson, Perry. *Considerações sobre o marxismo ocidental*. Porto: Afrontamento, s/d.

16 Para uma aproximação de conjunto do pensamento de Althusser, consultar: Althusser, Louis. *Positions. Paris: Editions Sociales*, 1976. Particulamente sobre o conceito de ideologia, ver o ensaio "Ideologie et appareils idéologiques d'État", no livro citado, p. 67-125. Uma síntese rica e compreensiva da obra deste filósofo foi feita por Pierre Raymond, no verbete "Althusser, Louis, 1918-1990". In: Huisman, (Denis dir.) *Dicionário dos filósofos*, São Paulo: Martins Fontes, 2004, p. 32-38.

17 Duby, Georges. *Guerreiros e camponeses. Os primórdios do crescimento económico europeu do século* VII *ao século* XII. Lisboa: Estampa, 1980.

18 Sobre Lévi-Strauss, consultar: Benoist, Jean-Marie. "Lévi-Strauss, Claude, 1908". In: Huisman, Denis (dir.). *Dicionário dos filósofos*. São Paulo: Martins Fontes, 2004, p. 597-602; Dubuisson, Daniel. "Lévi-Strauss ou l'Esprit". In: *Mythologies du* XXe *siècle*. (Dumézil, Lévi-Strauss, Eliade). Lille: Presses Universitaires de Lille, 1993, p. 131-214.

francesa de história: "Com efeito, o conjunto das ciências humanas constitui um sistema. Quando uma delas começa a movimentar-se, o movimento não demora a arrastar as demais" (1993, p. 82).

Duby diz não acreditar que o historiador possa ser objetivo e faz uma profissão de fé não materialista, embora reconhecendo no marxismo "um prodigioso instrumento de análise" (1993, p. 80) para desvendar o modo de produção de riquezas numa sociedade.

Ele lera os antropólogos africanistas – Meilassoux, Augé, Althabe – e retirou deles menos exemplos teóricos do que detalhes concretos, os quais procurou utilizar na sua análise da sociedade feudal.

Empregou conceitos deles extraídos, como os de redistribuição e reciprocidade. O livro *Guerreiros e camponeses* traz a contribuição dessas leituras mais as de Mauss, Polanyi, Veblen.

O historiador procurou ver como operavam, na sociedade tradicional que estudava, o jogo, a festa, a destruição de riquezas. Mostrou também o papel dos santos protetores e o dos mortos. E enxergou a senhoria como um organismo de cooperação entre as três ordens da sociedade – a dos clérigos, a dos guerreiros e a dos camponeses.

O impacto da antropologia social foi profundo nas pesquisas de Duby, levando-o a considerar temas como a ideologia, os mitos e ritos e as formas exteriores de poder da sociedade feudal.

Na busca das razões dos comportamentos inconscientes, Duby foi levado a construir uma história das mentalidades, como franco-atirador temerário.

Ele dedica todo um capítulo do livro às mentalidades, tipo de história no qual se destacou na historiografia francesa tanto no que se relaciona à teoria quanto no que diz respeito ao exercício historiográfico. A pesquisa das mentalidades por Duby começa em 1955, na mesma época em que sofre a influência do marxismo.

A dupla dívida de Duby para com os *Annales* foi a leitura apaixonada que fez de Lucien Febvre e Marc Bloch. Duby refere-se a Febvre como historiador inimitável e sublinha sua concepção não economicista de sociedade.

Para ele, o verdadeiro criador dos *Annales* como instituição foi Febvre, o qual após a Libertação os revivificou, com o apoio americano e a criação da VI Seção da École Pratique des Hautes Études, que está na origem das vitórias da "escola histórica francesa".

Duby faz uma preciosa apreciação da atuação de Febvre nos *Annales*, comparando sua concepção de história com as de Bloch e Braudel:

> Mais ainda que Marc Bloch, Lucien Febvre tinha a convicção de que a economia não explica sozinha as estruturas e a evolução de um grupo social. Esta convicção incitou-o a dar um novo nome à revista: *Annales. Économies, Sociétés, Civilisations.* A economia continua à frente, mas o social instalava-se no cerne do projeto, em posição de comando e o lugar que lhe havia sido atribuído pelos fundadores em 1929, complementar, não acessório, pelo contrário, aberto para o futuro da pesquisa, incumbia agora às "civilizações", ou seja, ao que hoje denominamos cultura. Com efeito, ao contrário de Braudel, cuja maneira de escrever a história deriva de uma conjunção entre as abordagens do geógrafo e do economista, e que confessava sem reticências hesitar arriscar-se pelo terreno da cultura, particularmente do religioso, Lucien Febvre, de sua parte, extraindo sua informação mais das obras literárias que das cartas e muito mais que das estatísticas, sentia-se mais à vontade neste terreno que em qualquer outro (1993, p. 87).

Duby afirma ter desenvolvido em conjunto com Robert Mandrou o legado de Febvre relativo às mentalidades.

Bloch já convidava a estudar a "atmosfera mental" da sociedade. Febvre, por seu lado, insistia no estudo das mentalidades, visto como novo objeto de investigação.

Para caracterizar as mentalidades o historiador parte de uma definição do sociólogo Gaston Bouthoul para o conceito (1952): "Por trás de todas as diferenças e nuances individuais, subsiste uma espécie de resíduo psicológico estável, feito de julgamentos, conceitos e crenças aos quais aderem, no fundo, todos os indivíduos de uma mesma sociedade" (1993, p. 88).

A essa definição Duby acrescenta comentários, restrições, precisões, até chegar à sua própria caracterização das mentalidades:

> De que se tratava com efeito? De atravessar o limiar em que esbarra o estudo das sociedades do passado quando se limita a considerar as forças materiais, a produção, as técnicas, a população, as trocas. Sentíamos a urgência de ir mais além, para junto das forças que não se situam nas coisas, mas na ideia que delas se tem, e que comandam na realidade de forma imperativa a organização e o destino dos grupos humanos (1993, p. 89).

Precisando ainda mais sua caracterização, diz ele:

> Com o termo mentalidades, designávamos o conjunto vago de imagens e certezas não conscientizadas ao qual se referem todos os membros de um mesmo grupo. [...] nós procurávamos reconhecer não o que cada pessoa mantém acidentalmente recalcado fora de sua consciência, mas este magma confuso de presunções herdadas ao qual se refere a cada momento, sem prestar atenção nele mas sem tampouco expulsá-lo de seu espírito (1993, p. 91).

Duby insiste no enraizamento das mentalidades no material e no caráter coletivo delas. Ele publicou em 1961, na *Encyclopédie de la Pléiade* dedicada à *L'Histoire et ses méthodes,* o seu ensaio "Histoire des Mentalités",[19] a convite do organizador do volume e chefe de fila da história positivista, Charles Samaran. Duby considerou a publicação de seu artigo uma vitória dos *Annales*, que revela uma transformação maior:

> Havíamos ganho a partida, mas esta pequena vitória contingencial revelava um acontecimento de amplitude bem diversa. Ela deixava claro que tudo, até as resistências mais empedernidas, estava sendo arrastado pela poderosa corrente que ao longo de uma década, entre meus trinta e cinco e quarenta e cinco anos, mudou na França o curso da investigação histórica, por efeito conjugado dos desafios da antropologia estrutural e do degelo do pensamento marxista (1993, p. 91-92).

Duby dedica um capítulo do seu livro à arte, às suas relações com o universo artístico e à elaboração de seus trabalhos relativos à história da arte medieval.

Convidado por Albert Skira, editor de belos livros de arte, para escrever dois volumes sobre a arte medieval para uma coleção que visava colocar a criação artística dentro da história e seus movimentos, o historiador aceitou a tarefa desafiadora e acabou publicando três volumes sobre o tema.[20]

Nosso autor sempre tivera um forte gosto pela obra de arte e entusiasmou-se com a proposta do editor. Qual era o seu projeto a respeito da arte medieval? "A

19 Duby, Georges. *Para uma história das mentalidades.* Lisboa: Terramar, 1999.

20 Duby, Georges. *Adolescence de la chrétienté occidentale, 980-1140; L'Europe des catédrales, 1140-1280; Fondements d'um nouvel humanisme.* Genebra: Albert Skira, 1966-1967. Volumes refundidos na síntese *O tempo das catedrais: arte e sociedade, 980-1420.* Lisboa: Estampa, 1979 (1ª edição francesa, 1976).

experiência adquirida autorizava-me agora a confrontar o que aprendera sobre a sociedade e a cultura daquele tempo com o que já conhecia de sua arte e com o que os especialistas da história das formas acrescentariam" (1993, p. 93).

O editor pedira que o seu texto fosse ajustado às imagens. Ele deveria destacar para o leitor o papel das obras de arte, por exemplo a função das vidraças numa catedral. O exercício de historiador da arte, por ele chamado de perigoso, provocou uma conversão em Duby. Mudando de gabinete de trabalho ele mudava também de pele.

Qual era o contexto da tarefa do historiador?

> Eu decidira empreender este trabalho no mesmo contexto que escolhera para apresentar a *Économie rurale*: o conjunto da cristandade latina e o período compreendido entre o momento em que as tradições estéticas carolíngias ganham novo vigor, após as últimas invasões normandas e aquele em que na Flandres de Van Eick e na Toscana de Masaccio, têm início novas maneiras de pintar (1993, p. 95).

Segundo Duby, o que restou da arte medieval foi o melhor dela, fragmentos de conjuntos maiores, como a igreja e o retábulo, que, em geral, constituíram-se lentamente; não se pode deste modo falar em sentido próprio de objetos em relação à arte medieval. Além disso, os fragmentos apresentam problemas de datação.

Com seu trabalho de historiador da arte, ele queria fazer a história dos desejos, das inquietações, dos gostos. O historiador se interroga sobre a relação entre a arte e o seu público, a respeito da inovação e das rotinas. Procurou refinar sua escrita para tratar de "realidades evanescentes" (1993, p. 97). A história artística por ele praticada teve um caráter contestador.

Duby tratou de estabelecer a vinculação entre a arte medieval e os poderes e revelou "o peso esmagador das crenças" (1993, p. 97). Isso o levou a estudar seriamente o cristianismo, em especial as práticas religiosas, as representações, as sensibilidades. Ele se interrogou também sobre a função exercida pela criação artística medieval.

A sua proposta consistia em colocar a história das sociedades, sobre a qual produziu estudos que marcaram época, para contribuir no aprimoramento dos homens cultos.

Ele queria compartilhar, com um público vasto, prazeres e incertezas. Um de seus objetivos consistia em situar a obra no "centro de um sistema de correspondências" (1993, p. 98).

Como prolongamento direto dessa experiência com a arte medieval, Duby cita três de seus livros: um sobre a escultura do período, outro *O ano mil,*[21] e *São Bernardo e a arte cisterciense.*[22]

Em *O ano mil,* os documentos que formam o corpo do volume são, na maioria, obras de arte literária, documentos narrativos. Com esse livro Duby muda sua posição em face dos testemunhos, procurando explorá-los "por eles mesmos" (1993, p. 99). O historiador muda de material passando das fontes ásperas, abruptas da sua tese de doutorado, como cartulários e inventários, para poemas e narrativas.

Que tipo de perguntas faria ele às novas fontes?

> A respeito desses textos fazia perguntas análogas: onde, por quem, com que intenção haviam sido redigidos? E como relacioná-los aos sistemas de valores, aos modelos de comportamento, a todo o corpo de representações confusas que denominávamos mentalidades? (1993, p. 99).

Com o livro *O ano mil,* Duby esboça uma história das ideologias e muda de maneira decisiva sua posição com relação aos documentos escritos. Considera a verdade como inacessível a ele e defende que só pode chegar a ela num nível intermediário, o da testemunha. Busca descobrir como os autores das obras literárias pensavam a si mesmos e ao mundo, bem como o que revelavam da sua cultura.

As narrativas ensinavam-lhe mais que as peças de arquivo. No caso, por exemplo, das mulheres do século XII, só podemos reter delas as imagens dos homens que escreveram sobre elas. Na verdade, para descobrir o verdadeiro torna-se necessário informar-se primeiro da ideologia do escritor que distorce e mascara este verdadeiro. Duby considera os autores por ele estudados no livro *O ano mil* como escritores prolixos e magníficos.

Em *São Bernardo,* Duby quis estudar "as relações entre uma obra de arte [...] e um objetivo espiritual" (1993, p. 101). Refere-se aos claustros cistercienses, transbordantes de sacralidade. Expõe sinteticamente o pensamento e a espiritualidade de Bernardo de Claraval. Com o seu livro, pretendeu dar uma explicação da arquitetura cisterciense, com a qual entrou em contato quando de suas visitas aos claustros.

Depois de dez anos em Aix en Provence, Duby vai para o Collège de France, convidado por Fernand Braudel. No início do capítulo dedicado ao "Collège",

21 Duby, Georges. *O ano mil.* Lisboa: Edições 70, 1986 [1ª edição francesa, 1967].

22 *Idem. São Bernardo e a arte cisterciense.* São Paulo: Martins Fontes, 1990 [1ª edição francesa, 1979].

nosso autor mostra sua admiração por Braudel e esboça uma análise da obra *O Mediterrâneo*, destacando os famosos três tempos aí descobertos por Braudel:

> Eu o admirava. Considero *La Mediterranée au temps de Philipe II* um dos grandes livros de história escritos em nosso século. Estava sobrevoando o mar, num avião que me levava a Istambul, quando comecei a leitura do livro, há trinta e cinco anos, e recentemente, cruzando o mar à altura de Lepante, saboreei mais uma vez, uma após outra, num júbilo igual ao da primeira vez, essas frases através das quais penetramos no cerne do tumulto e nos turbilhões sangrentos da imensa vitória. Tenho consciência de me ter referido constantemente a esta obra magnífica, modelo do que tento hoje escrever. Nela se realizou o que os fundadores dos *Annales* sonharam, sem no entanto que o político seja negligenciado em relação ao econômico e social, da mesma forma como não o são, em relação às oscilações da conjuntura e ao que foge às mudanças visíveis, o improvável, o fugaz, as trepidações dos acontecimentos, nem mesmo o que podemos discernir, em suas representações sobre o desenrolar dos acontecimentos, do temperamento pessoal dos senhores da guerra ou das finanças. Este livro me prende, sobretudo, por sua grandeza, uma amplitude monumental que nem Lucien Febvre nem Marc Bloch lograram. Tenho a sensação de que esse percurso é inesgotável, como esses palácios do litoral amalfitano nos quais podemos vagar indefinidamente por galerias e pórticos, passeando por terraços nobremente dispostos diante do horizonte marítimo (1993, p. 103-104).

Mais do que admiração, nosso autor tinha gratidão por Braudel, que queria ser amado e que distribuiria favores a muitos, inclusive a Duby.

Duby descreve seu trabalho no Collège de France, mas valoriza principalmente o seminário, para ele um laboratório de interdisciplinaridade, no qual circulavam muitas novas ideias.

Seu itinerário de pesquisa seguia um roteiro: discussões no seminário – o seu grande livro *As três ordens* saiu delas –, exposição nos cursos, redação em seu retiro da Provença. Desse modo ele se realizava nas três dimensões: as de pesquisador, professor e escritor.

Diz ter assistido a uma aula notável de Lucien Febvre no Collège para apenas três pessoas. Refere-se ao prestígio surpreendente da História Medieval e ao sucesso da história acadêmica, inclusive de nomes prestigiosos como Braudel e Dumézil, os quais, além do seu alto nível como universitários, eram escritores de qualidade.

Esse sucesso da história universitária no grande público constituiu na história cultural praticada na França uma virada. O retorno da historiografia, pensa Duby, "ao político, aos fatos, à biografia, à narrativa [...] tem outras causas, embora tenha sido favorecido pela expectativa do público" (1993, p. 108).

Convidado para escrever um livro sobre a batalha de Bouvines,[23] o historiador aceitou e afirma que ela constituía a oportunidade de sua completa libertação. Tratar da batalha de Bouvines consistia em estudar o fato como revelador das estruturas. Era acompanhar o jogo complexo do esquecimento e da memória. E perscrutar como no decorrer das gerações a memória aparecia afetada pela atuação de forças obscuras. Trabalhando no livro, Duby avançou no conhecimento da sociedade feudal "totalmente dominada pela cultura dos homens de guerra" (1993, p. 110).

Ele se pergunta sobre o significado da palavra "batalha", e procura estudar o comportamento dos guerreiros. O historiador se propôs responder muitas questões sobre eles:

> De que instrumental dispunham? Que gestos faziam, manejando essas armas, conduzindo suas montarias? Eu tentava inclusive penetrar em suas consciências. Que pretendiam? Em que momento a alegria que no início do confronto fazia do combate uma festa evoluía para a exasperação da violência, transformando-se num prazer furioso, cego, de destruir e colher os destroços do que caía no fragor da debandada? Tinham medo os cavaleiros? E de quê? Qual o herói mítico cuja arrogância empenhavam-se em imitar? Que entendiam precisamente por proeza, lealdade? Onde se situava, para eles, o ponto de honra? (1993, p. 111).

Quanto ao seu livro sobre *As três ordens*, qualifica-o como severo e grandemente erudito. Qual a sua proposta nessa obra?

> Pela primeira vez desde minha tese, eu não trabalhava por encomenda. Decidira sozinho, com ousadia, apresentar ao público o resultado de investigações austeras, levadas a efeito no seminário durante os três primeiros anos de meu ensino do Collège de France. Nós havíamos fixado como meta identificar a emergência e acompanhar a evolução de uma ideia, a ideia de uma sociedade perfeita, na qual os homens se dividiriam em três categorias, cada uma com

23 A obra saiu com o título de *O domingo de Bouvines*. 27 de julho de 1214. Rio de Janeiro: Paz e Terra, 1993 [1ª edição francesa, 1973].

> sua função, uns rezando, outros guerreando, os outros enfim trabalhando para todo o grupo, repousando a paz e a ordem nesta troca de serviços. Pretendêramos cernir o papel desempenhado por esta figura ideal nas representações mentais da França entre o ano mil e os anos subseqüentes a Bouvines (eu não abandonava o contexto no qual levara a efeito minhas primeiras investigações) e descobrir como ela se enraizara até tornar-se um dos pedestais sobre os quais repousou o Antigo Regime (1993, p. 112).

Especificando ainda mais seus objetivos no livro, o historiador dá detalhes a respeito do imaginário, sublinhando sua originalidade em relação à sua matriz – os estudos de Georges Dumézil sobre as três ordens das sociedades indo-europeias –, e afirma haver realizado a história de uma ideologia.

Ele vê de maneira positiva a influência do marxismo em sua obra, afirma ter procurado ir além do materialismo sem renegá-lo, interroga-se sobre o peso do elemento mental nas sociedades.

Voltando ao seu estudo sobre *O domingo de Bouvines*, Duby sustenta ter procurado nele uma identificação com os cavaleiros, e ainda que o seu problema era estabelecer "que relação existe entre a evolução de um sistema de valores e a de uma formação social?" (1993, p. 114).

Quanto ao sagrado, as suas reflexões sobre a arte cisterciense o levaram a procurar mostrar as viculações dele nas sociedades – na sua organização e funcionamento.

Em *As três ordens*, aparece entre o povo e os senhores uma "fratura abrupta" (1993, p. 114). Nele os mestres proclamam que há entre o povo e os dominantes uma "ruptura providencial" (1993, p. 114).

Duby dedica um capítulo do livro a suas "viagens" de estudo. Refere-se em primeiro lugar àquelas em que ocorreu com ele uma desambientação, e que lhe proporcionaram uma "lição de coisas" (1993, p. 118).

Elas lhe permitiram, por comparação, uma interrogação melhor de suas fontes de investigação, escapando das armadilhas impostas pelas mentalidades. As viagens levaram-no a interrogar-se sobre o constante e o mutável nas sociedades.

Fala de seus deslocamentos ao Magreb, que lhe permitiam pensar sobre a função exercida pela moeda nas sociedades do século XI, na Europa. Também o arado, os pobres, o escravo e sua convivência com o senhor levam-no a comparações com as estruturas e comportamentos do feudalismo europeu.

A perambulação longe de sua terra faz o historiador experimentar os métodos dos comparativistas. Informa de sua felicidade de estar nos países do Sul, Espanha e Itália, onde foi bem recebido.

Segundo Duby, a audácia constituía a marca dos medievalistas do Leste europeu, onde eram bastante desenvolvidos os estudos relativos à vida material, à arqueologia do cotidiano, às culturas populares.

Em países como a Suíça, a Bélgica e a Holanda, notou o respeito para com a "boa erudição". Elogiou a "distinção intelectual" (1993, p. 124) inglesa, ressaltou a qualidade do medievalismo norte-americano, ao mesmo tempo que a crueldade do sistema universitário dos Estados Unidos.

Quanto à Alemanha, afirma que foi importante para seus estudos sobre o parentesco a contribuição desse país, embora critique o ambiente fechado da universidade alemã.

No capítulo "Honrarias", Duby refere-se ao poder intelectual e suas liturgias e caracteriza a universidade francesa como um conjunto de clientelas.

Passando a tratar da "Televisão", afirma que um de seus livros surgiu de comentários para uma série televisiva sobre a arte medieval. Observou que na televisão ocorre a redução da qualidade da mensagem. Diz que trabalhando para o efêmero, tem-se a obrigação de ser contundente. Aprendeu que é necessário depositar inteira confiança nos profissionais, tendo percebido ainda a dificuldade de manter a atenção do telespectador, sempre vacilante.

Diante das inexatidões notadas num filme sobre um de seus livros, *O ano mil*, reconheceu as dificuldades de colocar no cinema o universo da vida medieval, considerando ser melhor deixar, na televisão, que as imagens falem sozinhas.

Em relação a um filme sobre os campos franceses, faz reflexões sobre a paisagem camponesa e seu equilíbrio. Deve-se, segundo ele, fazer a orientação do olhar, explicar.

Em certo momento procura definir a cultura: "A cultura é antes de mais nada qualidade, rigor e exigência de progresso" (1993, p. 134).

Convivendo com o universo de aventureiros que povoam o meio televisivo, diz compreender melhor os heróis da literatura medieval, semelhantes a eles. Por ter dirigido um canal de televisão estatal e exercido um pouco do poder, acaba por acreditar que o poder é uma ilusão. Termina o capítulo com a afirmação: "Estranho acaso: enquanto sem querer eu tangenciava o político, a nova história continuava a cuidar novamente dele" (1993, p. 135).

Tais palavras, na verdade, são uma introdução ao próximo capítulo de um livro dedicado a Guilherme Marechal, senhor feudal inglês sobre o qual Duby escreveu um livro brilhante e de grande sucesso, *Guilherme Marechal ou o melhor cavaleiro do mundo.*[24]

O historiador contara inicialmente a vida do marechal pelo rádio e depois publicou um livro sobre ele, produto de suas anotações desenvolvidas e ampliadas. Começou pela síntese da vida do marechal, e pôde se valer das memórias do personagem, um poema contendo vinte mil versos, escrito a pedido de um de seus filhos por um grande escritor. Nelas o marechal aparece como um personagem vivo.

Com este trabalho Duby voltava "sem rodeios, à narrativa" (1993, p. 138), praticamente abandonada pelos historiadores dos *Annales*. Ao tratar do tema, a pergunta de Duby continua a mesma que em suas outras obras: "que é a sociedade feudal?" (1993, p. 138).

Como no seu livro sobre Bouvines, trata-se agora para ele de buscar por meio do excepcional, o cotidiano. O que procura fazer é uma investigação sobre a cavalaria, o cavaleiro comum.

"Um romance de capa e espada" (1993, p. 139), assim define o autor seu livro sobre Guilherme Marechal. A agilidade do trabalho não diminui sua seriedade e erudição.

No livro, ele decidiu partir de um monumento, um poema interminável, procurou o sentido e a função dele, tratou de desvendar um sistema político, o feudal, e levantou o problema da morte e o das mulheres na sociedade feudal.

O tema real do trabalho sobre o Marechal é a cavalaria, seus valores, seu ideal. Duby procurou estudar igualmente a concepção dos guerreiros a respeito da morte e das mulheres. Ampliou sua pesquisa documental incluindo material sobre casamentos, sepulturas, testamentos.

A obra de Georges Duby apresenta-se coerente, tendo um desenvolvimento lento. Foi trabalhada de acordo com um plano em três eixos: os estudos sobre a terra e os camponeses; os relativos à cavalaria e à nobreza: e os que dizem respeito ao poder.

O plano continha uma lacuna e o historiador procurou preenchê-la paulatinamente: trata-se do tema referente às mulheres e aos defuntos, sem os quais não se pode entender a sociedade feudal.

24 Duby, Georges. *Guilherme Marechal ou o melhor cavaleiro do mundo*. Rio de Janeiro: Graal, 1987 [1ª edição francesa, 1984].

O capitulo dezesseis do livro é dedicado aos "Parentescos". Duby abriu no Collège de France uma discussão semanal sobre o parentesco e a família na Idade Média ocidental. Ele lembra as preocupações dos etnólogos marxistas diante das sociedades primitivas. Recorda, também, que o presente apresentava questões para o historiador que vivia o desmoronamento da instituição familiar e a onda de liberalização relativa aos costumes.

Convidou Paul Veyne para dar sua opinião no seminário e percebeu, às vezes, a presença discreta de Foulcault na sala, fazendo anotações.

Nos escritos da classe dominante notou a ausência de referências "sobre a parentela dos humildes" (1993, p. 144), além de perceber que tais escritos nada dizem também sobre os amores dos humildes, e que "o pouco que encontramos é grosseiramente deformado pelos preconceitos de classe" (1993, p. 144).

A pesquisa de Duby dizia somente respeito à aristocracia. Ele notou a imitação dos grandes pelos pequenos. Sua experiência com a documentação dos cartulários e arquivos ajudou-o no estudo do parentesco.

Ele lembra a importância do contexto jurídico, do direito, mas adverte para a diferença existente entre as normas e a realidade social, e empreendeu a busca de novas fontes - poemas, narrativas, crônicas - para esclarecer os novos assuntos que explorava.

Para ele, a literatura doméstica relativa aos príncipes fornecia ao historiador informações das mais preciosas. Duby descobre que as linhagens possuíam uma moral e que as genealogias guardadas pela "memória dos descendentes" permitiram ver como eram sentidos então os vínculos de família.

Aventurando-se pelos romances e canções ligadas à cavalaria, nosso autor nota que essa literatura mostra o sonho, mas que tal sonho tem impacto nos comportamentos.

Auxiliado pelos especialistas na história da literatura vulgar, o historiador pode perceber, por meio da análise documental, a ocorrência de "uma mudança profunda das relações de parentesco" (1993, p. 147). Observou o papel primordial dos jovens. Viu a classe dominante "como um conjunto de linhagens masculinas" (1993, p. 147-148). Notou que as casas se justapunham.

Acreditou, também, na restrição de nupcialidade masculina, hipótese construída lentamente. Eis nas suas palavras a explicação do fenômeno:

> Assim foi que aos poucos, consultando todas as fontes, pude sugerir que se visse a classe dominante das regiões francesas do norte do

> Loire como um conjunto de linhagens masculinas, de uma nobreza mais ou menos brilhante, segundo a memória familiar que nelas remontasse mais ou menos longe em direção ao ancestral fundador. Como uma justaposição de casas de todos os tamanhos, organizadas segundo o modelo da casa real estabelecido na época carolíngia, cada uma delas colocada, como a casa real, sob a autoridade de um pai, e que transmitiria o poder ao filho mais velho. Pareceu-me que para evitar a dispersão do patrimônio, para que o tronco da linhagem não se exaurisse em ramificações, a prudência paterna cuidava de casar todas as filhas, mas dando mulher legítima apenas a um dos filhos, e expliquei mediante esta restrição da natalidade masculina o grande número de jovens e sua turbulência. Eu via assim articular-se uma estrutura cujo pivô era a instituição matrimonial e à qual se aplicavam todas os valores, mitos e ritos da cavalaria. Os documentos mostravam-me como esta estrutura tomava forma no fim do século X e começava a se desagregar dois séculos depois, no momento em que deslanchava a economia urbana e mercantil (1993, p. 147-148).

Sobre a questão da instituição matrimonial nos séculos XI e XII Duby redigiu um trabalho em duas versões: a primeira em inglês e a segunda, mais ampliada e aprofundada, em francês.[25]

Quanto ao contexto da conjugalidade nos séculos citados, o historiador o apresenta deste modo, definindo no mesmo passo a proposta de seu livro:

> Este livro pretende mostrar como se constituiu – e no mesmo período, ainda uma vez: os séculos XI e XII – o contexto em que a conjugalidade se inscreveu em nossa sociedade, até que esse mesmo contexto se desfizesse sob nossos olhos. Ele descreve a violenta oposição entre duas morais, a que servia de referência aos guerreiros e a que os padres queriam impor. Explica como e por que essas duas morais acabaram por convergir, assim como a lentíssima e hesitante sacralização da instituição matrimonial. A obra causou surpresa e valeu-me algumas cartas azedas. E com efeito ela perturbava todos aqueles – e eram muitos – que julgavam que o casamento fora considerado um dos sacramentos desde a origem do cristianismo. Sobretudo colocava, no terreno da sexualidade, implicitamente, uma questão grave: qual vem a ser a influência dos administradores do sagrado na evolução de uma sociedade? (1993, p. 149).

---

25 Duby, Georges. *O cavaleiro, a mulher e o padre. O casamento na Europa feudal.* Lisboa: Dom Quixote, 1988 [1ª ed. francesa, 1981].

A trajetória historiográfica de Duby desemboca na história das mulheres.[26] Ele diz que buscou estudar, durante cinquenta anos, os costumes e crenças da Idade Média e que a investigação ficaria incompleta se a mulher não estivesse incluída nela.

Os homens da Igreja foram os únicos homens que falaram das mulheres medievais. A pergunta do historiador é: o que nós conhecemos da mulher? A sua ambição é fazer uma aproximação da história das mulheres apoiada nas fontes. Ele deve evitar as armadilhas nas quais caíram as feministas extremistas ou os historiadores fanatizados por Joana D`Arc ou Leonor da Aquitânia.

O seu caminho é o do meio, sempre apoiado nas notas que tomou e no que aprendeu dirigindo uma importante obra *A história das mulheres* – erudita, severa e plena de interrogações.

Já na parte final de seu livro Duby procura interrogar-se sobre o ofício de historiador no momento em que escreve (seu trabalho foi publicado na França em 1991).

Nota que o ambiente acadêmico se degradou e o momento em que se formou e atuou foi o "bom momento" (1993, p. 152). Acredita na qualidade do bom trabalho de formação das elites feito pela República francesa. Faz uma defesa apaixonada das elites. Não quer para a França uma "felicidade sonolenta [...] como a dos nambkiwaras" (1993, p. 153). É importante ao mesmo tempo democratizar e selecionar. A hierarquia constitui uma exigência do progresso científico.

Julga a universidade incapaz de autotransformação, já que ela só pode realizar sua reforma por um ato exterior de autoridade ou pela emulação. Sustenta que o ofício de historiador deve ter sua dignidade elevada e alerta para o risco de deterioração que corre a universidade.

Ele nota sinais de apatia na "escola histórica francesa" (1993, p. 155) e observa que as curiosidades se dispersaram. Porém, ainda existem, segundo Duby, elementos de vivacidade naquela escola, como o fato dos medievalistas franceses brilharem em ciências auxiliares da história, como a heráldica e a codicologia. Há também inovações em dois campos: o da arqueologia e o da historiografia.

A arqueologia ampliou suas conquistas procurando recolher os traços humildes da atividade dos homens. Ela mostrou, por exemplo, que não existiam tantos

26 Duby, Georges. *Damas do século XII*. v. 1. *Heloísa, Isolda e outras damas no século XII*. São Paulo: Companhia das Letras, 1995. [1ª edição francesa, 1995]; v. 2. *A lembrança das ancestrais*. São Paulo: Companhia das Letras, 1997. [1ª. edição francesa, 1995]; v. 3. *Eva e os padres*. São Paulo: Companhia das Letras, 2001 [1ª. edição francesa, 1996].

castelos como se pensava ou que as atividades agrícolas se interpenetraram com as militares em certa região da França, o Delfinado.

Quanto à historiografia, Duby propõe que se estude atentamente as articulações da memória e da história. Confessa que os historiadores devem, na sua busca da verdade, usarem de prudência e ceticismo. Para ele, o testemunho forma o objeto principal da pesquisa histórica.

Nosso historiador se pergunta se conseguirá realizar o que considera seu projeto derradeiro, sobre a história das mulheres (Sabemos que ele o fez e com brilho):

> Suponhamos que eu leve a cabo meu derradeiro projeto, que consiga esclarecer e explicar o que os homens do século XII pensavam desses seres estranhos a que se uniam à noite, na obscuridade do quarto, dos quais obtinham prazer, que os inquietavam e que cobriam de desprezo, para deles se defenderem. Suponhamos que eu consiga elevar-me o suficiente para lançar um olhar por sobre o muro então erguido entre o domínio dos homens e o das mulheres, entrevendo algumas silhuetas, alguns gestos, advinhando um pouco do que as mulheres faziam então entre si. Não resta dúvida de que eu me deteria por aí, extenuado. Mas suponhamos, sonhemos... Permaneceria à minha frente uma pergunta. Aquela mesma pergunta que equivocadamente tangenciei durante cinquenta anos, ao determinar o campo da minha primeira investigação, quando deixei de lado os monges e os padres. A mesma questão pela qual passei a estudar a história do casamento, sem entretanto atacá-la de frente: como situar, em seu devido lugar, na sociedade feudal, no contexto do "feudalismo", a Igreja, e mais geralmente o que denominamos o religioso, libertando-nos de nossos hábitos mentais, de todos os lugares-comuns, esquecendo o que a história tradicional do cristianismo vem repisando? Chegou o momento de enfrentarmos este problema (1993, p. 157-158).

A carreira historiográfica de Duby mediante cinco depoimentos

Para completar nossa reconstituição do itinerário historiográfico de Georges Duby a partir de suas próprias palavras, vamos expor suas posições a respeito de seus primeiros livros e seu ofício de historiador tal como se depreenderam de cinco entrevistas concedidas por ele entre 1970 e 1986 a revistas francesas.

A primeira delas ocorreu em 1970 e foi publicada em livro em 1974.[27] Duby começa por mostrar sua preocupação com a análise das relações sociais, com o estudo da economia. Lembra a importância para tal pesquisa de um tipo de arqueologia, que diz respeito à civilização material. Mostra a necessidade de "investigar os modos de produção", "as relações sociais", "a história das técnicas" (DUBY, 1974, p. 202).

Observa o progresso rápido desta arqueologia na França. Salienta que se deve confrontar com os textos os resultados do trabalho arqueológico.

Na análise de seu tema, o historiador buscou elaborar um modelo. Uma "síntese conceptual" (1974, p. 202) de seu trabalho se encontra em *Guerreiros e camponeses*, obra que, como sabemos, foi publicada na França em 1973.[28]

Ele afirma, ainda, que se deve evitar uma dispersão empírica excessiva.

Defende uma maior abertura da história para as outras ciências. Cita a história do clima, mostrando que existe uma história da ecologia. Mostra a importância de se enriquecerem os métodos da história. Cita a contribuição trazida pela Linguística, com a perspectiva de se estudar os campos semânticos. Faz uma crítica em relação aos pioneiros do estudo da economia medieval, dizendo ser necessário descobrir a especificidade dessa economia. Refere-se à mobilidade dos preços. Diz que o historiador precisa da ajuda dos antropólogos. Ressalta a influência profunda do ritual, das relações pessoais, do costume sobre os processos econômicos.

Para ele, a História permanece como uma ciência piloto, que conhece um desenvolvimento verdadeiro e contínuo. Alerta para a importância de estudar as forças produtivas em seu desenvolvimento.

Duby procurou esclarecer em quais planos tem-se desenvolvido sua problemática historiográfica. Insiste na necessidade de submeter as bases econômicas da sociedade a uma prospecção muito fina. Isto sem esquecer o importante papel das representações, as quais apresentam quadros que podemos considerar como estruturas estáveis.

É o caso das três "ordens" – estáveis – que constituem uma "representação sociológica" (1974, p. 206). Elas exprimem relações de classe reais. Essa representação enrijecida teve impacto sobre as relações sociais. Ressalta a importância de estudar a noção de nobreza. As estruturas de linhagem foram consolidadas. A feudalização

27 Duby, Georges. Entrevista com Georges Duby realizada por Antoine Casanova para a revista *Nouvelle Critique (1970)*. In: Berque, Jacques *et al. Aujourd'hui l'Histoire*. Paris: Editiones Sociales, 1974, p. 201-217.

28 Duby, Georges. *Guerriers et paysans* VIIe-XIIe *siècle. Premier essor de l'économie européenne*. Paris: Gallimard, 1973.

pode ser considerada um processo tanto social quanto político, porque, baseadas no modelo real, constituíram-se casas autônomas.

As estruturas de linhagem determinaram o aparecimento de "fenômenos sociais muito interessantes" (1974, p. 207). É o que acontece com a restrição ao casamento dos jovens excetuado o primogênito. Os jovens constituíam uma categoria, uma sociedade agressiva, instável, turbulenta. Deve-se atentar para a existência do amor cortês, com seus modelos. Houve confusão entre situação econômica e classes de idade.

Segundo Duby, ocorreram tensões dentro da classe senhorial. Ele levanta a questão da individualidade. O indivíduo vivia numa "sociedade granulosa" (1974, p. 209). A sociedade medieval constituía uma sociedade gregária, de grupos. O chefe político por seu lado não podia passar sem o seu "conselho" (1974, p. 209)

Outro problema eram os bandos militares. Quanto à ação judiciária também ela é grupal. Contudo, a partir do século XII a aventura individual encontra um espaço maior.

Duby assinala ter a economia constituído um estímulo para uma posição de resistência da classe senhorial – uma classe ameaçada – e de ascensão dos deserdados, além de valorizar o espírito de empresa individual. Quanto aos rituais praticados pelos senhores, eles funcionavam como formas de bloqueio. Com referência ao amor cortês, o historiador critica os trabalhos de Nelli.

Ele considera uma história das mentalidades como uma "necessidade evidente" (1974, p. 210). Eis sua caracterização delas: "mentalidades (a palavra não me satisfaz) nós as entendemos como Jacques Le Goff como o 'conteúdo impessoal do pensamento', os mecanismos do espírito operando nos diversos níveis de um mesmo 'conjunto cultural'" (1974, p. 210). A pesquisa sobre elas engloba a totalidade dos signos, emblemas, o espaço visto como organização simbólica. Deve-se prestar atenção aos "sistemas significantes" (1974, p. 211) em sua evolução. O historiador operará a reconstituição dos "sistemas de valores" atentando para sua "evolução lenta" (1974, p. 211). É necessário fazer a leitura e releitura de um contexto global, assim como dar um caráter quantitativo à pesquisa.

Em relação ao método da história das mentalidades, três pontos devem ser destacados: 1) As mentalidades são coletivas; 2) Só é possível praticar tal história (o mesmo ocorre com a história das formações ideológicas) com um conhecimento aprofundado das estruturas políticas, sociais e econômicas; 3) Devem ser estudadas as interações, os enfrentamentos, as tensões que possam aflorar entre "os modelos ideológicos" (1974, p. 211) e a realidade social em termos objetivos.

Duby insiste na necessidade de retificar os testemunhos. Acredita que os grupos têm uma mentalidade própria. No caso da Idade Média estudada por ele – a dos séculos XI e XII –, os testemunhos têm origem no grupo dos eclesiásticos, dos intelectuais. Os testemunhos escritos sobre a "massa do povo" (1974, p. 212) são elaborados por pessoas pertencentes à classe senhorial.

Mentalidades e culturas dos diversos grupos estão em comunicação. Os "modelos culturais" (1974, p. 213) construídos na alta sociedade conhecem um "movimento de vulgarização" (1974, p. 213). Pode-se afirmar que há movimentos tanto de descida quanto de subida dos referidos modelos. O edifício cultural em seus diferentes estágios constitui objeto de trocas. Foi o que ocorreu no século XIII com o cristianismo. Pode-se definir a "cultura medieval" como uma "cultura senhorial" (1974, p. 212).

Para o historiador, o movimento histórico aparece marcado pela diversidade. Existem, por exemplo, as diferenças de caráter geográfico e "as diferentes atitudes psicológicas coletivas" (1974, p. 214). O terreno da cultura caracteriza-se por mutações. As estruturas profundas explicam o perfil das "áreas culturais" (1974, p. 214). Todavia não podemos esquecer as forças de inércia. As sociedades agrárias, por exemplo, são caracterizadas pelo conservadorismo.

Nosso autor considera "a biografia [...] o gênero histórico [...] mais difícil e também o mais esclarecedor" (1974, p. 215). Cita como modelo de estudo biográfico a obra *Lutero* de Lucien Febvre. Deve-se detectar onde age a inovação e onde atua o determinismo na vida de um personagem. A questão da biografia na Idade Média, segundo ele, tem contornos específicos. As autobiografias constituem os textos mais preciosos. As biografias formam um material muito importante para o estudo das mentalidades coletivas. Mas o estudo histórico deve ocupar-se não do acidente individual, mas do conjunto do grupo.

Duby pensa ser um "objetivo exaltante" (1974, p. 216) o estudo das mentalidades e ideologias.

A tarefa da História consiste na análise lenta do meio humano e do devir da humanidade, ajudada pelas outras ciências humanas.

Houve a desmistificação da história acontecimental e a conquista pela história estrutural de "posições inatacáveis" (1974, p. 216). Há necessidade de estudar a relação entre as flutuações que ocorrem na duração curta e o movimento que afeta as estruturas, no seu andar lento e seguro.

A experiência foi tentada por Duby no seu livro sobre *Bouvines*. Ele pensa que o estudo das explosões acontecimentais pode ajudar a fazer progredir a história estrutural e a determinar mais exatamente os motores que a animaram.

A segunda das entrevistas ocorreu em 1975.[29]

Segundo Duby, o livro *Domingo de Bouvines* não pode ser tomado como uma mudança brusca em sua obra. Trata-se da busca de situar o acontecimento na "história das estruturas" (DUBY, 1975, p. 111). Ele aparece como elemento revelador. O autor procurou descobrir o papel da guerra na civilização medieval dos inícios do século XIII.

Tratou de ver a posição assumida pelo acontecimento numa história, a das ideologias, de "muito longa duração" (1975, p. 111). Seu objetivo em *Domingo de Bouvines* é assim caracterizado: "Através do *Domingo de Bouvines* eu quis explicar como uma certa ideologia da guerra explica o acontecimento, seu impacto e como a lembrança é deformada, transformada, utilizada, explorada a serviço de uma ideologia dinâmica" (1975, p. 112).

Duby procurou perceber como uma imagem se transformava. Quis alcançar o impacto, o significado de um acontecimento, o de Bouvines, e também como ele nasceu.

Procurou apresentar o acontecimento estudado no "conjunto simbólico" (1975, p. 112) de uma determinada época, porque o historiador afirma ser necessário estudar antropologicamente o testemunho.

Diz que sua tese de doutorado foi um trabalho que finalizava seu aprendizado como historiador. E resume deste modo a proposta da tese:

> o meu objetivo era, referindo-me a quem era para mim o mestre [Marc Bloch], de construir um pequeno objeto a partir de materiais coerentes e de ver como o que Marc Bloch tinha escrito podia se verificar no interior de uma sociedade bem documentada e bastante estreita (1975, p. 113).

Tratava-se, portanto, de realizar o estudo de uma formação social em suas "bases materiais" (1975, p. 113).

Duby lembra o peso dos elementos tecnólogicos e demográficos. Define o seu trabalho sobre a economia rural como um exercício de síntese. Ressalta a importância, na Europa medieval, do campo e também o papel da Geografia.

---

29 Duby, Georges. Entrevista concedida a Marc Abeles. *Dialectiques*, 10-11. Paris, 4°. trimestre de 1975, p. 111-123.

Caracteriza a sua relação com a escola dos *Annales* nos seguintes termos: "Evidentemente, eu entrei muito rapidamente em relação com a Escola dos *Annales* pela leitura de Marc Bloch, pelo encontro com Lucien Febvre e por minha amizade com Braudel" (1975, p. 113).

Refere-se às relações entre a criação artística e a sociedade. Fala do que significa uma "sociologia da arte" (1975, p. 114). Ele procurou articular com precisão o que pensava da história das mentalidades, e ver com maior nitidez as relações entre o imaginário e "as condições materiais de existência" (1975, p. 114).

Discorre sobre o imaginário e o seu papel, lembra seu livro sobre as três ordens. Evoca o seu trabalho de pesquisa referente à sexualidade e ao parentesco. Diz ter tido "um longo interesse pela família" (1975, p. 114), e que é necessário compreendê-la para alcançar a compreensão da classe dominante., pois a família constitui uma sociedade.

Afirma ter havido na sociedade aristocrática uma mutação. Mostra que se procura nela defender o patrimônio. Um dos instrumentos para tal era "a política matrimonial" (1975, p. 115). Diz com felicidade que "a família é a metáfora da senhoria" (1975, p. 115). Observa que no interior do parentesco ocorria uma "circulação de bens" (1975, p. 115). Mostra os efeitos do "imaginário do parentesco" (1975, p. 115). Cita um documento muito rico, em relação a uma linhagem, "uma genealogia romanceada" (1975, p. 115). E acredita na necessidade de elaborar, para as relações econômicas internas do parentesco, uma teoria.

Duby afirma ser necessário criticar os documentos medievais. Aponta a necessidade, igualmente, de elaborar um modelo operatório para o estudo das "estruturas complexas" (1975, p. 116). Para ele "a casa do senhor" constitui "a relação de parentesco fundamental" (1975, p. 116). Os mortos, consumidores muito exigentes, eram objeto, periodicamente, de cerimônias fúnebres. O historiador fala da relação existente entre as casas senhoriais. Refere-se ao grupo familiar, à paróquia.

Sobre as casas camponesas diz: "Se as casas camponesas se encontram em certas condições englobadas na grande casa senhorial elas constituem também comunidades de residência e vizinhança" (1975, p. 116). Comenta também a monetarização ocorrida na economia senhorial. Destaca o papel importante exercido pela ética "nas atitudes econômicas dos indivíduos" (1975, p. 118), afirma que a "tradição cultural [...] religiosa" (1975, p. 118) exerceu influência sobre a economia. Houve o empobrecimento da classe senhorial. Quanto ao "poder do príncipe", ele passa pela "festa temporária" (1975, p. 118) por ele organizada. "O modelo principesco" (1975, p. 118) caracteriza-se pela largueza, pela realização de gastos excessivos.

A sociedade medieval no período estudado por Duby constitui "uma sociedade de consumo, uma sociedade incitada constantemente ao consumo por [...] modelos culturais". O impacto de "uma certa ética" sobre a evolução social passa por seu impacto sobre "a posição econômica dos indivíduos" (1975, p. 118).

O desenvolvimento de uma economia baseada no lucro encontra obstáculos formidáveis nos "modelos culturais" (1975, p. 118) vigentes no período. Esses modelos eram o religioso e o aristocrático.

Como nas cidades italianas vigorava uma "mentalidade pré-capitalista" (1975, p. 119), nosso autor procura caracterizar "a vontade de gastar e o lucro". Ele diz que "o crescimento das despesas ocorre ao longo de todo o período de crescimento da economia ocidental" (1975, p. 119). Vê a peregrinação como o "motor do crescimento" (1975, p. 119). Percebe uma expansão de modelos culturais "ostentatórios" (1975, p. 119) e afirma que gastos excessivos e de luxo exercem um papel decisivo na evolução econômica. O historiador estuda primeiramente a história econômica, depois a ética. Ressalta o papel determinante do consumo, "em um certo momento" (1975, p. 121).

Destaca a importância de vários rituais: do casamento, da festa e das crenças no purgatório e na sobrevivência. A "ideia de purgatório" (1975, p. 121), por exemplo, influenciou o "modelo econômico" (1975, p. 121) no seu funcionamento.

Quanto à questão das três ordens, Duby procura mostrar sua independência em relação ao modelo de Dumézil[30] elaborado no estudo das sociedades indo-europeias. Ele procura caracterizar a noção de ordens e afirma ter buscado estudar no seu livro *As três ordens* o que ocorreu com aquela imagem num período de dois séculos.

Buscando definir seu projeto no livro *As três ordens*, assim se exprime o historiador:

> Eu procuro explicar a aparição, a expressão primeira que nos foi deixada desta imagem de uma sociedade perfeita, pelos interesses em jogo no momento onde ela foi explicitamente formulada e ver como

30 Sobre Dumézil e sua obra, consultar: Sergent, B. "Dumézil, Georges, 1898-1986". In: Burguière, André (org.). *Dicionário das Ciências Históricas*. Rio de Janeiro: Imago, 1993, p. 248-250; Dubuisson, Daniel. "Dumézil ou la Société". In: *Mythologies du XX*[e] *siècle*. (*Dumézil, Lévi-Strauss, Eliade*). Lille: Presses Universitaires de Lille, 1993, p. 23-128.

> em seguida outros interesses a fizeram desviar um pouco, dessacralizar-se e aplicar-se a outra coisa (1975, p. 122).

Duby refere-se também à relação do modelo das três ordens com os fenômenos sociais, detêm-se no pensamento dos dirigentes da Igreja, afirmando que o fim da ordem política dos carolíngios provocou "uma fermentação intelectual imaginária" (1975, p. 122). Acrescenta que o modelo perfeito das três ordens é uma arma na polêmica contra os defensores da nova ordem – os heréticos de um lado e, de outro, os monges de Cluny. Termina suas considerações sobre o tema das três ordens dizendo que o modelo deixou de lado a massa popular, totalmente.

O historiador aborda o processo de Joana D'Arc.[31] Diz ter sido aí que se falou do povo, de maneira direta, pela primeira vez. Aí uma "ideologia de Estado" sofreu uma "manipulação" (1975, p. 123). Faz considerações sobre representações dos intelectuais e representações populares.

Afirma que o maniqueísmo demonstrado pelos universitários parisienses os situava na proximidade do campesinato. Finaliza suas considerações a respeito do assunto citando as separações e relações existentes em meios diferentes em relação à representação da sociedade, do mundo, da Igreja.

Passemos agora à terceira entrevista, publicada na revista *Magazine Littéraire* em 1977.[32]

Para Duby, a influência do marxismo foi decisiva na "escola histórica francesa". Ele sublinha a importância de Braudel e comenta a relação dos historiadores com o grande público.

Pensa que se deve dar a palavra ao testemunho e privilegiar o seu estudo. Quanto aos textos narrativos, diz que se deve justificar as novas perguntas feitas a eles e acrescenta: "Os grandes textos narrativos foram esquecidos pelos *Annales* da primeira fase" (LE GOFF, 1978, p. 52). Duby voltou à leitura deles, de uma outra maneira.

O seu interesse reside no modo como aqueles textos se conscientizaram dos fatos por eles narrados. Afirma situar sua observação ao nível do "imaginário coletivo" (LE GOFF, 1978, p. 52). Lembra a importância da hagiografia. Confessa diante

31 Consultar do autor sobre o assunto: *Les Procès de Jeanne D'Arc* (em colaboração com Andrée Duby). Paris: Gallimard, 1973.

32 Duby, Georges. "A história – um divertimento, um meio de evasão, um meio de formação". Declarações recolhidas por Philippe Venault. In: Le Goff, Jacques *et al. A Nova História*. Lisboa: Edições 70, 1978.

da informação, a sua humildade. Diz escrever com liberdade "porque já fez suas provas" (1978, p. 53).

A quarta entrevista foi igualmente publicada pela revista *Magazine Littéraire* em 1980.[33]

Duby demonstra "uma certa modéstia" (ARIÈS, 1981, p. 9) quando trata do ofício do historiador. Tem a convicção de que "a objetividade do conhecimento histórico é um mito" (ARIÈS, 1981, p. 9). Refere-se a mudanças sofridas pela história quanto à sua função na sociedade. O campo de ação do historiador também sofreu modificações, segundo ele.

Nosso historiador discorre sobre a compreensão científica do passado. Fala da história quantitativa e de como ela se desenvolveu. Refere-se à ideologia e às paixões. Considera o discurso histórico "uma forma de criação" (1981, p. 10), e acrescenta que o material histórico sofre nas mãos do historiador uma elaboração subjetiva.

O começo da carreira de Duby ocorreu dentro do universo da história positivista. Ele procurou fazer uma "história da economia rural" medieval (1981, p. 11). Considera determinantes os fenômenos mentais da sociedade; no momento da entreista ele se interessa pelo espírito, pelas ideias.

Afirma que os historiadores tinham apreço pelas fontes arquivísticas e desprezavam os documentos narrativos e que ele operou uma mudança nas fontes que utiliza. Descobriu as narrativas, o principal alimento de seu trabalho da época. Duby considera-se muito cético em relação à história. Diz ser um historiador fixado nos séculos XI e XII e que se preocupa com o edifício social no seu funcionamento. Pensa que há manipulação do vivido em documentos do tipo das escrituras de doação.

De acordo com ele, quando o historiador escreve a história, é o seu sonho que ele enuncia. Existe uma diferença enorme entre a história e o romance. O método histórico é certamente importante. Acredita o historiador que "jamais chegaremos a uma verdade objetiva" (1981, p. 13).

Referindo-se a seu livro sobre a batalha de Bouvines, Duby fala que os historiadores, os cronistas, criaram o acontecimento e define a sua proposta na obra:

> Bouvines foi criado por uns *media* que eram, então, os cronistas. Em seguida, quis ver qual a intervenção da memória e do esquecimento e como é que o acontecimento foi sendo recuperado de geração em

33 Duby, Georges. "O historiador hoje". Entrevista realizada por Raymond Bellour. In: Ariès, Duby, Le Goff. *História e Nova História*. Lisboa: Teorema, s/d, p. 7-21.

geração, e utilizado a serviço de uma certa ideologia, de uma certa concepção do passado (1981, p. 14).

O espírito dos *Annales* foi o norteador da formação historiográfica de Duby, que afirma seu interesse pelas ciências humanas.

Ele fala dos "progressos da semiologia" e "do peso do inconsciente" (1981, p. 15). Tem o sentimento do caráter subjetivo da história.

O historiador procura equacionar o problema da "função da história" (1981, p. 16). Segundo ele, Raul Glaber propôs dos fatos uma interpretação moral. A história pode ser considerada um divertimento. Ela exerce funções variáveis como ideologia. O historiador, caso de Michelet,[34] pode exercer "a função de pedagogia moral" (1981, p. 16). Duby não compartilha do sonho de Michelet de "proferir uma mensagem que mobilize as massas" (1981, p. 20).

Fala dos historiadores que serviram o Estado. Qualifica de "chauvinista" a história de Lavisse[35] (1981, p. 17). Discute como questão a história nacional. Afirma ser um profissional. Cita de Certeau, para quem as instituições são o lugar onde se faz a história. Fala da história da França. Refere-se a livros seus, os próprios e os encomendados, como o relativo a Bouvines, no qual ele resolveu a seu modo a realização da encomenda. Lembra a "sociologia da arte medieval" (1981, p. 19) que produziu. Pensa que a história deve ter um papel num "ensino democrático" (1981, p. 20). Vê a "História [...] readquirir confiança em si própria" (1981, p. 20). Insiste na necessidade de divulgação do trabalho feito pelo historiador. Recorda a importância do "espírito crítico" (1981, p. 21). E acredita no caráter subjetivo de "toda informação" (1981, p. 21).

A quinta entrevista foi publicada na revista *Le Débat*, em 1986.[36]

No início de sua carreira Duby conheceu a Geografia, leu a revista *Annales* dos primeiros oito anos. Teve conversas longas com Lucien Febvre, apaixonou-se pela obra deste sobre Rabelais. Trabalhou com Mandrou no livro *Histoire de la*

---

34 Sobre Michelet consultar: Viallaneix, Paul. "Michelet, Jules, 1798-1874". In: Burguière André (org.). *Dicionário das Ciências Históricas*. Rio de Janeiro: Imago, 1993, p. 541-543; Bourdé, Guy e Martin, Hervé. "Michelet e a apreensão total do passado". In: *As escolas históricas*. Lisboa: Europa-América, s/d, p. 82-96: Barthes, Roland. *Michelet*. Paris: Seuil, 1974 [1ª edição francesa, 1954].

35 A respeito de Lavisse consultar: Glénisson, J. "Lavisse, Ernest, 1842-1922". In: Burguière, André (org.). *Dicionário das Ciências Históricas*. Rio de Janeiro: Imago, 1993, p. 486-488: Dosse, François. "A era Lavisse". In: *A história em migalhas: Dos Annales à Nova História*. São Paulo: Ensaio, 1992, p. 36-42.

36 "L'Art, l'écriture, l'histoire". Entrevista com Georges Duby, *Le Débat*, Paris, novembro de 1986.

Civilisation Française. Praticou um tipo de história marxista ou marxiana. Afirma categoricamente que "Braudel não teve influência científica" (DUBY, 1986, p. 175) sobre ele. Considera um momento crucial na sua trajetória aquele no qual passa a voltar sua atenção para o impacto dos fatores não materiais no processo evolutivo das sociedades. Segundo ele, depois de vinte anos de trabalho historiográfico ocorre o seu encontro com a história das mentalidades.

Com relação à sua especialização em Idade Média e no feudalismo, Duby responde que foi uma tentativa de dominar mil anos de história. Mas na sua carreira e nos trabalhos permaneceu nos séculos XI e XII – o período coberto pela sua tese de doutorado. Ele diz que tudo saiu da tese: "a problemática, a periodização, o campo de pesquisas" (1986, p. 176).

Segundo nosso autor, sua tese é uma obra juvenil. Aos 21 anos ele leu *A sociedade feudal* de Marc Bloch. Aos trinta anos ocorreu a defesa da tese. Ele caracteriza assim seu projeto na tese:

> Minha tese é uma obra de juventude que eu tive a vantagem de fazer rápido. Aos vinte um anos, eu li *A sociedade feudal* de Marc Bloch e eu defendi minha tese aos trinta anos. O que quer dizer que eu não estava maduro ainda. Eu comecei sem ideias preconcebidas. Eu queria somente aplicar o ponto de vista que tinha me seduzido em Marc Bloch, projetando-o sobre uma pequena região onde a abundância de documentos me permitia ver claro, e me voltando para um período que Marc Bloch tinha deixado um pouco de lado porque ele é em geral mal esclarecido pelas fontes. Trata-se dos decênios que cercam o ano mil (1986, p. 177).

O historiador faz restrições a Marc Bloch:

> Eu admirava Marc Bloch. Não desejava ultrapassá-lo, menos ainda criticá-lo. Eu analisei então minuciosamente os cartulários de Cluny e dos estabelecimentos que o rodeiam. No curso da caminhada, eu redigi, para me fazer conhecer, um longo artigo sobre o exercício da justiça no Mâcconnais. Então, tudo se esclareceu. Eu percebi que a sociedade se organizava em função do poder de comandar e de punir, de um poder, o poder senhorial, enraizado numa torre, numa fortaleza, num castelo. O que fez aparecer que Marc Bloch nem sempre viu corretamente, quer se trate da servidão, da cavalaria, ou de outros fatos apresentados admiravelmente nesta magnífica síntese que é *A sociedade feudal*, mas que, vistas de perto, mostravam-se sob uma perspectiva diferente, mais próxima da realidade (1986, p. 177).

Na visão de Duby, espaços heterogêneos constituem a França do ano mil. Sua tese estabeleceu "um modelo regional" de explicação. O historiador percebeu na documentação a ocorrência de "uma mutação real". A essa nova realidade se adaptaram os documentos. Paralelamente aconteceu uma mudança na organização social. A transformação apareceu nos atos. Ela constitui "uma novidade desconcertante" (1986, p. 178). No Mâconnais velhas estruturas se desagregaram e novas foram edificadas. Esta fratura aconteceu por volta do ano mil. A sociedade e o poder estabeleceram uma forma nova de relação. Eis como Duby coloca a questão:

> Mas se introduz então uma cronologia diferente da de Marc Bloch, com uma "segunda idade feudal" que começava no século XII. Ora, para mim, o ponto de fratura se situa nos arredores do ano mil. E eu não utilizaria mais a expressão "primeira idade feudal" que eu utilizava ainda na minha tese. Eu penso que uma forma nova de relações entre a sociedade e o poder, diferente da antiga, aparece no fim do século X e começa a desmoronar pelo meio do século XII como efeito da reconstrução do Estado (1986, p. 179).

Duby como geógrafo acredita que o ecossistema determina em grande medida as relações sociais:

> Geógrafo de formação, eu parto do princípio que as relações sociais são determinadas em boa medida pelo eco-sistema, pelo "meio" ao mesmo tempo físico, mental, cultural. Eu não penso então que as coisas possam-se passar na Espanha, na Itália, como no Mâconnais ou na Inglaterra (1986, p. 179).

Quando trabalhava em sua tese, o historiador encontrou poucas informações sobre economia. Ele aponta o papel determinante "da repartição do poder" na história da sociedade. Faz reflexões sobre poder, cultura, ideologia. Nas suas próprias palavras:

> Eu parti de uma concepção marxiana da história, afirmando ainda de minha decepção, quando eu preparava minha tese, de encontrar muito poucas informações sobre a economia e, em todo caso, nenhum índice permitindo supor que [a revolução do ano mil] tenha sido acompanhada de uma mudança na economia. Desde aquele momento, sem ter mudado meu ponto de vista sobre a história – eu escrevi, entre outros, *A economia rural* e *Guerreiros e camponeses* – e sem ter mesmo abandonado a inspiração marxiana, eu coloquei em aplicação o que eu tinha percebido analisando os cartulários de

> Cluny, isto é, que na história das sociedades intervém de maneira determinante a repartição do poder. O que me conduziu a refletir sobre o poder e sobre o papel dos fatores imateriais, ideológicos, intelectuais ou culturais (1986, p. 180).

Duby caracteriza o "poder castelão" (1986, p. 180). A sociedade feudal constitui uma sociedade de classes na qual quem traça a linha de demarcação é o poder senhorial. Os padres – administradores do sagrado – constituem uma terceira categoria, ausente da tese. É urgente a integração do sagrado "nos [...] modelos da sociedade feudal" (1986, p. 180). Tudo na sociedade feudal é sagrado, e isso permeia o poder, a economia, as relações simbólicas.

Desenvolvendo estes temas, assim se expressa o historiador:

> Pode-se partir efetivamente do poder castelão que determina uma separação radical entre os que são submetidos às taxas retribuindo o serviço de paz e de justiça, assumido pelo castelão, e os que repartem entre si os produtos desta fiscalidade: o próprio castelão e os guerreiros que o ajudam a administrar a senhoria. Na medida em que a sociedade feudal é uma sociedade de classes, é o poder senhorial que traça a linha de demarcação, tratando diferentemente os que trabalham. Mas existe também uma terceira categoria da qual eu lamento não ter falado na minha tese porque ela exerce uma função fundamental: são os membros da Igreja, os administradores do sagrado. O que é urgente, no meu entender, realizar hoje, é a reintegração do sagrado, no sentido que dá a esse termo Alphonse Dupront, nos nossos modelos da sociedade feudal. Se eu tivesse vinte anos menos, eu gostaria de abordar este difícil problema, tirando proveito de meu longo contato com os teólogos, os monastérios cistercienses, as catedrais – eu incito meus alunos a se lançar nesta pesquisa, a não mais, em todo caso, imaginar, o que é uma aberração, que nesta sociedade havia de um lado o religioso e de outro o profano, mas admitir esta realidade gritante que tudo é sagrado, o religioso está em toda parte. É preciso fazê-lo intervir a todo momento: nas relações econômicas, nas relações de poder, nas relações simbólicas entre o homem e o mundo visível e invisível (1986, p. 180).

Para o geógrafo Duby, o olhar aparece como fundamental. A cartografia parece-lhe importante. Na época da tese ele teve contato imediato com a paisagem. Tornou-se um observador das paisagens. Segundo diz, "o contato prolongado com o terreno mudou completamente minha leitura dos documentos" (1986, p. 181).

Duby foi fascinado por todas as formas de arte. Ele refere-se à separação entre o trabalho do historiador e o gozo proporcionado pela degustação artística. O historiador procurou utilizar no seu trabalho profissional o elemento gratuito proporcionado pela arte. Tratava-se, para ele, por meio da arte, de colocar a sociedade feudal em evidência.

Duby expôs desta maneira seu método de historiador da arte:

> Eu quis inicialmente comunicar a emoção que estas obras de arte suscitam em mim a aqueles que me leriam, mas também oferecer as chaves para penetrar nelas, explicar-lhes porque, segundo quais intenções, para qual uso estes objetos foram produzidos. O que me conduziu a colocar em evidência a sociedade que os produziu. Deste modo, a aqueles que são comovidos pela grandiosa pobreza de um claustro cisterciense, de uma igreja cisterciense, eu tento mostrar as relações que as criações arquitetônicas estabelecem com o pensamento de São Bernardo do mesmo modo que com os lucros de uma exploração agrícola racional ou com o instrumental do qual as pessoas se serviam na época para talhar a pedra. Eu estou persuadido que a arte é a expressão de uma organização social, da sociedade no seu conjunto, de suas crenças, da imagem que ela se faz dela mesma e do mundo. É evidente que um monumento diz tanto quanto os textos sobre o que os homens de seu tempo tinham no espírito e que o dizendo de outra maneira, ele dizia mais (1986, p. 182).

A partir de um certo momento, nosso medievalista passou a ter uma preocupação maior com o estilo, com o luxo da boa escrita. Diz ele a este respeito:

> Escrevendo *Damas do século XII,* minha preocupação de escrever bem não superava aquela de multiplicar o mais largamente possível o que creio saber sobre as mulheres. Eu quis simplesmente, para minha própria satisfação e na esperança de satisfazer deste modo alguns de meus leitores, acrescentar o prazer do texto àquele de descobrir uma história mal conhecida (1986, p. 183).

Com as encomendas para escrever livros de arte Duby teve que mudar sua forma de expressão. Buscou uma poética para exprimir conteúdos sensíveis. As inovações estilísticas persistem nos livros *As três ordens* ou em *Domingos de Bouvines. As Três Ordens* aparece definido por Duby como "um livro austero" (1986, p. 184).

Nos livros *Bouvines* e em *Guilherme Marechal* o estilo se faz mais presente. Ele fala também das limitações do historiador em relação à expressão literária.

Eis como Duby se expressa sobre estes temas:

> Tudo começou quando eu aceitei escrever para Skira. Eu tive de mudar minha maneira de escrever. Por duas razões: por que Skira me pedia para me dirigir a um público diferente que não era forçosamente sensível às qualidades do estilo universitário, e, de outra parte, porque eu não tratava mais do trabalho ou dos territórios mas que era necessário fazer compartilhar minha emoção diante de um Masaccio ou as igrejas otonianas. Era necessário então encontrar artifícios, formas de expressão, palavras, uma espécie de poética capazes de transmitir não somente conteúdos intelectuais mas conteúdos sensíveis. E quando, depois de três livros para Skira, eu escrevi *As três ordens* ou *O Domingo de Bouvines,* sobrou alguma coisa destas inovações estilísticas. *As três ordens* são um livro austero em que a exigência de clareza é fundamental, mas eu não me proíbo aí, em certos momentos, o que se chama estilo. E é ainda muito mais verdadeiro nos livros dirigidos para um público mais amplo que o público das *Três ordens*, isto é, em *Bouvines ou Guilherme Marechal.* Eu trabalhava então as frases, mas respeitando as regras de meu ofício, estes imperativos que distinguem o historiador do romancista e do poeta. O historiador não é livre. Ele deve transcrever fielmente o que ele extrai dos documentos, de todos os traços do passado que ele encontra e que ele é estritamente impedido de manipular (1986, p. 183-184).

De *Guerreiros e camponeses* a *Bouvines* Duby sofreu mudanças tanto na visão da história como na maneira de escrever:

> Passar de *Guerreiros e camponeses* a *Bouvines*, não mais retirar o essencial de minha documentação dos cartulários mas das narrativas, de composições menos próximas do real, freqüentemente poéticas, me obrigava também a mudar ao mesmo tempo que minha maneira de interrogar os textos, minha maneira de escrever. É mais fácil descrever uma senhoria que estabelecer o que os homens do século XI ou XII tinham na cabeça a respeito da guerra ou das mulheres. A gente solta as rédeas da imaginação e ao mesmo tempo, as rédeas da escrita. O historiador se concede um pouco da liberdade do romancista, mas com infinitas precauções e com o mais estrito respeito de sua moral. Fazendo assim, ele se dá a liberdade de escrever de uma maneira menos estritamente amarrada a índices documentários. Em contrapartida, ele deverá dizer mais frequentemente porque ele

> exprime suas próprias opiniões e seus próprios sentimentos, e não forçosamente o incontestável (1986, p. 184).

Para Duby, *Bouvines* significava inicialmente romper com as amarras da profissão universitária, significava a liberdade. A verdadeira ruptura se situava no plano da erudição: mudaram os documentos e a maneira de trabalhá-los.

Vejamos estes pontos nas próprias palavras do historiador:

> Era uma ruptura, a ruptura inicialmente com o que há de coercitivo na profissão universitária. *Bouvines* era para mim a liberdade. Devido ao caráter da coleção onde este livro deveria inserir-se e que convidava ao mesmo tempo Giono, François Mitterand e eruditos. Mas a verdadeira ruptura se situa no plano da própria erudição. Decisiva era a nova atitude requerida a propósito do documento. Os documentos que eu estudo mudavam de natureza, eu não podia interrogá-los como os anteriores. A narrativa que Guillaume le Breton oferece da batalha é um longo poema. Eu devia me interessar mais pela testemunha e pelo que ele diz que pelo próprio acontecimento. No fundo, a batalha não me interessava. Minha intenção não era descrevê-la, ela o tinha sido perfeitamente no começo do século pela história positivista, mas de mostrar como as pessoas tinham lembrado dela, como a tinham narrado. *Bouvines* inovava obrigando-me a observar o jogo da memória e do esquecimento, a abordar os discursos feitos sobre um acontecimento ao longo dos séculos, como constitutivos do próprio acontecimento. De todo modo as coisas sempre se passaram assim. Sabemos bem que há três ordens na sociedade do Antigo Regime. O que me interessa são as razões pelas quais esta disposição arbitrária foi proposta, recebida, recusada, durante a Idade Média. Do mesmo modo a maneira pela qual se falava das mulheres no século XII. Eu bem sei que eu não saberei jamais objetivamente quem eram estas mulheres. Em síntese, eu procurei desde *Bouvines* reconstituir os discursos feitos sobre a sociedade feudal no seu conjunto ou sobre tal grupo social em particular, na medida em que estes discursos constituem esta sociedade ou este grupo social. Tal é a verdadeira ruptura (1986, p. 185).

capítulo 2

Duby: teoria, método, historiografia

Neste capítulo apresentaremos de maneira abrangente o pensamento de Duby a propósito das questões metodológicas, teóricas e historiográficas que permearam a construção de sua obra de historiador profissional, dedicado à elaboração de uma obra decisiva no campo da medievalística francesa do século XX.

Duby em face das questões teóricas da História

Começaremos nossa apresentação destes aspectos do trabalho do historiador com um livro[1] que representa um balanço sistemático das questões que acabamos de apontar, *Diálogos sobre a Nova História.*

O trabalho é dividido em quatro capítulos. O primeiro, denominado "Um nominalismo bem temperado", é dedicado a considerações teóricas sobre a História. O segundo, "A memória e o que ela esquece", tem por tema o estudo da memória, o qual tem adquirido muita importância na discussão dos historiadores atuais.

O terceiro denomina-se "Na história da história" e discute amplamente as questões historiográficas. O quarto, "Marx e a água do banho", faz as discussões das questões teóricas propostas por Marx em sua obra e seu impacto na historiografia, inclusive nos trabalho de Duby. O quinto capítulo, "Interferências, correlações, arranjos móveis" procura extrair conclusões dos discursos realizados no livro

1 Duby, Georges e Lardreau, Guy. *Diálogos sobre a Nova História.* Lisboa: Dom Quixote, 1989 [1ª edição francesa: 1980].

por Duby e por Lardreau, que é filósofo. O livro contém ainda, além de um longo "Prefácio" de Lardreau, um "Epílogo" e um "Posfácio", este redigido por Duby.

O primeiro capítulo é dividido em três itens: "O sonho condicionado do historiador", "A erudição, uma questão de ética", "A história é cronologia", que já são, por seus próprios títulos, tomadas de posição teórica de Duby.

Inicialmente se coloca a questão da História em relação com a evasão, a especificidade do campo do medievalista, a escolha do historiador e a relação entre a subjetividade do historiador e a realidade histórica. Abre-se uma discussão sobre as fontes e afirma-se a existência de uma comunidade de historiadores, que constitui um sistema.

A respeito da História como sonho, Duby afirma: "Uma vez mais estou convencido de que a história é, no fundo, o sonho do historiador – e esse sonho é fortemente condicionado pelo meio em que está mergulhado, de fato, esse historiador" (DUBY, 1989, p. 44-45).

Aponta-se a necessidade de depuração das fontes, da erudição, da procura da exatidão. Nosso autor levanta a questão da cronologia, das relações entre história e duração, folclore e cultura, e sublinha a importância do contexto.

Em relação ao tema das três funções, central em sua obra e ao qual dedicou um dos seus livros mais eruditos – *As três ordens ou o imaginário do feudalismo* –, expressa-se do seguinte modo:

> Há *acontecimentos culturais*, é evidente. Mas poderemos conceber uma história das mentalidades, ou das representações imaginárias, baseada apenas no excepcional? Retomemos o caso da proclamação do bispo de Laon, por exemplo, que estudo no seu (sic.) último livro, e que está datada com alguma precisão. Sei que Adalberão utilizou em dado momento, em dado lugar, o tema, vago, da trifuncionalidade. Mas não é ele que o inventa. Este tema estava presente nas consciências. Há quanto tempo? E, quando o vemos, mais tarde, desaparecer das fontes de que dispomos, isto é, dos escritos produzidos pelos intelectuais, nada nos autoriza a dizer que ele tenha desaparecido de todas as memórias. Estou mesmo convencido de que ele continua a viver num outro setor da cultura profana, cavaleiresca, que escapa então por completo à nossa observação (1989, p. 55, grifos do original).

Ainda sobre este tema, é lembrada *A república*, de Platão.

Duby vê o acontecimento como revelador, cita sua relação com as profundidades, a ligação entre o personagem excepcional e as estruturas e lembra novamente a precisão do historiador.

O capítulo dois, "A memória e o que ela esquece", está divido em dois itens: "A história da memória" e "A memória popular: cultura 'popular' e falsa memória". Para Duby, a memória constitui um instrumento de dominação. Ele discute as relações entre o poder e a memória, refere-se ao murmúrio dos de baixo, à pequena rebelião dos humildes, do povo – visto como o outro, o inquietante.

O historiador procura estabelecer a relação entre guerra e metalurgia, e fala da "mentalidade camponesa" (1989, p. 66). Apresenta também a questão da escrita, cita a escrita monumental, relaciona a escrita com os mortos. Volta à questão da memória e do poder e fala da "memória dos proprietários" (1989, p. 67). Discorre sobre o costume. Lembra "a vulgarização dos modelos aristocráticos" (1989, p. 69), objeto de um de seus artigos mais importantes.[2] Eis como ele caracteriza este processo:

> essas camadas sociais que agrupamos vagamente, sem saber quais, sob o nome de "povo", não estou de modo nenhum convencido de que tenham tido meios para produzir uma "cultura". Tomo aqui a palavra, voluntariamente, no seu sentido mais simples e não naquele que os antropólogos construíram (mas não se jogará precisamente com a ambiguidade, quando se fala de "cultura popular"?). De fato, por mim, aquilo que pude observar, como medievalista, foi que o que é produzido nas esferas mais elevadas em torno do poder, em torno do príncipe, exerce sobre os meios imediatamente inferiores uma atração, um fascínio que alastram progressivamente e se difundem até aos fundamentos do edifício social. A tendência mais activa, que anima a história cultural, é a de uma vulgarização dos modelos aristocráticos, um lento movimento descendente (1989, p. 69).

O historiador mostra a fraqueza da religião cátara. Passa, depois, a fazer a relação entre o campesinato e a vigilância e entre o senhorio e a segurança.

Pensa que a sociedade rural que estudou era

> incrivelmente vigiada, contida, refreada. E é preciso dizer, além disso, que os camponeses a desejam, a essa vigilância: acabemos com o mito do campesinato empenhado em destruir o senhorio.

2 Duby, Georges. "A vulgarização dos modelos culturais na sociedade feudal". In: *A sociedade cavaleiresca*. São Paulo: Martins Fontes, 1989, p. 145-153.

> Desejavam-na menos rigorosa, mas não que ela desaparecesse. O sistema senhorial não se teria evidentemente agüentado sem esse consentimento, sem essa submissão voluntária. As efervescências, as resistências, as revoltas existiam, com mais vigor e permanência do que se pensaria ao ler textos que, quase todas eles, se dedicam a dissimular as contradições da sociedade feudal. Mas essa rebelião latente não deve ocultar que o senhorio fornecia também alguma coisa, e principalmente: *a segurança*. Nem os senhores nem os padres teriam sido obedecidos se não tivessem sido protectores e prestáveis. O senhorio fornecia, afinal de contas, a "segurança social" (1989, p. 72).

A propósito do enclausuramento das mulheres, do papel dos jovens[3] guerreiros na sociedade feudal, da sexualidade na mesma formação social, diz Duby:

> esses *juvenes*, na realidade, são testemunho da penúria de mulheres que a política matrimonial então triunfante provocava. Eles bem teriam gostado de se casar. Não pensavam noutra coisa. Mas o interesse das linhagens, a preocupação de não dividir a herança obrigava os benjamins nobres a permanecer celibatários. De facto, a Idade Média é a época em que a Igreja consegue impor os seus modelos, uma extrema disciplina das relações sexuais, da troca sexual, em que ela consegue afirmar que é sobre o casamento que assenta toda a ordem moral. Se quiséssemos uma imagem da sexualidade medieval, mais do que olhar para as que a etnologia dos "primitivos" poderia fornecer-nos deveríamos passear pelos países do Islão. Na Europa medieval também: uma cultura em que as mulheres que não eram prostitutas eram enclausuradas, interditas, confinadas nesse interior obscuro das casas, onde se procria, onde os filhos são educados, os alimentos preparados, o corpo dos defuntos lavado (1989, p. 72).

O capítulo terceiro, "Na história da história", está dividido em três itens: "Os camaradas", sobre os cronistas medievais, "A grande história romântica", que aborda esta historiografia e fala de seus grandes representantes, como Michelet e Thierry,

3 Tema de Georges Deby no artigo "Os moços na sociedade aristocrática no norte da França no século XII". In: *A sociedade cavaleiresca*. São Paulo: Martins Fontes, 1989, p. 95-105.

aparecendo também Fustel de Coulanges,[4] que tem uma posição distinta no espectro historiográfico do século XIX.

Em relação a Michelet, a quem criticara em texto aqui já citado, Duby faz alguns elogios, mas também críticas duras, o que neste aspecto não deixa de surpreender, já que Michelet constitui uma das matrizes reconhecidas dos *Annales* e foi uma das paixões intelectuais de Lucien Febvre, que escreveu sobre ele dois livros e que compartilhava de seu programa de tornar a história "mais espiritual" (LE GOFF, 1990, p. 41), desenvolvendo sistematicamente uma história das mentalidades, a qual terminou por se constituir nos anos 1960 e 1970 do século XX – com Duby e outros – num dos triunfos dos *Annales*. Assim escreve Duby sobre o grande historiador romântico francês:

> desses homens, sinto-me ao mesmo tempo próximo, próximo dos seus desígnios, e longe deles. Como eles, acredito muito no valor da expressão, no que é a forma; e, como eles, desejo oferecer aos que me leem simultaneamente o prazer da descoberta do passado e o prazer do texto. É nisso que me aproximo deles. Com a convicção de que, se eles tiveram êxito (e tiveram êxito, Michelet e os outros), foi precisamente porque o público esperava isso, porque souberam responder a uma procura [...] Sinto, pois, uma enorme veneração pelo que esses historiadores fizeram; mas uma veneração mesclada de irritação. É o que me acontece com Michelet, por exemplo: Sinto-me ao mesmo tempo muito fraterno, em relação a Michelet, e muito irritado com ele: o que mais me aproxima dele são sem dúvida minhas origens: também eu sou parisiense, e nascido num meio social que não me parece muito diferente daquele em que ele nasceu. A minha maior emoção, na leitura de Michelet, veio das notas que ele consagrou a Paris, e que se encontram disseminadas pelos seus manuscritos, nas prateleiras da biblioteca de história da cidade de Paris; lembro-me de bons momentos de convivência com ele. E há além disso, por outro lado, o caráter monumental e profundo, denso, dessa obra, que me fascina. Mas não posso dizer que alguma vez leia Michelet sem uma certa irritação. Talvez porque falaram dele, porque brandiram demasiado alto a sua personalidade, como uma espécie de estandarte, nos combates travados pelos meus mestres, Lucien Febvre em particular, contra a história acanhada que lhes era oposta (um combate de que apesar de tudo

4 Sobre ele consultar: Hartog, F. "Fustel de Coulanges, Numa Deny, 1830-1889". In: Burguière, André (org.). *Dicionário das ciências históricas*. Rio de Janeiro: Imago, 1993, p. 343-344; Dosse, François. *A história em migalhas. Dos Annales à Nova História*. São Paulo: Ensaio, 1992, p. 41-42.

> saíram vitoriosos), eles referiram-se a Michelet – era natural, mas se calhar os seus epígonos forçaram um pouco a nota. O que me irrita também é a sua tentação de se tornarem o que era Michelet, mentores da juventude: é evidente que é tentador: esse homem falava de história, aqui no Collège de France, e logo tudo se punha a mexer, na rua. Estou a falar-lhe de sensações muito epidérmicas. Passemos ao mais profundo: não sou muito sensível à "generosidade" de Michelet. Ele surge-me como um homem fechado, um pouco mesquinho, no final de contas. É em vão que procuro nele a generosidade extraordinária de um Lucien Febvre, ou de um Fernand Braudel, que são homens da vida, que dão às mãos cheias, alto e bom som. Tenho a impressão de um homem introvertido, avaro. Por outro lado, se é certo que é um homem de trabalho, pois conviveu com os documentos tanto quanto era possível conviver com eles no seu tempo, o transbordar de sua libido não deixa de ser um pouco torrencial em certos momentos; confesso-lhe, para retomar um livro que já mencionei, que nunca compreendi o entusiasmo que *la Sorcière* podia suscitar, a não ser naqueles que tentam penetrar na personalidade do seu autor, nas profundezas de uma psicologia que é a de Michelet. Mas tudo o que ele aí diz da Idade Média parece irrisório a quem julga conhecer um pouco o que eram as relações sociais verdadeiras. Por fim, e talvez seja o que conta mais que tudo: não me sinto muito tocado pela sua maneira de escrever. Salvo algumas irrupções, de quando em quando, e sobretudo nos seus escritos menos controlados. Regressemos ao positivo. É evidente que o contributo principal de Michelet reside nas interrogações que lançou. E é seguramente quando se mostra insatisfeito com o que tem nas mãos, com as suas fontes de informação, que ele é para nós mais contagiante. Levou-nos a construir um interrogatório do passado muito mais completo do que teria sido sem ele (1989, p. 79-80).

Duby elogia moderadamente Augustin Thierry,[5] louvando seu trabalho como editor da documentação histórica sobre as comunas e como historiador delas; e elogia totalmente Fustel de Coulanges, como grande retórico e o último dos grandes historiadores.

Em relação aos *Annales*, o historiador oferece um depoimento precioso e amplo, detendo-se num dos elementos formadores do grupo, a "escola francesa de geografia" (1989, p. 82)

---

5 Sobre Thierry, consultar: Rosanvallon, R. "Thierry, Augustin, 1795-1856". In: Burguière, André (org.). *Dicionário das ciências históricas*. Rio de Janeiro: Imago, 1993, p. 743-744.

Declaro bem alto a minha dívida, fundamental, em relação ao que foram os *Annales*, entre 1929 e 1940. Era estudante, quando descobri aquela maravilha. E devo dizer o seguinte: não foram os meus professores de História que me fizeram descobrir, quando estudava na Universidade de Lião, foram os meus professores de Geografia. Foi através dos professores de Geografia que conheci *Les Caractères originaux* de Marc Bloch [...] a escola geográfica francesa estava na vanguarda de todas as ciências humanas. Era ali, verdadeiramente, que as coisas se passavam: o contributo da sociologia, o suporte da geografia física, que prosseguia a sua construção, um recurso constante à história, uma preocupação constante com o homem, com o homem vivo – tudo isto fez que eu tivesse sido em primeiro lugar geógrafo. Tudo isto fazia que, nesse organismo de investigações que é uma Faculdade de Letras, fosse na Seção de Geografia que estávamos mais atentos ao que se produzia de mais novo nas ciências do homem. Atenção particular em relação à fundação daquilo que viria a chamar-se "a escola dos *Annales*". Houve um momento, nos anos 30, em que, espalhados por toda a França, todos os alunos de Raoul Blanchard propunham uma geografia, não direi simplesmente humana, mas humanista, em que a geografia fazia realmente parte, de pleno direito [...] das ciências humanas. A escola francesa de geografia foi verdadeiramente grande, de todos os pontos de vista. Foi ela que forneceu à "escola" dos *Annales*, ao princípio, os seus melhores recrutas, gente como Allix, que me iniciou, como Faucher, com quem fundei *Études rurales*, como Dion, que era tanto historiador como geógrafo, considero-os também a eles como meus mestres e devo-lhes imenso. As coisas mudaram. Por quê? Devido, uma vez mais, ao fascínio do científico puro. Ele determinou uma cisão, que se fez brutalmente, no crescimento das universidades entre geografia humana e geografia física. Ao passo que o que fazia precisamente a vitalidade desta disciplina era o objetivo de síntese, a diversidade dos pontos de vista, a convergência sobre o mesmo objeto de métodos de abordagem e de olhares diversos. E, além disso, por outro lado, muitos domínios que eram, no meu tempo, abarcados pelas ciências geográficas erigiram-se em disciplinas autônomas. Estou a pensar em particular naquilo a que se chama atualmente "a etnologia francesa", que provém diretamente dessas admiráveis teses de doutoramento, dessas monografias consagradas nos anos 30 a esta ou aquela região da França. Todo o gosto que temos pelas artes e tradições populares também foi também cultivado pelos geógrafos,

> integrado por eles no conjunto de suas investigações. No fundo, a geografia foi em parte esgotada pela sua própria fecundidade, dissociada pela compartimentação epistemológica, sufocada a pouco e pouco pela sua progenitura. Foi através da geografia que cheguei à história medieval, e à história dos campos em particular.[6] E por isso tive de recuperar o que me faltava, isto é, de aprender as técnicas, as receitas de ofício que se ensinam na *École des Chartes.* Dito isto é bem evidente que – tendo quebrado os meus primeiros ferros sob a direção de um patrono que fora destacado por Marc Bloch, encorajado por Lucien Febvre, primeiro, depois por Braudel – me considero filho da "escola" dos *Annales.*[7] E gabo-me disso (1989, p. 81-83).

Continuando a tratar dos *Annales*, Duby faz um balanço da obra de Marc Bloch, autor decisivo na sua formação de medievalista, como já vimos:

> É preciso não esquecer que a obra de Marc Bloch tem meio século de existência, e que, graças a Deus, a história é uma ciência viva, os seus progressos estão vivos. O poder de estimulação dos escritos de Marc Bloch foi incomparável e, talvez mais ainda do que o de seus livros, foi o das recensões e das notas críticas com que ele inundou a revista *Annales d'Histoire Économique et Sociale*, nos dez primeiros anos de sua publicação. Essas recensões desempenharam um papel fundamental na formação de meus amigos e de mim próprio. São elas, em larga medida, as responsáveis pela explosão, pelo alargamento de que a escola francesa de história da Idade Média tem tirado, de há cinqüenta anos a esta parte, tanto proveito. De entre os livros de Marc Bloch, considero *Les rois thaumaturges* aquele que continua a ser hoje o mais estimulante livro pioneiro nesse estudo das atitudes mentais, dos sistemas de valores, que creio ser um dos

6 O criador e mestre incontestável da escola francesa de geografia foi Vidal de la Blache. Sobre o assunto consultar: Dosse, François. *A história em migalhas. Dos Annales à Nova História.* São Paulo: Ensaio, 1992, p. 31-32, 48, 79, 81, 135-136, 139, 142.

7 Sobre Marc Bloch, consultar: Burguière, A. "Bloch, Marc, 1886-1944". In: Burguière, André (org.). *Dicionário das ciências históricas.* Rio de Janeiro: Imago, 1993, p. 104-108. A propósito de Lucien Febvre, consultar: Revel, J. "Febvre, Lucien, 1878-1956". In: Burguière, André (org.). *Dicionário das ciências históricas.* Rio de Janeiro: Imago, 1993, p. 324-327. Sobre Bloch e Febvre, consultar a tese, pioneira no Brasil, de: Guariba Netto, Ulisses, T., *Leitura da obra de Lucien Febvre e Marc Bloch nos Annales. Introdução ao conhecimento histórico.* Tese de doutoramento. Assis, s/d. Sobre Braudel, ver: Aymard, M. "Braudel, 1902-1985". In: Burguière, André (org.). *Dicionário das ciências históricas.* Rio de Janeiro: Imago, 1993, p. 108-112; uma síntese a respeito da obra de Braudel encontra-se em: Aguirre Rojas, Carlos Antonio. *Fernand Braudel e as ciências humanas.* Londrina: Eduel, 2003.

campos mais fecundos da investigação histórica atual.[8] É-me mais difícil determinar o que parece ultrapassado. Porque, no que se refere à sua visão da sociedade feudal, é sobretudo nas *articulações* que me parece necessário fazer, aqui e além, uma ou outra correção. A propósito, por exemplo, da maneira como o sistema das instituições feudo-vassálicas vem articular-se sobre o conjunto do corpo social em sua evolução. Ou ainda a propósito do que ele diz das técnicas agrícolas: esclarecidos pelos agronómos e pelas técnicas da biologia vegetal, apercebemo-nos de que um homem, a quem não era de modo nenhum familiar o trabalho dos campos, cometeu erros quanto ao valor respectivo dos diversos elementos do sistema agrícola. Mas penso que não há nenhum grande bloco de sua obra que possa hoje ser rejeitado. Aconselho sem hesitação os jovens pesquisadores a lerem Marc Bloch; ele abriu avenidas; e se se enganou, aqui e além, ao arriscar uma interpretação, ao propor uma correlação, teve o imenso mérito de traçar as pistas que hoje trilhamos. Recomendo sempre a meditação de sua obra, desde que, é claro, não se tome por uma coisa definitiva aquilo que, no seu tempo, podia surgir como uma asserção bem estabelecida, e que hoje vemos estar sujeita a revisão (1989, p. 83-84).

Completando sua apreciação dos *Annales*, Duby faz algumas considerações sobre a história quantitativa, suas conquistas, seus limites e perigos.[9]

Os historiadores viram-se, embasbacados, perante um novo utensílio. Foi um pouco o que se passou na história da pintura: os pintores começaram a trabalhar com o motivo quando se começou a fabricar tinta em tubos e lhes foi possível, com o arsenal às costas, sair do atelier: "*Bonjour, Monsieur Courbet*". O computador, um instrumento propõe maneiras diferentes de trabalhar, e diferentes tipos de investigação. Falo disto de uma maneira um pouco exterior, embora desde a minha investigação sobre o Mâconnais, tenha

---

8 A respeito deste estudo de Bloch, consultar o ensaio denso e esclarecedor de Jacques Le Goff a uma de suas reedições. Le Goff, Jacques. "Prefácio". In: Bloch, Marc. *Os reis taumaturgos. O caráter sobrenatural do poder régio. França e Inglaterra.* São Paulo: Companhia das Letras, 1993, [3ª edição francesa, 1983].

9 Consultar a respeito: "Quantitativa (História)". In: Burguière, André (org.). *Dicionário das ciências históricas.* Rio de Janeiro: Imago, 1993, p. 633-638; Dumoulin, O. "Serial (História)". In: Burguière, André (org.) *Dicionário das ciências históricas.* Rio de Janeiro: Imago, 1993, p. 712-714; Bouvier, J. "Labrousse, Ernest, nascido em 1895". In: Burguière, André (org.), *Dicionário das ciências históricas.* Rio de Janeiro: Imago, 1993, p. 485-486.

> começado a contar nomeadamente palavras; a minha formação de geógrafo predispunha-me à abordagem estatística, a estabelecer séries, a traçar curvas, a detectar nessas curvas os momentos em que as flexões se produzem. Portanto, não foi apenas o progresso das técnicas de contagem que orientou as investigações nessa direção. Veja o caso da pintura: não teriam fabricado tubos se os pintores não tivessem sentido vontade de sair do *atelier.* Portanto, nós, quando descobrimos novos objetos de estudo, que já não eram acontecimentos pontuais, mas antes fluxos de longa duração, tivemos de tratar a granel, e em longos percursos, uma informação muito mais maciça, de natureza diferente, que já não era ela própria pontual, mas serial. O meio de tratar esses dados consistia em contabilizar cada categoria de elementos. Para ser proveitosa, a operação deve incidir sobre uma documentação densa, e sobretudo homogénea na duração: por exemplo, os registos em que se inscreviam os navios que entravam, e saíam deste ou daquele porto, os chefes de família sujeitos ao imposto, os salários pagos em dado estaleiro, etc. Um material deste surge quando a máquina administrativa atinge certo grau de complexidade, de maturidade. Quer dizer, relativamente tarde. Em certas partes da Europa, quando muito, no século XV, ou no XVI. Por consequência, são sobretudo os historiadores modernos e contemporâneos que podem e devem levar a efeito esse gênero de investigações e utilizar esse gênero de instrumentos que são as máquinas de contar. Fizeram-no com êxito espetacular; em domínios como a demografia histórica, a partir do século XVII, ou a história dos preços e dos salários, os resultados são espantosos. Abalaram profundamente o nosso saber (1989, p. 94-95).

Nosso autor aponta, depois, os perigos do método quantitativo e diz que, depois do trabalho com o computador, deve-se voltar à ingenuidade da leitura: "Ler, reler constantemente os textos. É aí que saltam as faíscas" (1989, p. 96).

O historiador volta a lembrar o significado de um tipo de arqueologia, a da vida material, lembra a relação das "formas imateriais" (1989, p. 97) da sociedade com as condições da vida material e faz referência à "sociedade dita feudal" (1989, p. 97)

O capítulo quarto do livro, dedicado à "Marx e a água do banho", é dividido em três itens: "Itinerário", "As classes" e "Cristianismo e marxismo".

Duby começa lembrando a importância da Geografia e da leitura de Marc Bloch na sua formação; recorda os mecanismos de poder e seu papel decisivo na Idade

Média; menciona a questão do ideal sobre a qual passa a interessar-se a partir de certo momento de sua carreira; e discute os problemas do imaterial e da imaterialidade.

Fala "de um modo de produção senhorial" (1989, p. 114) e faz desenvolvimentos sobre "o poder senhorial". O historiador depois discute a solidariedade, o motor religioso da economia, a importância das mentalidades. Situa o papel dos jovens, da família e evoca as contradições da classe senhorial.

Analisa as características do discurso histórico e a história das formações verbais. Cita os intelectuais da Igreja, os padres intelectuais, os textos sagrados e relaciona história e oração. Mostra o que é o estudo da civilização, a existência dentro da classe senhorial de "uma consciência negativa" (1989, p. 114), enfim a necessidade de realizar a história da cavalaria.

O historiador discute as noções de progresso, causalidade, correlação e afirma também: "não há última instância. O que conta é a globalidade, a coerência, a correlação" (1989, p. 118). Lembra o papel na sociedade das ressonâncias, discordâncias, ressurgências.

Ressalta a importância da cronologia - e de sua relação com o espaço - e da demografia. Aponta o papel regulador do monaquismo. Passando ao terreno cultural afirma que "tudo é cultura e logo, tudo é história" (1989, p. 121), crê no papel "absolutamente determinante da cultura" (1989, p. 121) e que a cristandade latina constitui "o corpo de uma cultura singular" (1989, p. 122). Trata ainda do casamento, do mito e da utopia e vê o marxismo como herdeiro do cristianismo.

O capítulo V do livro, "Interferências, correlações, arranjos móveis", é dividido em três itens: "A paisagem", "O Estado, as resistências populares, a família" e "A Igreja, as formas da religião". Ele é dedicado a novas considerações teóricas por parte de Duby e Lardreau. Há nele também importantes discussões sobre a política medieval e sobre as agitações populares medievais.

Passemos ao "Epílogo" desta obra. Segundo nosso autor, os livros por ele escritos foram feitos não apenas para divertir, mas crendo na utilidade prática, como elementos para aguçar o olhar sobre o mundo. Para ele, "produzir um discurso histórico é desenvolver um saber útil". Compara as sociedades pouco desenvolvidas e a sociedade do Ocidente medieval. A comparação evidencia as diferenças. O valor moral da história está no próprio método histórico. Sublinha a necessidade para o historiador do exercício da "dúvida metódica", do rigor e o necessário aprendizado da crítica da informação. A história deve funcionar como escola do cidadão, como um antídoto da ideologia. "Ela" - assegura Duby - "ensina [...] a complexidade do real" (1989, p. 158).

O historiador sustenta que os comportamentos humanos dependem em boa parte do corpo dos homens. Aponta a "agressividade", a "vontade de poder" dos indivíduos. Para ele a história não tem sentido e o progresso é um mito. O sonho almejado pelos homens nunca é igual e eles sempre lutam com ardor pela felicidadade.

No "Posfácio" Duby procura resumir o que disse nas suas conversas com Lardreau. O historiador apresenta questões sobre o mundo atual. Ele fala da interpretação dos vestígios disponíveis. Recorda as regras do seu ofício, que tem uma moral a que ele deve obedecer. A escolha dos materiais, segundo ele, não pode ser arbitrária. A invenção é permitida. Os materiais devem ser situados de maneira exata no tempo e no espaço. O historiador deve fugir de teorias paralisantes. De acordo com ele, existe para o historiador a prisão do meio e da personalidade. A história como ciência provoca em Duby muita circunspecção.

Nosso autor é um profissional que vive do seu ofício. Para ele, portanto, a história não deve ser consumida principalmente por aqueles que a produzem. Ele tem esperança de que seus trabalhos repercutam no sistema educacional. Duby quer ser escutado pelo maior número de pessoas, "porque gosto", diz ele, "de comunicar o enorme prazer que sinto no meu ofício e, sobretudo, porque o creio útil" (1989, p. 162). Concluindo afirma: "Creio [...] na história bem feita. Isto é [...] com lucidez e paixão". (1989, p. 162).

A história das mentalidades

Desenvolvimentos teóricos em relação às mentalidades

Depois de apresentarmos uma visão global tanto da obra de Georges Duby quanto de suas posições teórico-metodológicas contidas no livro de seus diálogos com Guy Lardreau, sintetizaremos agora o primeiro e mais ambicioso estudo metodológico e teórico do historiador, o ensaio "História das mentalidades",[10] publicado em 1961 na obra coletiva *L'Histoire et ses méthodes.*

O trabalho, bastante inovador, inspira-se muito livremente nas contribuições de Lucien Febvre, o verdadeiro criador nos *Annales* da história das

10 Duby, Georges. *Para uma história das mentalidades.* Lisboa: Terramar, 1999.

mentalidades, de base psicológica[11] e seu praticante exemplar – mas vai muito além e funda uma nova perspectiva de mentalidades, que o próprio autor colocou em prática em *O ano mil* e, parcialmente no seu grande trabalho de história econômica e social, *Guerreiros e camponeses.*[12]

Duby começa por abordar a história psicológica: "Psicológica, a história quis ser desde os seus começos" (DUBY, 1999, p. 5). Depois fala da histórica genealógica: "Quer ainda que ela tenha sido genealogia, crônica escrita para a glória de uma linhagem ou de uma comunidade, a história teve a preocupação de distinguir entre si os chefes de grupo através das respectivas virtudes ou dos respectivos defeitos individuais" (1999, p. 5). O historiador caracteriza assim esta história ingênua: "Naturalmente e, portanto, ingenuamente, a história apresenta-se como um estudo dos comportamentos e das atitudes mentais" (1999, p. 5-6). Refere-se à historiografia antiga ou medieval como uma análise "dos estados de alma": "Recreativo ou exemplar, diplomático ou moralizante, o relato histórico – tanto o de Plutarco ou de Joinville como o de Commynes – dá assim lugar à análise mais ou menos sutil de estados alma" (1999, p. 6).

Após estas considerações introdutórias, o historiador passa a tratar da explicação de caráter psicológico. Abordando a "explicação subjetiva" (1999, p. 6), o autor refere-se ao ambiente, à geração, às formas de pensamento; preocupa-se com a história contemporânea, lembra as atitudes do rei Luís XI e de como o historiador Plutarco revela sua mentalidade em suas obras marcadas por um anacronismo de tipo psicológico.

Nosso historiador chega, deste modo, a caracterizar o campo da história das mentalidades: "os sentimentos, as emoções, os valores morais, os próprios avanços do raciocínio podem ter, também eles, uma história" (1999, p. 8).

Duby recorda uma pseudo-história: a contida num livro, *Études sur le règne de Robert le Pieux,* de Christian Pfister. Nela, Pfister oferece uma interpretação, ao mesmo tempo, imprudente e ingênua do casamento realizado pelo rei Roberto. Nosso autor lembra que, "o casamento [no ano mil] – assunto que dizia respeito a

11 Dosse, François. *A história em migalhas. Dos Annales à Nova História.* São Paulo: Ensaio, 1992, p. 84-85.

12 Duby, Georges. *Guerreiros e camponeses. Os primórdios do crescimento económico europeu do século VII ao século XII.* Lisboa: Estampa, 1978. As mentalidades são estudadas no capítulo III. "As atitudes mentais", p. 61-86.

toda a parentela – era decidido sem qualquer intervenção dos sentimentos individuais dos dois prometidos"[13] (1999, p. 10).

Detém-se na análise do amor no século XI: "o amor no século XI – ou aquilo que era tido por tal – não era de modo nenhum idêntico ao sentimento que Pfister e os seus contemporâneos designavam por esse nome e, sobretudo, não cumpria a mesma função nas relações sociais" (1999, p. 11).

Ele conclui pelo anacronismo de Pfister na consideração do seu tema e lembra que Mably já tivera uma posição mais esclarecida quanto às relações entre os sexos.[14]

O historiador passa depois a um segundo item: "Para uma história das mentalidades". Começa por observar que o século XVIII já possuía uma "consciência histórica apurada" (1999, p. 11), sendo a noção de progresso comum na época, marcada pela visão da história em termos da dicotomia entre selvageria e civilização.

Voltaire[15] – como sabemos a figura intelectual mais representativa do século XVIII – escreveu vários e importantes livros de história. Sonhava com a elaboração de "uma história do espírito humano" (DUBY, 1999, p. 12). Duby mostra a preocupação de construir uma "história da sensibilidade" (1999, p. 12), ver como as crenças evoluíram e como passou a ser criticada a linearidade do progresso – "ideia simplista" (1999, p. 13).

As jovens ciências humanas no seu impulso permitiam que a história das mentalidades conhecesse "o verdadeiro arranque" (1999, p. 13). Esta história se definia como a de uma mais ampla circulação.

O influxo do pensamento de Marx ajudou na sua constituição, bem como o nascimento da sociologia:

---

13 A respeito do assunto Duby escreveu bem mais tarde uma de suas obras mais marcantes e que revelava uma nova orientação de seus estudos, voltados, entre outras coisas, para as relações de parentesco: Duby, Georges. *O cavaleiro, a mulher e o padre. O casamento na Europa feudal.* Lisboa: Dom Quixote, 1988. [1ª edição francesa: 1981].

14 Duby continuou a desenvolver o tema em alguns ensaios escritos na última fase de sua carreira. Duby, Georges: "Do amor e do casamento". In: *Idade Média, Idade dos homens: do amor e outros ensaios.* São Paulo: Companhia das Letras, 1989, p. 11-100.

15 Consultar sobre ele Kuhn, Rolf. "Voltaire" (Arouet, François Marie, conhecido como), 1694-1778". In: Huisman, Denis (dir.). *Dicionário dos filósofos.* São Paulo: Martins Fontes, 2004, p. 997-1001; Goulemot, J. M., "Voltaire", François, Marie Arouet. In: Burguière, André (org.). *Dicionário das ciências históricas.* Rio de Janeiro: Imago, 1993, p. 769-770; Bourdé, Guy e Hervé Martin. "Voltaire e o alargamento das perspectivas históricas". In: *As escolas históricas.* Lisboa: Europa – América, s/d, p. 69-73.

> Enquanto que, muito lentamente na orla do século XIX, a nova concepção dos fenômenos sociais, assim como a infiltração das concepções marxistas arruinava pouco a pouco nos espíritos dos historiadores a consideração concedida aos grandes homens, convidando-os a deslocar sua atenção do indivíduo para o grupo, a observar os movimentos coletivos, a negligenciar os acontecimentos simples, os acidentes superficiais, tornando-lhes perceptível outro ritmo da história, com uma oscilação muito mais ampla, neste momento nascia a sociologia (1999, p. 13-14).

A sociologia trazia a noção criada por Durkheim[16] de "consciência coletiva" (1999, p.14), que os psicólogos procuraram refinar.

Duby procura precisar as mentalidades como conceito historiográfico:

> Ora, referir "a maneira geral de pensar que prevalece numa sociedade" era preparar o estudo das atitudes mentais que não foram consideradas apenas como específicas de um determinado indivíduo, mas comuns o todo o grupo. Era reunir solidamente as representações coletivas e as condutas pessoais ao estado de uma sociedade, logo, à sua história (1999, p. 14-15).

O historiador observa como Febvre pregava a colaboração da história com as ciências sociais, procurava realizar uma história das crenças e das ideias e concluía pelo caráter superior de uma ciência da sociedade. Para ele o estudo dos "grupos organizados" (1999, p. 16) deveria ser o escopo da história social. Nosso autor vê no livro *Lutero*, de Febvre, o modelo das biografias: na obra "este 'destino' individual aparecia determinado simultaneamente pelo descobrimento de uma personalidade e pela sua resposta às pressões, às recusas, às ofertas de um ambiente intelectual e afetivo minuciosamente analisado"[17] (1999, p. 16).

Nosso historiador aponta Febvre como formulador das linhas teórico-metodológicas essenciais da história das mentalidades:

---

16 Sobre Durkheim consultar: Bernard, P. "Durkheim, Émile, 1858-1917". In: Burguière, André (org.). *Dicionário das ciências históricas*. Rio de Janeiro: Imago, 1993, p. 250-251; Chamboredon, J.-C. "Émile Durkheim: le social objet de science; du moral au politique?". *Critique (Aux Sources de la sociologie*, 445-446: 460-531, Paris, junho-julho de 1984.

17 Em livro foi publicado muito posteriormente ao ensaio que estamos sintetizando. Duby, referindo-se a ele, parece julgá-lo superado pelo desenvolvimento da historiografia. Duby, Georges e Lardreau, Guy. *Diálogos sobre a Nova História*. Lisboa: Dom Quixote, 1989, p. 57.

> Lucien Febvre esboçou as grandes linhas diretrizes de uma história das mentalidades em dois artigos acerca da metodologia que publicou, um – La Psychologie et l'Histoire –, em 1938 [...] o outro – La Sensibilité dans l' Histoire –, em 1941 [...] Convido o leitor a reportar-se a estas duas importantes exposições: não teria sido necessário acrescentar aí nada, se os rápidos progressos que consumaram nestes últimos anos algumas ciências do homem, não obrigassem a prolongar aqui e ali as perspectivas que abrem (1999, p. 16-17).

O item terceiro do trabalho de Duby desenvolve "o contributo da psicologia social" (1999, p. 17). O autor começa por afirmar que o progresso da história vem da sua aliança com as ciências sociais. Vê na psicologia social uma ciência jovem, conquistadora, a qual procura estudar a "conduta individual", "o meio envolvente", a "situação" (1999, p. 18). Ela elaborou técnicas novas de observação, como o inquérito e a entrevista.

G. H. Mead expõe o seu método de psicologia social no seu tratado mais importante *Mind, Self and Society.*[18] A psicologia social procura estudar o homem dentro dos grupos que o circundam. Apresenta-se o problema de como interpretar os testemunhos, uma documentação superabundante. Devem ser lembrados alguns ensinamentos simples. Os testemunhos são marcados pela pureza e pela diversidade. Busca-se a melhoria dos métodos de pesquisa, um dos quais é a análise de conteúdo. No tratamento da documentação aparece a estatística.

Há, contudo, fatores que podem deformar o inquérito. Existindo, pois, necessidade de uma seleção em termos quantitativos e de busca das autênticas "estruturas latentes" (1999, p. 21).

Nosso autor lembra, todavia, a especificidade das inquietações dos historiadores: "Certamente que as inquietações do historiador não são idênticas. Salvo excepção, os testemunhos que explora são bem menos abundantes; quando lhe chegam, não têm vida, estão imóveis; e as questões que lhe põe não correm o risco de alterar o seu conteúdo" (1999, p. 21).

O historiador deve ter um grande interesse em tais técnicas, apesar dos defeitos delas. Uma fonte muito rica que deve ser utilizada pelo profissional de história é o vocabulário. Não se pode esquecer do rito e da cerimônia. Novas

---

18 Pode-se encontrar uma síntese sucinta das posições de Mead em: Domingues, José Maurício. *Teorias sociológicas do século* XX. Rio de Janeiro: Civilização Brasileira, 2001, p. 24-28. Consultar ainda: Ginastier, Paul. "Mead, George Herbert, 1863-1931". In: Huisman, Denis (dir.) *Dicionário dos filósofos*. São Paulo: Martins Fontes, 2004, p. 679-680.

questões e novas pistas devem contribuir para o alargamento da história das mentalidades. Ela deve investigar como se relacionam psiquismo social e ambiente social, desvendar a atividade mental nos seus quadros coletivos, esclarecer comportamentos e atividades mentais e descobrir como respostas individuais podem modificar o meio cultural.

Depois destas considerações, Duby apresenta uma caracterização da história das mentalidades: "uma história das mentalidades [...] não é senão, com efeito, a observação, mas a uma distância mais longa e dentro de outros ritmos, das situações, das relações entre as pessoas e os grupos e as modificações que estas engendram" (1999, p. 4).

Quanto ao objeto da história das mentalidades, ele é assim definido:

> Uma tal história abraçará, então, na medida em que o seu material documental lhe fornecerá os meios, este mesmo movimento dialético, estará alternadamente, ou melhor, simultaneamente, atenta aos "modelos" culturais e às reações pessoais; querer-se-á ao mesmo tempo social e biográfica; observará nas suas relações as civilizações e os destinos individuais (1999, p. 24).

Nosso historiador lembra a figura do rei sagrado, estabelece relações entre modelos culturais e reação pessoal e procura mostrar que recordar um acontecimento produz efeitos. Além disso, busca evidenciar como se fará a aplicação da história das mentalidades à França do ano mil:

> E para voltar a Roberto, o Pio, e ao seu casamento, (tirarei a maioria dos meus exemplos da França medieval que me é especialmente familiar), esta história saberá conduzir o inquérito acerca das estruturas familiares no Norte da França no alvorecer do ano mil, quer dizer, acerca das estruturas que se impõem a todos, mas ao mesmo tempo dar relevo à personalidade do soberano e ao que, nas suas sucessivas alianças, se deve não somente às suas escolhas individuais mas à sua especial situação de ungido do Senhor (que não pode fazer um casamento desigual, mas que deve também respeitar certas regras religiosas mais estritas, e que também não foi educado como qualquer um de seus contemporâneos); observará por fim as repercussões das decisões reais e dedicar-se-á a medir, por exemplo, no seu meio as ressonâncias do "incesto", o grau de escândalo, as forças de resistência, e o modo como a recordação desse acontecimento pode em seguida orientar a evolução dos espíritos... (1999, p. 25).

Na história das mentalidades ocorre o intercâmbio constante do nível coletivo ao nível pessoal. Ela trata mais do indivíduo anormal do que do comum. Há muitas dificuldades para perscrutar a mentalidade do homem comum: "O que pensava, o que sentia, como reagia outro indivíduo qualquer? Aqui a pesquisa, quase sempre, afunda-se nas trevas" (1999, p. 26).

O quarto item diz respeito ao "Estudo dos grupos" (1999, 26). A propósito do meio social e do domínio das mentalidades, Duby expressa-se assim:

> Pelo menos, o meio que envolve estas personagens presta-se melhor à observação: deste lado, os documentos são mais loquazes, ou mais precisamente, são infinitamente mais numerosos; assim as luzes unem-se, completam-se, dissipam em conjunto a escuridão. Eis então o domínio de eleição da história das mentalidades (1999, p. 26-27).

O indivíduo está integrado em meios diversos e múltiplos. Temos os exemplos de Raul Glaber[19] e Helgaud: dois escritores, dois homens do século XI muito diferentes. Glaber e Helgaud receberam formação intelectual análoga mas eram dotados de ideias e sentimentos em nada semelhantes.

Eles escreveram a história de seu tempo e falaram em particular de Roberto, o Pio. Raul Glaber é uma personalidade aberta "ao vasto mundo" (DUBY, 1999, p. 28) e construiu uma filosofia da história. Possui uma linguagem complexa.

Quanto a Helgaud, seu universo compõe-se de devoção e liturgia. Há uma diferença de clima entre Glaber e Helgaud: o primeiro possuía largos horizontes e o segundo um universo restrito. Eis como Duby exprime as diferenças e semelhanças entre ambos:

> Escolho o caso de dois homens do século XI, a quem adivinhamos a personalidade, porque deixaram uma obra escrita: Raul Glaber e Helgaud. Tinham sensivelmente a mesma idade; quiseram os dois contar o que sabiam do seu tempo e falaram, em particular, de Roberto, o Pio; um e outro eram monges, e em mosteiros muito

19 Raul Glaber, cronista do ano mil, é o preferido de Duby entre os autores que estudou. Ele o considera o melhor testemunho do tempo em que viveu. Em *O ano mil*, reproduz longos trechos deste autor, cujo pensamento procura situar e interpretar. Em outros trabalhos, como os *Diálogos sobre a Nova História*, obra conjunta de Duby com Lardreau, Glaber também é citado, assim como na autobiografia intelectual do historiador, *A história continua*, sempre de maneira elogiosa. Sobre Glaber, consultar: Dosse, François. *A história*. Bauru: Edusc, 2003, p. 222-224; Havet, J. Note sur Raul Glaber. *Revue Historique*, 14, p. 41-48, 1889; Petit, E. Raul Glaber. *Revue Historique*, 17, p. 283-298, 1892.

> importantes; receberam sem dúvida uma formação intelectual análoga – e contudo os seus livros revelam sentimentos, ideias, reações dissemelhantes. Raul Glaber está completamente aberto ao vasto mundo; viajou, encontrou muitos homens de primeiro plano, viu muito, ouviu, reteve, e como também leu muito, e obras de todas as espécies, procura introduzir as suas recordações no quadro ambicioso de uma filosofia da história e a escrevê-las numa linguagem complexa, cheia de preciosismo. O outro, Helgaud, de Saint-Benoît-sur-Loire, contenta-se em narrar a historia do rei da França benfeitor do seu mosteiro, meio-irmão de seu abade, e preocupa-se com liturgia e devoção. Diferença de personalidade? Certamente, mas sobretudo de clima: acolá, uma comunidade de horizontes largos e a vontade de prosseguir a tradição de grande cultura instituída nos tempos carolíngios; aqui, ao contrário, o recolhimento no claustro e na salmodia, a recusa...(1999, p. 27-29).

O historiador continua a mostrar como meios próximos podem produzir costumes distintos. Cita o caso diferente de dois irmãos; um que entra para a Igreja e outro que se torna cavaleiro. Insiste em como linguagens diferentes advêm de um modo de vida parecido.

Passa a considerar o "universo mental" dos clérigos, que possui a sua própria representação e sua própria lógica. A complexidade espiritual do cavaleiro está relacionada ao contexto amplo da cavalaria. O mundo da mulher e o dos camponeses aparecem mais limitados.

O universo mental, por exemplo, de um cavaleiro tem mais riqueza que o de sua irmã, ainda não casada, e que o dos trabalhadores da terra.

Diferenças de mentalidade são também devidas às correntes de relações nas quais a Geografia também exerce seu papel, produzindo meios culturais fechados. Ocorre, desse modo, uma oposição entre vilas situadas em regiões isoladas e aquelas de regiões ativas. Pode-se falar assim de meios vanguardistas e de meios retardatários. Como de uma oposição entre dois tipos de mentalidade: a rústica e a urbana.

Mesmo dentro de uma categoria social notamos mentalidades diferentes como as dos comerciantes de Florença e os de Toulouse. Há assim variedade de curiosidades, gostos, apetites.

O estudo do "contágio" é apaixonante e deve-se verificar como os "focos ativos" (DUBY, 1999, p. 32) produzem seus efeitos.

Duby preocupa-se com a existência de níveis culturais que se sobrepõem e procura também estabelecer relações entre ritmos de vida e hábitos mentais.

A respeito da questão da "precisão numérica" (1999, p. 33), relata que o sentido dela passou por um afinamento progressivo.

O item quinto do ensaio tem por tema: "As diferentes cadências" (1999, p. 33). É necessário ter em conta a diversidade dos grupos, a estratificação social, o caráter plástico do meio geográfico, levar em conta a duração e "passar da diversidade dos grupos à diversidade das cadências" (1999, 34).

Nosso autor recupera o esquema temporal braudeliano,[20] dos três grandes ritmos da duração, ao qual correspondem três tipos de história.

Em primeiro lugar, a "micro-história" (1999, p. 34) – a história do tempo curto; vem depois a história conjuntural, a história com oscilações de média amplitude e finalmente a história de maior profundidade – a história de longa duração.

No tempo curto das mentalidades, nesse nível micro-histórico é que ocorre o relacionamento entre as pessoas e os grupos. Deve ser estudada a reação do indivíduo às pressões exteriores. O estudo da micro-história pode ser singularmente revelador.

Pode esclarecer, por exemplo, toda uma área da mentalidade comum. A conjuntura mental consiste numa evolução de baixo para cima. Os movimentos em geral são flexíveis. As sondagens correspondentes à conjuntura mental dizem respeito a grandes intervalos.

Ocorreram mudanças de grande profundidade na cavalaria no período compreendido entre 1180 e 1250. Em tal intervalo, o aprendizado da leitura disseminou-se por quase toda a cavalaria. Devem ser interrogadas as transformações ocorridas no gênero de vida. Também o campo de observação deve ser situado e conseguidos os documentos para o estudo daquelas transformações.

Apesar de Duby ter declarado não haver recebido influência de Braudel em sua atividade científica, a aplicação do esquema braudeliano das três temporalidades no seu ensaio sobre as mentalidades – aplicação sutil, engenhosa, criativa – demonstra que tal influência foi real.

20 O cébebre esquema dos três tempos estrutura a grande obra de Braudel, *O Mediterrâneo e o mundo mediterrânico na época de Felipe II* (1949) e depois foi objeto de uma formulação teórica no ensaio de 1958, "História e Ciências Sociais: A longa duração". In: Braudel, Fernand. *História e Ciências Sociais*. 4ª ed. Lisboa: Presença, s/d [1972].

Aliás Duby admirava não somente o homem Braudel, ao qual dedicou uma amizade leal, mas também o historiador, pois via no livro *O Mediterrâneo* o modelo historiográfico que pretendia imitar no seu trabalho.

Discordâncias são notadas entre a evolução semântica e as mudanças psicológicas. Notam-se nos meios avançados mudanças na moda. Tudo isto mostra como é precioso o testemunho da linguagem para o estudo das mentalidades.

Para Braudel os quadros mentais mais resistentes constituem " prisões de longa duração" (1999, p. 39).

Qual a relação existente entre herança cultural e modelos culturais? Sobre o assunto afirma o medievalista:

> Herança cultural - pressão, por exemplo, que exercem os "autores", os "clássicos", as exemplares obras-primas - sistemas do mundo e crenças - representações religiosas -, modelos de comportamentos, tais como o patriotismo e a honra.[21] Reunidos, conferem a cada fase longa da história da civilização a sua cor particular (1999, p. 39-40).

Na longa duração ocorrem mudanças que são muito lentas, mas podem ocorrer mudanças "bruscas separando patamares muito longos" (1999, p. 40). Febvre aponta aí as "grandes revoluções das mentalidades" (1999, p. 41). E por fim, temos "as estruturas mentais que, juntamente com as condições biológicas, são imóveis, ou pelo menos modificam-se ao mesmo tempo que os caracteres da espécie, quer dizer, com um movimento tão lento que nos escapa" (1999, p. 41).

Temos, referente às mentalidades, "diversidade dos grupos, diversidade das cadências, diversidade dos ritmos" (1999, p. 41).

Cada estudo deve estabelecer seu próprio questionário e ter uma fase preparatória, preliminar, de investigação.

O item quinto do ensaio versa sobre "A ferramenta mental" (DUBY, 1999, p. 42).

Deve-se proceder ao exame da "ferramenta mental" (Febvre), enquanto Marc Bloch falava da "atmosfera mental" (DUBY, 1999, p. 43). Entre os instrumentos do historiador está a linguagem. Para Duby, "entre estes 'utensílios', cujo estudo [...] se impõe, vem em primeiro lugar a linguagem – ou seja, os diversos meios de expressão

---

21 Ver sobre estes temas o livro póstumo de Febvre, Lucien. *Honra e pátria*. Organização e introdução de Thérese Chuarmasson e Brigitte Mazon. Prefácio de Charles Morazé. Rio de Janeiro: Civilização Brasileira, 1998.

que o indivíduo recebe do grupo social onde vive, e que servem de moldura a toda sua vida mental" (1999, p. 43).

Devemos estudar os diversos vocabulários, realizar o inventário das palavras – ao mesmo tempo cronológico e sistemático; elaborar as enumerações e listas de vocábulos; uma noção importante para o historiador é a de "campo semântico" (1999, p. 44). Já "as constelações verbais [...] estão ligadas às articulações mais importantes da psicologia coletiva" (1999, p. 44-45).

Necessitamos investigar, nos diversos meios de cultura, o vocabulário no seu movimento. O fenômeno da "mutação linguística" (1999, p. 45) deve interessar ao historiador. Ele deve pesquisar a relação entre as mutações linguísticas e as "grandes oscilações das mentalidades" (1999, p. 45). Igualmente devem ser analisadas as mutações menos aparentes.

As fontes transmitem ao historiador um vocabulário estilizado, artificial. Devemos detectar os problemas dos vocabulários. Vários dialetos são usados na vida cotidiana. As linguagens dos documentos escritos ou das inscrições monumentais são "sempre um vestuário de luxo, imperfeitamente ajustado e que aperta" (1999, p. 46).

O autor passa a tematizar o vocabulário do mundo feudal. Lembra-se da história de algumas expressões. Outra questão é a dos empréstimos e deformações semânticas. Quanto às palavras dos profissionais da escrita, elas têm a sua especificidade, como é o caso da língua artificial das obras literárias. Há um atraso na evolução da linguagem oficial ou literária. Há dificuldade para entender os homens afastados da cultura escrita.

O testamento constitui um documento importante, assim como o depoimento de uma testemunha. Sobre tais materiais, existe o trabalho do escriba intermediário.

Duby assegura que "o vocabulário [constitui] o mais útil e o mais rico dos [...] materiais [da história das mentalidades]" (1999, p. 50). Havia dificuldade para compreender a fala dos camponeses. Quanto à sintaxe, ela guia os mecanismos do espírito.

É apresentada a questão do sentimento de duração na Idade Média. É perguntado: "Quem naquele grupo sabia contar, e como?" (1999, p. 51). Lembra-se da questão da quantificação e do grau de precisão existente em cada grupo social.

As medidas de tempo e espaço constituem instrumentos para que se tomem as "dimensões do mundo" (1999, p. 52). É necessária a construção de "uma história da percepção" (1999, p. 52). Recorda-se de uma hipótese de Febvre e faz uma crítica a ela:

> Ele próprio [Febvre] pôs-se ao trabalho e apoiando-se nos testemunhos literários, supõe que, entre os intelectuais do século XVI que começa, a visão estava atrasada em relação aos outros sentidos. Na verdade, neste domínio, antes de pensar em interpretar os testemunhos com a ajuda dos psicólogos, é preciso fazer a coleta e selecionar, recolher não somente os do vocabulário, mas o que ensinam todas as obras dos homens, as obras pintadas, por exemplo (e é provável que o estudo do realismo na pintura do século XVI, o que ela revelaria por sua vez da visão dos pintores e dos gostos do seu público trouxesse ao debate aberto por Lucien Febvre respostas diferentes, proporia sem dúvida não uma ideia do atraso da visão, mas da incapacidade de as formas literárias traduzirem com precisão os dados visuais...) e resignar-se com antecedência a poder compreender mais uma vez, através destes indícios, apenas a psicologia de uma elite restrita, dos grupos mais cultos do corpo social (1999, p. 52-53).

Passa-se à questão do corpo,[22] visto como o campo profundo das mentalidades. Deve-se estar atento às variações apresentadas pelo "estado do corpo" (DUBY, 1999, p. 53). O comportamento dos homens é afetado pelo estado de seus corpos. Os cavaleiros do século XII apresentavam uma "instabilidade afetiva" (1999, p. 53). A saúde está em relação com as atitudes mentais. Certos hábitos produzem "efeitos na organização psíquica" (1999, p. 54). Estudar as "regras de vida" (1999, p. 54) constitui uma das bases para estudar as mentalidades.

O item seis do ensaio tematiza: "A informação: educação e encontros". Deve-se pensar numa história da educação no sentido amplo. Aí se coloca a questão dos "modelos culturais" (1999, p. 55).

A história da infância[23] constitui uma "história difícil" (1999, p. 55). Coloca-se também o problema do jovem,[24] tanto na sociedade quanto nas representações coletivas. Ocorreu uma "lenta conversão da sensibilidade cristã"

22 A respeito da história do corpo, consultar: Rousselle, A. "Corpo". In Burguière, André (org.). *Dicionário das ciências históricas.* Rio de Janeiro: Imago, 1993, p. 174-180.

23 Consultar Ariès, Philippe. *História social da criança e da família.* 2ª ed. Rio de Janeiro: Guanabara, 1981.

24 A respeito do tema ver o artigo inovador de Duby, Georges. "Os moços na sociedade aristocrática no Noroeste da França no século XII. In: *A sociedade cavaleiresca.* São Paulo: Martins Fontes, 1989, p. 95-105.

(1999, p. 55) em relação à infância. A família e os "grupos de cooperação" (1999, p. 56) devem ser estudados.

O jovem vive situações sucessivas diferentes. Devem-se considerar as equipes de alunos. As instituições escolares exigem um estudo preliminar. Deve-se fazer uma história da educação na perspectiva das mentalidades. Marrou contribuiu grandemente para a investigação das mentalidades greco-romanas.[25] As pressões culturais de que são objeto os adultos e em geral os contatos devem ser estudados.

Pode-se falar na existência de mentalidades abertas e fechadas. Há diferenças "entre a total solidão cartusiana e a acolhedora hospitalidade beneditina" (1999, p. 58). Exemplos de mentalidade fechada temos com os camponeses e os monges.

Os viajantes e os habitantes em pontos de encontro constituem "meios psicológicos muito arejados" (1999, p. 58) e de espírito permeável.

Reuniões e assembleias devem igualmente merecer a atenção do historiador das mentalidades. Assim como a "sociabilidade de corte"[26] (1999, p. 59).

Nosso autor se propõe fazer "uma história verdadeiramente psicológica". Dentro desta perspectiva passa a tratar dos "veículos de cultura" e dos meios de informação.

Aborda as diferentes formas de comunicação na escola e nos ajuntamentos, a comunicação pela palavra, o texto, o auditório, a língua e lembra os trabalhos dos psicossociólogos sobre a publicidade.

O historiador passa depois a tratar do livro,[27] ao mesmo tempo, conservatório e veículo, o qual exige uma investigação especial por ser "o documento principal". Faz-se necessário estudar as bibliotecas.

Detecta a esse respeito um sinal da infiltração de curiosidades e conhecimentos novos:

> o Conde de Guines, médio senhor do norte da França [...] [mandou fazer a cópia] no final do século XII, [...] para a sua sala de leitura e traduzir para a língua romana uma destas pequenas compilações de

25 Duby refere-se aqui ao livro clássico de Marrou, H. I. *História da educação na Antiguidade*. São Paulo: Herder, 1971.

26 Este é o tema de Elias, Norbert. *A sociedade de corte. Investigação sobre a sociologia da realeza e da aristocracia da corte*. Prefácio de Roger Chartier. Rio de Janeiro: Jorge Zahar, 2001.

27 A propósito do assunto consultar: Chartier, Roger. "Livro". In: Burguière, André (org.). *Dicionário das ciências históricas*. Rio de Janeiro: Imago, 1993, p. 498-500. Uma visão de conjunto dos trabalhos atuais encontra-se em: Chartier, Roger (dir.). *Práticas da leitura*. São Paulo: Estação Liberdade, 1996.

> física curiosa, que as bibliotecas medievais tinham herdado da Baixa Antiguidade (1999, p. 61).

Contudo, "a pesquisa não deve contentar-se com o catálogo das bibliotecas": ela "deve esforçar-se em descobrir por quem estes livros eram realmente utilizados" (1999, p. 61-62).

Podemos dizer que havia dois tipos de livros: os livros-tesouros da Alta Idade Média e os livros usados como utensílios de verdade por estudantes, homens de gabinete, juristas. A cópia de livros, como sabemos, era prática importante no período. Quanto aos modos de leitura, afirma Duby: "Por fim, estes livros, como os líamos? Em privado, no silêncio e na solidão? Pelo contrário, em voz alta, para todo um grupo atento, como numa aula ou no refeitório de um mosteiro, e em que tom...?" (1999, p. 62).

Estas observações do historiador sobre a história do livro e da leitura e os problemas que apresentam são verdadeiramente antecipatórias a respeito de um tema que se transformou num ramo de sucesso da história cultural de hoje e que tem sido estudado por historiadores de ponta.

O último item do ensaio é dedicado aos "Mitos e crenças". Nesse tópico, a abertura do inquérito deve ser ampla. Deve-se fazer a reconstrução das representações sobre o mundo de uma coletividade histórica (Febvre). Deve-se realizar igualmente o inventário das crenças, dos mitos, dos símbolos. Resistências e pulsões não devem ser esquecidas. Símbolos e mitos devem ser relacionados a elas. Deve ser levado em conta o peso dos elementos materiais.

As representações coletivas são fixadas pelas imagens e as relações humanas são comandadas pelo ritual, elemento fundamental da educação. O material pedagógico existe em abundância. Tanto a ostentação como o cerimonial devem ser levados em conta.

A simbologia da realeza medieval foi objeto dos estudos de P. E. Schramm. Devemos sempre estabelecer a comparação entre as representações e a realidade, por exemplo no que se refere ao universo da cavalaria.[28]

Eis como Duby se expressa sobre estas questões:

---

28 Além de sua obra-prima (inclusive literária) dedicada ao cavaleiro feudal Guilherme Marechal, nosso autor escreveu outros trabalhos sobre a cavalaria: Duby, Georges. "As origens da cavalaria" e "Linhagens, nobreza e cavalaria no século XII na região do Mâconnais – uma revisão". In: *A sociedade cavaleiresca*. São Paulo: Martins Fontes, 1989, p. 23-36 e 59-84, respectivamente.

> para de fato serem instrutivos [os inquéritos de tipo sistemático], também devem comparar representações e realidade, confrontar símbolos, ritos e noções que mantêm no grupo, com as verdadeiras relações que a distribuição do poder, da riqueza, do prestígio estabelecem entre os indíviduos. Assim para a nobreza: determinada concepção formou-se no Ocidente feudal, reunindo à volta da cavalaria um complexo conjunto de regras morais, de práticas religiosas, de privilégios jurídicos, de recordações literárias e de preconceitos (1999, p. 65).

Com o século XIII, emergiu nas relações sociais uma nova hierarquia.

Duby passa agora a uma discussão conceitual: lembra-se das relações entre o ritual e a realidade, situa os conceitos de infraestrutura e de superestrutura de um lado e os de ordens concebidas e vividas de outro.

Aponta conflitos e discordâncias entre estes pares de conceito.

Para o historiador, os temas da criação artística[29] constituem uma fonte muito importante de informação. Ele fala dos acontecimentos e estruturas na história da arte. Também aí encontramos diferentes ritmos de curta e longa duração. O *Perceval*, de Chrétien de Troyes constitui um acontecimento.

Encontramos também na história da arte "camadas estruturais", assim como "uma certa concepção do amor" (1999, p. 67). Duby detém-se nas representações religiosas e morais e mostra que se deve fazer o inventário dos temas iconográficos, tarefa de grande importância. Neles se percebem remanescências e inovações. Deve-se procurar detectar "as imagens", que constituem "matrizes de uma mentalidade" (1999, p. 69). Os "esquemas convencionais" (1999, p. 69) de símbolos e imagens devem ser analisados. Também deve ser estudada a recepção de temas e imagens.

Passando aos símbolos, o autor lembra os do mosteiro. E apresenta uma questão: os símbolos mandados colocar por Suger (1081-1151) em Saint Denis eram apreciados pela "multidão de fiéis ou somente [por] alguns iniciados?" (1999, p. 70).

29 Já vimos como Duby era um homem e um intelectual apaixonado pelas obras de arte. Ele teve a oportunidade de escrever vários estudos que constituíram o que chamou de "sociologia da arte medieval", de caráter histórico, bem entendido. Uma visão ao mesmo tempo ampla e sintética do universo artístico medieval pode ser encontrada no seu livro *O tempo das catedrais. A arte e a sociedade, 980-1420*. Lisboa: Estampa, 1979.

Depois, Duby faz a pergunta sobre como os grandes temas eram vulgarizados.[30] Observa que a cristandade só lentamente foi impregnada pela "ideia de pobreza" (1999, p. 70).

A cruzada[31] constitui "uma grande aspiração coletiva" e um "grande mito" (1999, p. 71). Também constituiu "um desejo" tornado de maneira progressiva "mais consciente" (1999, p. 71).

Repercutindo sugestão de Febvre, Duby propõe que se faça uma história cultural e afetiva das filosofias. Pensa igualmente que a história do direito[32] (1999, p. 72) pode ser feita na perspectiva das mentalidades. Ele se permite ainda pensar "os cosmos", estudar "os sistemas do mundo" (1999, p. 73).

O historiador repete seu desejo de que se realize "uma investigação histórica verdadeiramente preocupada com a psicologia" e procura caracterizar o objeto da história das mentalidades: "os mecanismos intelectuais, os sentimentos, os comportamentos dos homens que nos precederam" (1999, p. 73). Nela, ocorre a passagem e repassagem "dos indivíduos aos grupos" (1999, p. 73). Ele deseja que se produza um tipo novo de biografias.[33] Com a ajuda da história das mentalidades, se pode fazer "uma história social [...] mais rica e mais profunda" (1999, p. 74).

A prática da história das mentalidades

O texto que acabamos de sintetizar representa o trabalho teórico-metodológico mais elaborado de Georges Duby relativo às mentalidades. Anos depois, em 1967, ele publica uma obra[34] na qual apresenta e comenta as principais fontes do ano mil - cronistas e historiadores - e tem oportunidade de colocar em prática os princípios elaborados em 1961.

---

30 A respeito do assunto, o historiador escreveu um dos seus melhores estudos: Duby, Georges. "A vulgarização dos modelos culturais na sociedade feudal". In: *A sociedade cavaleiresca*. São Paulo: Martins Fontes, 1989, p. 145-153.

31 A respeito da cruzada e do seu mito, consultar o clássico trabalho de Alphandéry, A. e Dupront, A. *La Chrétienté el l'idée de croisade*. Paris: Albin Michel, 1954-1959, 2 v.

32 Sobre o tema ver: Thomas, Y. "Direito". In: Burguière, André (org.). *Dicionário das ciências históricas*. Rio de Janeiro: Imago, 1993, p. 236-243.

33 Mais tarde, ele próprio deu o exemplo escrevendo uma de suas obras-primas, *Guilherme Marechal*.

34 Duby, Georges. *O ano mil*. Lisboa: Edições 70, 1986 [1ª edição francesa: 1967]. Uma visão atual dos problemas relacionados ao ano mil, com ampla bibliografia, pode ser encontrada em: Franco Júnior, Hilário. *O ano mil. Tempo de medo ou de esperança?* São Paulo: Companhia das Letras, 1999.

O livro está dividido em nove capítulos: "Os testemunhos", "O sentido da história", "Os mecanismos mentais", "O visível e o invisível", "Os prodígios do milênio", "Interpretação", "Purificação", "A Nova Aliança", "O crescimento".

A Europa saiu de uma profunda depressão, causada pelos ataques bárbaros que destruíram a cultura e a escrita. A cultura, depois de uma longa fase de declínio, ressurgiu no Ocidente. O retorno da selvageria danifica os edifícios culturais. O ano mil é uma infância da Europa.

No século x, o Ocidente oferece um quadro caótico e selvagem. Ocorreu inicialmente o desaparecimento da escrita. Depois houve um progresso lento e contínuo, com a retomada do crescimento econômico, o ressurgimento da escrita, o despertar da cultura, o reaparecimento dos documentos.

Com a revolução do ano mil, ocorre a instalação das estruturas feudais. A documentação deve ser agrupada em séries para ser mais bem estudada. Duby amplia o período desse ano, para trás e para diante em algumas décadas, pois, só assim as fontes rígidas e rituais, jurídicas, podem ser úteis ao historiador.

O Renascimento Carolíngio foi a era dos bispos e das catedrais, terminando no final do século x. Dois bispos foram utilizados pelo historiador como fontes: Thietmar e Adalberão.

O panfleto de Adalberão constitui uma crítica do declínio da realeza. Os grandes escritores da época foram bispos. Obras importantes estão ligadas à Renascença Carolíngia.

O ano mil pode ser caracterizado como "o tempo dos monges" (DUBY, 1986, p. 26).

A biografia do rei Roberto é uma obra monástica, escrita por um monge com a sua visão sobre o que devia ser a realeza. Temos, na época, a expansão do ascetismo. O monaquismo tinha uma vocação litúrgica.

Os monges estavam bem preparados para responder às exigências da piedade laica e à ruralização das estruturas materiais da sociedade. Detinham o domínio da cultura da época, inclusive das abadias – os grandes monumentos da arte românica. O espírito reformador atingiu as abadias, as quais também recebiam muitas esmolas.

Ocorreu um deslocamento da cultura para a periferia do Antigo Império. O Renascimento Carolíngio favoreceu a região entre o Loire e o Reno. A Saxônia atraiu os livros, as relíquias e os homens de ciência. As novas áreas de florescimento cultural foram a Saxônia, a Nêustria, a Gália do Sul, a Borgonha e a

Aquitânia. Os grandes mosteiros abrigaram relíquias. Era grande a influência da congregação de Cluny.

O fracionamento do Ocidente constitui uma realidade. A matéria das obras literárias reflete tal fracionamento. É a época dos principados territoriais. A alta aristocracia encontra-se dividida. Com Dudo de Saint-Quentin temos uma historiografia de caráter local, relativa a uma linhagem. Thietmar celebra os imperadores da Saxônia. Adémar de Chabannes trata da Aquitânia (o Angoumois e o Limousin).

A fragmentação feudal reflete-se na historiografia. Estamos diante de um mundo selvagem. A sociedade é fortemente hierarquizada, sofrendo o domínio de algumas famílias. O povo camponês vive de maneira precariamente trágica. Os laços de parentesco mostram sua força. Nota-se a presença de alguns poucos chefes – senhores da oração ou da guerra.

A política aparece nos textos com clareza. A história preocupa-se em louvar os príncipes. Os reis e imperadores velam para que o mundo se salve. O retrato de Guilherme, duque da Aquitânia, feito por Adémar de Chabannes, é o de um soberano. A história que vemos aí é a dos acontecimentos e não a das estruturas. A história não menciona os castelos nem uma classe emergente, a dos cavaleiros, embora o ponto de apoio das novas forças fossem os castelos.

A propósito do fim do mundo, havia uma expectativa geral do povo em torno do ano mil. Entre o povo existia uma "ansiedade latente". Os pregadores da penitência atuavam sobre ele. O abade Abbon, de Saint-Benoît-sur-Loire combatia crenças milenaristas. Havia na consciência coletiva no limiar do século XI um sentimento de expectativa.

Para o cristianismo, a história tinha uma orientação e os seus ritmos. Os monges esperavam o fim do mundo em abstinência. Eles se colocavam como a vanguarda da marcha coletiva. Acreditavam que o Anticristo seduziria os povos da terra, que o dia da cólera viria e que ocorreria a longa procissão do povo de Deus. O sacrifício dos monges só tinha sentido em função da espera. Eles perscrutavam as preliminares da Parúsia.

Duby considera depois "a instrução dos monges" (1999, p. 57).

Houve a "reação ascética" (1999, p. 57). Os monges e os clérigos possuíam mentalidades diferentes. A música influía sobre o comportamento mental dos monges. A reação ascética diminuiu a parte dos estudos na maioria dos mosteiros. Os monges tinham a experiência musical e da ciência das relações harmônicas. A vida dos monges resumia-se à meditação, à oração, e às cerimônias litúrgicas. A formação e experiência dos monges expressam-se nos textos deixados por eles.

O historiador fala do "pensamento monástico" e dos seus "mecanismos lógicos" (1999, p. 58). O pensamento de Raul Glaber na refutação dos heréticos de Orleãs constituía uma "meditação moral" (1999, p. 60). Ele acreditava nos "prodígios" (1999, p. 60). O estudo para os monges era "caminho" da perfeição. Era "um exercício espiritual" (1999, 61) para ganhar o céu.

O método dos padres é a exegese. A criação, para eles, constituía um tecido de correspondências. A decifração das mensagens era o essencial. No método dos monges se fundiam pedagogia e aventura espiritual.

Eles esperavam atingir Deus por meio da exegese intelectual ou espiritual. O método analógico e simbólico é usado para decifrar a criação e explica as criações da época em sua totalidade – artísticas, literárias, litúrgicas.

Para os monges existiam "as correspondências místicas" (1999, p. 69). Entre visível e o invisível davam-se relações ocultas. A ciência dos padres tinha por objetivo buscar a Deus. O cosmos possuía, segundo eles, uma ordem oculta. Havia entre os universos visível e invisível coesão e harmonia. As ciências do Quadrivium eram usadas para desvendar a ordem do universo, quer dizer, Deus. Os monges estavam em busca de uma imagem da divindade – a menos infiel.

Duby passa depois a tratar da "ordem social e sobrenatural" (1999, p. 73). Havia uma grande homologia, uma coordenação de grande intimidade, entre as sociedades terrestre e celeste.

No segundo quarto do século XI, aparece uma nova ordem de classes. A nova hierarquia de classes surge constituída pelas três ordens – a dos que oram, a dos que combatem e a dos que trabalham. Ela se explica segundo atitudes de ordem intelectual e reações ao nível dos sentimentos. Adalberão proclama a legitimidade desta ordem social nova, estruturada com base nas três ordens.

"A Jerusalém celeste" (1999, p. 74) será definida a partir dos autores que constituem referência para os escritores do ano mil: Santo Agostinho, Gregório, o Grande, Dionísio, o Aeropagita.

Segundo Adalberão dois traços caracterizam a sociedade celeste: ela está aberta aos mortais e possui uma hierarquia. A Igreja situa-se entre o carnal e o sagrado – na junção entre ambos. A sociedade civil, mais do que a Igreja, "está [...] afundada no material" (1999, p. 77). A sociedade civil apresenta-se dividida em ordens. Esta ordenação tem sua estabilidade garantida pelo rei e pelo imperador.

O historiador detém-se depois em outro tema a "Presença dos defuntos" (1999, p. 79).

"O político e o social" aparecem como "as projeções de uma ordem imanente" (1999, p. 79). Os eclesiásticos fazem o relacionamento entre o ceú e a terra – uma ligação ritual.

As relações entre mortos e vivos são constantes. Os mortos esperam dos vivos "um serviço". Eles habitam um lugar entre céu e terra – "um território incerto" (1999, p. 79). Seus parentes recebem deles apelos, pedidos de ajuda.

Passando ao tema "As relíquias" (1999, p. 83), Duby afirma que os fenômenos revelam o além, como a música e as palavras.

Todas as "mediações mágicas" (1999, p. 83) merecem atenção. O mistério constitui uma presença constante. Estamos diante do pensamento selvagem.

O historiador trata em seguida "dos poderes dos corpos santos" (1999, p. 84). O cristianismo faz o seu encontro com as crenças populares. Instala-se "o tumulto feudal" (1999, p. 84). A ordem social encontra nas relíquias o seu fundamento. O rei tem poderes maravilhosos.

Segundo Duby, "os juramentos [...] tentam disciplinar o tumulto feudal" (1999, p. 84). Somente as relíquias conferem valor aos santuários.

Acreditava-se que a morte de personagens heroicos fosse acompanhada de "fenômenos invulgares" (1999, p. 105). Houve um mal-estar no ano mil. Ocorreu uma correspondência entre os prodígios, produtos do "profundo mal-estar" do milênio (1999, p. 105).

Os homens da Igreja procuram captar, interpretar o sentido dos prodígios e "revelá-los ao povo" (1999, p. 131). As palavras são interrogadas por eles, em seu sentido literal, moral, "mais íntimo e oculto" (1999, p. 131). Elas abriam aos monges o caminho da "iluminação mística" (1999, p. 131) e eles se perguntavam sobre a explicação do mal-estar sofrido pelo universo naquele momento histórico. Os cronistas do ano mil elaboraram um método próprio para responder tais questões.

A narrativa histórica daquele ano constituía "um sermão, de penitência" (1999, p. 145). As obras históricas do ano mil são trabalhos de caráter moral. Essa visão moral da história ancorava-se em razões profundas: seus autores eram monges; exigia-se deles "o dom do sacrifício". A oferenda/sacrifício consistia numa destruição de riquezas, gratuita e voluntária, como forma de homenagem à divindade. Nesse momento acumulam-se os "prodígios" e sucedem-se "atos de purificação" (1999, p. 146).

Duby assim se exprimiu sobre a historiografia do ano mil:

> Tal é o sentido de todas as obras históricas desta época. Elas são morais, propõem exemplos. Glaber, Helgaud, Adémar de Chabannes, todos os outros, compuseram a sua narrativa como um sermão, de penitência. Todo o universo se fazia eco então, do apelo ao sacrifício; era importante que o gênero humano se despojasse (1999, p. 145).

Multiplicaram-se no ano mil os "atos purificatórios (1999, p. 146).

Parecia que se entrava na "primavera do mundo", e a "purificação coletiva" atingiu "o seu objetivo" (1999, p. 79). Foi selado o novo contrato de Deus com a humanidade. Em lugar do caos surgiu a ordem. Manifestou-se "a alegria do universo", surgiu "um novo batismo" (1999, p. 179). Nas palavras de Duby:

> Para os historiadores que começaram a trabalhar a seguir ao milênio da Paixão, os juramentos de paz, as peregrinações, toda as medidas de purificação coletiva tinham atingido o seu objectivo. Podiam-se ver as forças do mal recuar em desordem. A cólera de Deus acalmava-se. Ele aceitava concluir um novo contrato com o género humano. Cumpridos os mil anos após a passagem dos flagelos, era como se a cristandade saísse de um novo batismo. Ao caos sucedia a ordem. [...] Numa das mais belas páginas de suas *Histórias*, Raul Glaber evoca a alegria do universo, em 1033, depois da terrível fome e enquanto se desenvolve o movimento da paz de Deus[35] (1999, p. 179).

Os escritores do ano mil não falam do crescimento econômico. Não tomaram consciência do surgimento do feudalismo. Pensavam a História em termos de "estruturas [...] espirituais" (1999, p. 202). Os escritores não viram o crescimento demográfico e a melhoria alimentar das populações. As calamidades relatadas por eles são traduções da instabilidade e tensão do primeiro crescimento econômico europeu. Não perceberam as transformações sociais do seu tempo.

Eles contribuíram para fixar "um esquema muito simples", o das três "ordens" (1999, p. 201). As inovações eram percebidas na perspectiva escatológica. Os monges possuíam um sentimento de confiança no progresso do mundo, no homem.

Concluindo seu livro, Duby fala do "primeiro arranque" (1999, p. 222). Da vida interior e dos símbolos evangélicos. Cita o significado do ano mil. A passagem de uma religião ritual a uma religião ativa. Cita as construções românicas. A catedral gótica. As três ordens.

---

35 Ainda sobre a paz de Deus, ver do autor: Duby, Georges. "Os leigos e a paz de Deus". In: *A sociedade cavaleiresca*. São Paulo: Martins Fontes, 1989, p. 37-56.

O "primeiro arranque" traduz-se pela viragem da vida interior para os símbolos. É traduzido também pela heresia, pelo entusiasmo cruzadista, pelos "primeiros exercícios da razão face ao mistério" (1999, p. 222). Duby expressou-se assim sobre estes temas relacionados ao "primeiro arranque":

> Como a heresia, como o entusiasmo que conduz à cruzada, como os primeiros exercícios da razão face ao mistério, a viragem da vida interior para os símbolos evangélicos traduz de fato este primeiro arranque. Provém do mesmo abalo que então estimula as primeiras pesquisas dos construtores românicos, que revela a estrutura da nova sociedade, essas três "ordens", esses três "estados" entre os quais os homens da Europa se deviam julgar repartidos em seguida, durante quase todo o novo milênio. Foi de fato neste instante, na espera do fim do mundo, que se operou a conversão radical dos valores do cristianismo. A humanidade está ainda prostrada diante de um Deus terrífico, mágico e vingador que a domina e a esmaga. Mas empreende forjar-se a imagem de um Deus feito homem, que mais se lhe assemelha e que em breve olhará de frente. Envolve-se no longo caminho libertador que primeiro desemboca na Catedral Gótica, na teologia de Tomás de Aquino,[36] em Francisco de Assis, que depois prossegue em direção a todas as formas de humanismo, todos os progressos científicos, políticos e sociais, para transportar enfim, se nisso refletirmos, os valores atualmente dominantes da nossa cultura (1999, p. 222).

Um dos últimos livros de Georges Duby, *Ano 1000, ano 2000. Na pista de nossos medos*,[37] constitui uma análise de conjunto do período medieval europeu, articulada em torno do fenômeno do medo e, portanto, numa perspectiva de história das mentalidades, a qual, como acabamos de ver, informa seu livro sobre o ano mil.

No "Prefácio" o historiador afirma a necessidade de confiança no futuro, a importância da reflexão do historiador sobre os problemas do seu tempo, e o poder do invisível na Idade Média. Afirma, ainda, que seu trabalho tem como meta ajudar os contemporâneos a enfrentar os problemas de hoje.

A "Introdução" tem por título: "Medos medievais, medos de hoje".

36 Sobre ele consultar: Piclin, Michel. "Tomás de Aquino, 1225-1274". In: Huisman, Denis (dir.). *Dicionário dos filósofos*. São Paulo: Martins Fontes, 2004, p. 977-988.

37 São Paulo, Edunesp, 1998.

As informações sobre esse período longínquo são escassas embora os medievais sejam ancestrais nossos. As diferenças entre eles e nós são muito instrutivas, pois vivemos num estado de inquietação angustiada, em que há uma busca da confiança e uma valorização da memória.

O autor procura oferecer uma visão de conjunto do período medieval, que conheceu um fantástico progresso material. O crescimento agrícola e da população das regiões correspondentes à França atual foi excepcional.

Aquele progresso material sem precedentes deu-se entre o ano mil e o século XVIII. Não é possível, porém, obter resposta a todas as questões que propomos sobre o passado medieval.

"Na metade do século XIV" (DUBY, 1998, p. 14), a Europa conheceu uma "quase estagnação" (1998, p. 14). As mentalidades evoluíram. A civilização medieval diferia muito da nossa. Esta "sociedade hierarquizada" (1998, p. 14) respeitava os anciãos. Acreditava-se na "graça do céu" (1998, p. 15). A crença no outro mundo era universal. Havia uma outra vida dos mortos no outro mundo.

Podemos afirmar a existência de três culturas medievais – a dos integrantes da Igreja, a guerreira e a camponesa. A situação dos medievais diante da natureza era de impotência. Acreditava-se na "cólera divina": "A cólera divina pesa sobre o mundo e pode manifestar-se por este ou aquele flagelo. O que conta é garantir a graça do Céu" (1998, p. 15).

O poder estava disperso entre pequenos núcleos de caráter local. O poderio da Igreja era extraordinário. Os chefes julgavam-se representantes de Deus e exploravam e protegiam o povo. Para Duby: "O direito de comandar, fazer justiça, proteger, explorar o povo dispersava-se em vários pequenos núcleos locais. Os chefes, esses homens que empunhavam a espada, a espada da justiça, sentiam-se os representantes de Deus, encarregados da manutenção da ordem que Deus quer fazer respeitar na terra" (1998, p. 15).

O cristianismo medieval teve o caráter de "uma religião da história" (1998, p. 16). Para o conhecimento da Idade Média são importantes as descobertas da arqueologia. A história era escrita pelos membros da Igreja. Perscrutavam-se os sinais da divindade. Buscavam-se as passagens entre o mundo natural e o sobrenatural. Procuravam-se também os sinais anunciadores do fim do mundo.

Os chamados "temores do fim ano 1000" (1998, p. 20) foram uma construção romântica. O *Apocalipse* aliava esperança e temor. Sobre a questão do fim do mundo diz o historiador: "Ao término do Primeiro Milênio, existia uma espera permanente, inquieta, do fim do mundo" (1998, p. 20). Tratava-se do milenarismo. Vivia-se uma vida dolorosa, rude. Mas acalentavam-se esperanças, seja no paraíso, seja num mundo de onde o mal estaria ausente.

Na Idade Média, a grande maioria da população vivia numa pobreza extrema. O equipamento agrícola apresentava-se precário: a quase totalidade dos utensílios era de madeira. A sociedade apresentava-se rigidamente hierarquizada.

Segundo Duby: "É preciso imaginar esses homens e essas mulheres vestidos, em grande parte, com peles de animais, mas não mais bem alimentados do que na época neolítica – falo das pessoas do povo, pois essa sociedade era estritamente hierarquizada" (1998, p. 26).

Como ocorria a exploração dos trabalhadores? "Os trabalhadores eram esmagados sob o peso de um pequeno grupo de exploradores, homens da guerra e da Igreja, que saqueavam quase todo o excedente da produção" (DUBY, 1998, p. 26).

O amanhã era objeto de temor, mas havia fraternidade e solidariedade dentro da sociedade. Duby caracteriza mesmo "as sociedades medievais" como "sociedades de solidariedade" (1998, p. 28). Os homens estavam situados em grupos: o familiar, o senhorio, o aldeão. O senhorio apresentava um caráter duplo: constituía "um organismo de exação, mas também de "segurança social" (1998, p. 28). O cristianismo incitava os ricos à generosidade e os eremitas tinham a aureóla de santos.

Em 1033 houve uma grande fome na Borgonha. Para resolvê-la, os homens só tinham um remédio: fazer penitência. Tal era a concepção de mundo dos homens do ano mil. Houve a "sacralização do pão", um "dom essencial" (1998, p. 30) fornecido por Deus aos homens. Mas "não houve revoltas provocadas pela fome nos campos" (1998, p. 31).

A França conheceu no ano 1000 – e após 1200 – um extraordinário crescimento em termos materiais. Nas aldeias houve multiplicação de ferreiros. Os pobres melhoraram de vida e mulheres e homens passaram a vestir-se melhor. O progresso traduziu-se na urbanização – as cidades conheceram um crescimento, mas também a miséria. Como afirma o historiador, "o medo da privação oprimia até o ventre os homens do século XI" (1998, p. 30-31). Surgiram muitas instituições de caridade para ajudar os pobres urbanos – albergues, confrarias, santas casas.

Com São Francisco, o cristianismo transformou-se radicalmente. Ele se distinguia pela humildade. Nosso autor afirma que "ocorre uma verdadeira reformulação do cristianismo diante dos novos problemas criados por uma espécie de efervescência da miséria" (1998, p. 33).

E aprofundando o tema afirma:

> o cristianismo muda radicalmente depois de 1200. Antes, ele era, para a maioria das pessoas, um conjunto de ritos, de cerimônias conduzidas por homens instalados confortavelmente, convencidos de dominar toda a sociedade, e que os outros, os fiéis, de longe, olhavam cantar juntos as orações e os hinos. Depois, os homens de Deus conclamaram a viver segundo o Evangelho [...]. Esses homens consideravam que, como Cristo, deviam viver com os mais desafortunados e tentar despertar o espírito dos ricos para que seguissem seu exemplo e saíssem de sua confortável boa consciência [...] (DUBY, 1998, p. 36).

O trabalho e a mendicância andavam juntos. Houve novas formas de viver a religião. Estávamos nos primórdios da Reforma. A Igreja buscou apagar o aspecto contestatário de Francisco de Assis: "Contudo a boa semente estava lançada e frutificou" (1998, p. 38).

O crescimento demográfico foi o motor do progresso econômico. Os homens medievais – sabemos pelas descobertas arqueológicas – não morriam tão cedo como se pensou durante muito tempo. A França de 1300, com 20 milhões de habitantes, era o país mais populoso da Europa.

Houve uma evolução das estruturas familiares. "A Igreja" – afirma Duby – "impôs às populações rurais, depois à aristocracia a monogomia e a exogamia" (1998, p. 40). A sociedade medieval apresenta-se como masculina. Os jovens "de mais de 15 ou 20 anos eram muito numerosos no domínio familiar" (1998, p. 43).

Havia duas saídas de vida possíveis para os camponeses: "o desmatamento de terras e o artesanato" (1998, p. 43). A sociedade medieval apresentava grande fluidez. Os meninos da aristocracia eram educados na Igreja e na nobreza. Porém tal sociedade tinha seus excluídos: "Ela [a exclusão] refere-se, primeiramente, às comunidades judaicas, muito importantes nas cidades, no ano 1000 e até o século XII [...] Nesse caso, a exclusão era radical". Também eram excluídos os leprosos e os miseráveis. Os ricos tinham medo dos pobres e os rejeitavam.

As crises de fome foram crises do progresso: "Elas eram interpretadas, pelos cronistas da época, como sinais nefastos. Mas nós, historiadores, nós as vemos como os sinais de um progresso, como os sobressaltos do desenvolvimento, de um desenvolvimento fulgurante mas caótico" (1998, p. 46).

O medo em relação ao outro era real. O medo do outro era uma realidade em virtude das invasões sofridas pela Europa: A invasão das "hordas asiáticas [...] provocou um pavor imenso entre os europeus nos anos 1240, 1250" (1998, p. 52).

Os normandos queriam participar de modo pleno do país onde se instalaram. As riquezas normandas "permitiram" (DUBY, 1998, p. 56) o desabrochar da arte românica. Um dos instrumentos de integração dos normandos nos países cristãos foram os casamentos. O cristianismo do ano mil era "um conjunto de gestos e cerimônias". Aderir a ele era a primeira via para a integração: "O batismo de Rollon é nitidamente um ato político" (1998, p. 58).

O crescimento inicial da Europa foi extraordinário e sua aceleração deveu-se às últimas invasões sofridas por ela.

Os judeus foram discriminados e isolados. Expulsões e progrons foram realizados em relação a eles: "A história do antissemitismo [...] é complexa" (1998, p. 64).

A mobilidade das populações no território da França permitiu a criação "de uma nação francesa" (1998, p. 65). A unidade europeia deve-se ao cristianismo. A Igreja formava o arcabouço da Cristandade latina, a qual constituía a "comunidade essencial" (1998, p. 67). As "alianças matrimoniais" (1998, p. 67) garantiam a união da aristocracia.

Com o crescimento material, a partir do século XIII, houve o fortalecimento dos Estados. O nacionalismo foi um elemento negativo: o veneno nacionalista "começou a infectar a Europa. A guerra tornou-se quase permanente" (1998, p. 67).

A Europa vivia uma "progressão demográfica": "A Europa medieval estava em plena progressão demográfica, em plena expansão; [...] ela transbordava" (1998, p.70).

Ela constituía uma civilização inferior: "A Europa da expansão, a Europa do ano 1000 [...], que se lançava à conquista de outras partes do mundo, estava em estado de inferioridade em comparação com as civilizações do sul, bizantina e islâmica"(1998, p. 70).

A Europa alimentou-se das culturas circundantes, dotadas de uma riqueza muito maior. Mostrou, então, vigor suficiente para "criar sua própria cultura" (1998, p. 70), por meio dos empréstimos que fazia de outras. Os cruzados se entusiasmaram com o que iam encontrar no Oriente: "mulheres magníficas, perfumes, sedas, pérolas" (1998, p. 70). Os europeus eram os invasores, [...] os bárbaros (1998, p. 71).

A sociedade medieval era muito aglutinante, granulosa. Havia nela os marginalizados – como os moradores da floresta. Eles eram pobres, mas independentes, livres. O homem que vivia nos bosques tem um caráter duplo.

Aparece como um perigo, mas também como "o bom selvagem". Aí também vivia o eremita, que nos romances de cavalaria era o "personagem sábio" (DUBY, 1998, p. 73) apaziguador, reconciliador.

Quem era, por seu lado, o louco medieval? "Na Idade Média, não se enclausuravam os loucos [...]. O louco é o homem de Deus, um ser que participa do conhecimento das coisas invisíveis" (1998, p. 74).

A caça constituía ocupação senhorial: "A caça [...] é a principal ocupação de todos os senhores feudais, dos reis de França como dos outros" (1998, p. 72).

Os idosos morriam no seio familiar.

Duby passa a tratar depois do "medo das epidemias" (1998, p. 77). A situação da Europa era precária em termos sanitários. Em relação ao seu "sistema imunológico", as populações da Idade Média tinham vantagens: "A população [europeia] tinha defesas contra os miasmas por seu sistema imunológico e talvez fosse mais defendida do que nós contra as infecções". Tinham também desvantagens: "Em compensação, ela estava desprovida de meios de curar" (1998, p. 80).

O mal dos ardentes atingiu duramente as populações: "Sabemos hoje que é uma doença carencial, provocada pelo consumo do esporão de centeio presente na farinha" (1998, p. 80). Havia, ainda, "ondas de mortalidade": "Ondas de mortalidade passavam e refluíam tão misteriosamente como tinham aparecido, porque o corpo humano havia aprendido a defender-se" (1998, p. 80-81).

A peste negra, episódio de grandes dimensões, deixou um rastro de "devastações assustadoras" (1998, p. 80-81). Os parasitas, ratos e pulgas eram os responsáveis pela sua transmissão. Aparece como "um dos efeitos do progresso, do crescimento" (1998, p. 81). Os ricos, que dispunham de uma higiene melhor, foram os mais poupados por ela.

"Gigantescas" foram suas consequências, tanto sociais quanto psicológicas. Ela foi responsável pela melhoria, em termos gerais, do padrão de vida. Na arte e na literatura propagou-se o macabro. E "a cada trégua, a vida recomeçava ainda com mais intensidade" (1998, p. 86).

Via-se a peste como uma forma de punir o pecado, mas aumentou-se a solidariedade para com os enfermos. Já em relação aos leprosos e judeus desencadeou-se a violência. A peste foi rapidamente conhecida na Europa, devido à mobilidade de sua população. Relativamente à lepra ocorreu um "terror sagrado" (1998, p. 91). O corpo do leproso revelaria seu domínio pelo pecado e a lepra apareceria como "o signo distintivo do desvio sexual" (1998, p. 91). Havia em relação aos homens, no entanto, o enclausuramento e a compaixão (1998, p. 91).

Duby tratou depois do "medo da violência" (1998, p. 97). A dor física[38] e a morte contavam pouco na Idade Média. Na literatura, romances e poemas, direcionada a um público nobre, ocorria a evocação da selvageria. O torneio[39] esportivo medieval caracterizava-se pela violência. Segundo nosso historiador eles "desempenhavam [...] o papel de exutório, numa sociedade extremamente brutal" (1998, p. 100).

Com a paz de Deus houve "uma espécie de codificação da guerra" (1998, p. 102). Com ela passavam a ser protegidos vários tipos de pessoas – monges e padres, mulheres nobres, comerciantes. A Igreja, exercendo seu poder no estabelecimento da paz, limitava "a violência" (1998, p. 105).

O autor procurou explicar os "costumes matrimoniais" da nobreza europeia medieval. Buscava-se fazer o casamento de um único jovem para não esfacelar o patrimônio. O caminho para os filhos que não tinham esposa legítima era a aventura militar.

A mudança econômica, no entanto, atenuou as restrições matrimoniais: "O abrandamento da "restrição ao casamento dos jovens" (1998, p. 104) ocorreu com "a passagem de uma economia agrária a uma economia monetária" (1998, 104).

Os reis eram considerados "personagens sagrados"[40] (1998, p. 105) e na época de São Luís ocorreu a reconstrução do Estado.

A cavalaria formava uma realidade selvagem: "A realidade da cavalaria era algo bastante sinistro. Homens cuja principal distração era perseguir animais selvagens e lançarem-se uns contra os outros" (1998, p. 108).

Cada cavaleiro pode ser considerado um rei em miniatura. O historiador faz uma apreciação severa da cavalaria: "No início, no século XI, com toda certeza", [...] a cavalaria era sinônimo "de banditismo" (1998, p. 111).

A Igreja constituía a principal estrutura social e seu papel foi de pacificação, no qual teve um sucesso parcial. São Luís era a encarnação do "perfeito cavaleiro" (1998, p. 108).

---

38 Duby, Georges. "Reflexões sobre o sofrimento físico na Idade Média". In: *Idade Média, Idade dos homens. Do amor e outros ensaios*. São Paulo: Companhia das Letras, 1989, p. 161-165.

39 Amplas considerações sobre os torneios medievais encontram-se em *Guilherme Marechal*.

40 Bloch, Marc. *Os reis taumaturgos. O caráter sobrenatural do poder régio. França e Inglaterra*. Prefácio de Jacques le Goff. São Paulo: Companhia das Letras, 1993.

Eis como Duby caracteriza o feudalismo: "O que é o feudalismo? Uma disseminação de castelos" (1998, p. 111).

Os camponeses resistiam à opressão dos senhores de duas formas: pelas armas e pela dissimulação de "sua pouca riqueza" (1998, p. 111). Sua resistência às exações praticadas pelos senhores feudais se fazia com armas. Segundo Duby "houve um equilíbrio entre a rapacidade do grupo senhorial e a capacidade de autodefesa dos camponeses" (1998, p. 112). Durante a Guerra dos Cem Anos, camponeses ricos fizeram uma revolução (1998, p. 112).

As cidades conheceram "um bando, institucionalizado" (1998, p. 112). E "o rito principal nessas associações da juventude era [...] o estupro coletivo" das "mulheres em situação marginal" (1998, p. 112). A sociedade medieval conseguiu integrar, de maneira extrema, os indivíduos "nos seus diversos núcleos". "Chegou a existir uma prostituição muito bem organizada" (1998, p. 115).

A punição dos crimes revelava uma característica da civilização medieval: sua selvageria e brutalidade, já que "o castigo deve ser espetacular" (1998, p. 115).

Encerrando seu trabalho, Duby passa a considerar "o medo do além" (1998, p. 121). Na Idade Média, o medo da morte aparecia de modo relativo. Para os medievais, "a vida prolonga-se depois da morte e os mortos estão sempre presentes especialmente durante cerimônias em que estão associados aos vivos" (1998, p. 124). O moribundo não estava só, mas cercado pelos seus familiares. Muitos cuidados cercam o corpo defunto, que preside a "um último rito [...] um banquete" (1998, p. 127) do qual participam os pobres.

A crença num outro mundo era geral, esperava-se pelo "fim dos tempos" e "os homens temiam muito [...] o Juízo Final, a punição no além" (DUBY, 1998, p. 128).

O inferno estava presente no espírito de todos como imagem opressiva e obsessiva. Os medievais procuravam fugir da condenação eterna. O "purgatório" inventado pela sociedade[41] (1998, p. 133) inscreve-se nesse quadro, formando com o paraíso e o inferno a trindade dos lugares do além. Havia "entre o Todo-Poderoso e os homens", "uma espécie de comércio" (1998, p. 133).

As heresias[42] se multiplicaram na Idade Média, mas elas "constituem [...] um sinal da vitalidade daquela época" (1998, p. 133). Neste "universo [...], o poder da

41 Le Goff, Jacques. *A invenção do purgatório*. 2ª ed. Lisboa: Estampa, 1985.

42 Duby, Georges. "Heresias e sociedades na Europa pré-industrial, séculos XI-XVIII". In: *Idade Média, Idade dos homens. Do amor e outros ensaios*. São Paulo: Companhia das Letras, 1989, p. 175-184.

natureza era, ao contrário, terrificante" (1998, p. 136). Tinha-se o sentimento de que as coisas se deterioravam. E "a ocorrência [...] de acidentes" (1998, p. 138) na "ordem perfeita" do universo causava terror nos homens medievais. Por isso, na sociedade em que viviam estava reservado um papel às práticas astrológicas.

As questões de método

O problema das ideologias

Passamos agora à síntese do importante artigo metodológico de Duby,[43] "História Social y ideologias de las sociedades", em que ele avança bastante na sua percepção do trabalho historiográfico, relacionando a história social com as ideologias.

A análise das estruturas materiais deve ser o fundamento da história das sociedades. Grandes foram os progressos da história social, mas novos questionamentos devem ser explorados e abertos novos campos de investigação.

Na compreensão das sociedades humanas, os fenômenos mentais são tão importantes quantos os econômicos e demográficos. As relações sociais são condicionadas pelos "sistemas de valores" (DUBY, 1999, p. 67). Para esclarecer a "classificação social" é importante levar em conta a "consciência dos atores sociais". Como diz o autor, "é o sistema de valores que torna toleráveis ou intoleráveis as regras do direito e os decretos do poder" (1999, p. 68).

Eles têm uma história. Deve-se destacar o papel respectivo dos sistemas de valores e das condições econômicas. Nesta empresa, o papel dos historiadores é decisivo e o campo das atitudes mentais aparece como "singularmente vasto" (1999, p. 68).

O estudo das ideologias situa-se no universo mais amplo das atitudes mentais. Duby se apropria do conceito de ideologia de Althusser: "Sistema [com a sua lógica e rigor próprios] de representações [imagens, mitos, ideias ou conceitos segundo os casos] dotado de existência e de um papel histórico no seio de uma sociedade determinada" (1999, p. 68).

As ideologias constituem "sistemas completos", são naturalmente globais. Integram "um sistema de crenças". Deformadoras e tranquilizadoras, estão a serviço de "interesses particulares". Vários "sistemas de representações concorrentes

43 "História Social y ideologias de las sociedades". In: *Obras selectas de Georges Duby*. Presentación y compilación de Beatriz Rojas. México: Fondo de Cultura Económica, 1999, p. 67-83.

coexistem numa sociedade". Assim, as oposições existentes "entre ideologias são determinadas pela disposição das relações de poder".

Duby discute, em termos ideológicos, a significação do amor cortês.[44]

Além de concorrentes, deformadoras, globalizantes, outra característica das ideologias é serem estabilizadoras.

O historiador assegura que "nenhuma utopia propõe uma revolução permanente" (1999, p. 70). As tradições constituem a armadura das ideologias. Nelas, está embutido um medo em relação ao futuro. Nas sociedades de bases agrárias fortes temem-se as novidades. A hierarquia social constitui o apoio do conservadorismo profundo dos grupos dominantes. Os que mais se apegam a ele são os integrantes de cleros diversos.

Segundo nosso autor,

> a tendência ao conservadorismo é acentuada pelo movimento de vulgarização dos modelos culturais que se transportam dos altos níveis da hierarquia social até os meios mais amplos e mais humildes. Neste processo ocorre uma deformação das representações mentais[45] (1999, p. 71).

Os sistemas ideológicos, todos eles, são informados por uma "visão da história". Incitam à ação e comportam esperanças. Segundo o historiador, existem "relações estreitas entre as relações vividas e as representações que as pessoas tem delas" (1999, p. 71). As ideologias passam por adaptações nos "conflitos sociais". Por isso, a Igreja Católica conseguiu domesticar o franciscanismo.

A história das ideologias é complexa e nela "alguns meios" exercem "o papel preponderante". Os educadores têm um importante papel nesta história. As classes dirigentes têm os seus lacaios ideológicos. Outra característica das ideologias consiste na busca de apoios onde os puderem encontrar. Os "sistemas ideológicos" (1999, p. 72) se transformam também ao receberem o impacto das culturas estrangeiras.

---

44 Duby, Georges. "O modelo cortês". In: Duby, Georges e Perrot, Michèle (orgs.). *História das mulheres no Ocidente*, v. 2. *Idade Média*. Lisboa: Afrontamento, 1970, p. 331-351; *Idem*, "A propósito do amor chamado cortês". In: *Idade Média, Idade dos homens. Do amor e outros ensaios*. São Paulo: Companhia das Letras, 1989, p. 59-65.

45 O historiador retoma aqui elementos de um tema desenvolvido em um artigo fundamental: Duby, Georges. "A vulgarização dos modelos culturais na sociedade feudal". In: *A sociedade cavaleiresca*. São Paulo: Martins Fontes, 1989, p. 145-153.

Como exemplo do fenômeno, Duby cita a ética cortês cujas características procura estabelecer: "Assim ocorreu, no Ocidente do século XII com a ética cortês, que enriqueceu suas representações mentais, seu ritual e seus modos de expressão buscando elementos na cultura da Antiguidade latina e na da Espanha islamizada" (1999, p. 72).

Estudar as ideologias historicamente mostra-se muito difícil. Em primeiro lugar, a dificuldade reside na pesquisa dos testemunhos. É o caso das "ideologias populares" das quais só restam "marcas fugidias, alteradas e tênues" (DUBY, 1999, p. 72-73). Nos documentos sua imagem aparece deformada.

Com a totalidade das ideologias revolucionárias, ocorre "a mesma deformação". Isto porque "os documentos só iluminam diretamente as ideologias que defendem os interesses dos grupos dirigentes". E "os complexos conjuntos ideológicos mais triunfantes só excepcionalmente são objeto de uma expressão deliberada" (1999, p. 73). Por isso, deve-se sujeitar à interpretação os fragmentos documentais.

O historiador deve investigar, em relação à história das ideologias, os documentos de mais fácil acesso, como o vocabulário e "os signos visuais". Estes constroem "uma ordem sonhada do universo", aparecem sob a forma de imagens, pintadas ou esculpidas. Tais "representações figuradas sempre foram armas eficazes de defesa e de agressão". Os pintores, por exemplo, ajudaram bastante a Igreja em sua tarefa de domesticação do franciscanismo. Duby afirma que "o pórtico da abadia de Saint Gilles constitui uma suma da ideologia católica" (1999, p. 74) no final do século XII.

Deve-se reconstituir os sistemas ideológicos e, nesta tarefa, "se deve prestar a maior atenção ao que se cala" (1999, p. 74). Nesta reconstrução, a abordagem deve ser ao mesmo tempo diacrônica e sincrônica. Igualmente é importante verificar como as ideologias em disputa se expressam; como ocorrem as deformações dos temas ideológicos; deve-se também fazer apelo à quantificação serial. Os períodos críticos são os mais favoráveis para o estudo das ideologias, pois neles ocorre "o aparecimento de estruturas latentes ordinariamente ocultas" (DUBY, 1999, p. 75).

Para o historiador, o momento privilegiado ocorre quando do término do conflito, pois vários tipos de documentos surgem quando há repressão "aos movimentos derrotados" (1999, p. 76).

O historiador lembra as relações existentes entre as ideologias e a realidade social "vivida". Propõe que a investigação se faça em duas etapas. Em primeiro lugar "as ideologias se apresentam como interpretação de uma situação concreta", elas têm "impacto sobre o movimento das estruturas materiais e políticas" (DUBY, 1999, p. 76). As dissonâncias devem ter a sua cronologia estabelecida. Em relação às ideologias passadas, o papel do historiador é desmistificá-las. Retomando Paul Veyne, Duby afirma que na "história das ideologias", "o campo privilegiado" é o das "instituições" (1999, p. 78).

Passando aos exemplos concretos, nosso autor começa por analisar o célebre esquema das três ordens funcionais. Afirma que "os dirigentes da Igreja fixaram os elementos de um modelo ideológico na Europa do século XI". Os formuladores pertencem "à situação dominante" (1999, p. 78): seu esquema responde a ela e busca consolidá-la. Esse sistema simples, como são as ideologias, constituía uma arma de ataque contra as ideologias. Duby o formula assim: "Distribuem os homens em três categorias: os especialistas da oração, os especialistas do combate, e os especialistas da produção, quer dizer, aqui os camponeses" (1999, p. 79).

O sistema deixa de fora os trabalhadores urbanos e constitui "um reflexo fiel e tranquilizador das estruturas globais da sociedade agrária". Ele é "um esquema que dissimula as tensões entre as três ordens, o ócio das primeiras e a exploração dos camponeses" (1999, p. 79).

Tal ideologia, de decidido caráter conservador, incita a um esforço de restauração favorável à Igreja. Esta "representação histórica" dinâmica, encontra apoio "numa certa concepção da história" (DUBY, 1999, p. 80). Aparece "como uma marcha do povo de Deus para a luz", "guiada por uma igreja senhorial" (1999, p. 80).

A "moral segregadora" dos clérigos era igualmente "uma ética pacífica, a dos regulamentos da paz de Deus". Queria moralizar o mundo dos guerreiros, homogeneizá-los, mas a ideologia cavaleiresca opõe-se frontalmente à eclesiástica. Nela aparecem "um rechaço definitivo do espírito de penitência e das renúncias que predicam os homens de oração" (1999, p. 80).

Entre os clérigos e os guerreiros houve dissociações e também conveniências. "A cristalização do modelo laico" foi facilitada por estas conveniências. A empresa cruzadista foi a culminação deste modelo. Dois fatores favoreceram as cruzadas: as dificuldades de ordem material dos senhores laicos e o amadurecimento da ideologia das três ordens.

Para nosso historiador, "a sociedade de cruzada era a realização do esquema ideológico das três ordens, construído nos arredores do ano mil" (1999, p. 81). Esta sociedade anacrônica, já que fatores profundos agravaram as discordâncias entre esta "representação social" (1999, p. 81-82) e a realidade concreta, não se materializou.

Os eclesiásticos modificaram sua visão do mundo com a experiência oriental; para os cavaleiros a cruzada foi uma expedição de prazer e pilhagem e os pobres nada ganharam com ela. O papel dos grupos sociais não contemplados no esquema das três ordens "foi considerável, talvez preponderante". A realização do "grande sonho" da cruzada ocorreu somente nas "ordens religiosas militares" (DUBY, 1999, p. 82).

O modelo ideológico das três ordens sobreviveu longamente e influenciou "o conjunto das relações sociais". Ele mostra que as ideologias, em sua história, adotam "ritmos particulares" (1999, p. 83).

Pioneiro na teorização e prática da história das mentalidades, elaborando posteriormente um grande trabalho de história de uma ideologia, a das três ordens, Duby começou a teorizar e praticar, desde a década de 1960, uma história cultural e o fez até o momento de sua morte.

Trataremos agora de sintetizar suas principais contribuições metodológicas neste terreno.

Tarefas da História Cultural: cultura, memória, valores

Começamos com um texto de método, publicado em 1969 e republicado bem mais tarde,[46] que discutia os problemas da história cultural.

A pesquisa em ciências humanas tem dificuldade em libertar-se dos limites, arbitrários, impostos pela universidade. Várias disciplinas estão fechadas "à curiosidade do historiador" (DUBY, 1998, p. 403), como a história da filosofia, das literaturas.

Tais obstáculos provocaram a redução dos fenômenos de cultura na disciplina histórica, mas a escola histórica francesa procurou concretizar a história do espírito com historiadores como Focillon,[47] Joseph Bédier, Émile Mâle.

Algumas ciências sociais progrediram de maneira fulminante, como a Linguística, a Antropologia, a Sociologia. A História deve juntar-se a essas ciências humanas conquistadoras para tornar mais rica sua área de atuação.

A cronologia deve ser valorizada pelos historiadores, que devem devolver-lhe "seu valor explicativo" (1998, p. 404). Houve um deslocamento na historiografia: o trabalho histórico de vanguarda concentra-se agora na história cultural, em vez da

46 Duby, Georges. "A história cultural". In: Rioux, Jean-Pierre e Sirinelli, Jean François (orgs.). *Para uma história cultural.* Lisboa: Estampa, 1998, p. 403-408.

47 Altet, X. Barral I. "Focillon, Henri, 1881-1943" In: Burguière, André (org.). *Dicionário das ciências históricas.* Rio de Janeiro: Imago, 1993, p. 337.

história econômica que a dominou nos anos 1930. A história da cultura conhece uma ampliação de suas perspectivas. Os métodos das ciências humanas começam a ser aplicados por equipes aos "vestígios do passado cultural" (DUBY, 1998, p. 405).

Trata-se de fazer uma história mais voltada à humanidade comum. De definir e descobrir os modelos culturais vigentes numa sociedade e o movimento deles. De inventariar os fundamentos culturais de uma época determinada. De fazer igualmente o inventário dos símbolos e signos em seu conjunto. Trata-se de descobrir, por meio destes signos, os mitos e valores e seu complexo sistema.

A história cultural deve "buscar os bloqueios, as recusas, as exclusões de uma cultura já que uma sociedade se define tanto pelo que rejeita quanto pelo que venera" (1998, p. 405). Deve também "buscar as pulsões iniciais que regem em profundidade o psiquismo de uma sociedade". Tais modelos evoluem constantemente e tais mudanças ocorrem em diversos ritmos. As modificações são de longa duração e igualmente fugazes. E "o historiador precisa procurar discernir a orientação e o vigor do fluxo perturbador das representações coletivas" (1998, p. 406).

Certas obras maiores operam como cristalização das "tendências inovadoras": é "dever do historiador valorizá-las". Por volta de 1400 havia na Europa certos meios caracterizados pela inovação, seitas de devoção, "conventos das ordens mendicantes" (1998, p. 406), universidades, cortes.

A história da recepção de modelos culturais pela sociedade deve ser objeto de estudo cuidadoso do historiador. Os mecanismos dos sistemas educacionais devem ser desmontados assim como é preciso investigar os "meios de comunicação maciça" na sua eficácia. A sociedade no seu conjunto nunca recebe a cultura de maneira uniforme. Como afirma o autor, "a transmissão da herança cultural se encontra governada pela disposição das relações sociais" (1998, p. 407).

Uma das tarefas da história cultural consiste no estudo estrutural dos grupos e da estratificação social. História cultural e história social devem fecundar-se mutuamente. Aquela tem um importante papel a desempenhar como coordenadora das ciências humanas.

O crescimento da história cultural procura situar-se na junção de três setores disciplinares:

> De fato, retira alguns dos seus materiais mais úteis de análise das grandes criações culturais, orientada pelos historiadores da literatura, das artes e das filosofias, põe-lhe novos problemas e fornece-lhe em troca elementos precisos de explicação: das ciências

> psicossociais, que estimula a não serem puramente estruturais, adota, senão os métodos, nem todos facilmente aplicáveis à observação do passado, pelo menos as curiosidades estimulantes; finalmente, pretende fecundar, pelo que revela dos comportamentos e das atitudes coletivas, a história econômica e social, a história política e militar e a própria história do acontecimento (1998, p. 408).

A história cultural no seu avanço encontrou a memória e procurou estudar seus mecanismos, seu impacto na sociedade e suas relações com a história.[48]

Duby, que ao lado dos maiores historiadores franceses, também participou da obra dirigida por Pierre Nora, dedicou um ensaio à questão da memória medieval.[49]

Ele começa seu texto pela afirmação da dificuldade, para o historiador, da abordagem da memória, e procura caracterizar o aspecto fundamental da profissão do historiador:

> Ele consiste em justapor restos, fragmentos de lembranças, muitas vezes identificáveis, em envolvê-los com o imaginário para tentar ligá-los, reconstituir uma imagem, mas segundo esquemas que se retira, de qualquer forma, de si mesmo; e compor assim um quadro que provém, com frequência, menos do próprio passado do que do sonho do historiador (DUBY, 1989, p. 166).

O historiador pode ser caracterizado como a renovação de uma memória para mergulhá-la "verticalmente no fundo das idades" (1989, p. 166). Para nosso autor, historiador das sociedades feudais, trata-se da memória espessa de um milênio. Ele quer conhecer o funcionamento da memória dos homens do século XII, assunto pouco conhecido, e pensa que "a história da oralidade é tão necessária quanto a da escrita para a organização das relações sociais"[50] (1989, p. 167).

Os fenômenos da memória na Idade Média são fugidios. Duby se propõe fazer observações pontuais sobre o assunto. Os clérigos monopolizavam a escrita nas

48 Veja-se especialmente Nora, Pierre (dir.). *Les Lieux de mémoire*. Paris: Gallimard, 1984-1992, 7 v. Esta grande obra procurou rever a história francesa a partir da questão da memória, redescoberta e retrabalhada pela história cultural.

49 Duby, Georges. "Memórias sem historiador". In: *Idade Média, Idade dos homens: do amor e outros ensaios*. São Paulo: Companhia das Letras, 1989, p. 166-174. A respeito da memória na Idade Média ver ainda: Geary, Patrick. "Memória". In: Le Goff, Jacques e Schmitt Jean-Claude (coord.). *Dicionário temático do Ocidente Medieval*. Bauru: Edusc, 2002, v. 2, p. 167-181.

50 Joutard, Philipe. "Memória coletiva". In: Burguière, André (org.). *Dicionário das ciências históricas*. Rio de Janeiro: Imago, 1993, p. 526-528.

sociedades feudais. O conjunto dos outros homens vivia bem sem o "texto escrito" (DUBY, 1989, p. 167). Entre os homens que não possuíam o domínio da escrita, a base das relações era a memória. Vários meios eram usados para sua consolidação. A cerimônia constituía o primeiro deles. Todo ato social importante devia ter caráter público. Detalhando o assunto, afirma o historiador:

> Palavras, gestos enfiados num ritual a fim de se imprimirem mais profundamente na memória do grupo para serem no futuro, relatados. Ao envelhecer, as testemunhas se sentiam obrigadas a transmitir à sua descendência o que elas conservavam na memória, e essa herança de recordações deslizava assim de uma geração para outra (1989, p. 167).

Para conservar certos atos na memória, alguns artifícios eram utilizados. Juntamente com pergaminhos usavam-se certos objetos como ramos, pedras, facas "para garantir direitos". Aquelas pessoas que não conheciam latim confiavam na memória coletiva, no "costume" e não nos textos. Segundo o autor, "o costume era um código muito restrito, imperioso embora não estivesse registrado em parte alguma" (DUBY, 1989, p. 168).

Na regulamentação das sociedades medievais, um dos órgãos mais importantes era a interrogação oral, periódica, dos integrantes da comunidade. Assembleias de pessoas dependentes de um senhorio se reuniam, no leste da França, de tempos em tempos, "para dizer o costume". Desde o século XII, escribas foram recrutados pelo senhor para colocar em termos escritos esse "depoimento coletivo" (1989, p. 168).

A resistência oferecida pelo grupo camponês às pressões dos senhores pode ser percebida na memória camponesa. O material constituído por esses documentos excepcionais pode ser útil para estudar sistematicamente a dinâmica das lembranças. Os "jogos do esquecimento" (1989, p. 169) aparecem em muitos dos indícios nos documentos citados.

Duby se propõe como campo de estudo a "memória genealógica". Ele pensa que "o cristianismo feudal é, em muitos casos, no essencial talvez, uma religião dos mortos". Próximo às sepulturas, manifestações importantes "da piedade popular" (1989, p. 169) eram realizadas. Entre elas, as dos ancestrais e as dos santos tinham destaque. O aniversário do morto era o dia no qual ocorriam as cerimônias principais.

Constituíram-se os memoriales, "coleções de palavras" para perpetuar "a imagem de um parentesco". Segundo Duby "a linhagem,[51] essa célula imortal, era cimentada por laços de sangue, mas bem mais por uma memória cuidadosamente conservada, que constituía o quadro fundamental da sociedade" (DUBY, 1989, p. 169).

No século XI, a Igreja, ao ganhar poder, lutou por uma exogamia impossível na prática. Na aristocracia, principalmente, as exigências da Igreja a respeito da exogamia "estimularam a memória geneológica". A "noção de nobreza" conduzia à glorificação de seus antepassados. O historiador crê que "as narrativas genealógicas constituem os documentos escritos mais propícios ao estudo da memória feudal". Para consolidar seu poder, a nobreza usou como um instrumento "as narrativas genealógicas" (1989, p. 170).

Um padre compôs no fim do século XII, a pedido dos condes de Ardres, "um monumento literário" (DUBY, 1989, p. 170) sobre a família deles. Nele o autor reproduz os comportamentos e excentricidades dos seus patrões e transforma sua história num romance de cavalaria, de cortesia. E "entre as excentricidades destacadas pelo padre escritor estão o vigor genético, a valentia de que os senhores da linhagem reconstituída por ele dão prova nos jogos ilícitos do amor"[52] (1989, p. 171).

Essa "memória parental" é estendida por um século e meio; além disso, ela se torna de grande imprecisão. E "na noite que se instala na memória familiar, o autor projeta seu próprio sonho". A "memória familiar" cria "heróis fundadores" (DUBY, 1989, p. 171), tecendo fábulas a seu respeito.

A narrativa incorpora esta memória familiar nas suas imperfeições e nas suas riquezas. Ela cai no território do mito.[53] Para Duby, "suas dobras muito flexíveis se ajustam ao presente da vida" (1989, p. 171). Esta memória não tem grande preocupação com a estrita cronologia.

A penúltima data lembrada pelo cronista diz respeito ao jovem senhor de Ardres, protetor direto do narrador, "o verdadeiro herói da narrativa" (DUBY, 1989, p. 172). A "data", diz Duby, "é a de Pentecostes de 1181, a central na sua vida: Não é a

---

51 Duby, Georges. "Le Lignage Xe-XIIIe siècle". In: Nora, Pierre (dir.). *Les Lieux de mémoire II. La Nation.* Paris: Gallimard, 1986, p. 31-56.

52 Duby, Georges. "O que se sabe do amor na França do século XII". In: *Idade Média, Idade dos homens. Do amor e outros ensaios.* São Paulo: Companhia das Letras, 1989, p. 28-40.

53 Détienne, M. "Mitologias". In: Burguière, André (org.). *Dicionário das ciências históricas.* Rio de Janeiro: Imago, 1993, p. 555-557.

do seu nascimento nem a do seu casamento, é a da sua sagração, do rito de passagem que o introduz no mundo dos cavaleiros" (1989, p. 172).

"Uma peripécia financeira", constituiu o motivo do aparecimento de uma precisão cronológica rara. O historiador diz que "a memória familiar, solidificada, sofisticada, inteiramente sobrecarregada de ornamentos artificiais é entregada pelo texto à descendência mas também involuntariamente aos historiadores". Em torno do patrimônio, da herança, cristalizam-se os elementos mais nítidos destas lembranças que formam uma "massa flutuante". Nosso autor afirma que "esta memória manipula as lembranças, as adapta às exigências do presente e ela as deforma, para que se ajustem à lenta evolução de uma moral" (DUBY, 1989, p. 172).

A história contada pelo cronista apresenta-se como doméstica, diz respeito a uma casa, mais que a uma estirpe. Nos muros da casa senhorial aparecem efígies afixadas pelo "poder genealógico" (1989, p. 172). Os mortos surgem nas efígies de maneira imprecisa, ornamentos com uma postura favorável. A característica dessa moral está no seu caráter seletivo. E os gestos dos mortos mostram-se inseridos num discurso educativo: esta memória procura ensinar, ser um instrumento pedagógico.

Relacionando a memória familiar e a casa, o historiador afirma: "Para dar segurança aos membros da linhagem, a memória familiar se fixa na casa – esse dique de solidez, esse refúgio – e nos ancestrais, que nasceram nela e viveram" (DUBY, 1989, p. 173).

Um outro padre relata os acontecimentos mundiais no mesmo momento e também fala de si próprio, mas fala, sobretudo, da casa onde veio ao mundo. Ele evoca depois a parentela a que pertence – um ninho e abrigo.

As canções, largamente difundidas entre o povo, conservam a memória social. Somente algumas, fixadas por escrito, permaneceram. Elas constituem uma fonte generosa para os estudiosos da "memória feudal" (DUBY, 1989, p. 174).

Em outro de seus ensaios, Duby continua a aprofundar questões relativas à história cultural.[54]

A história cultural na França constitui, ao mesmo tempo, um setor de vanguarda e um aspecto subdesenvolvido da investigação científica. Dois obstáculos constituem freios à investigação cultural: o primeiro é a separação das disciplinas, inabalável e excessiva apesar dos historiadores terem conquistado as histórias

54 Duby, Georges. "Problemas e métodos em história cultural". In: *Idade Média, Idade dos homens. Do amor e outros ensaios*. São Paulo: Companhia das Letras, 1989, p. 125-130.

educacional e religiosa. O segundo obstáculo vem da insuficiência dos instrumentos analíticos à disposição dos historiadores.

A história cultural continua subordinada à história ecônomica e precisa de um ajuste e retificação conceituais para abordar os objetos da cultura no seu consumo e produção. Seu objeto constitui-se dos "mecanismos de produção" (DUBY, 1989, p. 126) dos objetos da cultura. Devemos estudar a relação entre os acontecimentos que estão no topo da cultura e a "sua base inerte". Ou ainda esclarecer como se ligam as "estruturas profundas" e "o movimento criador da evolução cultural" (DUBY, 1989, p. 126).

Há relações evidentes entre os elementos culturais e as estruturas da economia. É, por exemplo, o caso da "relação fundamental entre o aumento da produtividade do trabalho camponês e o aumento da produtividade dos mestres da 'Escola de Laon'" (1989, p. 126).

A exploração rural nos domínios cistercienses exerceu um papel na expansão da arte produzida pela ordem de Cister.[55] A arte cisterciense significa de um lado a retomada de uma tradição formal e a colocação em evidência de dois fenômenos: uma concepção do mundo, uma moral. Segundo Duby,

> a arte cisterciense tende ao conservadorismo, eles [os edifícios cistercienses] retomam as formas tradicionais. Mas, pelo seu ascetismo, pelo seu otimismo a arte cisterciense apossa-se dos últimos aperfeiçoamentos técnicos, como o cruzamento de ogivas, para inseri-los nas formas tradicionais sem modificar estas últimas (1989, p. 127).

A dinâmica artística transmite-se através das gerações pelo "conjunto do sistema educacional" (1989, p. 127).

Para nosso historiador, as formas são relativamente autônomas na sua história. A principal tarefa da história literária, das artes e da filosofia consiste em "precisar a genealogia dos invólucros formais, esclarecer o jogo do gosto, da moda, dos fenômenos de rejeição, de transferência e de ocultação". Não se deve valorizar excessivamente as inovações nem esquecer "a enorme massa remanescente" (DUBY, 1989, p. 127).

O autor ensaia uma explicação do "Renascimento" do século XII: "Se houve 'Renascimento' do século XII é que a escola foi vivificada neste momento e também porque se empreendeu uma exploração sistemática do patrimônio"[56] (DUBY, 1989, p. 128).

---

55 Duby, Georges. *São Bernardo e a arte cisterciense*. São Paulo: Martins Fontes, 1990.

56 Duby, Georges. "O Renascimento do século XII. Audiência e patrocínio". In: *Idade Média, Idade dos homens. Do amor e outros ensaios*. São Paulo: Companhia das Letras, 1989, p. 143-160.

Quanto às ideologias, sua história se relaciona com as estruturas materiais no seu movimento. O crescimento demográfico ocorrido na Idade Média Central sofreu o impacto da ideologia cristã construída em torno do casamento.

Duas histórias estão em relação: a das ideologias e a do poder. Este procura servir-se da ideologia como arma. Os ateliês onde se processa a modernização cultural, os principais, são controlados pelo poder. Culturas várias habitam uma sociedade. Entre a história da ideologia e a da produção cultural se estabelece "uma união indissolúvel" (1989, p. 128).

Há necessidade de estudar as ideologias, ao mesmo tempo concorrentes e coexistentes. Para Duby, "há tanto no povo como entre os dominantes estratos culturais diversos, combinações diversas com incessantes deslizamentos, passagens, interferências" (1989, p. 129). Afirma também: "A topografia cultural mostra camadas, mas também nodosidades, terrenos superpostos, fraturas, fendas, portanto, estruturas que são verticais e horizontais" (1989, p. 129). Insiste na noção de formação cultural:

> A noção de formação [...] emprestada aos geólogos me parece dar conta melhor da complicação das estruturas culturais, da permanência das formas residuais, de todas as ressurgências e da mobilidade incessante dos fenômenos de aculturação. Por outro lado, ela não mascara o fato, a meu ver fundamental, de que as clivagens confrontadas ou combinadas não passam, na realidade, através do corpo social, mas sim através das atitudes e dos comportamentos de cada indivíduo (DUBY, 1989, p. 129).

Duby considera que a investigação da cultura popular, que a cultura dominante em geral eclipsa, constitui o que a escola histórica francesa fez de melhor. Há, portanto, conflito entre as duas culturas. Um exemplo dele está no combate da Igreja medieval no sentido de liquidar "todo um conjunto de crenças e de ritos" (DUBY, 1989, p. 130).

Duby procura mostrar a complexidade das lutas no terreno cultural:

> Quero chamar aqui a atenção para o poder de dois modelos culturais muito antigos, da velha tipologia estabelecida a partir do século XII no seio da cultura dominante separando a cultura dos clérigos da cultura dos cavaleiros. Pois essa permanência interna ao longo de toda a história da alta cultura nos faz logo verificar que o jogo, na verdade, não foi feito a dois, mas a três, e que a cultura popular não

> foi envolvida num duelo, mas num combate muito mais complexo[57] (DUBY, 1989, p. 130).

Ele pergunta se existe cultura popular, noção incômoda:

> Se é que há cultura "popular". É a palavra, com efeito, que me incomoda – em razão mesmo do que disse a propósito da noção de formação cultural, de todos esses entrecruzamentos, essas interferências. Tenho tendência a pensar que se limitar à concepção de um confronto de duas classes é, na verdade, estreitar abusivamente o campo de observação e arriscar a empobrecer os resultados desta. De fato, em nossa cultura, na cultura de cada um de nós, por mais sábios que sejamos, não existe muito mais do que resíduos ou nostalgias do "popular"? Pode-se pensar que há criatividade cultural do "povo"? E o que é o "povo"? Se no seu seio existem focos criadores, onde estão eles? Mil questões (1989, p. 130).

Completando a apresentação do universo teórico-metodológico e historiográfico de Duby, resumiremos seu ensaio sobre os sistemas de valores e sua história.[58]

Nosso autor procura estudar a civilização como totalidade resultado de mudanças produzidas em níveis diferentes. Entre esses níveis autônomos as correlações são estreitas. Eis como Duby apresenta o problema:

> A história global de uma civilização resulta de mudanças que se produzem em diferentes níveis, ao nível da ecologia, da demografia, das técnicas de produção e dos mecanismos de troca, no nível da divisão dos poderes e da situação dos órgãos de decisão, no nível finalmente das atitudes mentais, dos comportamentos coletivos, e da visão do mundo que governa essas atitudes e rege esses comportamentos. Correlações estreitas unem esses diversos movimentos, mas cada um deles avança de maneira relativamente autônoma, segundo ritmos particulares (DUBY, 1989, p. 131).

57 O historiador já desenvolvera as relações entre as culturas de elite e do povo num artigo capital: Duby, Georges. "A vulgarização dos modelos culturais na sociedade feudal". In: *A sociedade cavaleiresca*. São Paulo: Martins Fontes, 1989, p. 145-153.

58 Duby, Georges. "A história dos sistemas de valores". In: *Idade Média, Idade dos homens. Do amor e outros ensaios*. São Paulo: Companhia das Letras, 1989, p. 131-142.

Mudanças repentinas não ocorrem nos sistemas de valores em seu desenvolvimento histórico que pode, no entanto, ser afetado pelos "fenômenos de aculturação" (1989, p. 131).

As modificações no campo cultural são sempre parciais e lentas. A penetração do cristianismo entre os povos germânicos constitui exemplo notável desta lentidão. Sabe-se que "as crenças pagãs sob a veste de ritos, de gestos e de fórmulas impostas à força ao conjunto da tribo pelos chefes convertidos – sobreviveram muito tempo" (1989, p. 132).

Os prelados combateram durante todo o período medieval estas crenças pagãs. Mas "a Igreja terminou por aceitar a crença numa misteriosa sobrevivência das almas defuntas entre o momento dos funerais e o da ressureição dos mortos" (Id., p. 132).

No final do século XI, mais precisamente nos seus últimos anos, os sábios católicos fizeram a descoberta, em vários locais, em Palermo, na Campânia, em Toledo – dos saberes greco-árabe e judaico na sua "perturbadora riqueza" (1989, p. 132). Contudo os intelectuais cristãos apropriaram-se dos saberes citados apenas de forma limitada.

Os sistemas de valores – ao abrigo das pressões externas – transformam-se lentamente. O movimento econômico, de crescimento ou de regressão, mostra-se determinante nas modificações que ocorrem na distribuição de riquezas e nas relações de produção.

Os "conjuntos ideológicos" (1989, p. 133) são parcialmente responsáveis pelas mudanças nos seus esfriamentos e retardamentos. O quadro cultural constituído pelas tradições resiste às mudanças e é com flexibilidade que se curva a elas. As mais poderosas tendências na maioria dos meios de cultura operam no sentido da conservação. É assim, por exemplo, que "o espírito conservador aparece com especial vivacidade nas sociedades camponesas, cuja sobrevivência dependeu por longo tempo do equilíbrio extremamente frágil de um conjunto coerente de práticas agrárias" (1989, p. 133). As elites sociais também são conservadoras:

> Mas este espírito não é sem dúvida menos vivo em todas as elites sociais, aparentemente abertas à sedução das ideias, mas que são, na verdade inconscientemente atormentadas pelo medo das mudanças menos superficiais que arriscariam a por em questão a autoridade que elas detêm (DUBY, 1989, p. 133).

As instituições clericais diversas são, do mesmo modo, conservadoras: "O espírito conservador é vigoroso, talvez mais do que em qualquer outro lugar, no seio dos cleros de todos os tipos". E

> tais tendências são por outra parte naturalmente reforçadas pelo fato que leva os modelos culturais construídos [...] pelas elites a [...] se difundirem em direção às bases do edifício social. O efeito de tais deslizamentos é prolongar por muito tempo a vitalidade de certas representações mentais e dos comportamentos que elas governam, e manter, por baixo de uma modernidade de superfície onde as elites encontram sua satisfação, uma sólida base de tradições sobre a qual podem encontrar apoio as aspirações ao conservadorismo (1989, p. 133).

Tais aspirações são, em certos momentos, contrariadas. Contudo a tendência ao conservadorismo predomina: a ação inovadora de alguns elementos encontra um dique na sólida arquitetura que lhes opõe "o sistema cultural" (1989, p. 134).

Duby chama a atenção para as mudanças que ocorrem nas estruturas políticas. Quando se pensa realizar modificações no sistema educacional, as mudanças diversas podem ter um caráter perturbador. Para estudar mais de perto a questão, o historiador lembra o caso dos intelectuais parisienses na chamada Idade Média Central.

Paris constituía um grande centro cultural: essa cidade era o ponto de encontro, "o ponto de concentração [...] de todos os que, de um extremo a outro da cristandade latina, se encontravam tomados pelo mais ardente apetite de conhecimento" (1989, p. 134). A prática do ensino baseava-se no diálogo.

Exemplo disso era a postura de Abelardo[59] diante de seus estudantes. "Meus estudantes reclamavam razões humanas e filosóficas; eles precisavam mais de explicações inteligentes do que de afirmações" (*Apud* DUBY, 1989, p. 133). O historiador se pergunta sobre o sistema de valores dominante no período compreendido entre 1225 e 1275, época de animação prodigiosa, uma fase de descontração, perturbadora, em que ocorreram radicais transformações superestruturais. A população cresceu três vezes. As cidades passaram a subjugar os campos, política e economicamente.

59 O autor trata de Abelardo com mais detalhes na sua obra: *Heloísa, Isolda e outras damas no século XII*. São Paulo: Companhia das Letras, 1995. Ver ainda sobre o filósofo: Masson, Françoise: Abelardo, Pedro, Abaelardus, Abelardus. In: Huisman, Denis (dir.). *Dicionário dos filósofos*. São Paulo: Martins Fontes, 2004, p. 1-6.

Além disso, "o dinheiro se tornou o principal instrumento de poder, a mola propulsora das promoções sociais" (DUBY, 1989, p. 135).

Tranformações profundas ocorreram igualmente no universo político:

> As mudanças não são menos profundas nas relações políticas. No ínicio do século XII, estas se encontram totalmente ordenadas no quadro do senhorio, o que significa, para a massa dos trabalhadores, uma completa sujeição aos senhores dos castelos e aos chefes das aldeias, e para os mais ricos, a especialização militar, os proveitos das expedições de rapina, a recusa de todas as coações, além daquelas que decorrem da homenagem, da concessão feudal e da submissão aos antigos da linhagem. Cento e cinqüenta anos mais tarde, um Estado verdadeiro, estabelecido sobre uma armação administrativa bastante aperfeiçoada para que possa renascer uma noção abstrata de autoridade e para que a personalidade do soberano se apague por trás dos servidores (1989, p. 135-136).

A arte da guerra ritualizou-se, as negociações passaram a ser habituais. A liberdade passou a ganhar um sentido. São fixadas por escrito as regras jurídicas agora manejadas por profissionais. O universo teve seus limites recuados de maneira espantosa. A aventura cruzadista desenvolveu-se e fracassou. As orlas da África e da Ásia foram penetradas por traficantes e missionários.

No período ocorreu também "o desenvolvimento, contenção e desmantelamento da heresia multiforme" (1989, p. 136). Duby descreve ainda o itinerário da arte europeia: "Um século e meio, finalmente, que basta para que a estética percorra um itinerário conduzindo do tímpano de Autun a Cimabue, ao púlpito de Pisa, das abóbadas de Vézelay às de Saint-Chapelle, do cantochão gregoriano às polifonias de Notre Dame".[60]

Este conjunto de modificações não alterou de maneira sensível o ambiente cultural de Paris, marcado pela sofisticação. Não ocorreram mudanças nem de objeto nem de natureza nos "processos lógico-racionais" (1989, p. 137), que se tornaram mais eficazes e sutis. Desenvolveu-se o espírito crítico na prática – a natureza passou a ser objeto de uma mais contínua atenção.

Os intelectuais parienses continuaram, no essencial, aderindo ao dogma cristão. Mas "muitos dos homens dos quais falamos acolheram sem reticências o gosto por uma felicidade terrestre, por uma alegria de viver" (DUBY, 1989, p. 137). O autor

---

60 Duby, Georges. *A Europa na Idade Média*. São Paulo: Martins Fontes, 1998.

acrescenta: "Seu cristianismo oferece um rosto novo, orientado doravante para um Deus sofredor e fraterno, com o qual o homem pode tentar dialogar" (1989, p. 138).

Muitos intelectuais que como Boaventura[61] se engajaram no misticismo já tinham repensado o cristianismo. Em vários campos, aparecem com nitidez as permanências, entre as quais uma interpretação do universo, o natural e o sobrenatural, apoiada num domínio cada vez mais aperfeiçoado dos textos.

Ocorre uma conscientização em torno da relatividade do tempo, que não é mais concebido de forma homogênea.

Duby assinala que "os mais lúcidos dentre os intelectuais precisam reconhecer que o pensamento cristão é incapaz de absorver ou de dissociar o bloco coerente do sistema aristotélico"[62] (1989, p. 138).

Cabe aos filósofos a promoção da felicidade na terra, da "alegria de viver" (1989, p. 138-139). Esses intelectuais recusam com firmeza o "desprezo do mundo" (*contemptus mundi*) (1989, p. 139). As transformações ideológicas são menos acusadas que as demográficas, políticas, econômicas.

Os meios culturais avançados têm um papel em relação às mudanças: "Os meios culturais de vanguarda têm a função particular de trabalhar para os ajustamentos entre o setor da cultura e os outros setores em mudança" (1989, p. 139).

O historiador observa como esses sistemas culturais vergam-se de maneira flexível. Segundo o autor,

> a tarefa do historiador é propor explicações para o que se passou – isto é, ordenar os fatos que se oferecem à sua observação, pô-los em relação e introduzir, assim, no desenrolar de um tempo linear, uma lógica. Ele é conduzido, ao detectar as novidades estruturais, a dar a primazia à necessidade em relação ao acaso (1989, p. 139).

Estudando as mudanças do período 1125-1275 o historiador estabelece entre as mudanças principais "relações satisfatórias" (1989, p. 139). Para ele, "da mesma maneira ele consegue explicar pelas modificações do meio a passagem da religião do eterno de Moissac à do Cristo ultrajado" (1989, p. 139).

Atuando assim o autor dá argumento aos que defendem "os sistemas de esperança". Duby alude aqui aos milenarismos. Os medievais tinham fundamento "numa

---

61 Goland, Bernard. "Boaventura, São, Giovanni Fidanza, 1221-1274". In: Huisman, Denis (dir.). *Dicionário dos filósofos*. São Paulo: Martins Fontes, 2004, p. 157-158.

62 Aubenque, Pierre. "Aristóteles, 385-322 a. C.". In: Huisman, Denis (dir.). *Dicionário dos filósofos*. São Paulo: Martins Fontes, 2004.

visão da história" (1989, p. 140). Caso também do marxismo. Antonio Labriola[63] discute a posição do marxismo em relação à previsibilidade e refere-se à previsão de caráter morfológico do *Manifesto*.[64]

Duby lembra fenômenos medievais que seria possível prever e aqueles de difícil antecipação, como o surgimento de "uma estética da luz (Suger)" (1989, p. 141).

A análise marxista, de caráter científico, refere-se aos fundamentos materiais da sociedade. E as "mudanças materiais operam favorecendo as transferências, os desenraizamentos, as trocas e as fusões" (1989, p. 141). É importante que o evento seja levado em consideração. Essencialmente, sua presença ocorre no nível político. Os eventos em seu desenvolvimento escapam "à previsão". E "os efeitos do evento a curto prazo nunca são desprezíveis" (1989, p. 142).

A História tem importância como um elemento muito atuante entre os componentes de "uma ideologia prática" (1989, p. 142). A visão de uma sociedade sobre sua história surge como poderosa arma de progresso – ou conservação.

No próximo capítulo entraremos, de fato, na apresentação sistemática e seletiva da obra de medievalista de Georges Duby, sintetizando os resultados de suas pesquisas relativas ao universo econômico e social da Idade Média europeia.

---

63 "Labriola, Antonio, 1843-1904". In: Huisman, Denis (dir.). *Dicionário dos filósofos*. São Paulo: Martins Fontes, 2004, p. 582-583.

64 Para o texto do *Manifesto* em tradução brasileira, acompanhado de dez estudos, ver Reis Filho, Daniel Aarão (org.). *O Manifesto Comunista 150 anos depois*. Rio de Janeiro: Contraponto, 1998.

capítulo 3

A economia política do feudalismo

A visão global do feudalismo: o livro *Guerreiros e camponeses*

Começaremos a abordagem deste tema com a análise do livro de Duby sobre a economia medieval europeia, o qual encerra praticamente a fase de seus estudos dedicados a problemas econômicos e sociais da Europa Medieval.[1]

Nele estão presentes os componentes teóricos que o historiador fora absorvendo durante sua carreira de medievalista: a tradição geográfica, econômica e social dos *Annales*, o marxismo, a história das mentalidades. Tudo isso lhe serviu para produzir uma síntese magistral sobre seu assunto, muito difícil devido à escassez documental do período.

O livro aparece dividido em três partes. A primeira é dedicada aos "fundamentos (séculos VII e VIII)" e possui três capítulos: "As forças produtivas", "A estrutura social", "As atitudes mentais".

A segunda parte, "Os proventos da guerra (do século IX a meados do XI)" tem dois capítulos: "O período carolíngio" e "As últimas agressões". A terceira parte, intitulada "As conquistas camponesas", divide-se em quatro capítulos: "A era do feudalismo", "Os camponeses", "Os senhores", "O arranque".

No início do seu estudo, Duby começa por mostrar uma Europa não civilizada: "Nos fins do século VI, a Europa era profundamente incivilizada. A Europa de

---

1 Duby, Georges. *Guerreiros e camponeses. Os primórdios do crescimento económico europeu do século VII ao século XIII*. Lisboa: Estampa, 1980 [1ª edição francesa: 1973].

que trataremos neste livro compreende a região onde a cristandade latina se difundiu gradualmente até os finais do século XII" (DUBY, 1980, p. 15).

Havia "dois tipos de imaturalidade cultural":

> na própria Europa se confrontavam dois tipos de imaturidade cultural. Um poderá ser identificado com a esfera germano-eslava, o "mundo bárbaro" [barbaria] como os romanos lhe chamavam. Era jovem e imatura, tinha um acesso crescente a formas superiores de civilização, e estava em crescimento constante. A outra esfera, pelo contrário, estava em decadência. Aqui, o que sobrevivera da colonização romana estava a chegar à fase final de delapidação (DUBY, 1980, p. 16).

Passando ao primeiro capítulo, vemos o historiador estudar "as forças produtivas", começando pelo item "O mundo natural". Principia por tratar da luta do homem pela sobrevivência:

> Ao longo do período considerado neste livro, o nível de civilização material permaneceu tão baixo, que a questão principal da vida econômica se encontra na luta que o homem tem de travar com a natureza para garantir a sua sobrevivência. A luta era árdua, pois as suas armas eram pouco eficientes e o poder da natureza excedia-o (1980, p. 17).

Aborda em seguida o clima e a floresta: "O clima favorecia sobretudo o crescimento florestal [...]. Até finais do século XII, a proximidade de vastas reservas florestais refletia-se em todos os aspectos da civilização" (1980, p. 17).

Lutou-se pelo controle da água:

> nestas regiões meridionais, a luta pela sobrevivência fazia-se mais contra a água do que contra a floresta. O problema era o controle da água, de modo a proteger o solo nas vertentes das colinas, drenar os pântanos nas planícies e contrabalançar a excessiva secura do estio através da irrigação (1980, p. 18).

As variações climáticas tiveram um papel decisivo:

> Torna-se evidente que as variações climáticas tinham um papel decisivo. O grau de resistência oferecido pelas grandes florestas, a consistência e o êxito ou derrota do homem nas suas tentativas para alargar a terra arável dependiam da temperatura, mas ainda da umidade e da distribuição sazonal das chuvas. Hoje já não é possível

> pensar que o clima na Europa se manteve estável durante a época histórica (1980, p. 18).

Duby formulou uma hipótese sobre o clima europeu. Segundo pensa, ocorreu o "predomínio dum clima relativamente seco e quente na Europa Ocidental entre o século VIII e a segunda metade do XII, nas primeiras fases do período de crescimento econômico que [...] foi essencialmente agrícola" (DUBY, 1980, p. 22).

O clima teve efeitos sobre a produção agrícola:

> Aparentemente, as condições climatéricas na Europa Ocidental, que no início do século VII estava ainda envolvida no ambiente hostil de um longo período de frio e umidade, devem ter melhorado pouco a pouco ficando mais favoráveis ao amanho da terra e à produção mínima de alimentos. As regiões do Norte foram as mais beneficiadas com esta ligeira melhoria. Na zona mediterrânica, por outro lado, o clima mais seco tornou provavelmente o revestimento florestal ainda mais precário e consequentemente o solo ainda mais vulnerável aos efeitos climáticos da erosão (1980, p. 23).

O historiador passa depois a estudar "a população". Faz uma relação entre a população europeia e o clima: "A impressão geral é de que o século VII se situa no fim de uma fase de declínio prolongado da população europeia e que obviamente está relacionada com flutuações climáticas" (1980, p. 24).

Dois aspectos se destacam: a baixa densidade populacional e o poder sobre os homens:

> O único interesse destas estimativas [da população europeia no século VI] é mostrar a fraquíssima densidade populacional na Europa no início do período de crescimento econômico que vamos examinar. Estas terras cobertas de florestas estavam quase despovoadas. Os seus habitantes parecem ter sofrido de subnutrição: os ossos e os dentes encontrados nos campos revelam os efeitos de graves deficiências alimentares, o que explica a vulnerabilidade das populações às doenças [...]. Neste vazio humano havia muito espaço. O que constituía a base real da riqueza nesta altura não era a posse da terra, mas o poder sobre os homens, por mais precária que fosse a sua condição e sobre o seu equipamento rudimentar (1980, p. 25).

Há ignorância sobre os utensílios: "Praticamente nada sabemos acerca dos utensílios da Alta Idade Média, que são incontestavelmente menos conhecidos do que o dos camponeses neolíticos" (1980, p. 25).

Vejamos como situava-se a tecnologia nesta "sociedade [...] mal equipada". Nela aparecem a dispersão do povoamento, a subsistência por meio da pesca e da caça, a prática, muito intensa, da criação de animais.

Nas palavras do autor:

> durante a segunda metade do primeiro milênio da nossa era, sob a capa de escuridão total que obscurece a história das técnicas, as populações da Germânia primitiva que trabalhavam o ferro, podem ter estendido o uso desse metal à tecnologia agrária. No entanto, devemos ter presente o quadro global duma sociedade agrária mal equipada, forçada a debater-se com o ambiente natural virtualmente de mãos nuas, de maneira a satisfazer suas necessidades básicas. O aspecto de grande dispersão apresentado pelo povoamento no século VII era tão devido a este atraso tecnológico como ao declínio populacional. As terras sob cultivo contínuo eram poucas, e estritamente limitadas a solos menos refratários aos esforços dos camponeses. Os homens iam buscar uma parte do seu sustento a esses campos, mas apenas uma parte. Complementavam as suas provisões alimentares colhendo frutos selvagens, pescando ou caçando [rede e as armadilhas várias para as capturas de animais continuaram a ser armas de primeira importância na luta que os homens travavam pela sobrevivência], bem como na prática muito intensa de criação de animais, nos terrenos pantanosos, rios, mato e floresta (1980, p. 29).

Quanto à paisagem e ao cultivo, vários aspectos se destacam: a forma da paisagem reflete o sistema de plantação; a sociedade apresenta-se prisioneira de hábitos alimentares antigos; os hábitos e rituais são importantes:

> O aspecto da paisagem reflete não só a densidade populacional e o tipo de equipamento, mas também o sistema de cultivo o qual, por sua vez, depende da dieta tradicional, pois estaríamos errados se supuséssemos que a humanidade se alimenta daquilo que o terreno que a rodeia está mais apto a produzir. A sociedade é prisioneira de usos legados de geração em geração e que só dificilmente se alteram. Por consequência procura ultrapassar as limitações do terreno e do clima para conseguir, a qualquer preço, arrancar do solo os alimentos exigidos pelos seus hábitos e rituais. O historiador tem

> de começar por procurar saber quais eles são, antes de descrever as práticas agrícolas do passado (DUBY, 1980, p. 29).

Operou-se no período a fusão de duas tradições alimentares. Três pontos destacam-se neste item: ocorreu a fusão de duas tradições dietéticas diferentes, houve duas formas de explorar os recursos naturais; constituíram-se dois tipos de paisagem:

> Pode-se dizer que o encontro e a fusão progressiva da cultura romana e da cultura germânica que teve lugar na Europa Ocidental durante a Alta Idade Média foi, entre outras coisas, uma colisão entre duas tradições dietéticas muito diferentes. Recorde-se o nojo demonstrado pelo galo-romano Sidonius Apollinaris pela maneira como os bárbaros que tinha de suportar como vizinhos cozinhavam os alimentos em manteiga e com cebolas. Estas duas culturas representavam também duas formas de explorar os recursos materiais e dois tipos de paisagem que se confrontaram ao longo dos séculos VII e VIII. Uma, romana, num processo de decadência, fundindo-se com outra, em fase de ascensão (DUBY, 1980, p. 30).

Quanto ao modelo alimentar romano, dois itens se destacam: o prestígio deste modelo; a grande difusão do pão e do vinho no século VII:

> Em virtude do prestígio que tinham por estarem associados à civilização clássica, estas práticas alimentares [romanas, como o consumo do pão, vinho, feijão, ervilhas, "ervas e raízes" e azeite] foram-se conservando como modelo. Comer pão e beber vinho – estas duas "espécies" [...] eram vistas no Ocidente como sinais fundamentais de avanço cultural e foram muito difundidos no século VII (1980, p. 31).

Havia, permanentemente, o espectro da fome. Neste item aparecem os seguintes temas: a lentidão do crescimento demográfico; o rendimento muito baixo das culturas cerealíferas:

> A pouca capacidade de produção do trabalho agrícola explica assim a constante presença da fome, particularmente nas zonas onde o homem adoptara o costume de subsistir basicamente de pão. E a pequena vitalidade duma população ainda muito dispersa deve ser atribuída ao rendimento extremamente baixo das culturas cerealíferas [...] Podemos, pois, ver a lentidão do crescimento demográfico nestas sociedades (1980, p. 41-42).

Houve uma relação entre a classe dos senhores e o crescimento econômico; algumas tribos desconheciam a estratificação social; um excedente econômico passou a ser produzido para os senhores – um excedente modesto:

> Sem dúvida que ainda existem no século VII nas franjas menos civilizadas da Europa, para o extremo oriental norte e ocidental, algumas tribos de caçadores ou pescadores que desconheciam a estratificação social; porém, estas eram provavelmente áreas residuais. Em todas as outras – e aqui reside a principal mola impulsionadora do crescimento – surgia uma classe de senhores, que explorava os camponeses forçando-os pela sua simples presença, a reduzir a grande quantidade de horas de ócio características das economias primitivas, para lutar com maior vigor contra a natureza e a produzir um modesto excedente para as casas dos seus senhores (DUBY, 1980, p. 42).

O capítulo dois da primeira parte intitula-se "A estrutura social". Nele, Duby indica que as sociedades romana e germânica não eram igualitárias: havia três grupos distintos: os escravos, os camponeses livres, os homens livres; ele aponta a primazia dos nobres, os privilégios mágicos e jurídicos existentes e mostra as características da escravatura:

> Nem a sociedade romana nem a germânica eram sociedades igualitárias. Ambas reconheciam a primazia de uma nobreza que formava a classe senatorial no Império e que compreendia a família e companheiros dos chefes guerreiros nos clãs bárbaros. Pelo menos nalgumas tribos, os descendentes diretos destes chefes parecem ter sido investidos de privilégios mágicos e jurídicos em virtude do seu sangue. Ambas as sociedades praticavam a escravatura e as guerras permanentes mantinham a existência duma classe servil, renovada todos os verões com as sortidas em territórios dos povos vizinhos. As migrações tinham acentuado estas desigualdades, ao ruralizarem a aristocracia romana e unindo-a à nobreza bárbara, bem como ao alargarem o campo da agressão militar, aumentando assim a escravatura, que encontrou novos contingentes nas muitas fronteiras onde se confrontavam grupos étnicos, nos confins turbulentos do mundo cristão. Assim, começavam a emergir três grupos econômicos basicamente distintos: os escravos, totalmente alienáveis, os camponeses livres e os homens ricos [*príncipes, nóbiles*] senhores do trabalho dos outros e de seus frutos. Toda a direção da economia, da produção, do consumo, e da transferência

> de riqueza era governada pela distribuição da propriedade e do poder entre eles (DUBY, 1980, p. 43).

O primeiro grupo a ser analisado é o dos escravos. Havia grande número de *servi e ancillae* ou *mancipia*. Eles eram escravos continuamente renovados:

> Todas as fontes escritas que chegaram até nós revelam a existência na Europa dos séculos VII e VIII de grande número de homens e mulheres que são denominados em latim por *servi e ancillae*, ou designados pelo substantivo neutro *mancipia*, que exprime ainda mais vivamente o seu estado de coisas e não de pessoas. Na prática pertenciam totalmente ao senhor desde o nascimento até à morte e os filhos de uma escrava viveriam, em princípio, na mesma sujeição que a mãe. Eram instrumentos, ferramentas vivas, que o dono podia usar como lhe aprouvesse, mantendo-os se assim o desejasse, pelos quais eram responsáveis perante os tribunais, que podiam castigar como melhor achasse, que podiam vender ou dar [...] a população de escravos se renovava simultaneamente pela procriação, pela guerra e pelo comércio (1980, p. 43-44).

Aparecem categorias legais intermédias entre a liberdade e a sua total ausência. A escravidão era a principal característica da época; havia indivíduos sujeitos ao *servicium;* os escravos foram integrados lentamente no conjunto dos camponeses livres.

Duby descreve a situação dos escravos:

> A existência na sociedade dum número substancial de indivíduos sujeitos ao *servicium* [realização gratuita de serviços não definidos], cujos descendentes e poupanças permaneciam à descrição de outrem, marca uma característica fundamental da estrutura econômica do período. Isto é verdade a despeito do fato de a longo prazo tendências lentas prepararem já a integração dos escravos no conjunto dos camponeses livres e prepararem subterraneamente uma alteração radical do significado econômico da escravatura (1980, p. 45).

O próximo item intitula-se "Os camponeses livres". Nele são tratados os seguintes pontos referentes à escravatura e à liberdade: a demarcação entre escravatura e liberdade; o significado da liberdade. Nas palavras do autor:

> As disposições legais e o estatuto social que davam aos indivíduos mantinham a demarcação entre a escravatura e a liberdade. Esta não significava a independência pessoal, mas o facto de pertencer ao

> "povo" [*populus*] e de ser responsável perante as instituições públicas (DUBY, 1980, p. 45).

Ao abordar a sujeição dos camponeses, afirma o historiador, sobre o papel do senhorio e da exploração plena dos camponeses na senhoria:

> Nas províncias romanizadas, a liberdade dos camponeses fora ainda mais minada e não excluía a sujeição a formas gravosas de exploração econômica. Esta sujeição só atingia a sua plenitude quando envolvida num senhorio. Uma grande parte do campesinato, senão a maioria, eram *coloni* cultivando terras pertencentes a outrem. Embora fossem formalmente livres, na realidade eram prisioneiros duma vasta gama de serviços obrigatórios que limitavam seriamente sua independência. As suas obrigações militares tinham sido convertidas na obrigação de fornecer alimentos aos exércitos profissionais (1980, p. 46).

Tratando da família camponesa, do solo, da propriedade, nosso autor analisa o *mansus*, palavra que enfatiza o domicílio, o direito consuetudinário, o domínio da aristocracia sobre o cercado:

> A maneira como a unidade familiar se ligava ao solo, a combinação de direitos de propriedade, a que dedicava suas energias e da qual retirava o sustento, é muito mais clara para nós [...] esta sociedade estava estreitamente ligada, não só à entidade orgânica que era a família, como também à morada fixa onde seus membros se reuniam e guardavam as provisões, a *appendicia*, as várias parcelas de terreno próximo da propriedade, que fornecem à casa os alimentos [...]. Esta palavra, [o *mansus*] dá ênfase ao domicílio. Denota, em primeiro lugar, a terra cercada, rodeada por limites precisos que marcavam o local inviolável onde os membros desse conjunto estavam em casa, com seus animais e provisões. Mas tal como *hide* ou *huba*, a palavra acabou por designar todo o agrupamento de propriedades de que este local habitado formava o núcleo: todas as dependências formadas pelo conjunto de courelas e searas permanentes e pelos prados baldios, onde tomavam a forma de direito consuetudinário [...] estas terras familiares continuavam a dever sua existência ao cercado, de onde vinha o trabalho que as mantinha férteis, local para onde era levado o que se produzia, e sobre o qual a aristocracia fazia todos os esforços para fortalecer o seu domínio, fossem os seus moradores homens livres ou não (DUBY, 1980, p. 47-48).

O poder dos senhores era considerável. Neste item se comenta sobre a aristocracia e seu poder sobre a terra: a existência comprovada de grandes propriedades, o fato de as propriedades serem só parcialmente cultivadas; a realidade de que os senhores possuíam uma enorme parte da área da produção alimentar; a existência da aristocracia com sua grande autoridade, seu poder econômico. Nos termos de Duby:

> Estes senhores possuíam uma parte enorme da área de produção de alimentos. A maior parte dos escravos pertencia-lhes enquanto numerosos camponeses livres lhes arrendavam os casebres que habitavam, as terras que cultivavam, direitos comuns na floresta e nos baldios. Isto permite à aristocracia obter uma boa parte de sua força pessoal nessa população subalimentada e desviar, para seu uso próprio, os magros excedentes das pequenas courelas. Por meio de seus direitos sobre a terra, os reis, os nobres, o clero das catedrais e os monges acumulavam nos celeiros, caves e dispensas uma parte muito considerável daquilo que os camponeses miseráveis produziam nesta terra selvagem e pouco produtiva. Mas, para além disso, a aristocracia tinha nas suas mãos uma autoridade que reforçava substancialmente o poderio econômico e o estendia muito para além de suas propriedades (1980, p. 55).

O capítulo terceiro desta primeira parte tem por tema: "As atitudes mentais". Duby mostra a importância das atitudes mentais, o seu papel decisivo nos séculos VII e VIII, o hábito de oferecer e despojar, as profundas repercussões da transferência de riqueza, a presença de duas atitudes coletivas complementares, "o hábito de pilhar e a necessidade de oferecer" (1980, p. 61) e o fascínio pela lembrança da antiga civilização, a existência de uma intensa circulação de oferendas. Nas palavras do historiador:

> Para definirmos com rigor a verdadeira função do comércio na economia desta época e discernirmos as profundas repercussões da transferência de riqueza, temos ainda de fazer a análise das atitudes mentais. Estas eram tão decisivas como os fatores de produção ou como o exercício do poder nos diversos níveis sociais. Devemos mencionar duas características de comportamento. Em primeiro lugar, este mundo incivilizado estava totalmente imbuído do hábito de pilhar e da necessidade de oferecer. Despojar e oferecer eram duas ações complementares que dominavam em larga medida a troca de bens. Havia uma intensa circulação de ofertas e de retribuição, de dádivas cerimoniais e santificadas, que percorriam toda a estrutura social. Estas oferendas destruíam em parte o produto do trabalho, mas no

> entanto garantiam uma certa distribuição de riqueza e conseguiam, sobretudo, aquilo que para os homens e mulheres era inestimável: a indulgência das forças obscuras que governavam o universo. Em segundo lugar, a Europa dos séculos VII e VIII estava fascinada pela recordação da civilização antiga, cujas formas materiais não tinham sido ainda completamente obliteradas e cujos despojos fazia questão de utilizar tanto quanto possível (DUBY, 1980, p. 61).

A segunda parte é dedicada para "Os proventos da guerra (do século IX a meados do século XI)". O capítulo quarto aborda "O período carolíngio".

Na introdução são citadas as invasões germânicas e a mentalidade aristocrática: a atitude perante a guerra aparece como uma reverência pelas virtudes guerreiras, a qual penetrou na mentalidade aristocrática; ocorreram duas aventuras políticas e militares: a carolíngia e a viking; o progresso acelerou-se empurrado pela guerra. Eis como Duby apresenta estas questões:

> Entre os contrastes que ainda distinguem as regiões impregnadas de cultura latina daquelas em que predominavam os elementos bárbaros no século VIII, um dos mais vivos era a atitude perante a guerra. As invasões germânicas haviam feito penetrar na mentalidade aristocrática uma reverência pelas atitudes guerreiras mesmo nas regiões mais romanizadas [...] as tendências agressivas exibidas pelas primitivas sociedades bárbaras europeias se podem contar entre as forças expansivas mais poderosas nos primórdios do crescimento econômico da Europa medieval. Tiveram um outro efeito, não menos direto. Equipadas com melhores armas; montados nos melhores cavalos e dispondo de melhores embarcações, os bandos guerreiros entre o século VIII e o século IX iniciaram a conquista de áreas cuja prosperidade relativa despertava a sua cobiça. Inicialmente estas aventuras eram destrutivas e muitas não ultrapassaram este nível. Delas resultaram devastações, pilhagem e empobrecimento de todas as zonas que fossem atacadas. Os despojos trazidos pelos agressores para as terras donde eram naturais serviam para pouco mais que adornos improdutivos de deuses, chefes supremos e para os mortos. Mas alguns conquistadores levavam suas ações mais longe, e as suas expedições acabavam por criar condições favoráveis ao desenvolvimento das forças produtivas. Construíram Estados. Os seus empreendimentos militares provocaram a destruição das estruturas tribais e o fortalecimento da posição econômica da aristocracia ao passo que os vencedores progrediam e aperfeiçoavam o

> sistema de exploração senhorial. O estabelecimento da paz interna promoveu a acumulação de capital e o estabelecimento de contactos entre diferentes regiões conduziu à abertura de vastas áreas de permuta. Portanto, a guerra apressou a marcha do progresso. Surgem dois períodos principais neste lento processo que correspondem às duas aventuras políticas e militares mais importantes deste período: a carolíngia e a viking (DUBY, 1980, p. 89-90).

A terceira parte tem como tema "As conquistas camponesas [de meados do século XI ao final do século XII]". O capítulo sexto intitula-se: "A era do feudalismo". Na introdução aborda-se o nascimento do feudalismo e o papel da nobreza neste processo. O feudalismo atingiu sua maturidade no final do século XI na Gália. Nas palavras do nosso autor:

> Nas regiões mais avançadas, isto é, na Gália, o feudalismo chegou à maturidade durante as últimas décadas do século XI, mas só afetou a recém-formada Germânia cerca de um século depois [...]. Uma tal alteração na organização social e política era, em parte, resposta às modificações da economia agrária. Esta era controlada por uma nobreza cuja posição tinha sido fortalecida pelas aventuras militares. Mas a nobreza reagiu por sua vez e criou um novo ambiente cujos benefícios actuaram decisivamente sobre o desenvolvimento interno da economia europeia (1980, p. 173).

Duby passa depois a estudar "A ordem feudal". Refere-se ao senhorio e à exploração realizada dentro dele, à legitimação desta exploração por uma ética – a da paz de Deus:

> a aquisição de riquezas podia fazer-se por outros meios, desde que fossem "pacíficos" – e estes eram permitidos pela instituição do senhorio. Ao condenar a pilhagem pela violência, a ética da Paz de Deus, em compensação, legitimou a exploração senhorial. Esta era apresentada como o preço que tinha de ser pago pela segurança que o novo regime garantia aos trabalhadores. A exploração senhorial obedecia a um padrão sociológico que provavelmente se ajustaria à realidade das relações econômicas e que, ao mesmo tempo, lhes dava uma maior solidez (DUBY, 1980, p. 180).

No item intitulado "As sementes do crescimento", fala-se do poder senhorial e de sua relação com o crescimento econômico; da pressão desse poder sobre as forças produtivas e de um ideal de consumo:

> Em última análise, o ímpeto por detrás da expansão interna agora experimentada pela economia europeia deve ter tido origem na pressão do poder senhorial sobre as forças produtivas. Esta pressão crescente nasceu do desejo comum ao clero e aos guerreiros, de realizar mais completamente um ideal de consumo, um [sic] [em] benefício de Deus ou do seu amor próprio (1980, p. 193).

O capítulo sétimo intitula-se "Os camponeses". Nele são tratados o crescimento agrícola e sua relação com a pressão dos senhores; a "melhoria das condições ecológicas", dentre elas a melhoria do clima; o crescimento demográfico:

> A intensificação dos empreendimentos agrícolas está na raiz desta nova vitalidade. Nasceu em larga medida da pressão dos senhores, ansiosos de ver crescer o produto excedentário do trabalho de seus dependentes para poder apropriar-se dele. Mas o caminho fora aberto há muito por duas modificações relacionadas entre si. Em primeiro lugar, parece ter havido uma melhora das condições ecológicas, uma vez que existem indicações de que os campos da Europa tinham beneficiado durante séculos de um clima mais clemente e seco, portanto mais favorável às atividades agrícolas. Em segundo lugar, há o factor indiscutível do crescimento demográfico (1980, p. 197).

O capítulo oitavo tem por título: "Os senhores". O historiador refere-se à "idade dos conquistadores camponeses", à diminuição das exações praticadas pelos senhores:

> A Europa do século XII viveu a idade dos conquistadores camponeses. As exigências dos seus senhores incitaram-nos e, para os satisfazer, os camponeses semearam trigo, plantaram vinhas e tentaram amealhar alguns *denarii* vendendo o seu trabalho ou os seus produtos no mercado. Inversamente, e ao mesmo tempo de forma complementar, a independência gradualmente assumida por estes camponeses também foi para eles um incentivo. Conscientemente ou não, os senhores reduziram parcialmente os seus ataques aos recursos de seus homens. Era a sua forma de investir, deixando aos trabalhadores meios com que desenvolver as forças produtivas das suas casas, criar mais filhos, alimentar mais animais de tiro,

> adicionar partes essenciais ao seu arado e ganhar terreno ao espaço selvagem. Entre 1075 e 1180, a corrente principal dos investimentos e das poupanças passava pela diminuição das exações senhoriais. Esta diminuição [...] foi sem dúvida o mais activo agente de crescimento (DUBY, 1980, p. 227).

O capítulo nono e último do livro tem por título: "O arranque". Ele trata de uma grande viragem na história da economia europeia, em que dois fatos são manifestos: a taxa de crescimento acelerou-se e ocorreu a formação de uma unidade econômica nova:

> é tentador reconhecer sinais duma alteração qualitativa importante nos anos 1180-1190 e fixar aí uma das mais importantes viragens da história econômica europeia. Parece ter sido esse o momento em que a vitalidade urbana prevalece definitivamente sobre a do campo por toda parte e já não só em Itália. A partir daí, as áreas rurais passarão a estar sempre atrasadas no seu desenvolvimento econômico: o camponês cede ao citadino o papel de pioneiro e, nos círculos mais progressivos, começam a ceder as blocagens mentais. Dois fatos se tornam manifestos: uma aceleração na taxa de crescimento e a formação através da cristandade latina duma entidade, única a partir de três áreas geográficas até então separadas por profundas disparidades econômicas e agora reunidas por múltiplos laços comerciais. Esta unidade recém-formada fora precedida de progressos na circulação monetária e nas trocas comerciais. Tinha origem nos êxitos das empresas mercantis (1980, p. 281-282).

Uma nova era na história francesa: o feudalismo

Do quadro econômico e social europeu passaremos agora à história francesa medieval,[2] contexto no qual Duby situou as suas principais pesquisas, inclusive sua tese de doutorado.

Por volta de 980, estamos na alvorada de uma nova era na história francesa. As migrações chegam ao fim. As invasões húngaras constituíam somente uma recordação. Assim descreve Duby as invasões:

---

2 "Los feudales". In: *Obras selectas de Georges Duby.* Presentación y compilación de Beatriz Rojas. México: Fondo de Cultura Económica, 1999, p. 101-139. ["Les féodaux". In: Duby, Georges (dir.). *Histoire de France.* Paris: Larousse, 1970, v. 1, p. 253-285.]

> Desde aquela época, o território francês não volta a conhecer verdadeiras invasões, amplas ondas que caíram sucessivamente sobre ele desde o fim da paz romana, trânsito de povos em marcha, irrupções profundas e duradouras de conquistadores e saqueadores (DUBY, 1999, p. 101).

A etapa que começava era decisiva, o início de progressos culturais e materiais constituía o princípio de uma expansão, a da Segunda Idade Média.

O primeiro ponto a destacar é a expansão populacional:

> Nos anos que precederam ao 1000 se manifesta um despertar, o de uma Segunda Idade Média, que não é mais de decadência mas de expansão. A partir daí os homens foram mais numerosos, se sentiam menos desarmados ante as forças da natureza, mais capazes de fazer frutificar os legados do passado e de progredir. Diversos choques vieram a opor-se a esse impulso, sem conseguir quebrá-lo (1999, p. 101).

Esse tempo foi de uma barbárie, com uma civilização material muito primitiva. Somente o cume da sociedade aparece iluminado pela documentação. A população se caracterizava pela grande fragilidade. É impossível perceber o crescimento em suas bases efetivas. Os transportes eram precários. Conventos e castelos surgiam como os edifícios principais:

> Não havia cidades, somente aglomerações de choças sobre as ruínas das cidades antigas que não haviam sido absorvidas totalmente nos campos e prados, e também nas cercanias dos castelos mais fortes e dos conventos mais célebres; viviam ali sacerdotes, guerreiros, alguns artesãos a seu serviço, alguns produtores de vinho, e às vezes uma pequena comunidade judia, irrisório resíduo das colônias de traficantes orientais que no passado haviam prosperado na Gália, quando o comércio florescia (1999, p. 102).

Os moinhos de água se multiplicaram. É somente após o ano de 1075 que as fontes acusam o crescimento demográfico e econômico. Duas transformações ocorreram: as referentes às atitudes religiosas e aos chefes guerreiros e príncipes.

Nos arredores do ano mil uma fermentação intensa, de caráter religioso, ocorreu. O cristianismo viu aparecerem as bases de seu revirogamento. Surge a feudalidade, aparecem novas relações sociais e políticas. Um grupo social, os guerreiros, impõe sua superioridade. A autoridade se fraciona. A civilização existente é inteiramente rural e primitiva e a cultura intelectual do período apresenta-se bastante rudimentar.

Quanto ao poder, na Alta Idade Média os campos franceses eram dominados por um pequeno número de nobres, os quais exerciam um poder total sobre os camponeses. É com bastante anterioridade ao século XI que acontece na França o estabelecimento de "relações de subordinação pessoal" (DUBY, 1980, p. 104). O valor dessas relações é primordial. Delas decorrem efeitos mentais e políticos. A sociedade feudal toma consistência nos inícios do século XI.

Em 987, os grandes do reino escolhem o rei da França na pessoa de Hugo Capeto, um acontecimento que pareceu normal aos contemporâneos. Esta eleição favoreceu o domínio dos imperadores sobre as províncias da Gália situadas a Oriente.

Os dois poderes mais importantes da Cristandade eram o reino da França e o Império teutônico. O rei francês se sentia um igual do Imperador. Houve entre este e aquele um encontro e um almoço. Foram trocados presentes entre ambos. Estes "ritos de recepção e de oferendas recíprocas" constituíam "gestos medidos" e "tinham muito valor simbólico" (1999, p. 105). Os monarcas preocupavam-se em dispensar-se um tratamento fraterno.

Um rei é sempre imprescindível à sociedade feudal. Os primeiros quatro reis Capetos tiveram um poder e prestígio efetivos, mas temos pouca informação sobre eles. O rei constituía para o povo e para os príncipes o ungido do Senhor, o vigário de Deus. Ele procurava imitar os gestos de Jesus. Ele era o rei que faz milagres. Existia a crença de que o rei da França possuía um poder sobrenatural. Os reis Capetos possuíam um prestígio de "base ritual" (1999, p. 107).

No século XI ocorreram modificações do poder real. Hugo Capeto elegeu prematuramente seu sucessor. A primogenitura passou a ser a regra que regia "a transmissão do trono" (1999, p. 108). Os Capetos passaram a ser uma dinastia. O domínio real foi constituído. Pode-se definir o domínio dos Capetos "como um conjunto confuso e móvel de direitos e propriedades. O rei possuía um domínio maior que o dos príncipes" (1999, p. 108).

Os domínios reais aumentaram sua prosperidade. Os primeiros a se beneficiar dessa prosperidade foram os soberanos. No caso da riqueza de Felipe I, o historiador afirma que "este era mais rico e em consequência mais poderoso do que afirma a maioria dos historiadores, e sua riqueza aumentava cada vez mais sem parar" (DUBY, 1999, p. 109).

A fortuna dos Capetos, "um patrimônio hereditário" (1999, p. 109), foi mantida por eles. Na sua relação com a Igreja os reis demonstraram largueza. Eles preocupavam-se igualmente com a linhagem, o patrimônio e em fortalecer o espírito de família. O grupo de auxiliares que cercava o rei modificou-se. Segundo Duby, "a consolidação do domínio era condição para um futuro ressurgimento do poder real" (1999, p. 110). O poder dos príncipes igualava o dos Capetos.

Em relação aos contrastes entre as etnias afirma o autor: "Na consciência coletiva, se conservava sempre muito clara a recordação dos contrastes étnicos que as migrações de povos tinham desenhado durante a Alta Idade Média" (1999, p. 110). Entre as regiões francesas existiam vivos antagonismos, mas os carolíngios procuraram respeitar os sentimentos de solidariedade existentes nas províncias. Os grandes poderios que existiam no século XI apoiavam-se em bases sólidas e antigas. Entidades fortes de caráter político foram construídas:

> Nos interstícios que deixam entre eles esses principados erigiram-se construções políticas fortes em torno de alguns condados, como o de Flandres, o de Anjou e o de Mayne, que logo se uniram; os de Blois e Champagne, que também se unem naquele momento; o de Borgonha, que muito mais tarde passará a chamar-se Franco Condado, o de Barcelona (1999, p. 111).

Os príncipes não possuíam, como era o caso do rei, caráter sagrado. Quais eram, portanto, os fundamentos de sua autoridade?

> Nenhum dos homens que mandavam nesses territórios era sagrado; consequentemente, nenhum fazia milagres como o rei e nenhum era para ninguém uma imagem de Deus. Todos, pois, se situam em um universo diferente daquele, muito superior e participante dos mistérios sobrenaturais. Sem embargo, todos têm consciência de que sua autoridade provém da graça divina; todos contam entre seus ascendentes com princesas carolíngias, que lhes transmitiram o sangue dos reis antigos; todos, do mesmo modo que os Capetos, se sentem herdeiros, consideram sua dignidade como posse hereditária de sua raça e cultivam um sentimento dinástico que os escritores a seu serviço celebram (DUBY, 1999, p. 111).

Os príncipes tinham muitas prerrogativas e sua memória era celebrada em lugares apropriados. Os príncipes também tinham suas cortes:

> Querem ser os protetores da Igreja em seus respectivos principados. Conseguiram retirar do rei o controle de alguns bispados e sempre tiveram sob sua proteção os maiores conventos da região. O que São Benedito - sobre - o Loire ou São Denis é para os Capetos, é São Bertin para os condes de Flandres, Santo-Aubin de Angers para os condes de Anjou, São Marcial de Limoges para o conde de Poitiers, duque de Aquitânia: lugares onde se reza pela vitória do príncipe, onde se celebra sua grandeza e onde se conserva a recordação de suas façanhas. Ao redor deles se reúnem cortes não menos brilhantes, menos austeras e por conseguinte mais frequentadas que a corte real. Em suma, todos os atributos da realeza correspondem também à pessoa dos príncipes (1999, p. 111).

Eles usufruem do seu poder com independência absoluta, sem subordinar-se ao soberano. Como diz Duby, "cada domínio principesco era o nó central de sua própria rede de relações feudais, totalmente separada das demais" (1999, p. 112). A França do ano mil era um espaço selvagem compartilhado por 15 estados. O senhor exercia uma função de coordenação. Os condes foram responsáveis pelo nascimento "de algumas dinastias" (1999, p. 112).

As relações de obediência e mando organizavam-se em torno das fortalezas. Nas palavras do autor: "a sociedade feudal se organizava em torno da castelania autônoma" (1999, p. 112).

Somente nos fins do século X é que são construídas as "primeiras fortalezas de pedra". De maneira geral os castelos eram feitos de madeira. E "essas defesas primitivas delimitavam um vasto espaço de refúgio ao redor da torre" (1999, p. 113). O senhor, que simbolizava a soberania, morava ali. Estes baluartes existiam em pequeno número. Os que dominavam o poder político foram seus construtores. Algumas destas fortalezas eram de construção recente. Alguns senhores desafiavam o príncipe, criando seu próprio castelo. A ordem pública encontra nos castelos "os últimos refúgios" (1999, p. 114).

"A rede de fortificações" (DUBY, 1999, p. 114) foi estabelecida na França com disciplina relativa. No século X "muitos castelos" continuavam na dependência dos príncipes. Havia uma busca de independência por parte dos "guardiões de castelos" (1999, p. 114). Dinastias foram fundadas por eles. O castelo pode ser visto como patrimônio:

> O direito de mandar na fortaleza se transmite de pai a filho por ordem de primogenitura, do mesmo modo que a dignidade real na

> família dos Capetos, da mesma forma que o poder soberano nas famílias dos duques e dos condes. Tentaram transformar a castelania num principado minúsculo, porém livre. Muitos conseguiram seu intento (1999, p. 114).

Os príncipes e o rei baseavam seu poder nos castelos que possuíam. E "a nova organização política era baseada na dispersão da soberania" (1999, p. 115). O senhor que detinha a posse do castelo exercia sobre os habitantes vivendo nos arredores dele relações de dominação e de proteção. O papel desempenhado pelo chefe surge como fundamental, sendo a conservação da paz reservada a ele, que detinha o mando no castelo. Seus poderes justificavam-se pela função que exercia, de "primeira necessidade" (1999, p. 117). Na ótica dos documentos a crença de que os protegidos reconheciam espontaneamente o poder do chefe do castelo manifestava-se nos impostos.

Os camponeses produziam excedentes, transferidos ao senhor. A fiscalidade assumia múltiplas formas. A família que dominava a fortaleza era a de maior riqueza da região. Ela era proprietária de grandes extensões de terras, mas havia também outros proprietários poderosos. Ocorriam resistências a grandes proprietários, por exemplo a dos eclesiásticos.

O castelo tinha concomitantemente um poder de proteção e de exação. Acordos aconteceram entre o castelão e os demais senhores. No território ocupado pela castelania existiram enclaves dotados de autonomia. O delegado ou ban se superpunha às prerrogativas dos proprietários de terra. Segundo Duby, "o poder da senhoria operou uma reorganização da classificação social, por volta do ano mil" (1999, p. 117). A classe camponesa foi unificada:

> Ante o poder do senhor se apagaram as distinções de estatuto que se haviam mantido durante toda a Alta Idade Média entre o campesinato: fosse ele possuidor de um bem livre de qualquer dependência [havia muitos *alleux* deste tipo na França daqueles tempos], ou explorasse terras de seu senhor ou fosse escravo, o camponês devia apresentar-se às mesmas assembleias judiciais, pagar os mesmos impostos e, quando o castelo estava em perigo, contribuir para sua defesa com as pobres armas de que dispunha: sua forquilha, seu estilingue ou seu garrote (DUBY, 1999, p. 117).

Surgiu uma pequena elite que escapava à autoridade do castelão. Um novo grupo social apareceu, os *milites* (cavaleiros) e o cavalo tornou-se importante.

> Porém se se fechou esse fosso, ao mesmo tempo se abriu outro, tão estrito como havia sido anteriormente o primeiro, em um ponto diferente do corpo social. Este veio a isolar da massa dos camponeses, os "rústicos", os "pobres", como dizem os textos [este segundo termo expressava a submissão total aos poderes de imposição e exploração], a uma pequena elite que escapava à autoridade do castelão, que não estava submetida aos costumes nem à justiça dos prebostes. Quem eram estes homens, pouco numerosos, eximidos das obrigações do *ban*? Antes de tudo, os ricos do lugar, os possuidores de grandes extensões, que não trabalhavam a terra por si mesmos, mas que eram alimentados pelo trabalho dos camponeses. Em segundo lugar, o grupo de homens jovens que o castelão mantinha em sua casa e que constituíam a guarnição do castelo. Todos juntos contribuíram diretamente, conduzidos pelo senhor, à defesa do território, providos do armamento aperfeiçoado e caro que o progresso das técnicas de combate havia convertido no único eficaz e que a sua fortuna lhes permitia adquirir ou que o senhor da fortaleza lhes entregava. Frente aos camponeses que, livres ou dependentes, se encontravam "desarmados" *(imbelles)* por sua condição mesma, e pela sua miséria, apareciam os únicos "guerreiros" válidos. (1999, p. 117-118).

Uma nova teoria foi construída pelos intelectuais, a teoria das três ordens, que dava do corpo social uma imagem nova:

> Os "intelectuais" daquela época, os eclesiásticos, haviam herdado da época carolíngia uma teoria da sociedade, a das "ordens", que supunha uma distribuição imutável do homem, conforme o plano divino, em categorias especializadas, cada uma encarregada de uma missão diferente; neste quadro constituíram uma nova imagem do corpo social, destinada a governar os espíritos por oito séculos. Três "ordens". Duas elites, a das pessoas dedicadas à oração e a dos homens de guerra, que escapam aos impostos cobrados pelos senhores e olham de muito alto a massa dos seres condenados ao trabalho, que, pela sua condição e sem esperança de libertação, devem proporcionar aos religiosos e aos cavaleiros os meios necessários à sua existência improdutiva e suntuosa (DUBY, 1999, p. 118).

Acontecimento mais importante do século XI, a elaboração da teoria das três ordens consagrou a instalação da cavalaria como um grupo social dominante no período. Eis como Adalberão formulou a teoria:

> "Uns rezam, outros combatem, e finalmente outros trabalham" escrevia por volta de 1030 o bispo de Laon, Adalberão. "Essas três partes que coexistem não podem ser separadas: os serviços que presta cada uma são indispensáveis para a ação das demais". O principal acontecimento do século XI na França é a instalação dessa representação no seio da mentalidade coletiva. Ela consagra o surgimento de um grupo social, que se estabelece no coração da época para governar todos os seus aspectos: a cavalaria (1999, p. 118).

Este grupo constitui-se de elementos divergentes: os nobres, os que eram somente proprietários, pequenos e grandes, os guerreiros domésticos. A cavalaria no século XI tem uma identidade, de ideal e de comportamento. Duby afirma que "a guerra [é] o cimento mais eficaz de coesão da cavalaria" (1999, p. 118).

A sociedade da época era masculina, de maneira estrita. A cultura vigente no século XI não dá um lugar definido para a mulher, objeto de demonização e desconfiança.

O *adoubement* constitui um rito social, o mais importante deles. Consiste numa cerimônia doméstica e profana, pela qual o jovem é introduzido pelo castelão no grupo formado pelos guerreiros de profissão. Eis como o historiador apresenta esta cerimônia:

> É para os rapazes, quando se formam no ofício das armas, quando chegam aos 18 ou 20 anos, que se desenvolve o mais importante dos ritos sociais, o *adoubement*. Não se encontra descrição dele nos documentos, porém nessa época a sentimos profana e doméstica. O senhor do castelo ou o chefe da família introduz ao jovem no grupo dos guerreiros profissionais entregando-lhe seu equipamento; ele o submete a provas, convida-o a demonstrar publicamente sua capacidade em um simulacro de combate e aplica-lhe aquele golpe na nuca, a *colée*, violento e brusco golpe imposto pelo antigo rito de recepção e prova. Depois disto, o jovem até que se case, funde uma nova linhagem e se converta por sua vez em chefe de sua casa, pode agregar-se a um pequeno bando de combatentes solteiros que o castelão [ou seu filho] leva consigo como séquito, alimenta em sua mesa e recompensa dirigindo-a para aventuras frutíferas (DUBY, 1999, p. 119-120).

A guerra constituía um esporte proveitoso e alegre. O cavalo era caro e vulnerável. O combate ocorria em cada primavera. Os guerreiros estavam "sempre em movimento" (1999, p. 120), com exceção do período de inverno. Outras atividades dos guerreiros eram a caça e os torneios. Exaltava-se a coragem como virtude. A cavalaria apresentava-se como agressão, violência, brutalidade.

Nos séculos X e XI as relações de parentesco na classe aristocrática francesa foram modificadas de maneira profunda e lenta. Quanto à linhagem Duby afirma que "na época, esta [a aristocracia] se ordena, mais firmemente que nunca, no quadro da linhagem" (1999, p. 120).

A Igreja realizou um esforço de um século no sentido de ordenar, de acordo com as Escrituras, a moral sexual e as práticas relativas ao casamento. Nas classes sociais, em sua totalidade, as linhagens eram estritas. A primazia cabia aos primogênitos, aos varões. Os fundadores da casa, os ancestrais, eram objeto de veneração. Cultuava-se a memória familiar. A linhagem formava "uma estreita comunidade de interesses" (1999, p. 121).

A violência aparecia como fenômeno típico da época, praticada pelos "jovens" que não tinham independência. Nas grandes famílias houve conflitos geracionais; ainda assim, a família do período era um refúgio muito seguro.

Sobre a vassalagem, afirma nosso historiador:

"Em torno do ano mil, a vassalagem – agora estritamente ligada ao feudo – passou a ser para a cavalaria a única forma aceitável de subordinação política". A "dependência pessoal" tinha "um caráter primordial". A aristocracia apresentava-se permeada pelas "relações de obediência" (1999, p. 122).

Na nova ordem feudal, tanto o clero quanto o camponês estavam submetidos e tais temas foram assim desenvolvidos por Duby:

> A palavra feudalidade é conveniente para definir os aspectos novos que revestem na aristocracia as relações de obediência. No complexo que constituem as relações de vassalagem feudal, o ato primordial era o reconhecimento de uma dependência pessoal. Não total, involuntária, indefinidamente prolongada de geração em geração na progenitura, como aparece na época a do camponês, "homem de corpo", que pertence a seu patrão como todos os filhos que saíam de seu ventre, "desde a sola dos pés até a raiz dos cabelos". Para o cavaleiro, a submissão era livre, honrosa, individual e ligeira (DUBY, 1999, p. 122).

O rito que unia senhor e vassalo era o de homenagem, uma união de iguais. Como diz o autor, "a vassalagem constitui uma parentela suplementar". O senhor aparece como pai. Um juramento, o de fidelidade, selava a união de vassalo e senhor. O bispo Fulberto descreveu tanto o juramento quanto a fidelidade: "Devemos ao bispo Fulberto, na sua época um dos melhores conhecedores do direito, a análise mais fina das obrigações que criavam os dois ritos associados da homenagem e do juramento" (1999, p. 122). O vassalo não deve exercer atividades prejudiciais ao senhor e deve prestar-lhe ajuda e conselho.

Vejamos como ocorre o aparecimento do feudo:

> Aqui aparece o feudo ou, como o expressa com clareza o termo latino que traduz nos documentos essa palavra vulgar, o "benefício". O senhor deve mostrar-se generoso com seus homens. Como um pai, tem que recebê-los em sua casa e de tempos em tempos, dar-lhes presentes, armas, adornos. Tal é o único aspecto que toma a generosidade senhorial para todos os cavaleiros domésticos. Sem embargo, nos começos do século XI os vassalos adquiriram o costume de esperar de seu patrão, imediatamente depois da homenagem, a concessão de um bem, uma grande propriedade, uma igreja, um dízimo ou um simples campo, que será seu durante toda a sua vida ou pelo menos enquanto não traiam a palavra empenhada (1999, p. 123).

Nosso autor dá outros detalhes a respeito da vassalagem, do feudo, do serviço:

> De fato, recebem essa investidura no curso da mesma cerimônia por meio de outros gestos simbólicos, nos quais passa da mão do senhor à do cavaleiro um objeto, uma gleba, uma pedra, um ramo, signo visível do presente de que gozarão. Eles não são unicamente vassalos mas feudatários, que têm um bem do qual o senhor continua sendo o possuidor eminente, porém, cujo produto é a retribuição não de sua fidelidade, mas de seus serviços. Com efeito, esse feudo deve ser *servido*. Por sua causa, o vassalo está obrigado a assistir ao conselho – isto é, a trasladar-se periodicamente para onde se encontra o senhor para formar sua corte, essa reunião de amigos sem a qual na Idade Média nenhum chefe podia exercer a justiça nem tomar nenhuma decisão de peso – e a prestar ajuda – isto é, acorrer em ajuda do senhor cada vez que este o chame e a alistar-se sob sua bandeira (DUBY, 1999, p. 123).

As relações referentes à vassalagem constituíam uma rede que completava as relativas ao parentesco, as quais formavam igualmente uma rede.

Os guerreiros selvagens constituíam uma classe. Os cavaleiros estavam aprisionados em vários agrupamentos. Duas das virtudes da moral cavaleiresca eram a lealdade e o amor. Eis como Duby desenvolve estes temas:

> "Por seu feudo deve pois comportar-se com seu senhor como um bom filho com seu pai". E como agrega Fulberto de Chartres, "em todas as coisas, o senhor deve devolver o mesmo tratamento a seu vassalo". A rede de relações de vassalagem feudal completa a rede de relações de parentesco. Uma e outra, entrecruzando-se, aprisionam os cavaleiros em agrupamentos complementares de segurança, de ajuda mútua e de amizade recíproca, nos quais atenuam os fermentos de desordem que naturalmente carrega em si uma classe de guerreiros selvagens que não reconhece patrão algum. [E] [...] com o valor militar, se estabelecem no centro da moral cavaleiresca, duas virtudes: o amor, a que têm direito todos os "amigos carnais", todos os membros da linhagem e o respeito da fé jurada, isto é, a lealdde. Na França do século XI, essas duas regras de honra constituíam as bases da paz (1999, p. 123-124).

Tal paz mostrava-se bastante precária, sendo ela quebrada inúmeras vezes. Atrocidades eram comuns. Os cavaleiros comportavam-se com uma brutalidade espantosa. Havia discórdia entre os senhores. As "relações de vassalagem feudal" (1999, p. 124) tinham a responsabilidade pela existência de perturbações duradouras. Duas cerimônias selavam o compromisso feudal: o juramento e a homenagem. O vassalo exercia a sua violência por um ato: a vingança. Nos termos de nosso historiador:

> Nem a fidelidade nem o serviço de seu feudo podiam impedir um ato de violência do vassalo quanto este não prejudicasse diretamente seu patrão ou outro feudatário deste. Escapava a toda obrigação e não dependia de juiz algum. Contra ele, suas vítimas tinham um único recurso, a *faide*, que lançava o grupo dos parentes e amigos da vitima contra o agressor e os seus. Se iniciava então uma guerra impiedosa, onde uma morte se pagava com outra e que em ocasiões somente terminava com a destruição das linhagens adversárias, a menos que, ao término de prolongadas negociações, uma arbitragem conseguisse restabelecer a paz em uma cerimônia de reconciliação em que cada um aceitava pagar o preço do sangue vertido por cada uma das partes (DUBY, 1999, p. 124-125).

Entre 1030 e 1075 aconteceu nas relações entre a vassalagem e o feudo uma transformação radical:

> Por último e sobretudo entre 1030 e 1075 as relações entre o feudo e a vassalagem se modificaram radicalmente nos territórios franceses. Foi então quando o elemento material, imutável e concreto, a "tenência" feudal, passou a privar sobre o vínculo homem a homem. Já havia sido considerado normal que a homenagem e a investidura fossem seguidas imediatamente por um "benefício". A força dos laços familiares – que nesse momento permitiu à linhagem dos Capetos apoderar-se da dignidade real, que havia feito com que se incrustassem dinastias nos condados e depois nos castelos – exigia que o feudo se tornasse hereditário. Nenhum senhor se atreveu a retirar do sucessor de um vassalo fiel os bens que este havia recebido e que durante sua vida se haviam misturado com seu patrimônio (1999, p. 125).

Para os eclesiásticos, a cavalaria encarnava o mal:

> Igualmente se compreende que naquele país ainda tão bárbaro e tão miserável tenham os eclesiásticos, os únicos capazes de escrever, dos quais provém a documentação que temos e por cujos olhos vemos o que podemos perceber daquela época, tenham meditado sobre o parentesco verbal das palavras *milícia e malícia*. Certamente seu estado fazia com que se inclinassem ao pessimismo, porém sem dúvida não estavam totalmente errados quando viam na cavalaria, nessa classe de vanguarda que a evolução das instituições públicas havia estabelecido em posição de dominação total, a encarnação do mal e o exército de Satã (1999, p. 125).

A inquietação foi a característica do século XI, mas no ano mil não existiu pânico coletivo:

> Dos terrores do ano mil, sombriamente descritos pela história romântica, sabemos que não perturbaram tanto as consciências. Não houve pânico coletivo. Porém entre o milênio do nascimento de Cristo e o de sua morte – este último destacável em uma época em que se desenvolveram a liturgia funeral e o culto dos mortos – cresceu a ansiedade. Sem dúvida nesses anos se exaspera a angústia no seio do cristianismo em relação com a iminência do fim do mundo e do juízo final (DUBY, 1999, p. 126).

Por volta do ano mil, um livro sagrado, *O Apocalipse*, despertou grandemente a atenção. Os prodígios foram interpretados pelos sábios. Os cronistas escreveram estranhas narrativas. Houve um eclipse e perturbações da natureza. Procurou-se o significado dos desastres. O Santo Sepulcro foi destruído.

Duby assim descreve acontecimentos e sentimentos do período:

> As fomes, as epidemias, os vícios que consumiam o corpo da Igreja, os desvios heréticos significavam para eles com toda certeza que as bases do mundo se haviam estremecido. Em 1009, os cristãos da França souberam que "o príncipe da Babilônia, isto é, Califa do Cairo", havia mandado destruir o Santo Sepulcro em Jerusalém. Outra prova manifesta do desencadeamento do mal e da invasão das forças perversas (1999, p. 126).

No século x as crenças são dualistas. O mundo invisível formava o palco onde se enfrentavam dois exércitos, o dos anjos e o de seus inimigos diabólicos.

Raul Glaber teve a visão de diabo. O aparecimento de diabos e anjos era comum. O inimigo desfechava ataques, o que exigia a conversão dos cristãos. Segundo o autor, "o mundo dominado pelos guerreiros imprimiu sua marca nas concepções religiosas". Formou-se uma "milícia espiritual". Procurou-se "vestir as roupas brancas da penitência" (1999, p. 127). A heresia manifestou-se por meio de um padre, na aldeia. Buscou-se a purificação.

As heresias constituíam um sinal de que a cultura despertava. Os prodígios ocorridos no milênio fascinavam a cristandade, cuja renovação foi dirigida pelos monges.

A instalação do regime feudal afetou os bispos e o clero secular. Os bispos da época estavam mais voltados para a guerra que para as prédicas e os estudos. Os monges, buscando a pureza, abandonavam o século. Funções básicas eram exercidas pelos conventos. Neles as cerimônias litúrgicas ocorriam de maneira ininterrupta. Sobre o último ponto Duby exprimiu-se deste modo:

> Os conventos desempenhavam funções essenciais nessa época. Antes de tudo, eram cenário de uma celebração litúrgica ininterrupta; a todas as horas do dia o coro dos monges – essa era sua missão específica, seu verdadeiro ofício – lançava loas e súplicas para o Todo Poderoso. Assim, cantando salmos, obtinham dele graças que se espraiavam em torno deles e se estendiam a seus benfeitores (1999, p. 128).

Um grande primitivismo marcava as concepções religiosas desta época. Como diz nosso autor, "o preço da redenção era a compra do perdão de Deus" (1999, p. 128-129).

O monastério constituía um instrumento para obter a salvação. Ele era uma necrópole, para os ricos. Nele recebiam acolhida os filhos da nobreza e os velhos senhores. Eles guardavam relíquias, e as relíquias tinham poder.

Os poderosos viam as casas de oração como presas tentadoras. Eles queriam apropriar-se das riquezas delas. Os leigos corromperam os conventos. Diante desta situação, buscou-se a pureza comunitária. Houve um movimento de reforma das abadias. Um dos conventos reformados foi o de Guilherme de Volpiano. Conventos foram tranformados "em asilos de santidade e saber". A reforma teve na congregação de Cluny a sua vanguarda. A união desta congregação com Roma a protegia "contra o patronato senhorial" (DUBY, 1999, p. 130).

A expansão da influência de Cluny ocorreu a partir da metade do século X. Ela constituiu-se como "ordem" e, dirigida por Odilon, expandiu-se vigorosamente. Segundo Duby, ela formou "um verdadeiro império que conheceu uma expansão irresistível" (1999, p. 130).

Essas conquistas foram causadas pela integração entre o espírito de Cluny e um mundo que foi conquistado pelo espírito cavaleiresco. Houve adequação entre Cluny e as atitudes do mundo aristocrático.

Os monges de Cluny tinham uma vida regalada. Grande disciplina caracterizava esta milícia espiritual. Nas casas desta ordem, rezava-se, com amplidão, pelos defuntos. A liturgia de Cluny prefigurava "os esplendores do paraíso" (1999, p. 131) e constituía uma cerimônia suntuosa e perpétua.

Modelos de pureza, os monges viviam uma existência de renúncias. Para o historiador, "o monaquismo triunfante impunha a todos os fiéis as práticas claustrais da penitência" (DUBY, 1999, p. 132). Homens de Igreja faziam exortações à santidade. Tornou-se comum práticar a penitência. Formaram-se "grandes congregações expiatórias" (1999, p. 132) e generalizou-se a adoração de relíquias.

Ao abordar a questão da paz de Deus, Duby trata de alguns temas de Raul Glaber, das assembleias da paz de Deus; da busca de uma paz inviolável; dos castigos corporais; da proteção aos clérigos e monges.

O nascimento das instituições relativas à paz de Deus ocorreu nas províncias do sul. A Igreja buscou proteger os pobres contra a ação dos poderosos. Os concílios de paz surgiram e se expandiram. Para Duby, "a paz de Deus foi instaurada para remediar o enfraquecimento do rei" (1999, p. 133). Ela era uma obra de caráter piedoso.

A cavalaria devia ser controlada, dela vinha o perigo: foi exigido dos cavaleiros um compromisso individual. Procurou-se proteger os santuários, os padres e os trabalhadores. A paz de Deus adapta-se à sociedade feudal e suas disposições materializavam a teoria das três ordens:

> As disposições da paz de Deus se adaptavam assim à organização da sociedade feudal, acentuando seus traços e precisando seus contornos. Isolando claramente dos demais aos *bellatores*, os combatentes profissionais, os cavaleiros, esse grupo perigoso que perturbava a ordem divina, davam corpo à teoria das três ordens, cujas primeiras expressões claras são, em 1020, exatamente contemporâneas das decisões conciliares que queriam restaurar a paz (1999, p. 133).

Os ritos da cavalaria foram cristianizados. A paz de Deus estabeleceu proibições e regras. Ficava proibida toda agressão contra cristãos e estabeleciam-se deveres para o cavaleiro.

Duby afirma que "a ideia da paz de Deus desembocou no conceito de guerra santa" (1999, p. 134). Foi desenvolvido nas práticas de peregrinação, uma atividade de caráter ascético. Apelava-se aos poderes invisíveis para conseguir sua proteção.

Com a penitência, buscava-se o preparar-se para a morte, mas as peregrinações também eram ocasião de prazeres, desfrutados junto com amigos; constituíam uma aventura que tentava os nobres. Por isso, tornaram-se subitamente moda as grandes peregrinações. As dirigidas à Terra Santa tiveram o seu auge em 1033. Foram estimuladas pelas abadias e funcionavam como signos anunciadores do fim do mundo.

Os peregrinos tiveram contato com os infiéis e atuaram como vassalos de Cristo, além de praticarem ações agressivas contra os infiéis da Sicília e da Espanha.

As peregrinações demonstraram a vitalidade do conjunto das regiões francesas, caracterizadas por uma indigência profunda em termos biológicos, de desnutrição, de epidemias. Os camponeses viviam numa profunda miséria. Uma praga terrível aconteceu com o mal dos ardentes, um fogo mortal. Fomes assustadoras ocorreram, como a de 1033, descrita por Raul Glaber. Estas mortalidades foram agravadas pelo crescimento demográfico nos seus primeiros impulsos.

Os burgos rurais multiplicaram-se. O espaço para a agricultura mostrava-se reduzido. Os eclesiásticos e os guerreiros recebiam os benefícios advindos dos excedentes econômicos. A aristocracia laica usava o enriquecimento para o prazer de beber e vestir-se.

A circulação monetária tornou-se mais ativa. Surgiram os "burgos" (1999, p. 137) de comerciantes e artesãos. Os instrumentos para o combate foram aperfeiçoados. A cavalaria francesa conseguiu vitórias. Os guerreiros construíram um reino cristão no Oriente. Os aventureiros normandos conseguiram triunfos.

A conquista da Inglaterra por Guilherme, o Bastardo, impôs na ilha, por séculos, a aristocracia normanda. Guilherme, o Conquistador, foi um construtor de igrejas. A aristocracia laica sustentou a Igreja e a cultura religiosa. Desenvolveram-se as escolas e as disciplinas.

As abadias foram os locais de um florescimento cultural. Os excedentes da riqueza produzida foram direcionados para a liturgia. A criação musical foi estimulada. A arte sacra conheceu um grande desenvolvimento. A acústica das igrejas melhorou e buscou-se a unidade. Nas naves das igrejas, as vigas de pedra eram revestidas de ouro. A escultura monumental conheceu um renascimento. Em relação às pesquisas estéticas, Cluny foi modelo e vanguarda.

A França rural feudal: considerações historiográficas e metodológicas

Para terminar este capítulo referente à economia e sociedade medievais, faremos a apresentação de um texto de Duby[3] muito importante por suas reflexões metodológicas.

O primeiro tomo da obra [*História da França rural*] é o das incertezas. Os autores do livro procuram não fazer afirmações peremptórias. Há muitos pontos de interrogação e expressões cautelosas.

Até o século XIV o passado rural da França aparece envolvido por uma espessa escuridão. Os documentos mais valiosos para o historiador são os objetos. Testemunhos nus, mas verdadeiros.

Aparecem também os primeiros elementos de uma iconografia da vida antiga.

O material escrito foi escasso por muito tempo e pouquíssimo loquaz. O autor diz que "a volta da difusão da escrita pouco antes de 800 faz passar um golpe de luz fugaz sobre a história dos campos" (DUBY, 1999, p. 84). Para ele, "a rarefação dos textos é lamentável já que vem acompanhada de achados arqueológicos" (1999, p. 85).

---

3 Duby, Georges. "Introdución". In: *Obras selectas de Georges Duby.*Presentación y compilación de Beatriz Rojas. México: Fondo de Cultura Económica, 1999, p. 84-100. [Texto retirado de: "Avant-propos". In: Duby, Georges (dir.). *Histoire de la France rurale*. Paris, 1975-1976, v. 1, p. 15-32.]

Neste período a evangelização realizou progressos. As antigas crenças camuflaram-se ou retrocederam. As necrópoles foram aos poucos esvaziadas de mobiliário fúnebre.

Os documentos são cada vez mais abundantes em relação aos séculos XI, XII e XIII. Os textos apresentam descrição de trabalhos, fazem menção à circulação de bens e de homens. Os números aparecem neles. O que caracteriza este período é "o tempo longo e o espaço vasto" (1999, p. 85). O autor faz esclarecimentos sobre a natureza desta documentação e de como o historiador deve começar a abordá-la:

> As primeiras claridades sobre a economia agrária [aparecem]: alguns inventários, alguns fragmentos de autêntica contabilidade [...] A primeira tarefa dos historiadores consiste em colocar cada um destes vestígios em seu lugar, nas duas dimensões do espaço e do tempo (1999, p. 85).

As fontes são cruelmente insuficientes, ainda que algumas delas iluminem vivamente um campo de certa amplitude. Os melhores documentos apresentam graves defeitos: 1) Eles são incompletos; 2) São muito isolados; 3) Alguns deles não permitem uma datação precisa.

Todos os documentos dos períodos rurais bastante antigos padecem em geral dos mesmos defeitos. O historiador aponta os problemas relativos às representações figuradas, cuja datação é delicada. As informações, amarradas a pontos sólidos, são muito lacunares. Nas palavras de Duby, "até meados do século XIV o historiador nunca está em condições de seguir em um mesmo lugar, por uma duração de alguma extensão, o movimento de um mesmo processo" (1999, p. 87).

Notam-se os movimentos de um progresso em geral, tecnológico e demográfico. Esse desenvolvimento ocorreu por sucessivos saltos. Os autores do livro questionaram um conceito, o de "revolução agrícola" (1999, p. 88). Alguns progressos ocorreram de forma assombrosamente viva, e com etapas bem distintas.

Disparidades importantes permearam a expansão na totalidade das fases. É impossível esboçar em qualquer momento "a geografia desses desequilíbrios" (DUBY, 1999, p. 88). É falsa a percepção da existência de um crescimento global. O período da muito Alta Idade Média foi de baixa.

Os únicos dados quantitativos precisos, os oferecidos pelos inventários do século IX, são descontínuos e esporádicos. Segundo Duby, "não podemos conhecer nada ou quase nada das correlações jamais resolvidas entre os diversos movimentos da economia, da sociedade, das mentalidades" (1999, p. 89).

É impossível construir um discurso sincero e coerente sobre a história rural francesa. Duas mudanças são perceptíveis nessa história: 1) As oscilações climáticas; 2) As transformações que levam da guerra até a paz e da ordem para a desordem. Os impulsos progressivos se propagam.

A coleta dos documentos deve continuar. Deve-se procurar, por meio deles, visões novas de conjunto.

Nos dez últimos anos, a arqueologia rural francesa realizou alentadores progressos. Os mais eficazes instrumentos desta arqueologia foram a escavação e a fotografia aérea.

É necessário rever as hipóteses formuladas pelos historiadores da aristocracia e do senhorio. Descobertas de caráter decisivo são impossíveis nos arquivos franceses. Torna-se necessário continuar a examinar papéis e pergaminhos. Os arquivos judiciais são riquíssimos. É possível conseguir muito mais dos textos já conhecidos dos historiadores submetendo-os a um tratamento diverso. É importante trabalhar com o vocabulário.

Também são importantes as máquinas de selecionar e contar. O uso do computador pode ser feito nos textos relativos aos séculos XI a XIII na França.

A história dos camponeses e do senhorio rural ainda está envolta na obscuridade. Segundo o medievalista, "para captar o significado das palavras é necessário que elas sejam substituídas na corrente de um único discurso" (1999, p. 91-92).

Deve-se submeter o conjunto da documentação a leituras melhores.

Quanto aos camponeses, sua liberdade era precária e sua mobilidade, espantosa.

As descobertas da arqueologia devem ser relacionadas aos textos.

Duby expõe o seu método de tratamento das fontes:

> As escavações, a seleção, a seriação são somente prelúdios. O grande momento da investigação é aquele em que todos os vestígios, devidamente tratados segundo os múltiplos procedimentos de restauração, são por fim objeto de um interrogatório simultâneo. A atividade é a mesma quer se trate de cifras, de escritos ou de objetos: descoberta, recoleção, classificação, análise tipológica. Depois, renovadas constantemente e cada vez mais fecundas, leituras e releituras (DUBY, 1999, p. 93).

As lacunas são amplas e vários fenômenos permanecem sem explicação. Deve-se perguntar sobre os fenômenos que incidem de modo mais determinante sobre o destino das populações do campo.

Três vias de interpretação se abrem para os medievalistas. A primeira, proposta pelos etnólogos, é o raciocínio feito por analogia. O método tem seus perigos, mas sua vantagem consiste em evitar os vários anacronismos.

A segunda, de caráter "regressivo", "consiste em elevar-se pouco a pouco, no futuro, partindo do presente" (1999, p. 94) é a que apresenta uma segurança menor.

A terceira via, a da extrapolação, é, das três, a mais perigosa. Todos os estudiosos da antiga vida rural realizaram o procedimento, como o próprio Duby, o qual afirma a este respeito: "Eu me permiti fazer isto, a respeito de muitas coisas, como os castelos da primeira época feudal" (1999, p. 94). Ele acrescenta: "A audácia, a imaginação e o engenho estão entre as virtudes que impulsionam o progresso da história" (1999, p. 95).

As divergências são inevitáveis e frutíferas.

Entre os homens e o meio ecológico existe um equilíbrio instável. Os camponeses com sua prudência são reticentes em relação às inovações.

Conhece-se bem pouco a oposição existente entre classes de idade nas sociedades agrárias.

O meio natural com suas variações estimula o movimento do sistema produtivo. Transgressões marinhas e oscilações climáticas estimulam a agricultura entre os séculos V e XII no norte da França.

Os agricultores são responsáveis pela maior parte das modificações ecológicas. A época medieval é privilegiada para observar as flutuações que ocorrem na superfície cultivada.

O sistema de produção e os outros aspectos da formação social precisam ser estudados em conjunto. Desde os períodos mais recuados aparecem nas fontes hierarquias e solidariedades entre os que trabalham a terra. Na era pré-histórica estão presentes as hierarquias sociais. As "estruturas de enquadramento" (DUBY, 1999, p. 97) surgem com rapidez e sempre com articulação. De acordo com Duby, "nem os achados arqueológicos nem os textos nos dizem muito das relações sociais entre os camponeses nem sobre as relações de parentesco" (1999, p. 97).

O que conhecemos das estruturas da sociedade camponesa?

> Confessemos que das armaduras da sociedade camponesa medieval conhecemos um pouco o agrupamento paroquial, muito bem o quadro senhorial, mal a servidão, nada em absoluto da propriedade senhorial, e a escala das fortunas antes do fim do século XII, e ignoramos quase tudo das estruturas familiares salvo que parecem seguir uma evolução sensivelmente distinta da que se divisa com menos obscuridade na aristocracia. (1999, p. 97).

Quanto aos camponeses, "se sabe com nitidez [...] que talvez desde sua formação, desde o surgimento de uma agricultura estável, o campesinato foi dominado por outros corpos sociais cujo jugo não deixou mais de sofrer" (1999, p. 98-99).

Os especialistas, necessários e parasitários, exerciam também uma dominação.

No campo divisavam-se vários edifícios, com destaque para as igrejas.

O "sistema de produção camponês" (1999, p. 98) foi forçado a uma maior produção pelos grupos dominantes.

A família conjugal e a paróquia exerceram suas "influências limitadoras" (1999, p. 98).

A prosperidade das atividades da terra vinha conjugada com a pobreza das famílias dos trabalhadores do campo. Os indígenas dominaram os camponeses e auxiliaram os romanos, potência colonial. Os filhos de camponeses que alcançaram a riqueza tornaram-se exploradores. Existem poucos vestígios das reações dos camponeses à opressão sofrida por eles. Nosso historiador se questiona sobre a intensidade dos antagonismos que atravessavam a sociedade camponesa.

O poder mostrou-se incapaz de exercer o controle sobre a marginalidade rural. O campesinato resistiu de várias formas. O banditismo mostrou ser uma maneira obstinada de resistência à opressão. Nos documentos a violência camponesa aparece com o disfarce de desvios heréticos.

Duby afirma que os camponeses têm uma história mal conhecida, deformada, porque nem uma só vez se ouve falar do habitante de vilarejos e aldeias, já que outros falam em seu nome.

O campesinato estava submetido a uma "sujeição cultural" (DUBY, 1999, p. 100). A nossa ignorância mostra-se total a respeito do modo de pensar e das crenças dos camponeses, já que nossa informação sobre a ideologia camponesa vem dos escritos produzidos pela classe dominante, e foram feitas até "campanhas contra a cultura dos camponeses" (1999, p. 100). As fontes a respeito do campesinato são mentirosas, descontínuas, parciais. Quanto à documentação existente para o estudo da cultura camponesa, diz nosso autor: "É sem dúvida ali, nas províncias do medo, das esperanças e do sagrado, onde o conhecimento histórico dos campos antigos tem mais possibilidade de progredir" (1999, p. 100).

A imagem mais fiel dos "rituais agrários" do ano mil ou do ano 1300 aparece em intelectuais como Burchard de Worms ou nos que escreviam "os *exempla* – [...] pequenos contos edificantes para uso dos predicadores" (1999, p. 100).

capítulo 4

Sociedades e sociabilidades medievais: o parentesco, as mulheres, o casamento

Uma perspectiva de conjunto sobre as sociedades medievais

Começamos este capítulo pela apresentação de um texto que constitui o discurso de posse de Duby no Collège de France, em 1970.[1]

O escrito constitui uma síntese rica e sutil das sociedades medievais, uma espécie de súmula da obra de Duby até 1970 e, além disso, uma excelente introdução ao estudo das sociabilidades medievais. Também estão presentes nele considerações metodológicas do autor sobre a história das mentalidades.

De acordo com o texto, o estudo das relações sociais pode lançar uma luz nova sobre uma civilização, já que as perspectivas menos estudadas são as referentes à história social.

O historiador leu com paixão e entusiasmo os trabalhos históricos renovadores de Lucien Febvre. Ele presta homenagem à memória de Marc Bloch, um historiador que buscava o homem vivo por intermédio de museus e documentos.

Segundo o autor, os historiadores da economia medieval estão impregnados de nacionalismo. Para Duby, o estudo das sociedades não se esgota na análise das atividades econômicas, pois o "complexo conjunto das representações mentais" (DUBY, 1999, p. 141) aparece como importante para o estudo da sociedade. Os fenômenos sociais não constituem um prolongamento simples dos fenômenos econômicos. Os

1 Duby, Georges. "Las sociedades medievales: una visión de conjunto". In: *Obras selectas de Georges Duby*. Presentación y compilación de Beatriz Rojas. México: Fondo de Cultura Económica, 1999, p. 140-155.

ritos, as crenças, os mitos, fenômenos da psicologia coletiva, são tão significativos para o estudo dos comportamentos sociais quantos os fatos econômicos.

A história das mentalidades, na sua constituição e desenvolvimento, foi auxiliada pelo avanço da semiologia e da antropologia. O campo das mentalidades surge como muito sedutor para os medievalistas, já que a maioria dos documentos da época diz respeito aos fenômenos mentais, no entanto, a atribuição a tais fenômenos, de uma autonomia ampla demais constitui um perigo sério. Por isso, o caminho da independência da história social passa pela convergência entre a história do mental coletivo e a da civilização material.

O homem vivendo em sociedade forma o objeto final da pesquisa histórica. A história social não deve se limitar ao estudo dos textos de diversos tipos, mas deve recorrer a documentos de todos os tipos, como os artísticos e arqueológicos, já que toda sociedade que instaura uma ordem política e econômica produz igualmente "uma ordem figurativa" (Francastel)[2] (DUBY, 1999, p. 142).

A história social deve considerar os fenômenos em níveis diferentes de análise. "Ela deve" – afirma Duby – "deixar de sentir-se auxiliar de uma história da civilização material, de uma história do poder, de uma história das mentalidades" (1999, p. 143). Sua missão consiste em construir "uma imagem global" da sociedade depois de juntar os resultados das pesquisas realizadas nos diversos campos, buscando entre as forças diversas que agem na sociedade "as correlações exatas" (1999, p. 143).

Passando aos exemplos, o historiador cita o caso das irmandades monásticas reunidas nas abadias cistercienses. Seus monges eram apóstolos da pobreza que alcançaram a riqueza, e aos poucos eles deixaram de ser a encarnação da "perfeição espiritual" (1999, p. 144). O respeito que lhes tributavam passou para outros que viviam nas cidades, na pobreza.

Cada força em ação na sociedade possui autonomia, um impulso peculiar. Os ritmos da temporalidade histórica são ternários. Tais disparidades temporais são responsáveis pelas bruscas mutações. Duby cita o caso das regras jurídicas e da produção das inovações jurídicas.

Torna-se necessário, para Duby, dissipar uma ilusão, a da diacronia, já que o tempo social aparece dotado de complexidade. Nosso autor diz que "a construção de uma história das sociedades medievais exige descobrir articulações e discordâncias no seio de uma globalidade" (1999, p. 144).

---

2 Altet, X. Barral. "Francastel, Pierre, 1900-1970". In: Burguière, André (org.). *Dicionário das ciências históricas*. Rio de Janeiro: Imago, 1993, p. 340-341.

A Idade Média começa com o encontro de duas sociedades, a romana e a germânica, de estrutura similar. O império romano declinou e foi substituído por clientelas de aldeias e grandes propriedades. As tribos germânicas trouxeram suas características e tiveram que se defrontar com as tradições romanas.

As duas sociedades eram de uma brutalidade quase igual e se fundiram sem esforço. Ocorreu a barbarização e a ruralização da Igreja, a edificação de grandes Estados conquistadores. Duby caracteriza o Estado carolíngio como "uma chefatura de aldeia estendida às dimensões do universo" (1999, p. 146).

Os monges e os clérigos passaram a rodear o soberano, procurando construir um edifício cultural novo e elaborar uma representação de caráter global da sociedade.

No começo do século X a autoridade do rei caía no Sul e no Oeste da Gália, e na Lombardia. Nesta queda, arrastou também por algum tempo a alta cultura.

Duby detalha as principais características desta representação da sociedade. O modelo contempla algumas realidades do período, como o território vasto que os guerreiros tomaram aos camponeses. Esta imagem construída pelos clérigos estava em contradição com a estrutura dos poderes que se propunha justificar e consolidar.

A economia rural progredia insensivelmente, o que fortalecia os poderes da aristocracia rural. O historiador mostra o fortalecimento do senhorio: "O crescimento contínuo da população, o aperfeiçoamento contínuo das técnicas agrícolas fortalecia a verdadeira realidade da época – o senhorio – e esse nó de poderes arraigados ao solo e ajustados às estreitezas de uma civilização totalmente rural" (1999, p. 147).

Os donos das florestas e dos campos dominavam cada vez mais profundamente os homens. Quanto aos castelos, "pontos de apoio da defesa local" (1999, p. 148), eram os únicos refúgios para o povo aterrorizado pelas últimas invasões de saqueadores.

Os contornos de duas classes iam se definindo, a dos camponeses e a dos senhores. A Igreja enriquecia e se tornava senhorial. E "disto resulta uma renovação cultural que favorece a elaboração de um novo sistema de representações mentais, em torno de ano mil" (1999, p. 148).

A ideia de paz forma a base desse sistema que propõe uma "organização triangular" (DUBY, 1999, p. 148) da sociedade: "Três ordens, três categorias estáveis, estritamente delimitadas e cada uma delas com uma função particular" (1999, p. 148); uma teoria que se baseia na ideia de serviço:

> Esse modelo quer propor uma redução desses antagonismos [entre as classes sociais], e crê poder lográ-lo apoiando-se na ideia de serviço, que se havia afirmado no contexto das devoções pessoais e que pretende converter em fundamento da ordem social (1999, p. 149).

Manter a concórdia é a função de tal modelo, mas ele se coloca numa situação falsa "diante da realidade concreta – a da busca e da aceleração do desenvolvimento econômico nos últimos anos do século XI" (1999, p. 149).

O crescimento ocorre no quadro de um sistema de exploração, o senhorial. Uma mutação de caráter fundamental acontece em torno do século XII. Durante séculos rural, a civilização do Ocidente agora aparece dominada "pelo fato urbano" (1999, p. 149). A partir deste momento, tudo é ordenado em torno da cidade: a riqueza, as criações do espírito, o poder.

Perturbações sociais manifestaram-se em três níveis: "Em primeiro, o progresso material complicou pouco a pouco a estratificação social, introduzindo em cada categoria, oposições múltiplas e cada vez mais marcantes" (1999, p. 149).

Em segundo lugar, o desenvolvimento material teve repercussão na ordenação das relações pessoais. Apareceram camponeses ricos e aumentaram os camponeses pobres. Estruturas horizontais surgiram.

Em terceiro, as iniciativas pessoais foram estimuladas pelo dinamismo da economia. Apareceram novos antagonismos, como os referentes às gerações.

No ponto de vista de Duby, "os verdadeiros promotores do impulso econômico foram os servidores dos grandes senhores que construíram sua própria fortuna estendendo o poder de seu senhor e por outra parte os comerciantes" (1999, p. 150).

Em termos ideológicos, "a partir da segunda metade do século XIV se pode perceber o surgimento de diversas imagens que tentam traduzir e justificar as inovações sociais" (1999, p. 151), e que têm origem, em sua maioria, no grupo dos eclesiásticos.

A pobreza aparece como "problema inquietante" (1999, p. 151), enquanto entre os ricos surge a tendência a despojar-se da riqueza, mas o desprezo em relação aos pobres é crescente.

Outro fenômeno ocorre: "o santuário gótico abre-se à luz do mundo" (DUBY, 1999, p. 151). Revela-se a existência de uma cultura nova, profana, a cultura dos cavaleiros.

Nas décadas situadas em torno de 1300, diferentes rupturas se delineiam: uma no movimento referente às economias, uma no que toca à evolução cultural e outra, talvez a mais decisiva, nos materiais de que se serve o historiador.

As fontes permitem agora captar numericamente os mecanismos relacionados ao crescimento e à regressão. Os humildes aparecem, e é a primeira vez que isto ocorre, nos documentos, que "mostram pela primeira vez um conjunto de símbolos, de ornamentos e de emblemas que na visão dos homens da época marcavam as diferenças entre os estratos sociais" (1999, p. 152).

Na França e na maior parte da Europa, muitas investigações são feitas sobre os últimos séculos medievais, as quais conseguem realizar grandes descobertas. Contudo, "a multiplicidade destes trabalhos, sua dispersão e seu caráter frequentemente pontual impedem ver com facilidade o conjunto" (1999, p. 152).

O conhecimento do campo continua a ser menor que o das cidades. As mutações de grande porte da Europa já não são atribuídas a uma grande crise. Para Duby, aqui e ali, a nova historiografia destacou no século XIV, "todas as correntes de vitalidade que faziam surgir incessantemente, as grandes empresas de conquista e as formas admiráveis de uma estética renovada" (1999, p. 153).

Quanto às rebeliões populares que marcaram o século XIV, é importante captá-las globalmente, considerando que elas foram movimentos de grande envergadura, mas que as revoltas do mundo camponês foram de ricos, e não de pobres. Houve também revoltas de artesãos, como a dos *ciompi*, em Florença, os quais exigiam participar da administração da comuna. No esclarecimento das revoltas populares é importante e, ao mesmo tempo difícil, o uso da história das mentalidades.

Duby formula uma questão: "Como vincular a história das mentalidades ao conjunto da investigação histórica?" (1999, p. 154). Há tanto condições favoráveis para o estudo das mentalidades quanto dificuldades para elaborar a história das mentalidades.

Existe "a necessidade imperiosa para o pesquisador do passado de desvincular-se das pressões das atitudes mentais que o dominam", e "isto faz com que a história da psicologia coletiva, das morais e das concepções do mundo que lhe servem de base seja a mais difícil de todas" (1999, p. 154).

As mentalidades se ligam ao todo social, elas constituem uma estrutura, a qual não pode ser isolada das estruturas que a determinam e que sofrem o seu impacto. Para Duby, "o instrumento metodológico mais eficaz" é a necessidade de captar "esse todo que é a história das sociedades" (1999, p. 155).

O casamento

Já vimos que em trabalhos diversos Duby tratou dos problemas do parentesco medieval e da linhagem em particular. Na sua perspectiva de "empreender uma arqueologia da família", deteve-se no estudo da instituição matrimonial:

> Vejamos o caso do meu trabalho atual, sobre o casamento na época feudal. É evidente que faço tudo o que posso para sair do espartilho. Não esqueço, em primeiro lugar, que a maior parte das informações sobre este problema vêm de homens, que pertenciam à Igreja: eram eles os únicos que escreviam, nessa época, por conseguinte, os únicos que ouvimos falar diretamente. Escusado dizer que não são eles os melhores informadores sobre as práticas matrimoniais. Esses homens – só os homens é que falam – eram forçados ao celibato. Eram supostos praticar uma certa castidade. O casamento, desprezavam-no, temiam-no, desejavam-no, envergonhados, agressivos: como poderiam eles discernir claramente a sua prática e as suas representações comuns, situá-lo no seu justo lugar no sistema de valores? Há que efetuar sobre estes testemunhos todo um trabalho crítico, para fazer aparecer, em filigrana, os comportamentos reais, precisamente aqueles contra os quais lutavam, com todas as forças, os clérigos de que falo, tentando reformá-los, rectificá-los segundo a sua própria visão, esforçando-se por fazer aceitar, respeitar o modelo moral por si fabricado[3] (DUBY, 1989, p. 93).

Como um exemplo sintético dos estudos de Duby relativos ao casamento medieval, consideremos agora um dos seus ensaios,[4] "El matrimonio en la sociedad de la Alta Edad Media".

Nas estruturas da sociedade humana entram dois componentes: a natureza e a cultura. O sistema cultural se reproduz segundo mecanismos próprios, dentre eles o sistema relativo ao parentesco e o "código matrimonial" (DUBY, 1999, p. 278). Nesses universos existem proibições e ritos, o profano e o sagrado. No matrimônio, duas ordens se cruzam: a natural e a sobrenatural. Diante das características da

---

3 Duby, Georges e Lardreau, Guy. *Diálogos sobre a Nova História*. Lisboa: Dom Quixote, 1989.

4 Duby, Georges. "El matrimônio en la sociedad de la Alta Edad Media". In: *Obras selectas de Georges Duby*. Presentación y compilación de Beatriz Rojas. México: Fondo de Cultura Económica, 1999, p. 278-282 [Extraído de: "Le Mariage dans la société du haut Moyen Âge". In: *Mâle Moyen Âge. De l'amour et autres essais*. Paris, 1988, p. 11-33].

instituição do matrimonial, o medievalista enfrenta dificuldades, particularmente dois perigos, que são também dois desvios.

O primeiro perigo consiste em confiar nos regulamentos, pois havia a transgressão das regras. A Igreja fazia um esforço para efetivar a igualdade dos cônjuges, sendo que aumentaram as prerrogativas "dos homens da linhagem e da primogenitura da mulher" (1999, p. 279). O segundo consiste em aceitar o ponto de vista dos padres. Torna-se, por isso, necessário evitar o moralismo presente nos textos.

Duby procura mostrar o quadro global em que o casamento deve ser estudado, porque os historiadores estão perante fontes que são "escritos normativos" (1999, p. 280).

No matrimônio, enfrentavam-se dois poderes, e entre eles se alternavam conivências e rivalidades. O poder religioso tem a tendência de triunfar sobre o poder civil, e a instituição matrimonial passou por um processo de cristianização progressiva.

Houve dois modelos de casamento: o laico e o eclesiástico. O primeiro modelo queria manter o "estado" (1999, p. 281) de uma casa. A preocupação é conseguir não somente casar os jovens, mas casá-los bem. Segundo nosso autor, a posição da mulher no casamento era a de "dar crianças ao grupo de homens que a acolhe, a domina e a vigia" (1999, p. 282).

As cláusulas relativas à aliança implicavam uma estratégia de longo prazo, havendo a necessidade de impedir o empobrecimento. As regras de aliança implicavam a endogamia, a desconfiança e a prudência. Quanto à cerimônia de casamento, o historiador descreve os esponsais e as bodas.

Existiu, no período, a condenação do matrimônio. Não havia uma estrita monogamia na sociedade da Alta Idade Média. Procurou-se proteger os interesses da esposa repudiada. A sexualidade masculina não se reduzia ao quadro conjugal. A prostituição, o concubinato, a "exaltação da virilidade" (1999, p. 283) constituíam realidades. Da mulher eram exigidas duas virtudes: constância e virgindade. Tratava-se de uma moral privada, doméstica.

Conforme nosso autor, "a Igreja admite o matrimônio como um mal menor e o institui para disciplinar a sexualidade" (1999, p. 284). Buscou-se estabelecer uma moral que implicasse a boa conjugalidade. Nesse contexto apareciam como necessárias a purificação e a procriação.

A Igreja trabalhava pela retificação dos "costumes matrimoniais laicos". Havia a busca do *consensus* e a existência de "um sistema de sanções" (1999, p. 284).

Procurou-se respeitar as escolhas individuais e também buscou-se legitimar o casamento dos não livres.

A Igreja reforçou os interditos. Os ritos matrimoniais passaram por um processo de sacralização, a castidade foi imposta. Na visão de Duby, "a inserção do modelo eclesiástico no modelo laico" constituiu "uma história longa e imperfeita" (1999, p. 285). Na história do casamento na Idade Média Ocidental, o século XI pode, portanto, ser considerado um momento decisivo.

A cooperação entre o poder civil e o poder religioso produziu uma moral. Uma "teoria matrimonial" (1999, p. 285) foi elaborada para fins pastorais e práticos. O sagrado e o profano estavam profundamente unidos, e um edifício de normas matrimoniais foi construído. Elaborou-se para os casados um modelo cristão de vida.

Estabeleceram-se regras para o apaziguamento das discórdias, as quais deviam ser promulgadas pelo rei. Um ponto capital relacionava-se à proibição do incesto.

O autor aborda o casamento nos séculos X-XII, refere-se às transformações na "estratégia matrimonial" (1999, p. 286) ao privilégio da masculinidade e da progenitura, na sucessão.

Para Duby, "a lenta vulgarização de um modelo régio transforma as estruturas de parentesco" (1999, p. 286), e ele explica ainda que "a pulverização do poder real determina várias mudanças em relação ao matrimônio nas células familiares" (1999, p. 287). O dote teve sua importância aumentada. O autor refere-se a uma evolução geral e às práticas.

Aquele foi um tempo marcado pela presença e atuação dos cavaleiros jovens, dissolutos e licenciosos. Nas famílias, a política consistia no casamento das filhas, todas, mantendo solteiros a totalidade dos varões, exceto o primogênito.

O senhor intervinha no casamento dos jovens e das viúvas, filhas de seus feudatários.

Ocorreram mudanças no casamento, no povo e na aristocracia. Foram ideológicas e materiais. A Igreja lutou contra o nicolaísmo e os clérigos resistiram à renúncia da conjugalidade e ao hipercasticismo. A Igreja queria autorreformar-se "e erigir-se em magistratura dominante" (1999, p. 288).

As seitas e grupos ascéticos tomaram posição contrária à Igreja, e surgiram comunidades de abstinência de caráter misto.

A Igreja procurou integrar o matrimônio na cidade terrestre e instituir como contexto da vida laica "a célula conjugal" (1999, p. 288). Para a Igreja, o matrimônio era uma instituição religiosa. Por isso, progressivamente edificou-se uma liturgia do matrimônio. O casamento cristão foi constituído como uma ideologia. Para Duby, houve "uma notável empresa de espiritualização da união conjugal" (1999, p. 289).

Na literatura mística foi desenvolvido o tema nupcial. O matrimônio passou a ser um dos sete sacramentos. Hugo de Saint-Victor propunha entre o marido e a mulher um amor compartilhado.

Observava-se uma distância estreita entre a prática conjugal e o modelo da Igreja.

Nosso autor descreve um casamento do século XII, fala da herdeira, das negociações, das núpcias. Refere-se a um padre casado.

A literatura de entretenimento possuía um espírito antimatrimonial. Tal literatura compensatória pregava o caráter superior do amor livre, mas a literatura preparava a espiritualização do casamento. Nela, o *consensus* supera as estratégias familiares, com seus estratagemas e astúcias. Para o autor, "a literatura cortesã propõe a união de dois seres e não de dois patrimônios" (1999, p. 291).

Na literatura de corte, profana, valorizava-se o amor conjugal, e seu caráter era antifeminista.

Um ponto decisivo é que no último terço do século XII começou a diminuir a restrição ao casamento dos filhos homens. Outros filhos, e não somente o primogênito, passaram a ser autorizados a se casar. As razões do fato são o crescimento econômico e a modificação das atitudes mentais.

Damas do século XII

Heloísa, Isolda e outras damas no século XII

Passemos agora à história das mulheres escrita por Duby, uma culminação lógica e necessária dos seus estudos sobre o parentesco. Comecemos pelo primeiro dos três tomos dedicados às "damas do século XII".[5]

A investigação de Duby sobre este tema é arriscada, incompleta e longa. A sociedade feudal estudada pelo autor é, paradoxalmente, "brutal e refinada". A respeito de sua proposta diz o historiador:

> Conduzi-a da melhor maneira que pude, querendo ver mais claramente quem eram no século XII, na França, essas mulheres chamadas damas por terem desposado um senhor, conhecer a sorte que

5 Duby, Georges. *Heloísa, Isolda e outras damas no século XII*. São Paulo: Companhia das Letras, 1995.

> lhes estava reservada em seu mundo, o mundo da nobreza nas camadas superiores da sociedade brutal e refinada que chamamos feudal (DUBY, 1995, p. 9).

Uma grande obscuridade existe em torno do assunto. Essas damas não têm rosto nem corpo. A verdade dos seus corpos foi, para sempre, perdida. Delas temos apenas raros objetos e efígies. Se já é difícil ter ideia dos homens deste tempo, em relação às mulheres podemos dizer que se trata de "sombras indecisas" (1995, p. 10) que não possuem nem relevo nem profundidade.

Precisando a sua proposta:

> O que procuro mostrar não é o realmente vivido. Inacessível. Procuro mostrar reflexos, o que testemunhos escritos refletem. Confio no que eles dizem. Se dizem a verdade ou não, não é isso que importa. O importante para mim é a imagem que oferecem de uma mulher, e por meio dela, das mulheres em geral, a imagem que o autor fazia delas e quis passar aos que o escutaram (1995, p. 10).

Duby procura mostrar reflexos. O importante é captar a imagem, não a verdade. Entretanto, essa imagem é deformada. Os escritos sobre as mulheres foram redigidos por homens. O latim, língua desses escritos, registrava somente as falas importantes feitas em formas artificiais. Os textos eram redigidos para a declamação ou o canto. A leitura era privada, geralmente feita em voz alta.

Desses textos se depreende uma série de "imagens" (DUBY, 1995, p. 10) exemplares. Sua função é pedagógica, eles enunciam uma moral. O historiador amplia a caracterização de sua proposta: "reconstituir um sistema de valores", diz ele, "eis tudo que me é possível fazer a partir dessas palavras proferidas [...] em voz alta e inteligível. E reconhecer nesse sistema o lugar designado às damas pelo poder masculino" (1995, p. 11).

Tudo o que aparece publicamente é masculino. Essa literatura não tem caráter realista, ela representa o que a sociedade tem de ser e quer ser. Somente os homens têm visibilidade.

As damas do século XII dominavam a escrita, mas quase tudo do que elas escreveram desapareceu. O que aparece do feminino é obra do olhar dos homens. Duby se situa como historiador das estruturas, porque o que a sociedade afirma e oculta permite alcançar as suas estruturas. Sua operação histórica combina releitura e identificação: "Reli textos [...] esforçando-me por identificar-me com aqueles que os escreveram a fim de dissipar ideias falsas que depois perturbaram seu sentido" (1995, p. 12).

No primeiro volume, ele tratou das mulheres que aparecem de modo menos obscuro; no segundo, *A lembrança das ancestrais,* as imagens de mulheres são bem menos claras; no terceiro, *Eva e os padres,* o historiador procurou ver o pensamento dos clérigos, "diretores de consciência" (1995, p. 12) das mulheres, sobre elas.

O capítulo primeiro do livro é dedicado a "Alienor", cuja estátua está na "Igreja de Fontevraud", uma das mais vastas e prestigiosas abadias de mulheres, na França do século XII.

Alienor foi uma rainha, morta como freira. Somente muitos anos depois de sua morte, foi feita sua estátua, uma representação ideal de seu corpo: "O artista recebera a encomenda de mostrar o que seriam em sua plenitude esse corpo e esse rosto no dia da ressurreição dos mortos" (1995, p. 14).

O rei da França, Luís VII, foi o primeiro esposo que teve Alienor. Nessa ocasião, o soberano contava dezesseis anos e a rainha, treze.

Nos escritos, elogiar a beleza das princesas era uma convenção. Alienor foi a heroína de uma lenda de caráter escandaloso. Uma lenda persistente: "Conheço", diz Duby, "inclusive historiadores muito sérios cuja imaginação continua inflamada e desencaminhada por ela" (1995, p. 15).

Há uma mitologia em relação a ela. Eruditos modernos fizeram julgamentos errôneos relacionados a Alienor. Sua lembrança muito cedo se deformou. Fantasmas e mexericos se formaram em torno dessa dama. Os autores ingleses construíram dela uma visão desfavorável. Quatro são as razões desta imagem negativa: Alienor era mulher; seu avô era o célebre Guilherme IX, soberano que levara os cronistas a excessos de imaginação.

Segundo Duby, dois fatos conduziam à condenação de Alienor, dois pecados graves foram cometidos por ela: seu divórcio e sua rejeição da tutela marital. Foi o grande caso ocorrido na Europa, e ela foi acusada de prostituta.

Sobre as transferências de esposa, assim se manifesta Duby: "Semelhantes transferências de esposa, do leito de um marido para o de outro, não deixavam de ocorrer frequentemente na alta aristocracia" (1995, p. 17). O historiador fala ainda do fortalecimento das formações estatais e das devoluções e alianças sucessórias na Inglaterra e na França.

A Igreja transformou o casamento num sacramento:

> A Igreja, na metade do século XII, acabava de fazer do casamento um dos sete sacramentos a fim de assegurar seu controle. Ela impunha ao mesmo tempo jamais romper a união conjugal e, contraditoriamente, rompê-la de imediato em caso de incesto, ou seja, se verificasse que os cônjuges eram parentes aquém do grau. O que permitia à autoridade eclesiástica, na verdade ao papa, quando se tratava do casamento de reis, intervir à vontade para atar ou desatar, e assim tornar-se senhor do grande jogo político (1995, p. 17-18).

Luís VII toma a iniciativa de romper o casamento. As razões seriam a esterilidade e o satanismo de Alienor. Sobre Alienor, o melhor depoimento é o de João de Salisbury. Segundo ele, a rainha cometeu a falta da rebelião:

> resistindo a seu marido, isto é, a seu senhor, Alienor exigiu, em Antioquia, separar-se dele. Reivindicação evidentemente intolerável: se era comum admitir que um homem repudiasse sua mulher, tal como se desembaraçava de um mau servidor, o inverso parecia escandaloso (1995, p. 20).

Para os homens da Igreja, a Cruzada fracassou por causa de Alienor. As mulheres atulhavam o Exército. Alienor teve uma viagem fracassada a Antioquia, mas se entendeu muito bem com seu tio Raymond, irmão de seu pai, com quem estabeleceu uma relação "muito próxima" (1995, p. 19).

Luís VII foi aconselhado a resistir às atitudes de Alienor. O papa Eugênio III casou Luís VII e Alienor novamente.

Uma assembleia de prelados justificou o divórcio do casal. A esterilidade da rainha era falsa. Em quinze anos ela tivera – quase milagrosamente – só duas filhas, mas não dera um herdeiro masculino a Luís VII.

Alienor voltou a ser um magnífico partido. Henrique Plantageneta conquistou-a. Apesar das dificuldades, o casamento aconteceu. E a maior dificuldade era o "incesto [...] primordial": dividir com o pai a parceira em termos sexuais. Este fato é provável, já que depoimento "confirma que Alienor não era das mais arredias" (1995, p. 23). A lenda fundamenta-se na atitude de rebelião de Alienor contra o segundo marido. Alienor tinha, à época, cinquenta anos e, com tal idade, as mulheres passavam a exercer um poder real.

Sobre o assunto, assim se pronuncia Duby:

> [Alienor] estava com cinquenta anos. Doravante infecunda e com encantos provavelmente menos vistosos, não tinha mais utilidade

> para um homem. Ela entrava naquela etapa da existência em que as mulheres, no século XII, quando sobreviveram aos partos ininterruptos, são comumente abandonadas por seus esposos, etapa em que, dispondo do dote de viúva que receberam por ocasião do casamento, respeitadas em geral por seus filhos, sobretudo pelo mais velho, elas têm pela primeira vez um verdadeiro poder e usufruem dele. Alienor não dispunha de tal liberdade. Henrique ainda vivia (1995, p. 23).

Ele nunca se preocupara com Alienor, e a abandonou completamente, procurando outras mulheres para divertir-se. Alienor encontrou apoio nos filhos.

Alienor guiou os passos de Ricardo, que herdara a Aquitânia, e "agindo em seu nome, acreditava poder tornar-se enfim senhora de seu patrimônio ancestral" (1995, p. 24). Os filhos de Alienor levantaram-se contra o rei, com o apoio dela. O fato provocou escândalo, já que era geral a crença da superioridade do homem em relação à mulher. A sublevação foi dominada por Henrique, que prendeu Alienor. Críticas foram feitas a ela, porque, segundo Duby, "Alienor [era] a representação exemplar do que os homens viam na feminidade, tentação e inquietação" (1995, p. 25).

A respeito dos casamentos múltiplos das mulheres da aristocracia, além do destino de Alienor, escreve nosso autor:

> Na verdade, o destino de Alienor não difere muito do das mulheres de alta linhagem que o acaso, ao privá-las de um irmão, transformava em herdeiras de um domínio senhorial. As esperanças de poder de que eram portadoras atiçavam as cobiças. Os candidatos ao casamento as disputavam entre si, rivalizando para se estabelecer em sua casa e explorar seu patrimônio até a maioridade dos filhos que elas lhes dariam. Assim, sem descanso, elas casavam e se tornavam a casar, enquanto fossem capazes de ter filhos (DUBY, 1995, p. 25).

E o historiador acrescenta: "Só dois acontecimentos singularizam o destino de Alienor: o divórcio e a rebelião" (1995, p. 26).

A respeito de Alienor sabemos muito pouco, já que o conhecimento tem origem em nove testemunhos muito curtos. Ela casou aos treze anos e foi rejeitada, caluniada e espionada. Foi um joguete nas mãos de seu tio Raymond:

> Em Antioquia, é certo que seu tio Raymond fez dela um joguete, se não sexual, pelo menos político. Ele detinha sobre ela o poder de um pai. Pode supor-se que a instigou a pedir a separação por motivo de

> parentesco com a intenção de ele próprio torná-la a casar, em função de seus próprios interesses (1995, p. 26).

Os escritores domésticos faziam elogios interesseiros à suas senhoras, que engravidavam seguidamente. Alienor teve dez filhos. Na época, a capacidade de reprodução das damas era explorada ao máximo. A partir de certa idade, elas tornavam-se matronas e passavam a dedicar sua vida ao esposo celeste.

A respeito do que se pensava em geral de Alienor, o historiador afirma: "O que muitos pensavam realmente dela transparece na maneira como os cronistas interpretaram a morte trágica do rei Henrique II, em julho de 1189" (1995, p. 27).

Os cronistas julgaram Alienor e Henrique II e falaram, a respeito de ambos, em bigamia e incesto, e a respeito da punição divina contra Henrique II, disseram: "Deus punia nele a falta de sua esposa" (1995, p. 28). Alienor foi considerada um instrumento diabólico.

No *Romance da Raposa* de Renard, surge a imagem de Alienor nas cortes francesas do norte nos últimos anos do século XII. Aparecem críticas a Luís VII, de quem se ria. A história do romance é faiscante, maliciosa, e Alienor foi associada ao sexo.

Segundo Duby, "o sexo [é o] tema principal [do romance] do Renard, no mais crepitante de sua crítica social" (1995, p. 29). Para os homens, a mulher não passava de um joguete. A vida sexual era um jogo do qual a mulher precisava respeitar as regras.

A respeito do amor cortês e do tratado escrito por André Le Chapelain, Duby afirma que é "um tratado burlesco, que coloca Alienor ocupando o centro de uma corte de amor, como legisladora imaginária e risível dos preceitos da cortesia" (DUBY, 1995, p. 30).

O capítulo segundo da obra é dedicado a "Maria Madalena". Duby começa por citar as peregrinações aos santuários, os santos e duas santas: "Entre esses milagreiros, esses protetores, há duas mulheres, Santa Fé e Santa Maria Madalena. A primeira em Conques, e a outra em Vézelay" (1995,p. 31).

Em Vézelay, a peregrinação era forte. Aí foi pregada por São Bernardo a segunda cruzada e se realizavam festividades. Havia nela uma basílica e se acreditava que aí estava o corpo de Maria Madalena, a quem se atribuíam graças e milagres. Duby afirma que se acreditava que "pelo amor dela, o senhor perdoa as faltas dos pecadores" (1995, p. 32). Duby afirma:

> Tudo está aí: as curas, o pecado, o amor, a remissão. Elementos que explicam o estrondoso sucesso de uma peregrinação, então uma das maiores do Ocidente, a afluência do povo, o enriquecimento da comunidade monástica, a admirável igreja. Que explicam também a presença insistente no imaginário coletivo de uma figura de mulher, a da amante de Deus, da perdoada, cuja fama é mantida por toda a parte por uma ativa publicidade combinada aos relatos dos peregrinos. No século XII, Maria Madalena está viva, presente. Tanto quanto Alienor. E da mesma forma que sobre o corpo desta, sobre seu corpo imaginário se projetam os temores e os desejos dos homens (1995,p. 32).

Das mulheres presentes no Evangelho, Madalena é a que tem maior visibilidade. Entre as mulheres que cuidaram do corpo de Jesus havia uma prostituta, Maria Madalena. Jesus falou relativamente a ela: "Seus pecados lhe foram perdoados porque ela demonstrou muito amor" (1995, p. 33). A respeito da mulher que derrubou o perfume sobre ele, diz Jesus: "Ela me embalsamou antecipadamente o corpo para a sepultura" (1995, p. 34).

Os beneditinos transportaram o culto de Madalena da Inglaterra para a Europa Continental. No Ocidente, o culto ganhou grande difusão. A "busca espiritual" (1995, p. 34) encontrou nos beneditinos a sua vanguarda. Saint-Benoît-Sur-Loire notabilizou-se por sua fecundidade em termos de inovações na liturgia.

Madalena está presente fisicamente no interior da Igreja, em representação cênica. Temos aí o começo do teatro ocidental. Ela se separa do grupo formado pelas santas mulheres. O centro da cena é ocupado por ela. Num mosteiro masculino foi produzido o texto mais antigo a seu respeito para ser lido no dia em que se celebrava a santa, um comentário do texto evangélico feito no século XI.

Eis o que diz o historiador:

> Ele pretendia extrair o sentido das palavras, seus múltiplos sentidos, a fim de tirar da escritura uma lição moral. Por meio desse texto entrevemos a imagem que, nas proximidades do ano mil, um monge fazia de uma pessoa feminina, cuja figura ele apresentava a outros monges como ensinamento espiritual. (1995, p. 36).

Madalena é celebrada como dama, como mulher. Ela dispõe de seus próprios bens, livremente. Os traços com que aparece Madalena são os das mulheres da nobreza. Ela é como as pecadoras que procuraram chorar suas faltas. Madalena é pecadora, como toda a humanidade.

A "mácula sexual" (1995, p. 37) constituía para os monges uma obsessão. Estes tinham um ideal e também uma vontade de poder.

O primeiro traço da natureza da mulher era a timidez, a fraqueza. O segundo traço era o essencial: o amor. Madalena chora, mas de desejo insatisfeito. Com ela ocorre uma reabilitação em relação à feminilidade: "Os homens", diz nosso autor, devem cultivar plenamente "o que há neles de feminino para amar plenamente, como se deve amar" (1995, p. 37).

Apesar de suas fraquezas, uma mulher, Madalena, mereceu anunciar o milagre aos apóstolos. Duby fala ainda da "condescendência masculina", do "invencível orgulho de ser homem" (1995, p.38).

Afirma, referindo-se a Madalena, que "por causa dela, pela vontade divina, 'o opróbio que pesava sobre o sexo feminino foi levantado'" (1995, p. 38).

Na Idade Média, o pensamento erudito operava aos saltos, de imagem a imagem, de palavra a palavra. A postura de Madalena, ao ajoelhar-se, era de humilhação. O gesto significava servir, obedecer. Madalena operava uma mudança na sua vida e renascia efetivamente.

O texto era dirigido contra a contestação herética e buscava transmitir a verdade da Redenção e da Encarnação.

Um mosteiro ser rico, como o era Maria de Magdala, não é ruim. "Derramar o nardo" é ornamentar e construir. Como assinala o historiador, "as exigências de submissão, de serviço e de amor, devem se estender à Igreja inteira" (1995, p. 39). O exemplo de Madalena deverá ser dado tanto aos clérigos quanto aos membros seculares da Igreja.

Como a reforma da Igreja estava ocorrendo de forma acelerada, encontrou em Madalena um dos seus emblemas. Vézelay tornou-se um centro de peregrinação. No segundo quarto do século XI, as relíquias de Madalena foram inventadas. Quem as criou foi Geoffroy, abade de Vézelay, um reformador ardente. Acreditava-se no poderio dos santos e de suas relíquias. Eles se multiplicaram. Os dirigentes eclesiásticos se voltaram para o Novo Testamento, de maneira resoluta.

As peregrinações a Roma e a Compostela conheceram o sucesso. Buscava-se aproximar os santos da pessoa de Cristo. Portanto, inventavam-se as relíquias.

No caso de Madalena e de Vézelay, a reforma foi um fator decisivo. Era necessário que a abadia desta cidade abrigasse relíquias eficazes e insignes. Uma coletânea de milagres foi redigida. Discutindo o porquê da escolha de Madalena como padroeira, Duby aponta a política da Igreja de reprimir os pecados, em particular os sexuais, no cume da hierarquia social.

Geoffroy obteve em Roma a autorização para dedicar a Maria Madalena também Vézelay, o que foi confirmado por nova bula. A peregrinação alcançou estrondoso sucesso e o culto da santa explodiu.

As "lendas" (DUBY, 1995, p. 43) eram relatos lidos durante as celebrações do culto. No Oriente, foi elaborado um relato da vida eremítica de Madalena. Ela não mais se alimentou e nem quis ver ninguém. Com a sua morte, teriam ocorrido, em torno do sepulcro, maravilhas.

Mas havia uma outra vida de Madalena, apostólica, em circulação: conjugavam-se deste modo duas vidas. Sobre as lendas em torno de Madalena, Duby afirma o seguinte:

> Este segundo texto incomodava os monges borgonheses. Ele situava o túmulo perto de Aix, onde, de fato, o florescimento do culto de Madalena se verifica antes do início do século XII e onde talvez já se desenvolvia uma peregrinação concorrente. Para calar a boca dos que se recusavam a ver neles os verdadeiros guardiões das relíquias, foi fabricado um relato - é a terceira lenda - que diz que um religioso, por ordem de Girard de Roussilon e do primeiro abade, fora furtá-la três séculos antes na Provença, então assolada pelos sarracenos (DUBY, 1995, p. 44-45).

Um terceiro relato, portanto, foi fabricado em torno da vida de Madalena. Tais lendas estavam a serviço da reforma eclesiástica, e o exemplo de Madalena objetivava a reforma do clero secular.

Às mulheres era proibido o acesso à basílica. Segundo os clérigos que conduziam a reforma, duas manchas deveriam ser extirpadas do mundo: os excessos sexuais e o derramamento de sangue.

Foi colocado num primeiro plano o ardente amor de Madalena por Cristo.

No começo do século XIII, um outro Geoffroy, num sermão, colocou o acento em traços de Madalena completamente diferentes. Madalena apareceu como pecadora e depois, pregadora gloriosa. Ela ofereceu o seu testemunho por meio das lágrimas. O último ponto, central, da versão é que Madalena passou por todos os vícios, e conseguiu perdão devido à sua esperança e ao seu temor. Maria Madalena fez a experiência da penitência e da submissão, exercendo contra seu próprio corpo uma "violência voluntária" (1995, p. 46-47).

Para Geoffroy de Vendôme as mulheres eram instrumentalizadas pelo diabo. Madalena aparece então numa inflexão nova: ela necessitou destruir pela penitência a sua parte feminina. Para Duby, "nesse ponto preciso se situa a nova inflexão" (1995, p. 47).

Entre 1075 e 1125 ocorreu um acontecimento decisivo: a vitória da reforma eclesiástica. Ela é a explicação da passagem de uma Madalena que tem paixão por Cristo a uma outra que a penitência esmagou.

A moral dos monges impunha a renúncia deles às mulheres enquanto os outros deveriam casar. Quem deveria casar, submetia-se à moral de quem renunciou ao matrimônio. A ideia de que o sexo é a fonte do pecado é uma característica da cultura ocidental.

Para os reformadores eclesiásticos, a mulher constituía o grande obstáculo à reforma. Os bispos reformadores eram fornicadores que se regeneraram. Consideravam as mulheres como prostitutas, reais ou virtuais. Aparecem nos seus textos metáforas obsessivas. Para eles, o feminino é o animal.

Como a prostituição era importante nas cidades em expansão, as mulheres que foram lançadas às ruas eram as lastimáveis e perigosas. Interrogava-se sobre o lugar a ser ocupado pelas mulheres "na sociedade perfeita" (1995, p. 49).

Procurou-se elaborar uma pastoral adequada a elas. Robert d'Arbrissel acolhia em seu grupo as mulheres. Para Abelardo, as orações das mulheres equivaliam às dos homens. Nos clérigos havia "o temor irreprimível da mácula sexual" (DUBY, 1995, p. 49).

Os dirigentes da Igreja pensavam ser necessário impedir a mulher de causar danos, por isso, era preciso casá-la. A mulher perfeita era a que servia e temia os homens. Havia a bipartição entre as mulheres: umas, matronas; outras, mulheres da vida.

Nas palavras do historiador, "a mulher deve ser a esposa de um mestre que irá refreá-la" (1995, p. 50). Diante da mulher vista como tentadora, acentuava-se a necessidade de submeter seu corpo à penitência. Nosso autor fala da "pregação sem palavras das reclusas, pela devastação do próprio corpo". E de Madalena, "a mediadora escutada, porque obstinada penitente" (1995, p. 51).

A penitência, um sacramento, era o instrumento da reforma dos costumes. O resgate constituía a sua exigência. Surgiu a ideia de purgatórios, de um período de esperas. O gesto de Jesus, o perdão amoroso, recuou lentamente.

Para Duby, "o corpo de Madalena" era "a representação no imaginário coletivo do pecado e sua remissão" (1995, p. 51), traços que passaram por uma afirmação. De acordo com muitos, Madalena continuou a ser a "beata amorosa" (1995, p. 51-52).

As vidas de santos, em língua românica, foram impregnadas do erotismo cortês. São Luís, por exemplo, visitou o lugar dos êxtases místicos.

O pecado da carne passava para o primeiro plano. No caso de Madalena, "a prostituta arrependida substitui a amante lacrimosa" (1995, p. 52).

Para os escritores pertencentes ao aparelho eclesiástico, Madalena é a mulher pública arrependida. Os sermões que compuseram sobre a bem-aventurada não eram dirigidos, de modo especial, às mulheres. Ela não constituía para eles a santidade feminina modelar, pois permanecia a encarnação inquietante da marginalidade. Neles, a misoginia era essencial. E "Madalena, nas homilias dos padres, era a antimulher, mas mais mulher que todas, por seus pecados e seus atrativos".

Segundo Duby, "os modelos de sermões inspirados em Maria Madalena põem os atrativos satânicos das mulheres em perigosa evidência" (1995, p. 54).

Para os clérigos Madalena era a malcasada. Por isso, preocupavam-se com os instrumentos usados pelas mulheres para seduzir. Com os prazeres do leito e a sedução das mulheres: "A cabeleira solta, o perfume espalhado, ambos intimamente associados no imaginário da cavalaria aos prazeres do leito" (1995, p. 54). Os fantasmas da sedução da mulher eram despertados pela lembrança da sensualidade e das suas armadilhas. Desde o fim do século XIII a imagem de Madalena na arte aparece como perturbadora e ambígua.

O capítulo terceiro é dedicado a "Heloísa" (1995, p. 55).

A respeito dela, o que conhecemos é muito pouco. Seu nascimento deu-se na alta aristocracia. Em 1229 a vemos em uma abadia de mulheres, como priora.

À época Abelardo elogiava a castidade. Heloísa submete questões a Abelardo, que escreve um tratado mostrando ser necessária a repressão do desejo e do prazer.

Temos informações sobre Heloísa em carta datada de 1142. Segundo Duby, "Cluny" era "a encarnação mais majestosa do monaquismo" e "Abelardo" era "o professor mais ousado de seu tempo" (1995, p. 56). Ele aparecia como um escritor insuperável, famoso.

Pierre, o abade chefe de Cluny, escreve uma carta de consolo e reconforto a Heloísa a respeito da castração de Abelardo; sobre a correspondência entre Abelardo e Heloísa, afirma nosso autor: "Tal intercâmbio epistolar alimentou, nesse tempo o que na literatura de expressão latina houve talvez de mais vigoroso, de mais original, senão de mais revelador dos comportamentos e das atitudes mentais" (1995, p. 56-57).

Heloísa envia uma missiva a Abelardo, um apelo feito de ansiedade. O historiador refere-se aos últimos meses de Abelardo. A carta, um documento autêntico, traz preciosas indicações. Nela aparecem ao mesmo tempo os temas da copulação carnal e do amor divino. Heloísa foi uma abadessa modelar, possuía grandes dotes intelectuais e conseguiu destacar-se nos estudos, porque tirou de sua submissão, a serviço de Jesus, sua força.

A carta traz uma imagem de Heloísa que surpreende. Ela comete uma loucura e rejeita o casamento: é a heroína, a rebelde, a apaixonada, "a campeã do amor livre" (1995, p. 58). O historiador refere-se a duas cartas dirigidas a Abelardo. Uma delas é uma missiva aparentemente consoladora do abade Fouques, escrita depois da castração de Abelardo. Ele diz que ele deve aproveitar-se da provação. Relembra a trajetória de Abelardo, seu sucesso e queda, seu orgulho, sua luxúria e avareza e diz-lhe que deve tomar como libertação a castração; deplora o infortúnio de Abelardo. Nosso autor diz:

> Toda a Paris está consternada, o bispo, seu clero, burgueses e sobretudo as mulheres. "Devo evocar os prantos de todas as mulheres?" A essa notícia, elas inundaram o rosto por tua causa, pelo cavaleiro que haviam perdido. Era como se cada uma tivesse perdido seu esposo [vir] ou seu amante [amicus] (DUBY, 1995, p. 60).

A outra carta é de autoria de Roscelin e constitui um ataque a Abelardo. Ele investe também contra Robert d'Arbrissel, "um profeta iluminado" (1995, p. 60), que acreditava na submissão devida pelos religiosos às religiosas. Para Roscelin, em caso de adultério, a falta é da mulher, culpada do fato. Ele ataca diretamente Abelardo, fala de seus crimes, diz que ele propagava falsidades em seu ensino, que era um pecador. Afirma que no casal Abelardo e Heloísa, a mulher submetia-se ao homem. Ele critica Abelardo e Paris. Diz que Abelardo apoderou-se de Heloísa: a sexualidade doméstica mostrou-se exuberante. Faz referência à castração e ao escândalo provocado por ela.

Duby menciona, entre os problemas dos intelectuais no século XII, aqueles referentes ao sexo. Aborda várias cartas de Abelardo, uma série, nas quais Abelardo conta, de forma complacente, os infortúnios que o atingiram. Nas palavras do historiador, "ele vivia feliz. De súbito, diz ele, um duplo golpe veio atingi-lo nas duas fontes de seu pecado de orgulho: em seu espírito, a condenação e a destruição de sua obra; em sua carne a emasculação" (1995, p. 63).

Relacionando filosofia e desejo, diz Abelardo: "Por me acreditar o único filósofo do mundo, começava a relaxar o freio do desejo, em que até então me continha" (*Apud* DUBY, 1995, p. 63). Abelardo desfruta de Heloísa com requinte. Diz que além da grande beleza ela era "superior a todas as outras pela superabundância do seu saber" (1995, p. 67). O "folgazão" Abelardo era um escravo do prazer, que sua mulher desvirilizou.

Da parte de Heloísa temos queixas feitas com dignidade. Ela não queria o casamento; faz críticas a Abelardo. Aparece prisioneira do verdadeiro amor, do coração e do corpo. Quer que Abelardo a ajude aproximar-se da divindade, mas ele responde de modo distante e diz que ela deve procurar viver sem a companhia dele.

Comentando a resposta de Abelardo afirma nosso autor: "Bastou que Abelardo respondesse, que evocasse sua possível morte, para suscitar o impulso soberbo que faz a beleza da quarta carta e leva a seu auge a intensidade dramática" (1995, p. 65).

Em Heloísa, há a submissão ao Cristo, à força do sentimento amoroso, à paixão. Duby fala da perturbação de Heloísa:

> É nesse ponto que o historiador das mulheres crê enfim ouvi-las falar, captar o que elas pensavam realmente havia oito séculos na intimidade de seu coração. Trêmula, Heloísa não suporta a ideia de que Abelardo desapareça antes dela. Na perturbação de que se vê tomada, não se detém mesmo em culpar a Deus (DUBY, 1995, p. 65).

Heloísa não se arrependeu. Persistem na sua lembrança as volúpias passadas.

Abelardo se anima. A correspondência agora terá como foco o casamento. O mau marido Abelardo recebeu "castigo salutar".

Celebra-se a conjugalidade. O autor comenta a carta que segue:

> O drama tem um desfecho brusco no início da carta seguinte, a última de Heloísa. Ela obtempera. Doravante impedirá sua mão de escrever as palavras que se comprimem em seus lábios, tomados pela pulsão veemente que invade seu frágil corpo de mulher. Ela fará o esforço de se calar. Sob o selo de seu silêncio encerra seu amor, sua amargura e os tumultos de seu desejo (1995, p. 67).

Heloísa reinvindica sua liberdade de maneira feroz, notória revoltada.

Diante de um escrito sob suspeita, o historiador deve manter-se desconfiado. O conjunto de cartas tem coesão. Trata-se de um discurso persuasivo e compacto, de uma construção literária minuciosa. De um romance em que o homem é o protagonista.

Ampliando seus comentários, assegura Duby:

> Resta uma evidência: a matéria da obra contém demasiadas alusões preciosas e justas ao mundo das escolas parisienses sob o reinado de Luís VI e de Luís VII para que se possa imaginá-la forjada inteiramente mais tarde; ela data com certeza, da metade do século XII. É não menos evidente, porém, que essa matéria foi objeto de uma montagem cujo autor ninguém jamais conhecerá. (1995, p. 68).

As cartas, dirigidas ao público, eram como expressões trágicas, sermões. Mostram um escritor virtuoso, com suas demonstrações eruditas, que dominava as regras da escrita. O silêncio, recurso utilizado pelos intelectuais contemporâneos de Abelardo, era figura de retórica.

Procurando o significado real do texto, o historiador vê nele um arranjo de palavras feito num mosteiro visando a edificação espiritual. Nele aparece a imagem que tinham os contemporâneos em relação a Heloísa. O medievalista refere-se à santidade dela, à sua conversão – difícil e dupla.

Para "a filosofia de Abelardo [...] a falta não está no ato, mas na intenção". Para ela é preciso triunfar sobre o próprio desejo.

O memorial

> mostra em particular, o quanto é difícil livrar-se do mal, lamentar as próprias faltas, arrepender-se delas. Afirma, em conformidade com a filosofia de Abelardo, para quem a falta não está no ato, mas na intenção, que os pecados mais tenazes não são os do corpo, mas os do espírito, que mesmo na continência mais rigorosa, se permanece culpado, se não consegue vencer o próprio desejo, se não se expulsa do espírito o pesar dos prazeres recusados (1995, p. 70).

O texto da correspondência constitui um tratado edificante: "Esse texto é [...] sobretudo um tratado de moral, edificante como o são na época as vidas de santos e os romances de cavalaria" (1995, p. 71).

O texto tinha uma "intenção pedagógica", constituía, na verdade, um grande *exemplum*, pois nele a mulher aparece com a capacidade de salvar sua própria alma, já que a feminidade é dotada tanto de virtudes quanto de defeitos.

A fraqueza era considerada característica da mulher, por causa disso, ela devia ter, necessariamente, um marido. O casamento era elogiado, mas o de Heloísa e Abelardo foi ruim, porque foi celebrado rapidamente. Como as núpcias devem ter caráter público, o noivo não tinha boas intenções, marcado pela cobiça.

A noiva não queria o casamento, um remédio para a concupiscência, mas Abelardo, mesmo casado, continuou a ser um apaixonado ardente. Esqueceu-se de que o casamento é sagrado e de que maculá-lo é coisa grave.

O marido devia ser responsável por sua esposa, devia ser seu guia. Por isso, apesar de tudo, o casamento de Abelardo e Heloísa foi verdadeiro. Abelardo, no seu progresso espiritual, decidiu arrastar Heloísa com ele e serviu de intermediário entre ela e o poder de Deus. Sobre ela exerceu o seu poder, portanto, Heloísa foi uma esposa submissa.

Duby se pergunta a respeito da intenção desse texto que faz a apologia da conjugalidade. Nele, aparece o projeto de um estilo de vida novo para os monges. A respeito do monaquismo das mulheres, afirma o historiador: "A *Correspondência* responde a outra questão, melindrosa, que no seio de um crescimento tumultuoso que agitava os velhos hábitos, dividia os homens de oração: como fazer com o monaquismo feminino?" (1995, p. 73).

Para Abelardo, é bom que as mulheres exerçam a profissão monástica. As mulheres devem ser no projeto divino, "associadas à obra de ressurreição espiritual. A comunidade de freiras deve ter como apoio uma comunidade de monges" (DUBY, 1995, p. 74).

A ordem do Paráclito nas suas disposições rompeu com uma ordem natural, a da dominação masculina. E o homem surge dotado de uma superioridade funcional.

Um modelo se impõe no texto, o da conjugalidade. Fraquezas essenciais foram atribuídas à feminidade. Havia nesse ponto uma misoginia clara, e um ataque à luxúria.

Heloísa foi acusada de deixar-se dominar pela volúpia, de ser escrava de seu corpo ardente. Trata-se de uma impressionante confissão. Os homens correm um perigo: o de serem afetados pela "sensibilidade exigente" das mulheres, indóceis por natureza. Há no texto um ataque virulento ao matrimônio.

A *Correspondência* de Abelardo e Heloísa constitui uma obra de caráter complexo. O casamento aparece como degradação para o sábio. O matrimônio dos letrados é tema de debate no século XII. Os homens no seu desenvolvimento encontram um obstáculo – as mulheres.

Na obra, presenciamos as etapas de uma rendição difícil. A busca de liberdade por Heloísa não era aprovada. Procura-se sublimar o amor conjugal. São lembrados os méritos de Abelardo e da abadessa em relação a Heloísa.

Duby evoca a meditação de São Bernardo a respeito da Encarnação, uma reflexão sobre o bom amor.

Abelardo é o letrado, o conquistador jovem e solteiro. Ele possuía o dom de cantar e de compor poemas. O trovador que celebrava sua amada: eis o modelo cortês. Abelardo, entretanto, "não cantava o desejo insatisfeito, o seu canto era de vitória". Ele falava dos prazeres, das "delícias" (1995, 77) do leito.

Após o divertimento, o fervor ainda é prolongado. Trata-se de "um caso de incontinência", e "as alegrias da carne eram mais intensas por serem mais raras" (1995, p. 78).

A elite parisiense gostava do prazer. O casamento tornava mais ardorosa a alegria corporal. O amor de Heloísa por Abelardo era uma loucura. A função do casamento era reguladora.

Heloísa submete-se totalmente. Humilha-se. Ela é, ao mesmo tempo, esposa e amante. E o amor entre ela e Abelardo desinteressado e livre.

Duby pergunta-se pela lição maior proporcionada por este escrito espiritual. Nele o marido, o mestre e o guia, preside a alquimia da relação conjugal. Heloísa aparece como abnegada, ela é a "amiga" (DUBY, 1995, p. 80). Passa por um processo de autocastração, e se salva pela humilhação. A Heloísa verdadeira é a mulher dotada de erudição, ama o Cristo, é consolação e modelo, inclusive para os homens.

O quarto capítulo do livro é dedicado a "Isolda" (1995, p. 83).

A Europa do século XII descobriu o amor profano e também o amor místico. O amor foi vivido como tormento e necessidade. Todas as coisas passaram por um progresso violento. A brutalidade desaparecia da alta sociedade. O norte da França era, na Europa, uma das regiões mais evoluídas.

A respeito das relações entre os sexos Duby afirma: "Os homens giravam em torno das mulheres, morrendo de vontade de capturar uma" (1995, p. 84).

Os príncipes buscaram a domesticação da cavalaria, que era um fator de desordem.

A Igreja condenou o incesto e a poligamia. Ela se empenhava também na domesticação da classe dominante e procurou construir uma conjugalidade sacralizada e fechada.

A mulher aparece como fermento de desordem, como um perigo. Há a preocupação de regulamentar as relações entre o feminino e a masculino.

A literatura de corte oferece claros testemunhos. Trata-se de uma literatura pedagógica e oral. Por meio dos poemas se transmite uma moral. Eles são um meio de aclarar o pensamento mundano da época. Os romances são espelhos da sociedade feudal. Houve imitação das atitudes dos seus heróis, fossem mulheres ou homens.

Os romances educavam e alegravam os cavaleiros, além de serem veículo para as modas existentes. As cortes do rei inglês Henrique II eram oficinas fecundas de criação literária.

Nos romances havia conflitos entre a cobiça dos homens e seu objeto, a mulher bem nascida, a dama. O tema era tratado de formas diversificadas.

O historiador se pergunta a respeito das razões do acolhimento das lendas célticas. Detém-se na consideração do amor selvagem, um impulso poderoso, torrencial. Fala do sortilégio, dos filtros, infusões, misturas. Das "salutares reflexões sobre a ordem e a desordem, sobre a perturbação de origem sexual" (1995, p. 87). Essa perturbação surge como um fenômeno cristalizado. O autor apresenta a figura de Tristão. Literatura masculina: nela as mulheres têm papéis secundários. O historiador aborda a estrutura narrativa da obra. Nela estão presentes a linha reta e a aventura. Por duas vezes, foi Tristão curado por uma mulher.

A Irlanda se apresenta como um local onde se projetavam os fantasmas europeus. Para os guerreiros o feminino aparecia como um território de estranheza e nostalgia. O mar era importante na ficção cortesã, o mar caprichoso e perigoso, lugar das passagens e separações.

Tristão bebeu o *lovedrink*. O amor é violento entre Tristão e Isolda, a qual morreu de ternura. O sucesso do romance foi imediato, duradouro e desconcertante.

O Tristão em prosa forma um relato interminável, que desenvolve uma mitologia europeia específica.

Duby contextualiza o romance de Tristão e Isolda num texto magistral:

> Convém captar essa história na origem para saboreá-la em seu primeiro impulso e portanto voltar-se para os vestígios mais antigos que subsistem da narrativa, para os poemas cuja eclosão foi favorecida por Henrique Plantageneta, quando procurava submeter a

> Irlanda, nos anos 70 do século XII, no momento em que se construía o coro da Igreja Notre Dame de Paris, em que Benedetto Antelami esculpia uma deposição da cruz para a catedral de Parma, em que se espalhava a heresia valdense, alguns anos antes do nascimento de Francisco de Assis (1995, p. 89).

Apenas trechos sobraram das obras poéticas corteses. Somente as perturbadoras peripécias persistiram do louco amor entre um homem e uma mulher.

Com o passar do tempo, a atenção deslocou-se para Isolda, para a figura da mulher. No romance de Tristão, a luz inteira é projetada sobre o personagem masculino. Contudo, o espaço ocupado por Isolda no romance é apreciável. Surge descrita com delicadeza e sutileza. Duby fala dos efeitos do filtro. Tristão e Isolda estão, diante do desejo, em igualdade de condições. Contra qualquer moral social, eles são iguais.

Segundo o autor há insistência e liberdade nas questões sobre as mulheres e sua condição, apresentadas pela nobreza.

O historiador pergunta-se sobre a imagem da mulher e do amor existente nas cortes anglo-normandas em torno de 1170-80.

A imagem masculina em relação à mulher apresenta diferentes faces. A da feminidade apresentada por Isolda é exemplar. Ela é uma rainha, uma dama, bela, a mais bela. Nos poemas, temos a celebração do corpo elegante de Isolda, jamais mostrado. Aparecem os seus poderes sedutores. Descreve-se o seu manto. Seu corpo robusto agrada. A beleza de Isolda é também rude, e ela deu murros em um conselheiro. Os cavaleiros esperavam que as mulheres possuíssem duas qualidades: força e resistência. A maternidade era a feminidade plena. Para os cavaleiros as mulheres maternais deveriam substituir as suas mães.

A esterilidade deveria caracterizar a mulher adúltera, pois os chefes de família tinham um temor obsessivo: a bastardia.

Isolda parecia, no jogo do amor, a parceira perfeita. Ela tinha o gosto do prazer, sua astúcia e perversidade eram a razão do seu encanto. Tristão constitui o tipo do herói simpático. No romance exaltam-se as suas qualidades viris.

A história é cômica. Escutando o escritor de romances corteses Béroul, os homens da corte riam desbragadamente. Posicionavam-se contra Isolda, a encarnação do que a feminidade tem de maldito. Nela existia "uma irreprimível tendência ao prazer" (1995, p. 94).

Este desejo feminino é muito tumultuoso, muito vingativo. A morte de Tristão é obra de sua mulher.

A lenda teve sucesso por associar crítica e apologia.

As esposas eram consideradas nocivas. Nos homens, a ansiedade era latente. O desejo entre mulher e homem é produto de um veneno. O caráter do desejo é de ser devastador e ninguém tem responsabilidade por ele. Todos os humanos levam consigo a servidão do desejo, uma servidão pesada. Quanto a Tristão e Isolda, "libertos do seu amor louco, eles se puseram a respirar" (1995, p. 96).

Isolda se colocava entre a lei e o desejo. Devia lastimar-se Isolda.

No escritor Thomas, conciliam-se amor cortês e amor selvagem, o coração e o corpo. Havia contradição entre a lei do amor e a do casamento. O amor passou a ser uma nova religião. O amor leva a inefáveis efusões. Colocava-se em posição superior à lei. Os amorosos se caracterizavam pela responsabilidade plena. Seu amor era impossível, infeliz, mas no ultrapassamento de si, ele é vitorioso.

"Juette" (1995, p. 99) é o tema do quinto capítulo do livro. Duby começa por lembrar a expansão ocorrida com os negócios em Huy (Bélgica). Vai contar a história de uma jovem, Juette. Não a levaram em conta, quando da escolha de seu esposo. Sua biografia, feita conscienciosamente, chegou até nós. Nela aparecem em eco as palavras de uma mulher.

O discurso eclesiástico sofreu, na sua fala, transformações. O cristianismo feminizou-se. O historiador preocupa-se com o pensamento dos homens da época a respeito das mulheres.

A história de Juette mostra-se exemplar. O historiador oferece uma visão desta heroína. Seu espírito atormentado era o palco de divagações. Ela desejou a morte do marido, mas conseguiu subtrair-se, por meio da intervenção da virgem, "ao formidável poder masculino" (DUBY, 1995, p. 100). Sua morte foi santa.

Juette mostrou-se dócil ao acasalamento e suas brutalidades, porém nunca se conformou com a sua situação: apenas suportou a opressão conjugal. Morto o marido, ela resistiu a um casamento novo.

Como novo esposo, escolheu a Cristo e ingressou na ordem das viúvas. Uma viúva jovem era vulnerável. Satã procurou aproveitar-se dela. Seu tutor a assediou. Nas casas do século XII, havia o perigo da violação.

Esta atormentada jovem buscou estar próxima de uma imagem, a da mãe de Deus. Por isso, Satã, a violência masculina, foi derrotado.

Juette retirou-se do mundo. Dava esmolas, muitas. Como afirma Duby, "os burgueses forjaram, à margem da Igreja, novos instrumentos de remissão coletiva" (1995, p. 104). Muitos reclusos cuidaram dos leprosos. Aos 23 anos, Juette dirigiu-se a um leprosário, onde passou dez anos de vida ativa.

Em seguida, transferiu-se para a ordem das reclusas, onde exerceu um reinado de 37 anos. Uma serva a acompanhava na sua "solidão burguesa" (1995, p. 104-105). Aí ela era toda-poderosa, inacessível. Reuniu em torno de si uma companhia grande de mulheres. Esta visionária conheceu o êxtase. Suas visões se multiplicaram. Correu o rumor de que ela, quando em êxtase, visitava as moradas celestiais, de que teria conversas com São João, o Evangelista, e com Nossa Senhora. Ela era "a noiva de Cristo" (1995, p. 106).

Conseguira se afastar do poder masculino. Era uma médium, conhecedora de Deus. Seu poder se baseava nesse dom. Considerada santa, quando lhe propunham questões, desconversava.

Vivia em estado de deslumbramento e tinha uma faculdade, a da descobrir as faltas dos outros. Percebia tudo. O que a tornava temível era que conseguia ler o que ia nos corações. Sua clarividência era estranha. Como explica nosso autor, "os poderes da advinhadora agiam plenamente sobre as mulheres".

Ela as dominava, obrigando-as a fazer penitência. Quanto aos homens, sua posição ante elas era recalcitrante. Ela desmascarou um mau padre e provocou a divisão entre mulheres e homens.

Os machos foram objeto de repreensão. Ela lançou "uma guerra contra a luxúria, uma guerra entre os sexos" (DUBY, 1995, p. 108).

Ocorria "um movimento no seio da sociedade burguesa": o surgimento de pequenos círculos de mulheres devotas que constituíam comunidades com finalidade de autoajuda. Juette canalizou para o leprosário este movimento, que rivalizava com a Igreja oficial.

O poder masculino era minado pelo poder de Juette e ela encontrou defensores:

> no tabuleiro político, essa mulher tornava-se uma peça central. Os religiosos dos mosteiros reformados, os premonstratenses, eles próprios rivais do clero urbano, se aperceberam disso. Empenharam-se em atraí-la para seu campo, em enquadrá-la. Empenharam-se também em defendê-la (1995, p. 109).

Atacada por seus adversários, despertou a incredulidade. Os espíritos fortes zombavam dela. "Juette", afirma Duby, "recusava a intercessão dos padres e se pretendia em comunicação direta com o Espírito Santo" (1995, p. 110).

Seu biógrafo tentou torná-la santa e fracassou. Diante dela, os homens mantinham-se acautelados, uma vez que queriam as mulheres sob seu domínio. O esquecimento caiu sobre a visionária. A verdade e o poder masculino triunfaram.

"Dorée D'amour e a Fênix" (1995, p. 111) é o título do último capítulo do livro.

A fonte do historiador neste momento de seu trabalho é o romance *Cligès*, de Chrétien de Troyes. Trata-se de um poema de 6.700 versos, cuja intriga complexa comporta muitos saltos. Os personagens são da classe dominante. Os desdobramentos da aventura ocorrem em todo o universo conhecido. A Grécia do romance é imaginária. Nele, aparece a pilhagem feita pelos cruzados em Constantinopla. Homens e mulheres apreciavam a arte militar.

O amor e os seus progressos constituem o tema central do romance. O pacto é rompido. O amor presente na obra é o predestinado. Há os sortilégios, magia.

O amor perfeito é coroado pelas núpcias. O personagem principal representa "a antítese de Tristão" (1995, p. 114). Phénice tem sua imagem contraposta à de Isolda, mas não quer ter uma vida aviltante como a dela.

A juventude dos amantes é maior que no comando de Tristão e Isolda.

O amor nasce a partir de olhares e não da poção mágica, pois não se deve transgredir as regras. O rapto que propõe Cligès é recusado com violência por Phénice, porque "o que o romance proíbe não é fazer o amor, é tomar a esposa de um outro, é trair o marido" (1995, p. 116). O autor caracteriza o amor que é amizade.

O casamento representa, no amor, a consecução de um novo salto. Um homem é o seu herói, mas as mulheres é que governam o curso dos acontecimentos no seu todo. A rainha da Bretanha toma a decisão de juntar esses adolescentes, por meio do casamento. É decisiva nesse passo a intervenção de Thessala, a feiticeira acompanhante. Mulheres muito jovens são responsáveis pela iniciativa. Na declaração de amor a tomada de iniciativa é das mulheres.

Phénice entrega o corpo a Cligès. O jogo é conduzido por ela. Chrétien de Troyes faz a exaltação do casamento. O amor é tanto prelúdio quanto fermento do matrimônio.

Os cavaleiros veem de uma maneira nova as relações entre mulheres e homens. Segundo Duby, "o poema mostra um modo de comportamento muito diferente do atribuído aos amantes corteses" (1995, p. 119).

Os costumes aristocráticos sofrem uma mudança. Lentamente os guerreiros aderem à civilização. A cortesia exige dos homens o autodomínio. Outra exigência era comportar-se corretamente com as damas.

A economia mercantil decola: "O ano de 1176 é [...] na França setentrional, o momento da verdadeira decolagem da economia mercantil" (1995, p. 120). O dinheiro torna-se um personagem importante. Com a venda dos excedentes, a fortuna da nobreza toma um caráter novo, ela passa a deter bens móveis. As fortunas tornam-se mais flexíveis, fluídas.

Quanto ao casamento dos jovens, diz o historiador que "os futuros cavaleiros sabem agora que têm toda a chance de ter uma mulher" (1995, p. 120). E acrescenta: "os divertimentos amorosos tendem a não mais se desenrolar apenas à margem da conjugalidade" (1995, p. 120-121).

O amor ajuda a consolidar a união matrimonial. A civilidade tem suas regras, assim como o casamento tem suas leis. O romance exerce uma função pedagógica. Há a emergência de "um novo corpo de leis" (1995, p. 121).

Duby passa a caracterizar nos seus traços principais a visão que os homens do século XII tinham do feminino.

Em primeiro lugar, para eles, a mulher não passava de um objeto, parte dos bens móveis possuídos pelos homens e controladas num espaço fechado pelo poder masculino. Os homens controlavam "o tempo das mulheres" (1995, p. 122), que não aceitavam a dominação masculina facilmente.

Os homens tinham medo das mulheres. Para eles, eram naturalmente nocivas e todos os meios deviam ser usados na contenção desta nocividade, porque a mulher trazia dentro dela a morte e o pecado. Devido à sua fraqueza, a mulher tornava-se enganadora.

Mas a mulher também tinha uma positividade. Por isso, o autor procura recuperar a reflexão profunda de Santo Agostinho a respeito do feminino e do masculino.

A ajuda feminina consistia na procriação de filhos, que eram vistos como boas obras. Para Santo Agostinho os princípios masculino e feminino deviam acasalar-se ordenadamente. Nas palavras do autor, "o desejo é propício quando convenientemente governado" (DUBY, 1995, p. 124).

A mulher não é animalidade pura, uma vez que ela detém uma parte de razão. O desejo predomina na mulher, o que é perigo e força. E "o desejo governado da mulher pode sustentar de maneira eficaz uma ascensão espiritual" (1995, p. 124).

Quanto à promoção que teria tido a mulher do século XII, em primeiro lugar, seu poder consistia de aparências. Período de amor cortês, o divino privatizou-se e foi destacada a sensualidade feminina. Os valores amorosos puderam ser mais bem apreciados por uma Europa mais bem informada.

A mulher amorosa passou a ter um valor positivo e passou a ser considerada tanto objeto quanto sujeito do amor. Os homens libertaram-se dos entraves colocados a eles pelo poder masculino.

A lembrança das ancestrais

O segundo volume da trilogia de Duby sobre as damas do século XII tem por título *A lembrança das ancestrais.*[6] Trata-se de uma obra densa, original e marcadamente antropológica, dividida em três partes: "Servir os mortos", "Esposas e concubinas" e "O poder das damas". O livro começa com uma introdução curta. Inicialmente, vemos que a nobreza, no século XII, honrava seus defuntos. Os mortos familiares eram objeto de cuidados assíduos, mas as defuntas não eram esquecidas.

Surgiu um gênero literário novo para lembrar as mulheres, seu papel na linhagem, suas virtudes. Esses escritos sobreviveram. Com eles, ficamos sabendo o que pensavam a respeito das mulheres os cavaleiros e os padres.

As figuras que aparecem neste volume têm menos nitidez do que as emblemáticas esboçadas no volume anterior.

Os mortos, no século XII, estão vivos. A maioria deles sofre. Provocam medo. Richard I, duque da Normandia, relatou seu encontro com um cadáver. Acreditava-se na volta dos mortos e também que eles falavam e escutavam. Também se acreditava nos dois purgatórios:

Jean Gobi, mestre dominicano, pensava que "há de fato dois purgatórios, um onde todas as almas são reunidas de dia e que se encontra no centro da terra, e outro, noturno, onde cada morto volta ao lugar do seu principal pecado" (DUBY, 1997, p. 12). Os mortos faziam parte da casa.

Para o historiador, "a casa constituía no século XII o quadro mais firme de todas as relações sociais" (1997, p. 12). A sociedade feudal constituía-se de um conjunto de unidades familiares, cada uma com seu chefe.

As casas tendiam a perpetuar-se. Procriar aparecia como uma obrigação primordial, porque nas casas ocorria a transmissão dos poderes, dinastias

6 Duby, Georges. *A lembrança das ancestrais*. São Paulo: Companhia das Letras, 1997.

implantavam-se. Segundo o autor, "o sangue devia permanecer espesso ao longo das gerações" (1997, p. 13).

Somente o primogênito tinha o direito ao casamento. A casa nobre formava um corpo regido por uma hierarquia estrita e se inspirava nos lemas de servir e respeitar, estimar e proteger.

A representação vigente do universo apresentava-se hierarquizada. A família constituía-se de acordo com esse modelo de universo. A ordem familiar formava-se de pais e filhos. Na casa havia um só leito conjugal.

O lar constituía uma estrutura elementar de parentesco. Os defuntos ocupavam o terceiro andar das relações familiares. A memória familiar reservava um lugar amplo às mulheres.

A relação de poder definia-se em termos de dons e contradons. Os mortos, uma presença invisível, conservavam-se na família. Procurava-se evocar os mortos e a rememoração formava um ato vital. Duby procura definir a *nobilitas:* "O que era então, com efeito, a *nobilitas,* senão a capacidade de se valer de remotíssimos e valorosos ascendentes?" (1997, p. 15).

A memória dos mortos conservava-se pela dama.

As palavras medievais mais antigas saídas da boca de uma mulher foram as de Dhuoda, uma grande dama, que escreveu o *Manual para seu filho* (841-843).

O primeiro dever do filho era reverenciar o pai. Devia temê-lo, ser fiel a ele e amá-lo. Esses elementos fundamentavam as ordenações sociais. O dom recebido devia ter sua contrapartida. Devia-se orar pelos mortos domésticos. O filho recebeu dos parentes a herança legítima. O dom tinha um caráter proporcional. Buscava-se recompensar as almas e, nesse processo, tornava-se necessário achar o contrapeso exato.

Duas estruturas maiores da memória ancestral apoiavam-se na preocupação do equilíbrio perfeito. Em primeiro ligar, quanto mais os mortos legaram, tanto mais sólida parecia a sua lembrança. Em segundo lugar a lembrança de cada morto estava ligada "a cada uma das peças do patrimônio" (1997, p. 18).

A memória dos ancestrais tinha mais força que a das ancestrais, é mais clara e mais enraizada que a delas.

Os bens se transmitiam de pai para filho. Dhuoda redigiu cuidadosamente o nome dos ancestrais. O *Manual* de Dhuoda constitui um memorial. Os túmulos também são memoriais, mas somente no final do século XI a imagem do morto aparece pintada ou esculpida.

O nome da mãe não deve deixar de ser escrito pelo filho. O *Manual* de Dhuoda forma, no seu gênero, um documento único.

As damas tinham a incumbência de velar pela memória dos defuntos da casa. Na ocasião dos funerais, competia a elas a condução do luto, porque tinham relações privilegiadas com os falecidos.

Existiam ritos funerais. As mulheres foram instadas à renúncia da prática de certos gestos de caráter pagão. Deviam permanecer perto dos corpos o maior tempo possível e deviam manifestar sua dor com gritos. O luto coletivo era dado a ver pelas mulheres.

Elas regiam as obséquias. Os funerais dos mortos eram preparados pelas mulheres, as quais também os lamentavam. A elas pertenciam os corpos dos defuntos e dos recém-nascidos. A feminidade tinha duas funções, a maternal e a funerária.

Segundo Duby, aos padres era entregue parcialmente a tarefa das "'obséquias', os serviços que os ancestrais exigiam dos vivos" (DUBY, 1997, p. 21). O sepultamento ocorria perto das igrejas, próximo das grandes basílicas. Onde se podia perceber "um antegosto dos esplendores paradisíacos" (1997, p. 22). Os corpos dos defuntos sepultavam-se tanto no interior como no exterior dos templos.

Os mortos pertencentes à nobreza beneficiavam-se dos progressos feitos pela feudalização, portanto.

Os últimos momentos do duque da Normandia, Richard I, morto em 996, foram retratados por uma testemunha ocular, Dudo de Saint-Quentin, numa obra soberba. Este duque evangelizou os vikings. Os cristãos rodeavam de cuidados os sepulcros. O historiador descreve um gesto de humildade a respeito do assunto:

> Seu meio-irmão [de Richard] [...] lhe perguntou onde mandar colocar o sarcófago. Richard respondeu que seu corpo muito maculado de pecados era indigno de ser introduzido no santuário. [...] Todo mundo maravilhou-se. Tal gesto de humildade era com efeito pouco comum. Os princípes de sua posição exigiam comumente que sua sepultura, como a dos reis francos em Saint-Denis, fosse instalada o mais perto possível das relíquias dos santos, em meio a um coro masculino que perpetuamente lançaria ao céu a invocação pela salvação de sua alma. Como Richard, escolhiam habitualmente ser enterrados em um mosteiro (1997, p. 23).

As comunidades monásticas, famílias vastas, bem organizadas, honravam os mortos de maneira magnífica. Nas palavras do nosso autor: "os fastos litúrgicos com que elas cercavam esses restos adquiriam toda sua amplitude por ocasião da festa desses bem-aventurados, no aniversário de seu falecimento" (1997, p. 24).

Os benfeitores mais generosos das comunidades eram honrados por elas. Para o historiador, "as liturgias funerárias prometidas a esses associados organizaram-se no século XI em um sistema complexo. Ele chegou à sua perfeição na congregação cluniacense, que lhe deveu seu brilhante sucesso" (DUBY, 1997, p. 24).

Os monges escreviam livros-memória. Eles eram recompensados pelo seu trabalho realizado nos ofícios. A linhagem mantinha-se pela memória e para manter a estirpe, os mais seguros apoios vinham dos mosteiros.

Os nomes dos defuntos eram inscritos e recitados individualmente. Os monges procuravam ajudar as almas na sua elevação para a Luz. Eles deviam ser puros. A esse respeito retomemos as palavras do nosso autor:

> Os príncipes que lhes confiavam [aos monges] seu próprio corpo e a alma de seus ancestrais consagram-se então a que eles fossem muito puros. Vejo aí uma das razões e talvez a mais urgente, da reforma da instituição eclesiástica que se ampliou nas proximidades do ano mil. Durante o século XI, em todo caso, os senhores, grandes e pequenos, dispenderam sem economia para assegurar aos defuntos de seu sangue o socorro das preces monásticas. Deram a mancheias às antigas abadias. Edificaram muitas novas (1997, p. 25).

Um guerreiro, o conde Baudouin I de Guînes, fez a peregrinação a Compostela. Deu uma bela esmola, para a fundação de um mosteiro. Ao mesmo tempo que era um gesto de independência, ele fortalecia as estruturas de sua dinastia. Instituiu uma necrópole familiar, conseguindo para si um privilégio do papa Pascoal II. Eis como a descreve Duby: "Reunidos em torno do sepulcro condal, uma boa dúzia de cavaleiros formava uma corte imóvel e muda, equivalência exata da corte errante e ruidosa reunida em torno do conde vivo" (1997, p. 26).

O autor fala das novas formas de piedade, surgidas no século XII, na sua segunda metade: "Conquistado talvez pelas formas novas que tomava a piedade na segunda metade do século XII, ele [Arnould de Gand I] escolheu ser sepultado em uma instituição de caridade, o hospital de Saint-Inglevert" (1997, p. 27).

Ao falar das exéquias de Baudouin II, filho de Arnould de Gand, nosso autor descreve o banquete oferecido:

> De portas abertas, desde o serão até o meio da noite, um banquete foi ali servido aos cavaleiros e suas damas, às gentes do burgo e

> às outras pessoas. Até a hora do sepultamento, eles tiveram do que comer e beber, reunidos em torno do catafalco, festejando em companhia do morto sempre presente (1997, p. 28).

Os pobres foram alimentados durante o velório do conde Baudouin II. O herdeiro ofereceu ao mosteiro uma gratificação: "O herdeiro surgiu enfim. Imediatamente, gratificou o mosteiro com uma isenção de taxa. A esse preço, os monges, todos os anos, [...] celebrariam um ofício funerário pela alma de seu pai" (1997, 28).

No relato, está quase totalmente ausente a referência ao espiritual. O mais importante elemento do ritual consistia no banquete. O cadáver foi instalado nas sepulturas dos ancestrais. Esta entrada entre os defuntos deu-se com pompa.

Duby fala da formação de um monge em Charroux. Procurou-se um abade dentro da linhagem dos senhores de Guînes, entre os parentes. Após uma espera longa, o posto foi obtido por Grégoire. Ele se ocupava somente com a ouvivesaria e foi deposto por idiotia.

A respeito do afastamento das ovelhas negras da Igreja, afirma o historiador: "À época, a reforma da Igreja ganhava terreno amplamente. Não se hesitava em afastar as ovelhas negras. Ela [a linhagem] fazia questão antes de tudo de que seus mortos, adormecidos sob o pavimento da abadia, fossem convenientemente servidos" (1997, p. 29).

A memória dos ancestrais enraizava-se nas casas religiosas. Surgiu uma literatura para celebrar os mortos. Procurava-se fazer um trabalho biográfico sobre um herói. Apareceram modelos para compor biografias. Por meio dessas vidas de heróis tratava-se de reconstituir os elos de uma linhagem. Sobre a vida do Conde de Anjou redigiu-se uma "legenda", semelhante às vidas de santos, "uma homenagem retórica faustosa" (Id., p. 30).

Os epitáfios multiplicaram-se. Os cronistas, dentre eles Raul Glaber, redigiram inscrições funerárias. Dhuoda fez a inscrição de seu nome no meio das palavras de um poema.

Como afirma Duby, "a literatura genealógica germinou nos claustros e nas criptas monásticas e desabrochou na sociedade de corte" (1997, p. 30).

Temos poucas informações a respeito dos costumes funerários dos leigos.

A saga das famílias era contada aos parentes pelos chefes das casas.

Uma evolução cultural ocorreu: houve, na metade do século XII, a afirmação da cultura dos cavaleiros, em direção contrária à cultura dos padres.

O conjunto de epopeias orais que tematizavam a nobreza constituía uma "reserva de memória" (1997, p. 32), que os monges guardavam. O tesouro mostrava-se opulento. Os profissionais da canção velaram por ele e o enriqueceram, mas ele aparecia frágil, feito de palavras fugazes. Sobre o assunto assim se pronuncia Duby:

> No momento da restauração do Estado, na metade do século XII, a primazia do rei da França começava a impor-se. Ela punha em discussão a independência das dinastias principescas. Estas se defendiam. Apoiaram-se nesse quebra-mar, nessa base primordial, a lembrança da glória ancestral, garantia de uma legitimidade, da livre posse de um patrimônio. Levar oferendas aos monges para que mantivessem o melhor possível a memória era um ato piedoso. Consolidar as estruturas de uma genealogia tornou-se um ato político. Recordar as façanhas dos ancestrais, os direitos que haviam conquistado e mantido na ponta da espada, era fazer frente mais firmemente às pretensões de um poder concorrente. Monumentos literários foram então edificados como baluartes (1997, p. 33).

Esses monumentos eram imponentes. Os clérigos recebiam encomendas deles dos chefes de família. As obras tinham caráter doméstico, destinavam-se a um consumo interno. O pensamento do senhor, eis o que escreviam, num "latim empolado e enfático" (1997, p. 33).

Nas cortes mais abertas, usava-se o dialeto românico, a língua sofisticada da literatura nova de entretenimento. Os escritores enriqueciam e prolongavam a memória viva pela investigação nas crônicas e cartulários.

A memória do homem da parentela, semifiel, era passada para "a escrita solene e sólida" (1997, p. 34) dos escritores. O modelo que usavam era os das genealogias régias. As palavras da linhagem eram enobrecidas pelos escritores. Outro modelo vinha das vidas de santos.

Além de proporcionar um ensinamento moral, essa escrita visava ao fortalecimento do poderio das casas nobres. Tais textos são fragmentos, destroços, vestígios que registram com fidelidade a imagem que das damas possuíam os cavaleiros do século XII.

A fonte de Duby para a abordagem da "memória das damas" é a literatura de linhagem, assunto masculino. A procriação aparecia como um dever, as bodas como um ritual. Na residência dos esposos, instalava-se o leito nupcial. O pai pedia que houvesse a benção celestial aos esposos.

O esperma, a semente masculina, devia ser boa. Havia uma fixação em relação aos valores masculinos. Buscava-se deixar uma herança de honra, do poder de comandar. A transmissão da memória devia ser normal. As virtudes cavaleirescas deviam ser lembradas.

Nosso historiador recorda o caso de uma memória que remontava a sete gerações. Proibia-se o incesto. Organizavam-se listas de ancestrais. Ele lembra a história de um homem que teve muitas esposas.

A memória das linhagens permanece viva por apenas um século. Nela, aparece o destino e a honra do principado angevino. Essa história implicava somente os homens. Lembrava-se dos ancestrais da mãe. Tudo o que Fouque possui tem origem nela.

Esses relatos são fontes preciosas para conhecer as damas do século XII. Acreditava-se nos humores específicos do ventre feminino. E que, na gestação, a dama tinha um papel decisivo. Era importante o renome deixado como herança, a herança do valoroso sangue materno. A mulher constituía um elo entre duas linhagens. Duby cita "o valor singular" da mulher, "instrumento da aliança" (1997, p. 40).

Procurava-se guardar a memória das damas, porque mãe e filho estavam ligados por uma força, a do laço afetivo. O pai era um estranho, um rival. O filho tinha a nostalgia da mãe.

"Ele [o filho] se agarrava à lembrança da mãe da qual fora arrancado e da qual conservava imperecível nostalgia. Venerava tudo o que se relacionava a essa mulher, incluídos os defuntos de sua ascendência" (1997, p. 40).

Quanto à posição social do homem que se casava, afirma nosso medievalista: "O homem era, na maior parte dos casais, menos abastado e de menor extração que sua mulher" (1997, p. 41).

O mercado matrimonial mostrava-se desequilibrado, pois havia "pletora de moças oferecidas, [e] penúria de rapazes adquirentes" (1997, p. 41).

Havia mulheres em diferentes situações: as excedentes, as casadas, as recasadas.

O pai de família procurava inserir, no tecido social, a progenitora.

A partir de 1180 as restrições ao matrimônio conhecem um afrouxamento.

Buscava-se escolher os partidos que oferecessem maiores vantagens. Em geral, as mulheres obedeciam. Contudo, Duby relata o protesto de uma delas. O casamento era a ocasião da realização de um pacto de parentelas. O matrimônio servia para uni-las.

As mulheres tinham posição de superioridade em relação aos maridos e havia veneração delas depois que morriam.

Num texto estudado pelo historiador, fez-se o elogio de uma dama, mulher de grande riqueza. Mostrou-se sua docilidade. Denise, tal era o seu nome, desempenhou de maneira perfeita seu papel como dama.

Os homens do século XII muito deviam a suas ancestrais, inclusive "o capital de renome" (1997, p. 45). As mães tinham poder por intermédio de seus filhos. A linhagem da mãe prevalecia sobre a do genitor. O sangue era recebido de dama em dama. Ocorria a difusão do sangue real entre as mulheres.

Nessa sociedade a bastardia era uma situação e preocupação reais, já que os guerreiros tinham grande consideração pelas suas ancestrais.

Duby passa a tratar então das "esposas e concubinas" (1997, p. 47).

A corte de Henrique Plantageneta era a de maior brilho na Europa. A cultura cavaleiresca estava em oposição à cultura eclesiástica e à cultura vigente na corte do Capeto, "austera, toda impregnada de sacralidade" (1997, p. 49).

Dois poemas fizeram a apologia de Henrique, que descendia, pelo lado materno, dos condes angevinos e "podia invocar os mais gloriosos ancestrais" (1997, p. 49). Ele reivindicou e depois se apoderou da corte inglesa em 1155, posicionando-se como sucessor do lendário rei Artur. Henrique quis erguer, à memória dos seus ancestrais, um deslumbrante monumento. Ele encomendou a história deles a Benoît de Saint-Maure que a redigiu em língua românica.

Em 1165, Benoît ofertou ao rei *O romance de Troia*. As mulheres foram introduzidas numa sequência, longa, de episódios militares. No livro aprendemos uma história amorosa, a de Medeia. Trata-se de uma obra profundamente sedutora e misógina. Por isso, a sociedade de corte gostou do romance.

Benoît não era um familiar nem da casa ducal nem da Normandia. O rei-duque tinha uma casa heterogênea, na qual ele era um novo agregado.

Benoît teve dificuldades para conseguir informações, o que o forçou a tomar emprestado de outros autores. Pilhou descaradamente a obra de Wace, escritor normando, que foi o autor do *Roman de Brutus*, fundador mítico da Bretanha, obra de 1155. A história contava as aventuras do rei Artur. Depois Wace escreveu o *Roman de Rou* [Rolan], baseando-se fundamentalmente na obra de Guillaume, *Geste des ducs normands* (1070/1071), trabalho redigido em latim. Guillaume praticou uma história consciencioso. Sua obra buscou legitimar o poder conseguido por Guillaume pela conquista da Inglaterra.

Esse escrito monástico "é austero, denso, [...] despojado" (1997, p. 52).

Dudon, outro autor do período, representava, de maneira eminente, a alta cultura carolíngia. Seu livro sobre os duques normandos [1015-1026], uma obra "suntuosa" (1997, p. 52), foi amplamente utilizado por Guillaume.

Dudon formou-se em Laon, na escola de Catedral, e mostra-se um escritor extremamente hábil, pois sabia de maneira virtuosística o latim complicado do período. Cultivava a ciência sagrada, a *sapientia* (1997, p. 53).

Richard, jovem viking que se educara junto a Luís de Ultramar, voltara encantado com o brilho da cultura franca. Ele escolheu Dudon como auxiliar no trabalho de restaurar os estudos "nos claustros episcopais normandos" (1997, p. 53).

Dudon passou mais de vinte anos escrevendo o livro que lhe encomendara Richard. O livro constitui um manual de retórica, de caráter em parte educativo.

Ele conta a ascensão à civilização dos bandos escandinavos. Descreve, portanto, "um processo de aculturação" (1997, p. 54). Nele aparece exaltada a memória dos antepassados do duque. Dudon era um estranho na parentela e sua informação essencial vem de Raul, irmão de Richard. A informação de Dudon foi complementada por alguns livros.

Na obra, aparece uma lamentação, a de Guillaume Longa Espada. É o exercício da veneração de um santo, um mártir.

Nas grandes famílias dos príncipes celebravam-se os mortos. A partir da biografia de Guillaume é que Dudon construiu sua obra. Ele inventou um chefe. Seu trabalho constitui "a glorificação da obra de inserção política e cultural dos bárbaros do norte na cristandade latina" (1997, p. 55).

Para Duby o escrito de Dudon é "um documento de primeiríssima ordem" (1997, p. 55).

O historiador faz a respeito da obra uma profissão de fé "positivista":

> Richard I não viu o livro acabado. Seu filho o recebeu das mãos de Dudon. Ele é belo, ao menos para quem não é decididamente refratário às maneiras de escrever da época. Os historiadores positivistas o desprezaram e desprezam, cumulando de sarcasmos Dudon, o manipulador. Tenho essa obra por um documento de primeiríssimo valor. Também eu sou positivista. À minha maneira. Para mim, o positivo não está na realidade dos pequenos fatos verdadeiros. Bem sei que não a apreenderei jamais. O positivo é esse objeto concreto, esse texto que conserva um eco, um reflexo, palavras, gestos irremediavelmente perdidos. Para mim, o que

> conta é esse testemunho, a imagem que um homem de grande inteligência propôs do passado, seus esquecimentos, seus silêncios, como ele trata a lembrança para ajustá-la ao que pensa, ao que crê verdadeiro, justo, ao que querem crer justo e verdadeiro aqueles que o escutam. Assim Dudon, quando evoca a mãe de Guillaume Longa Espada ou a de Richard, talvez não diga a verdade exata. Tenho consciência disso. E, não obstante, retenho preciosamente as palavras que emprega. Elas revelam como se gostava de representar os ancestrais em uma corte principesca emergindo pouco a pouco da selvageria do ano mil (DUBY, 1997, p. 56-57).

A obra de Dudon foi durante perto de dois séculos objeto de muitas interpretações. Passemos agora para "a perturbação que vem das mulheres" (1997, p. 57).

Nessa história, as mulheres aparecem em segundo plano, como joguetes nas mãos dos guerreiros, que cometiam atrocidades. As mulheres resistiam às violências viris. A pugnacidade demonstrada pelas mulheres teve um caráter subversivo e chocante. Essas mulheres transviadas rompiam a ordem das coisas. O emblema dos poderes das mulheres era a cabeleira. Elas entraram no jogo amoroso.

Relativamente a Richard I existia uma tradição oral, de acordo com o qual ele demonstraria uma sabedoria, a do bom príncipe.

Duby conta três historietas e tira sua conclusão delas: "Os três episódios se encadeiam: mostram, todos três, como se conduzir com as mulheres, ensinando a moral amorosa das cortes" (1997, p. 60).

Quanto ao camponês, em termos amorosos, ele devia se contentar com uma mulher de sua condição, uma camponia.

O ensinamento das três anedotas trata igualmente dos deveres das mulheres. Elas deviam ser protegidas, devido à sua fraqueza. Sozinha, a mulher se deixaria levar pela luxúria. Para os homens, as mulheres constitíam armadilhas. Para a totalidade dos homens, a mulher é a causadora tanto do prazer quanto da perdição.

O príncipe reprimia a desordem oriunda das mulheres. Seu primeiro dever, portanto, constituía a regência da sexualidade. A civilização podia ser definida como a partilha regrada das mulheres.

Dudon tinha como tarefa mostrar o processo que levou em um século os normandos à civilização. Entre os vikings vigorava o caos sexual. A poligamia exercia as suas consequências. Um vício estrutural era a perturbação dos jovens. A sociedade escandinava expulsava ritualmente sua juventude. Esse fenômeno foi assim descrito por Duby:

> Segundo os "ritos antigos", evacuava-se para o exterior, lançava-a, devastadora, para os países vizinhos - da maneira como os chefes de guerra contemporâneos de Dudon arrastavam atrás de si a cada primavera uma barafunda juvenil rumo às "fronteiras", as extensões selvagens que separavam então uns dos outros os principados, a fim de extravasar a veemência dos guerreiros nesses jogos militares que foram chamados de torneios (DUBY, 1997, p. 63).

Os desregramentos sexuais dos homens constituíam uma manifestação de incultura. A confusão dos sexos era vista como execrável. Há no texto do cronista um eco duplo: o dos romances de cavalaria e os dos sermões.

Rollon, chefe dos vikings, exerceu um papel civilizador. Após o seu batismo, pelo tempo de uma semana, o sagrado constituiu a única ocupação de Rollon.

Ele restaurou as estruturas da Igreja. A segurança foi estabelecida. Houve uma relação íntima entre o casamento e a civilização. A conjugalidade teve definidas as suas regras.

O rebaixamento brusco do poder real provocou descaminhos. As mulheres eram consideradas objetos móveis. O homem devia exercer o papel de chefe da esposa.

O próximo tema de Duby são "as damas" (1997, p. 67).

O casamento formava a base da paz social. Vários eram os tipos de casamento. Os guerreiros francos de Luís de Ultramar, por exemplo, queriam, ao mesmo tempo, a terra e as mulheres normandas.

Por isso, a revolta vitoriosa contra o ocupante foi suscitada pelo "pavor das mulheres" (1997, p. 68).

A expectativa dupla dos guerreiros foi vista assim pelo historiador:

> Benoît sabe, como Wace, com o que sonham os "donzéis", os cavaleiros sem esposa, seus mais atentos ouvintes. Dupla expectativa: gozar e estabelecer-se, a mulher e a terra. E seu patrão, Henrique Plantageneta, tirava partido dessa apetência para estreitar sobre eles sua dominação. Tomava muito cuidado para manter sempre ao alcance, estreitamente vigiada, uma bela reserva de mulheres por casar, moças na maior parte ou viúvas de seus vassalos. Os jovens de sua corte as cobiçavam. Para obter uma delas, mostravam-se muito dóceis com o patrão. As futuras damas eram moeda muito preciosa para comprar amizades, para comprar a calma. Distribuindo-as, o bom senhor punha alguns dos *juvenes* na vida doméstica, separava-os dos bandos de cavaleiros turbulentos, fazia deles *seniores*,

> homens ponderados, estabilizados. Assim, pelo casamento, pelo bom uso das mulheres, os germes de desordem eram com efeito reabsorvidos pouco a pouco na França do século XII (DUBY, 1997, p. 68).

Há muito tempo as damas ajudavam a equilibrar as relações entre os Estados. Entre as nações, o instrumento das relações de paz eram as moças trocadas. A respeito das alianças diz nosso autor:

> Dudon mostra tais alianças concluídas no coração das florestas limítrofes onde os chefes guerreiros, por um tempo reconciliados, reunidos pelo juramento e pelas embaixadas perseguiam de comum a caça grande; meio século mais tarde, a Normandia une-se à Bretanha por um casamento cruzado (1997, p. 69).

A casa do príncipe necessitava, como condição de sobrevivência, do acasalamento. Na infância começa para Guillaume Longa Espada, "a busca da perfeição espiritual" (1997, p. 69).

Segundo um monge, era necessário à região um guerreiro para combater os maus e os pagãos. Conforme a lei estabelecida pela linhagem, Guillaume aceita o casamento, apesar de seu gosto pelos rapazes. O matrimônio era exigido pela moral dinástica. Os primeiros duques da Normandia tiveram esposa legítima. Duby afirma o seguinte a respeito do significado do casamento:

> Um arcebispo franco disse ao chefe dos vikings [Rollon]: "Toma-a [Gisele] e conservarás a província perpetuamente". Não se pode exprimir mais sobriamente o que significava o casamento para aventureiros sem laços: o enraizamento de uma dinastia em um território. Os companheiros de Rollon, também, aconselharam-no a tomar ao mesmo tempo a Normandia e a moça, ambas belas e promissoras (1997, p 70).

Guillaume casou-se mas sua esposa não foi nunca nomeada.

O casamento de Richard I foi um ato político:

> Dudon nomeia evidentemente a esposa de Richard I, que lhe encomendou a obra. É Emma, filha de Hughes, o Grande, duque dos francos. O historiador apresenta a cessão dessa mulher como um ato muito claramente político. A iniciativa partiu de Hughes (DUBY, 1997, p. 71).

As tratativas para os esponsais foram feitas à maneira dos francos: "um negócio fechado, como na feira" (1997, p. 72). O casamento foi aceito por Richard. A festa de casamento era licenciosa. Misturava-se o sagrado e o profano.

Dudon elogia conscienciosamente as três esposas legítimas. Nenhuma delas tornou-se uma ancestral. Gisele morreu virgem. A esposa de Guillaume era uma sombra. Richard casou com Emma, que morreu. Seus bens foram distribuídos por Hugo Capeto.

O próximo tema que Duby estuda é intitulado "amigas" (1997, p. 75).

Os duques tiveram, de uma companheira lateral, herdeiros comuns. As mães dos príncipes eram concubinas. Por causa disso, para Dudon, escrever a história da linhagem foi uma aventura. Sua tarefa foi árdua.

A mulher de Guillaume Longa Espada batizara em segredo seu filho.

A descendência de Richard I foi abundante. Para sucedê-lo, o duque escolheu um dos filhos.

O cronista situa de maneira precisa a mãe de Guillaume. O duque acasalou-se com Poppa, uma donzela. Rollon fez um casamento ordenado, à maneira dinamarquesa. Poppa era uma escrava. Foi um casamento verdadeiro, em que existiu o amor. Segundo Benoît, foi contrariado que Rollon se afastou dela. As mulheres tinham pouca importância, serviam como contraponto.

Sprota, viúva de Guillaume, acasalou-se com um homem muito rico, um rendeiro. O informante de Dudon, Raul d'Yvry, e Richard eram filhos do mesmo ventre. "Raul teve dois filhos, que foram ambos bispos".

No relato de Dudon, uma única dama emerge da sombra: a mãe de Richard II. Richard desposou Gonnor. O autor fala da noite de bodas de Richard I. Afirma que "o casamento era a segurança, um direito ganho na cama" (1997, p. 82). A dama podia, na relação sexual, decidir as posições.

Dudon de Saint Quentin mantém-se prudente no que toca à poligamia. Para os historiadores francos, Flodoard ou Richer, "Richard nascera de uma concubina bretã" (1997, p. 82). Gonnor viveu e reinou no palácio.

O historiador trata da moral e da cultura dos mosteiros. Refere-se ao período áureo da reforma gregoriana. O casamento cristão estabelece-se. Forma-se a noção de bastardia. Em relação ao comportamento sexual dos príncipes, havia indulgência por parte da parentela.

Nos escritos de Benoît e Wace encontram expressão as nostalgias e pendores da sociedade cortês. O amor aristocrático afirma-se. O amor cortês tem suas leis, seu código. O ardor viril é visto como virtude. Deve-se salvar a honra. Houve "a regulamentação precisa da caça às mulheres" e louvava-se "o apetite de gozar das alegrias do corpo" (1997, p. 85).

O próximo tema do autor é "Arlette" (1997, p. 86), em que ele trata, entre outros assuntos, do duque Guillaume, apelidado de Bastardo. Seu pai, Robert, caracterizava-se pela largueza e generosa vitalidade, mas envenenou o irmão, Richard III. Na sua morte estava pacificado.

Apresentou seu filho como "príncipe da cavalaria normanda" (1997, p. 87). Robert reconheceu a paternidade em relação a Guillaume. As mulheres nobres se defendiam mal dos ataques masculinos. Alguns chefes guerreiros negaram que Guillaume fosse filho de Robert. Ele foi acusado de bastardia e contestado politicamente, pois sua mãe tinha origem humilde. Ele era filho de uma doméstica, de uma concubina, que posteriormente se casou com um cavaleiro.

Guillaume lutou muito contra seus parentes, lutou ferozmente. A vitória em um combate lhe deu a posse da Normandia.

A poligamia dos príncipes constituía um elemento poderoso de discórdia.

O poder dual foi abalado pela emergência da feudalidade. Depois do ano mil, uma nova ordem política passou pela "formalização do casamento cristão" (1997, p. 89).

Robert teve uma ligação duradoura com Herleva, mãe de Guillaume. Como não se aceitava a bigamia, ele se casou. Ganhou a partida e foi legitimado por uma vitória militar dupla.

Nas cortes sonhava-se com o livre amor. O historiador Benoît faz de Arlette um retrato decepcionante. O perfil é convencional.

Um eremita convenceu Arlette e o seu pai a que consentissem na entrega dela a Robert. Arlette se apavora e faz exigências. Tem medo pelo pecado, o pecado do duque contra a moral social. Arlette quer entrar no castelo solenemente. Seu desnudamento foi solene e seu corpo oferecido orgulhosamente. Arlette se mostrou fértil imediatamente. O Deus complacente dos eremitas a abençoou. Guillaume teve a legitimação divina.

"O poder das damas" (1997, p. 95) é o assunto seguinte tratado pelo nosso autor.

Ele cita alguns príncipes considerados personagens medíocres, mas que se preocuparam com a memória da linhagem:

> Aos olhos de um duque da Normandia, o senhor de Ardres e mesmo o conde de Guînes pareciam medíocres personagens. Como o

> Plantageneta, porém, eles se preocuparam em 1194, em erguer um monumento literário à memória de seus ancestrais (DUBY, 1997, p. 97).

Foram senhores que mostraram preocupação com a memória dos antepassados. Sua história familiar é "a mais rica e saborosa" (1997, p. 97).

Durante a Guerra dos Cem Anos "a terra de Guînes foi uma importantíssima posição estratégica e política" (1997, p. 97). O condado era formado por casas ilustres, com proximidade em relação à casa real. A herança da casa foi contestada.

O livro que a historia foi feito com cuidado. Conta a história da casa de Guînes e da casa de Ardres. O autor é o padre Lambert, da casa de Ardres. Trata-se de um documento extraordinário e fascinante. São anotações concretas sobre os aspectos mais cotidianos da vida. No documento, aparece o poder das mulheres.

Lambert descreve o meio em que viviam as damas [ele conheceu uma dezena delas]. A obra foi encomendada por Arnould de Guînes, "senhor e mestre" (1997, p. 99) de Lambert. Ele deixa traços das damas, que contavam muito pouco. No relato, os homens dominam.

Duby define o objetivo de sua investigação: "No século XII assim como hoje, masculino e feminino não andam um sem o outro. Compreender melhor as relações que mantinham os dois sexos, esse é o objetivo de minha investigação" (1997, p. 100).

Os mais antigos dos Guînes foram Eustache e Baudouin. Este era filho daquele. A fortaleza da família tem origem em torno de 1050, quando Arnould construiu o castelo de Ardres. O torreão constituía o símbolo de um poder: "Um sinal, com efeito, o emblema de um poder, o de comandar e punir, de manter a ordem pelas armas" (1997, p. 101). Arnould colocou-se na trama dos poderes. Ele instruiu vários filhos na Igreja. Criou uma colegiada, um novo edifício, onde se realizava um culto privado. Ele sacralizou o seu poder. Na colegiada pôs homens de oração, toda uma equipe.

Lambert desperta a memória da linhagem com sagacidade e inteligência. Ele narra a história de dois principados de igual força. É uma história de guerras que se sucedem por dois séculos.

O autor descreve a região, onde se justapõem duas paisagens. Mostra a exploração da terra. Conta a vitória do conde Baudoin, num combate insignificante. Fala da prosperidade econômica da região: da estrada, um ponto estratégico, do comércio. Explorava-se a passagem cobrando um imposto. Cita o surgimento de um burgo. Para o conde, a estrada causava despesas, mas ela rendia moedas, com o desenvolvimento do grande comércio.

A guerra teve um caráter devastador, mas houve uma trégua entre as duas casas rivais. A rivalidade teve, miraculosamente, fim. O novo senhor de Ardres entendeu-se com o conde Arnould, o que constituía um modelo de amizade vassálica. O acordo foi selado por um casamento. A maior função da dama era política.

Os dois pequenos príncipes entraram em muitos combates. Enfrentaram guerreiros concorrentes que sonhavam criar sua própria senhoria. Destruíram essas empresas concorrentes.

No final do século XII, os "nobres" de segunda categoria continuavam perigosos, turbulentos.

Os senhores de Ardres, todos eles, partiram para guerras no além-mar, para o Oriente e a Inglaterra. Conseguiram grandes soldos. Em 1095, Arnould II tornou-se cruzado.

Os Guînes e os Ardres tiveram participação em cavalgadas e torneios. Neles os ancestrais faziam exibição de valentia. Acumulavam capital simbólico.

Segundo Duby, "os torneios eram feiras de campeões, feiras de mulheres" (1997, p 109). Neles, os sires se arruinavam e depois procuravam explorar mais ainda o povo. O historiador fala das perdas de Arnould de Guînes nos torneios.

A guerra era ao mesmo tempo muito violenta e muito cara. Nessa zona de fronteira a ebulição apresentava-se muito viva. Arnould aliou-se ao conde de Flandres. Ganhou muitas moedas na guerra, ocasião de ganhos e perdas.

Para nosso autor, "na guerra [...] podia-se ganhar muito. Mas geralmente se perdia" (1997, p. 111). As fortificações arruinaram o conde Baudoin e Arnould viu-se na penúria.

As mulheres no mundo guerreiro eram livres e responsáveis:

> O poder verdadeiro da dama é mal avaliado se se esquece que o marido cavalgava alhures a maior parte do tempo, fora de alcance. Que elas viviam então mais livres, por certo, mas pesadamente responsáveis como se dizia, "desoladas", sós, sem guia, entregues às suas naturais fraquezas (1997, p. 111-112).

Os proventos da senhoria distribuíam-se na família. Da largueza do chefe dependiam sua força e prestígio. A casa era vasta, uma morada antiga. Uma obra-prima de arquitetura, construída de madeira.

Às mulheres era reservada uma parte da construção. A ala dos homens constituía a área de convivência. A área das mulheres formava um espaço fechado. A sociabilidade das mulheres era mínima. As cobiças masculinas espreitavam as mulheres numerosas da casa.

O senhorio vivia rodeado de concubinas. Os bastardos oriundos desses amores não tinham a pretensão de suceder o conde, que queria fazer crer que as jovenzinhas não eram objeto de sua perseguição. Como afirma Duby, "a ordem social está edificada sobre a divisão incontestável entre homens e mulheres" (1997, p. 119).

Havia dois tipos de pratos nas cozinhas dos castelos; "nas cozinhas dos castelos dois tipos de pratos são preparados: os muito delicados para os senhores, os 'cotidianos', para os servidores" (1997, p. 114).

Um fosso profundo separava a domesticidade dos homens de oração e dos homens de guerra. As mulheres do povo eram separadas das outras mulheres e dos padres e cavaleiros.

As damas e os clérigos estavam em igualdade de condições com os cônegos. O escritor e padre Lambert tinha muita proximidade com a parentela do patrão. Ele deixou "um testemunho de primeiríssimo valor sobre as damas com os quais conviveu" (1997, p. 115).

Lambert construiu sobre as damas uma imagem culta. O cronista tinha gosto pela etimologia. Este "mestre" (1997, p. 116) orgulhava-se do seu talento e fez o elogio dos clássicos, gregos e latinos.

Era um padre casado. Ele compulsou as crônicas flamengas e se considerava historiador. Representante da alta cultura da Igreja, ele conhecia a cultura profana, poética, oral. Nele ocorre a fusão de duas culturas, a dos clérigos e a dos cavaleiros:

> Sua obra põe em evidência esse fato do fim do século XII, a osmose entre a cultura dos clérigos e a dos cavaleiros, uma fusão favorecida a uma só vez nessa parte da Europa pelo vigor persistente das tradições carolíngias no seio dos grandes estabelecimentos religiosos e pelo mecenato dos príncipes (1997, p. 117).

Muitos chefes de casas nobres queriam, como os grandes senhores, parecer letrados. Lambert exaltou a cultura de seu protetor, Baudoin. Os cavaleiros se iniciavam na liturgia, ciência sagrada. Entre Baudoin e os clérigos houve discussão e troca.

A fusão das duas culturas operava-se numa justa de cavaleiros, uma *altercatio* (DUBY, 1997, p. 118). Baudouin era um príncipe libertino que tinha amor pelo saber. A memória estava conservada nos livros. Baudoin não sabia ler. O senhor, a qualquer momento, podia aprender nos livros, porque o aprendizado do senhor se dava ao ouvir os mestres e os seus comentários.

A leitura, pública, ocorria na sala.

Em Lambert se mesclam duas culturas. Ele era um homem conhecedor das mulheres. Por isso, Duby considera a sua uma "obra infinitamente preciosa" (1997, p. 119).

O relato genealógico testemunha a fidelidade de Lambert para com o conde Baudoin. O cronista descreveu o casamento do filho de Baudoin, pitoresco e tardio, que buscou uma esposa digna e valiosa. Ela lhe trouxe um dote constituído por "uma belíssima senhoria" (1997, p. 120).

Os senhores de Ardres tinham uma geneologia curta. A memória ancestral dos Ardres era breve. A dinastia teve em Adèle uma origem gloriosa. Ela era a herdeira de um *vícus*, um *habitat* (1997, p. 125) da época romana.

Herdeira de senhores pagãos convertidos, Adèle entregou ao bispo seus bens, retomando-os depois.

Arnoud, seu filho, marca o início da dinastia. Todos os bens desta vêm de Adèle. Lambert, em sua história, acolhe a fábula. "Contudo", afirma nosso historiador, "a propósito de Guînes, ele cuida de não se afastar do razoável" (1997, p. 126).

Ele busca elementos indiciários. O torreão dos Guînes foi identificado pelo viking Sigfried. Lambert constrói um romance de amor em que entra a bastardia. Lambert retoma o que, no conde Baudoin, gostava-se de dizer. Ele inventa um raptor como era a moda do tempo, o que estava de acordo com o amor cortês vigente no século XII. O cronista apresenta seu protetor Baudoin como um descendente direto dos condes de Guînes.

Também em outras casas nobres, como os dos condes de Flandres, de Anjou, cultivava-se a "lembrança de uma fundadora ancestral" (1997, p. 128).

O cronista lembra de Judith, de seu reinado. Ela se situava no ponto de junção de duas genealogias. Em torno dela é que tudo se organizava.

Em outra genealogia, escrita por Lambert de Saint-Omer, aparece Judith casando-se legitimamente.

No *Líber Floridus* transcreve-se uma segunda genealogia.

Judith é a doadora, que exerceu um papel ativo. Uma proeza realizou-se em favor de uma mulher, madrinha de Enjeujer. E "ele ganhou por decisão real tudo o que ela [sua madrinha] possuía. [...] Esse fundo constituiu a primeira base da dinastia angevina" (DUBY, 1997, p. 131).

A transmissão desse bem foi feita por mulheres. A primeira série de herdeiras tem fim.

Fantasmas povoam o texto do cronista Lambert.

Lisois juntou-se à linhagem de sua esposa. Aí aparece Lupa, a Loba, a deusa-mãe. Um acasalamento constitui a origem de todas as dinastias. Nas palavras de Duby:

> Lupa, a Loba, [é] essa mulher que se avista, nesse texto cheio de fantasmas, postada às portas da noite, venerável, venerada, uma espécie de deusa-mãe à orla da saga familiar. Como a madrinha anônima de Enjeujer. Toda dinastia provém, com efeito, de um acasalamento; de um homem, um guerreiro vindo de um alhures improvável e que se afirma por proezas. De uma mulher, esta sedentária, enraizada por seus antepassados sobretudo, em uma terra, solidamente. O homem toma a mulher e a terra e aplica-se em fazê-las frutificar, uma e outra. A antepassada está por certo menos presente que o herói cavaleiro na memória de seus descendentes. Não obstante, eles lhe são, e não o esquecem, igualmente devedores (1997, p. 132).

A *Histoire dos Comtes de Guînes* está repleta de mulheres. Filhas do chefe da casa vieram a ser damas. Procriar era um dever para elas. Consistia no contradom devido pela filha ao pai. Contudo, "algumas permaneciam sem esposo e muito atentamente guardadas" (1997, p. 134). As abadias femininas eram numerosas. Ali algumas mulheres esperavam um marido.

A abadessa mostrava-se uma mulher virtuosa que tinha um poder verdadeiro. O poder dessa mulher exercia-se num espaço sacralizado e fechado. Era uma moça que fugira, como muitas outras, do casamento.

O texto de Lambert era o de um homem e dirigido para homens. O escritor não se interessava pelo universo feminino. Lambert dedica mais espaço no seu relato às concubinas que à esposa de Baudoin. As concubinas e não as esposas é que são elogiadas. Duby afirma a respeito do assunto: "A propósito das esposas, nada de elogios" (DUBY, 1997, p. 135). Lembra a história de uma mulher letrada, Béatrice. Fala acerca do uso do tempo por uma menina aristocrática, uma moça de bons costumes. Uma jovem doente. Entregaram-na a um homem de grande poder. Este se assenhoreou dos domínios ingleses da avó de Béatrice. Dessa mulher dependera o destino da senhoria, porque "a sorte dos patrimônios achava-se estritamente ligada à fecundidade das damas" (1997, p. 136). As mulheres eram prolíficas na sua maior parte. As damas tinham muitas gravidezes.

O relato não diz quase nada do laço afetivo entre os esposos. Os dois sexos tendiam a separar-se quando chegava a morte. Entre esposa e esposo a dileção mostrava-se tíbia. Entretanto, um homem, Baudoin, mostrou imenso pesar pela morte da esposa.

Alguns casamentos arranjados foram bons: "Que os casamentos fossem todos arranjados pelas famílias não impedia alguns deles de ser bons, os cônjuges ter prazer em seu ardor recíproco e de certa ternura estabelecer-se no seio do casal" (1997, p. 139). A respeito desse tema, nosso autor afirma os limites do historiador medievalista: "Resignemo-mos: o historiador dessas épocas distantes não tem nenhum meio de sondar os inconscientes e as vontades" (1997, p. 139).

Nenhuma dama que aparece no livro foi repudiada. O historiador cita o caso de duas mulheres cujo nascimento era melhor que dos maridos. O dote de Emma eram "os belos domínios de Kent" (1997, p. 140). Gertrude levou para o casamento um grande dote constituído de bens mobiliários. As ascendências de ambas sobre os cônjuges era certa. O poder da dama vinha de sua capacidade de gerar filhos. Eles formavam uma "comunidade de iguais", que compartilhavam do "mesmo leito" e da "mesma devoção" (1997, p. 141).

Uma vitória feminina foi o "novo direito da mulher comparecer em juízo" (1997, p. 141).

Nosso autor lembra a história de Gertrude. O cronista Lambert não tem boa memória dela. Ela era ávida. A gerência dos bens familiares cabia à dama. O poder feminino se exercia no interior da casa. Lambert não coloca em dúvida o poder de Gertrude embora a critique. As damas tinham, na sociedade doméstica, poder e autoridade: "Enfim, no mais profundo do espaço privado, 'o do leito e das devoções', pode se pensar que ela é a 'associada' do chefe da casa" (1997, p. 143). Mas o direito de punir e de comandar cabe ao homem. A espada era um símbolo masculino e "às mulheres é proibido fazer correr sangue" (1997, p. 144).

Na senhoria, quem protegia oficialmente a população feminina era a dama. Só indiretamente a mulher tinha participação no poder político.

Thomas de Chobham recomenda uma penitência às damas. Uma das funções delas consiste em tornar o poder mais suave no seu exercício. O poder da esposa tinha limites estritos. Com a ausência dos maridos, as casas passavam a ser geridas pelas damas.

Na sociedade cavaleiresca, o número de viúvas era abundante. Os guerreiros eram verdadeiramente dizimados. Muitos homens morriam devido aos abusos amorosos. Desse modo, muitas damas conheciam a liberdade até a morte. Duby fala do casamento das viúvas e da expectativa de seus pretendentes.

A Igreja dividia as mulheres em três categorias, baseadas no grau de pureza sexual: as virgens, as viúvas, as casadas.

Ide II de Boulogne foi uma viúva que não voltou a se casar. Ela teve aventuras com Arnould e Renaud.

As viúvas instalavam-se no patrimônio construído pelo dote. A viúva apossa-va-se do domínio. Era mulher que exercia plenamente o poder masculino. Segundo Duby, "no fim do século XII [...] o poder do Estado se tornava [...] um princípio abstrato" (DUBY, 1997, p. 149).

As viúvas apoiavam-se nos seus filhos, seus rapazes. Seu reino era a sala da casa. Elas ascendiam ao poder consentido às mulheres.

O elogio de Isabelle aparece realizado pelo escritor da *Gesta dos senhores de Amboise*. Sua "virtude singular" consistia na virilidade. Nas palavras de Duby "ela agarrou todo o poder que se encontrava a seu alcance" (1997, p. 150). O cronista a criticou por este apego violento ao poder. Pois, "ávida, ela introduz a desordem, rompe a paz" (1997, p. 151).

A matrona era a mãe de grande utilidade. A que aconselhava o filho primogê-nito e fazia parte das mulheres que detinham fragmentos de poder.

As mulheres com as quais os guerreiros cruzavam "eram seres estranhos" (1997, p 152). Tinham um poder secreto. Algumas eram feiticeiras. Ocupavam o vasto campo da devoção. Uma das devoções dirigia-se à mãe de Deus, de quem se adoravam relíquias.

Nosso autor lembra a vida de três santas: duas mulheres, Catarina, para quem foi construída uma capela, e Maria Madalena, além de um padroeiro. Estas santas foram populares no século XII.

O historiador passa a tratar depois de Ide de Boulogne, excelente tanto como mãe quanto como viúva, além de generosa em relação aos monges.

Godelive foi considerada uma "mártir da conjugalidade" (DUBY, 1997, p. 153). Nas famílias veneravam-se, de forma privada, várias damas defuntas.

A obra *Flandria generosa* constitui um elogio, riquíssimo, dos condes de Flandres.

Quanto à piedade das viúvas, temos o caso de Adèle, que orava noite e dia. Ela ingressou na ordem reservada às viúvas, enclausurou-se e terminou seus dias no mosteiro por ela fundado, o de Messines.

Já Richilde deixou uma "lembrança ambígua" (1997, p. 154). O monge de Saint-Bertin tinha uma visão muito negativa das mulheres. Ele apontou os defeitos de Richilde. No final da vida, dedicou-se à penitência permanente.

Nessa época, "surgiram formas de devoção novas e extremas" (1997, p. 154). No seu caso "ela castigava sua carne pecadora, crucificava-se, destruía-se" (1997, p. 155). Ela passou por processo de purificação. Ela era a mediadora, a protetora. Figuras como ela, que exalavam o bafio de santidade, eram as tuteladoras das linhagens.

Duby termina seu livro falando da mulher, dominada e poderosa:

> No século XII, padres e guerreiros esperavam da dama que, depois de ter sido filha dócil, esposa clemente, mãe fecunda, ela fornecesse em sua velhice, pelo fervor de sua piedade e pelo rigor de suas renúncias, algum bafio de santidade à casa que a acolhera. Era o dom último que ela oferecia a esse homem que a deflorara bem jovem, que se abrandava em seus braços, cuja piedade reavivara com a sua e que depositara numerosas vezes em seu seio o germe dos rapazes que mais tarde, na viuvez, a apoiariam e que ela ajudaria com seus conselhos a conduzir-se melhor. Dominada, por certo. Entretanto, dotada de um singular poder por esses homens que a temiam, que tranquilizavam clamando bem alto sua superioridade nativa, que a julgavam contudo capaz de curar os corpos, salvar as almas, e que se entregavam nas mãos das mulheres para que seus despojos carnais depois de seu último suspiro fossem convenientemente preparados e sua memória fielmente conservada pelos séculos dos séculos (1997, p. 155).

Eva e os padres

Eva e os padres é o último volume da trilogia dedicada por Duby às damas do século XII.[7]

Na introdução, o autor afirma que no século XII as expectativas das mulheres começaram a serem levadas em conta pela Igreja.

Era preciso que as mulheres fossem desviadas do mal. Alguns apóstolos temerários interessaram-se pela situação das mulheres, tentadas pelas heresias.

Os padres começaram, portanto, a voltar sua atenção para as mulheres. Restaram vestígios das palavras deles sobre elas.

---

7 Duby, Georges. *Eva e os padres*. São Paulo: Companhia das Letras, 2001.

O problema de Duby é: como no século XII se tratavam as mulheres? Os padres tinham preconceitos em relação a elas e as temiam; seus escritos transmitem "uma imagem" das damas do século XII.

Étienne de Fougères, bispo de Rennes, era consciencioso e bom. Escreveu hagiografias como a de Guillaume Firmat. Este padre tornara-se eremita, mas o demônio armou-lhe uma cilada. No entanto, foi vitorioso contra o poder da mulher, que, segundo Étienne, porta com ela o mal.

Étienne deixou um poema-sermão longo, ou melhor, uma coleção de seis sermões. Neles estabeleceu, para as categorias sociais, um modelo de conduta. Os sermões mostram a sociedade feudal em sua complexidade. No centro da obra encontra-se uma imagem: a das três ordens, assim distribuídas: os dominadores, os dominados e as mulheres. Portanto, estas últimas surgem constituindo uma ordem própria.

Étienne denuncia as fraquezas femininas. O pecado das damas é fustigado. Ao lado dos maridos, na grande sala, elas reinavam. Estas mulheres eram ociosas, pois não teciam nem fiavam, expunham-se à perdição.

Havia também as beguinas, uma ordem de irmãs leigas, que teciam e fiavam.

Os maus exemplos podem vir das damas, que "são 'sementes de guerra'" (DUBY, 2001, p. 13).

Na opinião do bispo, a natureza feminina tem três vícios maiores. Primeiramente as mulheres são feiticeiras. Os padres condenam o uso de cosméticos, o emprego de mezinhas abortivas. A segunda falha feminina é a hostilidade das damas com seus maridos: elas fazem "uma luta surda, tenaz, cruel contra o marido. Elas procuram um amante" (2001, p. 14). A luxúria é o terceiro vício feminino. Por toda parte, elas buscam os amantes. Têm com eles encontros furtivos. Buscam os lacaios para fazer amor.

As mulheres pecam contra a natureza. Sobre isto o bispo lança contra elas "um buquê de gracejos licenciosos" (DUBY, 2001, p. 15). Preocupa-se com o que faziam entre elas as mulheres. O bispo procura, com habilidade, realizar o ensinamento das ovelhas por via do divertimento.

As mulheres usavam as armas dos fracos para atacar. Tinham uma sensualidade impetuosa: nela está a raiz do mal.

O discurso virulento do bispo multiplica as palavras licenciosas. Para Duby "ele [Étienne] mergulhou em uma vasta, uma antiquíssima corrente de palavras misóginas" (2001, p. 16).

Viveu no meio cortês e impregnou-se de duas obras da biblioteca dos bispos. Uma é o *Livre des dix chapitres,* de Marbode, que faz da mulher um perfil pavoroso. Ela é a Eva, a traidora. Seu ventre é voraz. Ela é um monstro, do qual se deve fugir. Os prelados exibiam sua perícia literária. A outra fonte de Étienne, de influência mais direta, é o *Decretum,* de Burchard de Worms, um manual administrativo.

Livros como o *Decretum* eram inventários que "ajudavam os chefes da Igreja a cumprir uma de suas funções maiores: julgar, definir as infrações a fim de as reprimir, baseando-se na autoridade de seus antecessores, e deste modo assentar solidamente, pouco a pouco, as regras de uma moral" (2001, p. 17-18).

O corpo episcopal da Lorraine foi objeto de uma depuração. Os prelados buscaram fazer a correção dos costumes. Na redação da obra, Burchard recebeu "o apoio incondicional dos amigos". Seu livro se impôs e foi utilizado pela totalidade dos bispos. O *Decretum* foi, pois, "a indispensável ferramenta de uma purificação geral". Ele constitui ao mesmo tempo "um catálogo dos pecados e de sua punição" (2001, p. 18). Os pecados listados iam desde o homicídio até a fornicação.

O livro XX, "Livro das interrogações", meditava sobre a morte e o que vem depois dela.

A perversidade feminina apresenta, porém, um último aspecto, a feitiçaria. Para conseguir fazer chover, mulheres usavam sortilégios. As mulheres também cometiam faltas em relação à disciplina eclesiástica.

O bispo Burchard não teve acesso direto às mulheres para interrogá-las, porque há uma "parede opaca que cerca o universo feminino" (2001, p. 26). Vários são os crimes cometidos pelas mulheres: o aborto, o infanticídio, o assassinato do marido e da criada.

Burchard retira sua informação de Reginon de Prüm. Suas perguntas são feitas no masculino. Os inquisidores não chegavam aos recintos femininos.

O bispo interroga os dois sexos sobre quatro tipos de faltas: a negligência no trato com os filhos, a fornicação, o adultério, o apelo aos sortilégios.

A mulher também traria com ela a morte. Faria maquinações, praticaria mal olhado e feitiçaria, aplicaria fórmulas mágicas.

As mulheres possuiriam uma natureza pecadora. A ideia vinha de longe. Havia um trabalho de seleção em relação aos pecados e também de definição de novas faltas.

Os homens seriam os destinatários das questões. O número de perguntas dirigidas às forças do demônio e ao sexo dobrou. Buscava-se investigar as almas no seu recesso. As mulheres reinariam em "dois campos de culpabilidade" (DUBY, 2001, p. 28) : o mágico e o sexual. As mulheres fariam encantações nos funerais. Porém é ao macho, não às mulheres, que o interrogatório era dirigido.

O homem praticaria involuntariamente o adultério. Nos gestos de amor as mulheres seriam passivas: "uma única vez a mulher é mostrada tomando a iniciativa" (2001, p. 29).

A mulher era pecadora quando aparentava ser homem ou quando fabricava sortilégios e poções, que são armas suas. A mulher desafiaria o poder masculino. A causa disto era que o homem era o seu chefe.

Como as mulheres seriam irresponsáveis, deviam ser corrigidas pelos homens. A mulher devia ser mantida pelo homem na "disciplina requerida" (2001, 30). A fala da mulher era mais demorada, pois seu comprometimento era maior. O lado feminino seria marcado pela sujeição, a vergonha, o temor.

Sanções terríveis eram dirigidas contra o adultério. Somente no seu espaço, entre elas, podia haver debate entre as mulheres. Nesses lugares, nem sempre seu comportamento era correto. O chefe da casa nada via, já o padre tudo devia enxergar.

O confessor devia buscar o pecado onde ele se escondia. O resgate para o pecado era "uma punição corporal" (2001, p. 31). As sanções eram graduadas numa escala. A Igreja impunha renúncias ao culpado. As penas das pecadoras conheciam uma amplitude desmedida. Seus pecados tinham punição tão severa quanto a reservada ao homicídio. Sucessivos graus eram estabelecidos para a culpa feminina.

Burchard retomou antigas prescrições. Dois fatos destacam-se neste procedimento: a tentativa de impedir às mulheres o atentado contra a vida; e a disparidade notável presente nas duas partes do questionário.

As mulheres eram tratadas com rigor, os homens com indulgência. Para desmioladas e lésbicas previa rigorosa punição. Havia "a condenação da inversão da ordem natural da posição ativa e dominante dos homens no amor" (DUBY, 2001, p. 34).

O arsenal das mulheres, mortífero e misterioso, causava temor nos homens, os quais, particularmente os padres, acreditavam nos malefícios e beberagens.

A mulher era, de maneira diversa, vulnerável perante o juiz. A Igreja capturou as mulheres. As relações entre o feminino e o masculino foram modificadas por um grande acontecimento: a Igreja, "a instituição mais poderosa de todas, [...] decidiu colocar a sexualidade sob seu estrito controle". Esta era uma Igreja sob o domínio do espírito monástico. A Igreja dividiu os homens em dois grupos: "Aos servidores de

Deus, proíbe servir-se de seu sexo. Permite-o aos outros nas condições draconianas que decretou" (2001, p. 36).

A Igreja decidiu colocar as mulheres sob o seu jugo. Estabeleceu seus pecados e dirigiu um longo combate contra eles. Procurou, também, "impor uma moral do casamento, dirigiu a consciência das mulheres" (2001, p. 36).

No término deste tópico Duby coloca questões:

> A Igreja já teria compreendido que o meio mais seguro de conter os homens é apropriar-se da ascendência que exercem sobre o outro sexo? Teria avaliado o risco de despertar no espírito dos machos a desconfiança, o ciúme, a hostilidade em relação ao intruso, de atiçar esse anticlericalismo profundo cujas manifestações mais precoces revelam-se nos documentos um século e meio mais tarde? (2001, p. 36).

A palavra do bispo de Rennes mantém-se "no campo dos maridos" (2001, p. 37). A fraqueza das damas era denunciada. Ele faz em relação a Burchard um trabalho de adaptação e de releitura. Os maridos tinham vários temores em relação às mulheres, inclusive o de serem enganados. No adultério, o papel da mulher é ativo. A dama atrai os machos mediante seus enfeites. O amor cortês com seus jogos é lembrado. O corpo feminino é enfeitado com vários artifícios.

A dama dá suas escapadas. Nas palavras de Duby, "a dama eleita [deseja], toma a iniciativa, entra na caça" (2001, p. 38).

Étienne de Fougères mostra as duas faces:

> depois do negro, Étienne de Fougères mostra o branco. Seguiu aqui Marbode que, no *Livre des dix chapitres*, justapusera ao capítulo III, "Da prostituta", o quarto, "Da matrona". A apologia sucede, assim, à acusação. Muito mais insípida, evidentemente, como o são as descrições do Paraíso em face das do Inferno (DUBY, 2001, p. 38).

Para a mulher, a existência social começaria com o casamento. A esposa, com sua vileza, seria responsável pela desagregação do matrimônio. A célula conjugal se torna um campo fechado, em que ocorreria a guerra entre os dois sexos.

Entretanto, o casamento podia ser visto também como um jardim: aí as virtudes femininas seriam cultivadas.

No casamento as mulheres tinham obrigações. A esposa exemplar tinha deveres. A ordem social encontrava no casamento seu esteio e, nele, a mulher achava-se subordinada ao homem. A mulher, para o marido, era prazer e ornamento. A ação do homem na mulher era alegria. Ele é o senhor do jogo, o elemento ativo.

A fornicação encontrava no casamento o seu remédio.

Quanto ao sexo e seus deleites, a mulher moderada era a perfeita.

O estado de viúva era tranquilizador. Cécile era a grande dama que declina de maneira modelar. A mulher liberta-se, pela velhice, de seus demônios.

A esposa perfeita constitui um sonho dos maridos. E "a idade despoja a mulher de sua feminilidade, faz dela uma espécie de homem" (2001, p. 41). O homem tinha uma difícil escolha a fazer, entre dois tipos de mulher: a fogosa e a descansada.

A ansiedade e o temor masculinos eram imensuráveis. Ao longo dos séculos repete-se, contra as mulheres, o mesmo refrão. Desde a criação do mundo vem a sua maldição, do "pecado da carne" (2001, p. 41).

Eva é a heroína de uma história composta de palavras. Com ela temos da condição humana uma explicação global, explicação simples e que se impôs. Segundo Duby ela respondia a três perguntas: "Por que a humanidade é sexuada? Por que é culpada? Por que é infeliz?" (2001, p. 45).

No *Gênesis* há dois relatos sucessivos. A mulher é construída. Temos a nomeação por Adão de sua mulher. Adão conheceu sua esposa após a expulsão do Jardim do Éden.

Duby reteve cinco comentários das palavras do *Gênesis*, feitos por Robert (ou Rupert) de Liège (ou de Deutz), Abelardo, Pierre le Mangeur, Hugues e André de Saint-Victor. Nos comentários aparecem o nome de alguns mestres: Beda, o Venerável (início do século VIII), Alcuíno (fim do século VIII), Raban Maur (século IX), Santo Agostinho.

A respeito dos comentadores e do texto escreve Duby: "no século XII, nos mosteiros, perto das catedrais, homens da Igreja procuravam compreender melhor esse texto. Perguntavam o sentido de cada uma das palavras para esclarecimento dos que estavam encarregados de difundir-lhe a mensagem entre o povo" (2001, p. 47).

Para o historiador, "o mais profundo dos comentários do Gênesis foi escrito por Agostinho para responder aos maniqueus" (2001, p. 48). Ele é constituído de metáforas encaixadas: a mulher seria auxiliar do homem; ele dirigiria, ela obedeceria. O corpo estaria em subordinação à alma. Nas palavras de Duby, "a parte animal, o desejo prevalece na mulher enquanto a parte racional, espiritual predomina no homem" (2001, p. 49). Este dominaria, servindo como intermediário entre a mulher e Deus.

Esta interpretação magistral de Santo Agostinho aparece pouco nos glosadores do século XII, com exceção de Robert. De acordo com Agostinho, seguido pelos eruditos do século XII, homem e mulher têm vontades contraditórias.

A criação da mulher teve como razão a procriação. Para Agostinho a mulher é a causa da transgressão. Ele vê também "o sono como um momento de êxtase" (2001, p. 50). Para Beda, Adão prefigura Cristo.

Abordando a teologia e a moral do casamento diz Duby:

> Santo Agostinho passou rapidamente por *edificavit*. Com a costela, diz ele, Deus moldou Eva como "uma casa". Ora, é a propósito dessa construção que o comentário se desenvolve no século XII, e bastante naturalmente, quando estavam sendo elaboradas uma teologia e uma moral do casamento (2001, p. 50).

Segundo Robert, o casamento não pode ser interrompido:

> Por que, pergunta-se Robert, Deus não formou a mulher do limo da terra, para que se serviu de uma porção do corpo do homem senão para mostrar que a *caritas*, o laço de união monogâmico, deve ser indissolúvel? Se [a mulher] abandona seu homem, ela não existirá mais para Deus, pois não é, de início, um corpo completo nem uma carne completa, mas apenas uma parte oriunda do homem (DUBY, 2001, p. 51).

Hugues de Saint-Victor vê a mulher como uma associada do homem. Fala do amor espiritual que deve existir entre os cônjuges. Para ele, com o casamento, ocorre a emancipação do homem em relação à sua parentela. Pensa também que "amar não basta, é preciso amar apaixonadamente" (2001, p. 51). André de Saint-Victor pensa que gerando uma só carne, os dois espíritos se confundem.

Em seguida, Duby aborda dois sacramentos, o da penitência e o do casamento:

> Para que a reflexão se fixe, então, no pecado, ao mesmo tempo que no contrato matrimonial, para que se consume a edificação do sacramento da penitência, ao mesmo tempo que a do sacramento do casamento, o comentário da palavra *nudi* adquire amplitude no século XI (2001, p. 52).

Para Agostinho, o pecado era uma lei. A carne é fraca e se rebela contra o espírito.

Conforme Duby,

> André [de Saint-Victor] considera muito bem denominadas as partes vergonhosas por causa de seu movimento ilícito e bestial que provém do pecado. Esse movimento para Robert, revela ao mesmo tempo a fraqueza da carne e sua rebelião natural contra o espírito. Ele é desordenado e vergonhoso, diz Pierre [le Mangeur] porque não se faz sem pecado, mesmo no casamento. Há desculpa para a falta, mas o rubor permanece, daí uma preocupação das pessoas de não ser surpreendidas, de não fazer amor em público (Id., p. 52).

Procura-se justificar a tarefa da Igreja no controle da sexualidade. Quando os eruditos do século XII pensavam na mulher da *Escritura*, era, antes de tudo, à dama, à esposa que se referiam.

Ocorre uma pequena reabilitação da mulher. "Fala-se na mútua dileção que deve existir entre marido e mulher. Esta deve ter um papel auxiliar. Na mulher, é mais pesado que no homem o peso do pecado, da sexualidade. O masculino deve ter sobre o feminino o *imperium*" (2001, p. 53).

Sobre a tentação, diz Duby: "A cena da tentação com seus três personagens, a serpente, a mulher, o homem, ocupa o centro do mito, é ela que a iconografia, o teatro, o discurso tem de preferência representado" (DUBY, 2001, p. 54). Santo Agostinho pouco fala da tentação. A proibição foi transgredida pela mulher, por intermédio da cobiça. A desobediência da mulher ocorreu, então, de caso pensado. A causa do pecado cometido pela mulher foi o orgulho. A cupidez define a mulher, mas o homem é caracterizado pela razão.

A concupiscência carnal não é colocada explicitamente em discussão por Agostinho. Um deslocamento esboça-se, num mosteiro, trezentos anos depois. Segundo Beda, o Venerável, a mulher, e não o homem, é que foi enganada pela serpente. O prazer carnal, o gozo, é denunciado ao mesmo tempo como culpado e feminino.

Sobre a sexualidade, Raban afirma, conforme nos narra Duby: "Desconfiemos, impeçamo-nos de olhar para as coisas proibidas. Para as mulheres? Com efeito, Raban, monge como Beda, realça decididamente o sexual" (2001, p. 55).

Quanto ao fruto proibido, Eva sucumbiu ao desejo de gozá-lo. A mulher é o pecado, o fruto proibido, o sexo. A respeito do pecador e de sua responsabilidade escreve o historiador: "Dos glosadores do século XII, Hugues de Saint-Victor é o único a retomar Raban Maur. Os outros, em suas meditações sobre a responsabilidade do pecador, unem-se a Santo Agostinho" (2001, p. 55-56).

Buscando descobrir a natureza da retidão, Robert a vê na carne dirigida pelo espírito superior. Quanto ao erro, "é [...] uma subversão da ordem natural, rebaixando-se o espiritual até se sujeitar ao carnal" (2001, p. 56).

As mulheres seriam enganadoras, frívolas, imperiosas. O pecado de Eva teria sido duplo: contra Deus e também contra o homem. A mulher teria sido intolerável e abusiva, ao fazer com que o homem obedecesse à sua voz. A Eva foi imposta uma punição dupla: sujeitar-se ao poder masculino e à dor física.

A vontade de comandar constitui o segundo pecado de Eva. Duby acrescentou: "nesse comentário [de Robert], a leitura dos versículos do *Gênesis* desemboca em uma peça de acusação contra os defeitos da natureza feminina, esses vícios cujas vítimas são os homens" (2001, p. 56-57).

A denúncia reaparece de forma violenta em Pierre le Mangeur e de maneira atenuada em Hugues de Saint-Victor.

O discurso de Abelardo supera o dos outros comentadores todos:

> Quanto ao discurso de Abelardo, dominava sobre todos os outros. O homem é a imagem de Deus, a mulher não é mais do que o simulacro. Assim, mais próximo de Deus, o homem é mais perfeito, detém o poder sobre a mulher assim como sobre todas as criaturas; sua sabedoria confere-lhe mais dignidade; é também mais terno, pelo amor que tem por aquela que ele tem a missão de dirigir (2001, p. 57).

A afeição e nem tanto a malícia foi a causa da ofensa cometida pelo homem.

Para Duby, "no século XII, o cristianismo não é tanto uma questão de rito, de observância, quanto de conduta, de moral" (2001, p. 57). Sobre o pecado, o historiador afirma: "A expansão das práticas da penitência íntima torna mais urgente a pergunta: o que é o pecado? Onde ele está? Na mulher, mais que no homem, respondem os eruditos" (DUBY, 2001, p. 57).

Eva é acusada do prevalecimento sobre os homens, de uma tendência má, e, principalmente, de sensualidade, debilidade, leviandade. Na época era comum a crença de que a mulher caracterizava-se pela "cobiça libidinosa" (2001, p. 58). O apetite de prazer provocou a queda de Eva.

Na opinião do historiador, "os comentadores do século XII invertiam a relação entre a sexualidade e a falta, proposta por Santo Agostinho" (2001, 58), para quem a sexualidade derivava da falta.

Os pecados seriam descobertos pela alma racional.

Para Hugues de Saint é um castigo arder de desejo.

Segundo Pierre le Mangeur é depois da falta que emerge a sexualidade.

Abordando o pensamento de Agostinho sobre a mulher, explica Duby que Eva foi punida por Deus. Santo Agostinho "propunha ler a sentença espiritualmente, não carnalmente". Para Santo Agostinho "o masculino e o feminino [são] igualmente culpados, 'desiguais pelo sexo, mas iguais no orgulho', estando por isso reunidos na condenação" (2001, p. 59).

Duby vê deste modo a sujeição da mulher: "Antes do pecado, a submissão era por 'afeição'; depois é por 'condição', de estado. A mulher é submetida a essa dominação que São Paulo a proíbe de pretender exercer sobre seu marido" (2001, p. 59).

Ofendido, o Criador rebaixou Eva e a totalidade de suas filhas por um veredito. A condenação da mulher efetuada por Santo Agostinho foi repetida por outros comentadores, Beda, Raban Maur, Alcuíno. Para Raban Maur a mulher serve, no temor a Deus, debaixo do poder de seu esposo.

Robert de Liège comentou o relato, no seu terceiro episódio, como jurista. Adão acusou Deus, após pleitear inocência, "relançando a falta sobre ele, censurando-o por lhe ter posto nos braços de Eva, opressiva". O comentarista fala no castigo triplo de Eva, "três chicotadas no sexo feminino. A razão é esta: a quantidade do pecado é três vezes superior na mulher que no homem". E "ela se deixou seduzir, buscou prazer; fez Adão partilhá-lo. Então, se a morte é o castigo comum 'Deus tira da mulher especial vingança'" (2001, p. 60).

A servidão constitui a pena das mulheres que procuram prejudicar o marido encarniçadamente. O casamento piora a condição da mulher. A inclinação do feminino ao adultério e ao impudor deve ser controlada duramente.

A multiplicação das penas associadas à gestação constitui um castigo. Os filhos "são gerados por acaso, involuntariamente, nos impulsos cegos da libido" (Id., p. 61).

É no pecado que a totalidade das mulheres concebe. Para Hugues de Saint-Victor não é na multiplicação das concepções que o castigo reside. Engravidar uma mulher constitui uma felicidade. Concebe-se no sofrimento? "Antes se goza e muito" (2001, p. 62).

Os comentaristas situam-se perante Eva: "Vê-se então os padres mais eruditos do século XII diante de Eva e suas desditas". Para eles, é incontestável a inferioridade de Eva em relação a Adão. Relativamente ao homem, a mulher constitui um reflexo. A punição do homem foi agravada por Deus "como punição de sua falta" (2001, p. 63).

Sobre estas certezas são edificadas outras, que se apoiam na leitura do texto bíblico pelos comentadores. Elas sustentam a ação dos padres no sentido de eliminar, da sociedade leiga, o mal.

Os homens dividiam-se em duas categorias: a dos sexuados e a dos assexuados, os religiosos. É unicamente com esforço que estes últimos conseguem respeitar a continência estabelecida como regra.

A interpretação de Agostinho relativa ao ato primeiro da Criação não é retomada pelos comentadores. Aquele pensador transcendeu "o mito da sexualidade" (2001, p. 64).

A carne constitui o pecado capital. As transgressões, todas, da lei divina têm origem no sexo. A culpabilidade do homem aparece, minorada em termos tendenciais, pelos padres. O corpo da mulher constitui o fruto proibido. E "a mulher não passa de um objeto entregue sem resistência aos apetites masculinos" (2001, p. 64). Esta história, curiosa, não termina bem.

Os celibatários e os clérigos são, para os eruditos, os homens que se encontram mais expostos. As mulheres que buscam corrompê-los estão colocadas em três lugares:

1) A cidade, no quarteirão das profissionais.

2) A casa, no seu interior.

3) Os campos, onde os cavaleiros são provocados pelas mulheres.

O perigo para o rapaz é formado pelas criadas. As donzelas mostravam-se disponíveis aos cavaleiros. As matronas fogosas atacavam os santos. O melhor meio de defesa contra as mulheres é o casamento, que constitui um sacramento mas também uma delicada empresa. Os comentadores justificam o casamento: "Os eruditos descobrem a justificativa no Gênesis. O casamento foi instituído no Paraíso pelo próprio Deus Pai e é o único dos sacramentos que foi assim favorecido" (DUBY, 2001, p. 66).

A mulher deve ser submetida, deve sofrer de modo implacável o "senhorio", o "império", a "dominatio" do marido (2001, p. 67).

De modo a aliviar os homens do peso do pecado, ele é transferido ao feminino. Três vícios das mulheres são apontados: "Feitiçaria, agressividade, luxúria, esses são os três vícios relembremos, fustigados por Étienne de Fougères" (2001, p. 67). Os defeitos das mulheres são denunciados. No sentido de proteger os homens, os vícios devem ser desenraizados da alma feminina.

Para impedir os danos que podem ser causados pelas mulheres, passou-se a reuni-las em conventos. Aparecem "os germes de uma promoção espiritual da mulher". André de Saint-Victor aponta "uma igualdade possível entre o feminino e o masculino". Os apóstolos prometiam às mulheres uma "ajuda" (2001, p. 68).

Segundo Duby, "no século XIV, a Igreja dirigia-se às multidões" (2001, p. 71). Os pregadores, com sua ação, fizeram com que progressivamente as massas aderissem ao cristianismo. Os progressos da pregação determinaram uma comoção das consciências. Afirma o historiador:

> esse progresso tivera seu início muito mais cedo, na virada dos séculos XI e XII, quando os melhores padres haviam decidido viver como os primeiros discípulos de Jesus haviam vivido, ou seja, propagando, como estes haviam feito, a boa nova através do mundo (DUBY, 2001, p. 71).

Os pregadores fizeram em linguagem acessível a exortação aos fiéis para que seguissem a lição do Evangelho. Nosso autor mostra como se consolidou o novo ensino:

> Passou-se mais de um século [...] antes de que tal maneira de ensinar fosse sistematicamente organizada nas dioceses. Foi preciso esse tempo para formar equipes sólidas, experimentar os meios de prender a atenção dos humildes, e para que se consolidasse um quadro propício à difusão da mensagem, o meio urbano (2001, p. 72).

Na França do Norte, no fim do século XII, apareceram os escritos mais antigos que veiculam "modelos de sermões" (2001, p. 72). Havia já muito tempo que os clérigos dirigiam às mulheres cartas que se destinavam à leitura pública. Nelas aparece a grande eloquência, com seus ritmos pomposos.

Essas missivas eram sermões. Fizeram-se coletâneas delas. Estas "cartas de edificação espiritual mostram a imagem das damas do século XII veiculadas pelos padres". Conforme Duby, "seu pensamento profundo chega-nos deformado pelas regras da polidez e da expressão literária" (2001, p. 73). O que o historiador pode vislumbrar são as ocorrências que se passam nos altos cimos da hierarquia cultural e social.

Os homens na sua totalidade estão convictos da inferioridade da mulher em relação a eles. Duas são as características da mulher: a fragilidade e o peso que nelas exerce o carnal, que as puxa para baixo. Já "as virtudes cardeais – força, prudência, justiça, temperança quando aparecem nas mulheres provêm da complacência divina" (2001, p. 74).

Os bispos advertem contra o sexo, contra a indocilidade. Já que "o sexo é a primeira preocupação dos prelados" (2001, p. 78).

Para Yves de Chartres, para voltar ao paraíso é preciso trilhar o caminho da castidade. Ele pensa que o pecado da carne é o pecado cometido por Eva. Portanto, as moças devem consumir sua carne, oferecê-la em sacrifício.

Havia duas espécies de ovelhas: as que tiveram conhecimento do macho, as viúvas e as virgens, para as quais os bispos dedicam toda a sua atenção. Mas muitas destas só tem um sonho: liberar-se da sua virgindade, do seu "tesouro", com a maior rapidez possível.

Duby diz que "os conventos servem para defender as noivas contra a defloração acidental" (2001, p. 79).

O elogio da virgindade não era suficiente para eliminar das preteridas, do seu corpo e do seu coração, "os germes de pecado" (DUBY, 2001, p. 80). Assim que tinham possibilidades, algumas delas procuravam arranjar um esposo de carne e osso.

Os bispos pensavam que as virgens deviam destruir os atrativos corporais com pequenos golpes. Contra a tentação, a clausura era uma muralha.

Nas palavras do historiador:

> Contudo, é preferível não tentar a aventura, permanecer tranqüilamente no aprisco, vigilante, impondo-se um regime de vida capaz de destruir os atrativos corporais por meio de pequenos golpes. Sobretudo, nada de banho. Um rosto emaciado, cavado pelas lágrimas, a pele ralada pelo cilício. E a clausura como uma muralha contra a tentação (2001, 80).

Para os que fugiram do mundo, o mosteiro constituía uma trincheira.

As virgens deviam evitar o diálogo com os homens, desconfiar dos clérigos e dos leigos.

Os bispos procuram inspirar a aversão nas religiosas ao casamento. Hildebert de Lavardin faz críticas à conjugalidade, aos filhos, ao marido. Nas palavras de Duby, "fecunda, a mulher vive na ansiedade, estéril, morre no desgosto" (2001, p. 80).

Os bispos defendem, para as mulheres, a beatitude (2001, p. 81). Para eles, "a liberdade é a virgindade. Recusando o casamento, a mulher permanece dona do seu corpo, não é obrigada a saldar uma 'dívida'. Nenhuma mácula. O silêncio da carne, a paz, e, em breve, a beatitude" (2001, p. 81).

Eles acenavam com uma miragem para as donzelas: sua união com Cristo.

O bispo Arnulf, de Lisieux, escreve a uma jovem religiosa uma carta consoladora, surpreendente. Nela, ele medita sobre o amor, fazendo um paralelo sobre o que é e o que não é objeto de corrupção. Para ele, muitas vezes o amor carnal tem sua metamorfose em ódio. Além disso, a caridade não é a fonte do amor carnal. O outro amor, ao prolongar-se, torna-se mais forte.

De acordo com Duby, até cerca de 1180 os bispos quase não escreveram às donzelas encerradas nos claustros, a não ser para exortá-las a esperar, para proibir, para as preservar do amor. O amor com Cristo lhes é proposto, em seguida. Ele é a "fonte do amor" (2001, p. 83).

Adam de Perseigne ganhou reputação nos cimos da alta sociedade pelo ardor do seu verbo e por sua alta cultura. Ricardo Coração de Leão tinha-o como confessor. Ele exerceu uma missão política: por encargo do papa, procurou instaurar a paz entre os reis da Inglaterra e da França. Em Roma, em 1195, ele entrou em debate com Joachim de Flore. Em 1204, participou da quarta cruzada.

Sua palavra era soberba e influente. Ele escreveu uma carta para uma virgem, Agnès, edição de um sermão feito por Adam de Perseigne numa abadia de mulheres. O sermão tem por base dois versículos bíblicos. A união do casal deve ser atada por um mediador: Pedro. O tema da homilia é o amor-desejo, o amor carnal. Este caracterizado pela embriaguez, pela sede. Mas a perfeita alegria vem de outro caminho, o do êxtase espiritual.

O pregador evoca os prazeres da cama, de maneira mais franca e descarada que os outros religiosos. Ele fala do prazer associado à cópula, numa passagem que surpreende, porém esta cópula, muito capitosa, é "toda espiritual". Nela há "uma promiscuidade inefável" (DUBY, 2001, p. 86), e se fala das efusões conhecidas pelas santas mulheres.

O padre já não é o guia, mas, como o amante do universo cortês, aquele que serve a dama, que vai, finalmente, entrar em união com Cristo, receber o seu serviço. Ele é quem solicita Agnès.

> Fala da promoção conhecida pela mulher no final do século XII: Falar dessa maneira era reconhecer na prece das religiosas um valor que Abelardo, algumas décadas antes, era quase o único a atribuir-lhe. As mulheres, [...] devotas são, desde então consideradas capazes de ajudar os homens a passar da "antecâmara ao leito de amor" onde elas próprias, antes deles, instalaram-se, sinal evidente de uma promoção feminina. Procuramos, Michele Perrot, as colaboradoras

> de *L'Histoire des femmes* [*A história das mulheres*] e eu, datas significativas que permitissem escandir convenientemente essa história. O fim do século XII, incontestavelmente uma delas (2001, p. 87).

Os numerosos escritos que os dirigentes da Igreja dirigiam às princesas não destinavam-se a orientar suas consciências, a aconselhá-las. Nunca se expressa formalmente um apelo ao não uso imoderado do sexo, à temperança. Os eclesiásticos exortavam aquelas mulheres a que cumprissem, de forma conveniente, os deveres de Estado.

Essas cartas, em sua maioria, eram formadas por petições, pois as suas destinatárias eram esposas de pessoas poderosas. Os prelados não se mostravam indiferentes à salvação das mulheres nobres. Eles "interrogavam-se sobre o lugar destinado por Deus às mulheres na ordem social no contexto dos grandes fenômenos que ocorriam na Europa no século XII" (DUBY, 2001, p. 89). Procuraram adaptar a pastoral no sentido de levar as damas ao caminho reto, pois confiavam na feminidade.

O monacato feminino expande-se bruscamente, mas, para os prelados, a responsabilidade na salvação da esposa era dos maridos.

A primeira preocupação dos prelados era morigerar as religosas que viviam em clausura, viúvas e virgens. Contudo, "já muito perto do final do século XII, essa reserva caiu" (2001, p. 89). Descobre-se isso nas cartas de Adam de Perseigne a damas de altíssima condição, as condessas de Chartres, Champagne e do Perche.

Adam é seu amigo, de um tipo novo de amizade. Ele vai até elas. Dirige, pela escrita também, as consciências. As cartas respondem às mulheres na sua expectativa espiritual.

Adam enviou a Blanche de Champagne uma coletânea de pequenos sermões. A riqueza destas devotas ricas é legítima. As damas devem usar seu poder piedosamente e o discurso fornece indicações para isso. Ele apela para a humildade, para considerar com desprezo os prazeres mundanos. O sermão é feito num tom elevado.

A dama é convidada no discurso à recusa do luxo, a viver frugalmente. Nas palavras de Duby, "o vestido de cauda é a imagem de todas as espoliações de que o poder senhorial é o agente" (2001, p. 91). É conveniente meditar a respeito da desigualdade social, quando se vive no meio das riquezas. Constitui um grave pecado o fato de comprazer-se numa grande abundância. E "o tema primeiro" consistia em "modernizar a exploração senhorial" (2001, p. 91).

Adam de Perseigne prescreve às princesas um modelo de vida que se aproxima "da disciplina monástica". "Uma fé reta" (2001, p. 92): eis um dos deveres prescritos à princesa viúva. Antes de tudo ela deve temer a Deus. Renunciando ao luxo mundano, elas serão recompensadas. É necessário às viúvas que se autoimponham a penitência, já que são superiores às casadas mas inferiores às virgens. O pregador reserva um lugar à confissão.

A viúva libertou-se da servidão imposta pelo casamento. Segundo ele, Deus não julga os atos, mas as vontades. Adam, no entanto, não faz às damas o convite à restrição das despesas, ao alívio de um fardo, o dos impostos. Ele convida as damas a não se divertirem nas cortes. Elas devem meditar na morte: "Que se mantenham preparadas, pensem constantemente na morte, sua presença as impedirá de ceder às vontades" (DUBY, 2001, p. 93).

Adam de Perseigne, eclesiástico moderno, é um conhecedor da força do pensamento dialético. Para ele as mulheres podem descobrir a verdade, são seres sensíveis à razão.

Após a morte, o que as mulheres verão? Primeiramente a Virgem e "quem escolhe Maria como protetora nada tem a temer" (2001, p. 94).

O amante ideal é Jesus. As viúvas devem amar apaixonadamente Jesus. Adam não incita as damas ao misticismo. As bodas são prometidas apenas às virgens. As esposas continuam pecadoras. Elas não são acolhidas por Cristo em seu leito, de forma imediata.

A condessa deve permanecer corporalmente casta. O casamento, porém, tem aspectos positivos: "São três os aspectos positivos da vida conjugal": "a fé, a obrigação de instruir nos mistérios da fé e do conhecimento de Deus o que é gerado pela união; a proibição de separação dos esposos" (2001, p. 95).

O casamento tem a sua lei:

> mas como me poderia dar inteira, já que não sou livre, já que, presa dos grilhões do casamento, pertenço a outro? O abade responde por uma série de deduções lógicas. Começa por referir-se à lei do casamento, que Deus promulgou no Paraíso quando deu Eva a Adão como auxiliar e associada. Não impôs aos humanos se unirem sexualmente. Permitiu-o por benevolência, concedeu-o como um remédio. Essa é a função do casamento, extinguir as exaltações do desejo (2001, p. 95).

O tempo de abstinência deve ser ocupado com a confissão, as esmolas, a oração. Mesmo saldando com o marido sua dívida, uma dama pode pertencer a Deus. Dois são os maridos da dama e cada um possui sobre ela um direito. Nas palavras do abade, "*Ille* [Deus] reclama em ti seu direito". Trata-se de fato, de "uma questão de justiça". Pois "o que é o corpo da esposa? Um objeto, uma espécie de feudo, análogo a esses bens que o senhor concede a seu vassalo sob certas condições, ou antes como uma terra a ser lavrada, semeada" (2001, p. 96).

A mulher deve, por força, no que se refere aos seus dois esposos, fidelidade e castidade. Desse pacto realizado com Deus decorrem, para a mulher, obrigações. A primeira delas é o pudor. A carne somente deve ser entregue pela mulher ao "esposo terrestre". Já com "o esposo celeste" (DUBY, 2001, p. 96) ela deve ter um gozo espiritual. Dando a cada um dos esposos o que lhes é devido, a esposa terá participação na justiça celeste.

Entretanto, *Ille*, [o outro], o nobilíssimo é, dos dois esposos, o melhor. Ele agraciou a sua noiva, por generosidade, com a virgindade espiritual. Tal coisa é uma doação, um dom. A esposa deve preferi-lo, pois com ele a união é durável. Já o casamento é caracterizado pela transitoriedade.

Duby comenta o texto que viemos considerando. Para ele trata-se "de um texto notável, pelo rigor do raciocínio, pelo poder do verbo, sobretudo pelo que revela" (2001, p. 97). Acrescenta o historiador: "Surge às claras o que os homens da Igreja pensavam das mulheres e o que queriam que as próprias mulheres pensassem delas. Um 'vaso de excrementos', repetiam eles" (2001, p. 97-98).

O corpo da mulher é o centro do pecado que corrompe. As damas devem, tanto quanto possível, esquecer seu corpo, desprender-se dele. A dama deve recusar-se ao extravio do prazer. O amor conjugal ficaria singularmente limitado em seu campo pelas injunções citadas. As palavras do abade "foram lançadas no próprio centro dos divertimentos corteses" por um abade pertencente a uma das mais austeras ordens "eclesiásticas" (2001, p. 98) – a dos cistercienses.

Os homens nobres demonstravam repugnância relativamente aos confessores. Muitas esposas fechavam-se para sempre, permanecendo frígidas.

As cartas escritas por Adam de Perseigne eram os sermões que conquistaram uma audiência vasta. Esta era "audiência [...] encerrada em um espaço fechado, [...] o convento, a casa, a morada nobre" (2001, p. 100).

Na época de Adam a pregação constituía para o clero uma das funções principais. A escola tinha como primeira função a formação de pregadores. Conforme o historiador, "os fiéis reunidos para o ofício, e especialmente às mulheres" (2001, p. 100) deveriam por prescrição rigorosa escutar e repetir aos outros o conteúdo da pregação.

Coletâneas reuniam os modelos de sermões, construídos tendo por base uma ou duas passagens da Escritura. Os sermões comentavam as passagens segundo o método que se desenvolvera nas escolas de Paris e Laon.

As pessoas simples eram os destinatários dos sermões, que continham muitas pequenas histórias, de caráter divertido. As coleções de sermões eram manuais práticos e se destinavam aos pregadores profissionais.

Eis o seu método: partir das palavras, elucidar um significado, para chegar a uma exortação concreta sobre como conduzir-se em tal circunstância. A respeito do caráter dessa produção e de sua utilidade para ele como historiador, Duby faz alguns comentários. Trata-se, diz ele, de "uma produção literária superabundante, monótona, banal, decepcionante". E acrescenta: "Esse material completa a imagem da mulher proporcionada pelas cartas de orientação espiritual" (2001, p 101).

Os sermões destinavam-se "a cada estado" da sociedade. "Alguns sermões", explica nosso autor, "dirigiam-se às mulheres e neles encontram-se todos os lugares comuns da literatura epistolar". Os sermões, quando falam das donzelas, insistem na virgindade como "valor inestimável" (2001, p. 101) e na proibição de práticas libidinosas. Quanto às viúvas, elas não deveriam relembrar os prazeres sexuais que tiveram.

Os sermões tinham os homens como público privilegiado: "Os sermões estão dirigidos principalmente aos homens mostrando a maneira de preservá-los dos pecados que ameaçam a mulher especialmente" (DUBY, 2001, p. 102).

A *Ars predicandi*, de Alain de Lille, morto em 1202, é um modelo que provavelmente foi pouco utilizado, por ser muito erudito. Conforme pensava, "para que o casamento seja 'espiritual', isto é, verdadeiro, convém que 'a carne e o espírito estejam unidos segundo a razão', que 'a carne como a mulher, obedeça ao espírito, que o espírito, como o homem, dirija, governe a carne como deve sê-lo uma esposa'" (2001, p. 102).

Para Alain de Lille a esposa é simplesmente um objeto submetido ao esposo, e, a ela, o esposo não precisa dizer nada.

Jacques de Vitry teve seus sermões reunidos em 1226. Pregou com grande sucesso. Tornou o discurso diversificado e amplo. Num de seus manuscritos ocupa-se das mulheres de fato. De acordo com Duby, ele aconselha os maridos a bem dirigirem suas mulheres, advertindo-os dos "defeitos masculinos" (2001, p. 103). Ele fala da "dignidade do casamento". Satisfazer o homem na sua libido – tal lhe parece ser a missão das mulheres. Os cônjuges devem seguir – no que se refere às relações sexuais – certas "regras de boa conduta" (2001, p. 104).

Amortecer a concupiscência e seus arrebatamentos, tal é o objetivo da instituição matrimonial. O papel das esposas é, tanto quanto possível, conter-se, resguardar-se. A esmola deve resgatar no casamento a impureza, o prazer. Ele pensava também que a mulher não deve se recusar nunca e o homem não deve constrangê-la pela força. O ideal é que os esposos entrem num acordo, cada um usando seu direito de maneira moderada.

Para o pregador, "o adultério [...] é o diabo, [e é] mais grave" quando parte da esposa, que não é dona de seu corpo. Neste caso ele "é um furto" (2001, p. 105).

Jacques de Vitry nada, ou quase nada, afirma de positivo a respeito das damas. O marido não deve maltratar e sim proteger a sua mulher. A mulher deve cuidar bem da casa, de seu senhor e da educação de suas filhas. Para ele, "a dominação marital sobre a mulher [é] necessária já que o mal vem dela" (2001, p. 105). Continuando nesta linha de reflexão, afirma que "são sempre as damas [...] indóceis, briguentas que rompem a concórdia no seio do casal [...] [E] incumbe ao homem dirigir, controlar-se e não agitar-se como as mulheres" (2001, p. 106). Acrescenta ainda: os maridos devem domar as mulheres e mantê-las "estritamente vigiadas" (DUBY, 2001, p. 106).

Em Guibert de Tournai e Humbert de Romans há sermões que são dirigidos de modo explícito a mulheres seculares. Nos sermões de Humbert a única novidade é essa. Nele, encontramos uma denúncia violenta dos "defeitos das damas" (2001, p. 106), de sua inclinação ao pecado. Para ele a virgem é o modelo de feminidade.

Duby considera funesto esse preâmbulo. Os sermões apresentam seis modelos adaptados às mulheres de condições sociais diversas. Neles, são elencados os defeitos femininos em sua totalidade. Poucas são as advertências feitas às mulheres da nobreza, "como se o bom sangue protegesse melhor" (2001, p. 107).

Dirige-se à mãe de família e diz-lhe que deve, em relação às criadas e aos adolescentes, controlá-los severamente. Em primeiro lugar, devem-se vigiar as donzelas, mantê-las afastadas dos machos. As criadas devem igualmente ser vigiadas, pois muitos jovens bem nascidos ficam perdidos por causa delas.

Os últimos dois sermões são dirigidos às prostitutas e às camponesas, à escória.

Quanto às prostitutas, como Maria Madalena, há possibilidade de salvação para elas, mas – mais ainda que as aldeãs – elas são perigosas. Para Duby, "o tom não mudou" nos homens de Igreja, passado "um século e meio. [Eles] têm medo das mulheres e, sobretudo de seu sexo" (2001, p. 108).

A mulher, para eles, é "Eva [...] o perigo", pois oferece aos homens "o fruto proibido" e os incita ao gozo (DUBY, 2001, p. 108).

Guibert de Tournai também fustiga o caráter perverso das mulheres. Elas devem, para ele, honrar o marido. Segundo o historiador, "esse franciscano é contudo o primeiro a celebrar diante de um auditório feminino o amor conjugal". O religioso considera que os melhores casamentos são os realizados "entre iguais" e crê que "o amor é tanto mais certo quanto mais puro, tanto mais alegre quanto mais certo" (2001, p. 108).

Do ponto de vista de Guibert de Tournai, "se poderia pensar que nessa amizade e dileção, embora maculadas pela libido, encontra-se algum elemento positivo" (2001, p. 108). Eis aí uma "concessão [...] sem convicção, uma abertura [...] tímida, isolada, tardia" (2001, p. 109).

No próximo capítulo veremos como o historiador tratará os problemas relacionados à política medieval, em suas articulações com os elementos ideológicos e do imaginário.

capítulo 5

O universo político medieval: poder, ideologia, imaginário

Cavalaria medieval: biografia e história

Começamos nossa análise pela abordagem de uma das obras-primas de Duby, tanto quanto obra historiográfica quanto como trabalho literário: *Guilherme Marechal, ou o melhor cavaleiro do mundo.*[1]

Neste livro, o historiador conta, ao mesmo tempo, a história de um grande senhor feudal, de um cavaleiro, o maior da época, e a de uma instituição e de seu código de ética, a cavalaria, lançando luzes preciosas sobre o funcionamento político do feudalismo.

O historiador inicia o seu relato – pois este estudo consiste numa narração, ele conta uma história – referindo-se aos solitários da Idade Média. Falará longamente da morte do Marechal e, a partir dela, da morte na sociedade medieval.

O autor trata da morte como espetáculo, do "grande espetáculo [...] da morte principesca" (DUBY, 1987, p. 9). Refere-se à linhagem e ao seu corpo. Relaciona morte e festa, afirmando que as mortes belas constituem festas verdadeiras. A morte do Marechal foi suntuosa. A morte constituía uma passagem majestosa e solene.

Depois, relaciona moral e sociedade. Segundo ele, a integridade do corpo social encontra-se conservada pela moral.

A família mostrava-se um círculo dos mais fechados. O barão Guilherme possuía indiscutível autoridade. Duby mostra que a morte era tanto um rito de investidura quanto de desinvestidura de autoridade.

---

1 Rio de Janeiro: Graal, 1987 [1ª edição francesa, 1984].

Duby relaciona agonia à nudez, que deve ser uma característica do agonizante. Um pergaminho é o documento onde são registradas as vontades manifestadas pelo defunto. A ordem do mundo, à época, surge sustentada pelo costume.

Quanto ao corpo do falecido, a preocupação com ele constitui uma terceira fase no ritual do desnudamento. Há inquietação em relação ao envoltório corporal. O corpo é submetido permanentemente à guarda. Neste momento de Guilherme aparecem tanto a dominação quanto o amor.

Apesar de seu poder, Guilherme possuía pouca liberdade. O herdeiro, o filho mais velho, também tinha funções. Já o terceiro filho instalara-se na Igreja. O poder e o prestígio nessa sociedade vinham de uma base, a fundiária.

Quanto às filhas do Marechal, quatro casaram-se com barões. O Marechal procurou dotar bem suas filhas. Nessa sociedade, as mulheres estavam sob controle masculino. O historiador interroga-se, ainda, sobre os alicerces que sustentam a classe dominante.

Nosso autor fala do testamento e do luto e critica a ficção romanesca e a literatura hagiográfica.

O Marechal tem uma serena confiança em Deus, pois fez a peregrinação à Terra Santa, Um rito de passagem é o constituído pela saída da cavalaria em direção à nova cavalaria. Na época as formas de devoção evoluíam rapidamente.

Guilherme, na ocasião de sua morte, era um sobrevivente de outra época. Possuía grande prestígio. O momento por que passava era de extraordinária comoção e se tornava necessário servir a pobreza. Cuidar tanto do corpo quanto da alma.

Dentre os bens do Marechal há que distinguir entre os que são dele, o seu tesouro próprio, e os que vieram da esposa. Os amigos procuravam estimular o Marechal a agir com largueza em relação aos valores que ele possuía.

Passando à moral da cavalaria, Duby fala da moral doméstica e da moral familiar. Cada qual tem seus preceitos.

Quanto à cultura cavaleiresca, ela se baseia na exibição e na ostentação. O defunto devia despojar-se de suas vestes cerimonialmente. O cortejo fúnebre deveria ser esplêndido. A hora da morte era a de uma festa: "a festa fúnebre" (1987, p. 33). O corpo defunto deixava uma lição: "Neste mundo toda vaidade é vanidade" (1987, p. 34).

Fazer um banquete para os pobres era, para o morto, uma verdadeira dramaturgia, mas nem todos tinham uma morte tão imponente como o Marechal. O rei Felipe Augusto fez o elogio do Marechal morto, realçando sua lealdade. Como afirma o historiador, "a amizade varonil", constituía o "cimento do Estado feudal" (DUBY, 1987, p. 37).

Valorizava-se também a prudência. A cavalaria tinha seus valores. Ela era um tribunal de valentia e de valor. Guilherme era, no mundo feudal, o melhor dos cavaleiros.

Os descendentes do Marechal julgaram necessário preservar a memória de quem fundou a linhagem. Por isso, procuraram construir para ele um memorial, de caráter profano. Acrescente-se o fato de que a cavalaria tinha uma cultura própria, na qual as canções tomavam um importante lugar.

Do Marechal foi mandada erigir uma canção-monumento. O poema, em sua homenagem descreve ações, os seus "gestos" e "gestas" (1987, p. 41) e constitui uma relação exata e detalhada das peripécias que marcaram sua existência.

A perpetuação da memória do Marechal deve ter sido facilitada pela proximidade entre ele e o poder.

Sua memória teve caráter erudito, ela foi baseada no livro de Suetônio, *A vida dos Doze Césares,* modelo usado para tudo. O poema utiliza a língua que os cavaleiros falavam.

A linhagem do Marechal extinguiu-se rapidamente. Foi por acaso que o trecho referente à vida do Marechal sobreviveu. Talvez tenha sobrevivido por causa de sua beleza, já que "as obras-primas resistem" (1987, p. 45).

Um trovador foi o autor do poema. Escritor magnífico e bastante consciencioso, apresenta um grande acontecimento histórico de caráter decisivo para o Marechal: a batalha de Lincoln. Vasto e encorpado, no relato deve-se fazer uma triagem minuciosa do que era verdadeiro e do que era falso. O poema constitui um depoimento a respeito do sentido da história que vigorava entre os cavaleiros.

João, o trovador, é o autor do poema escrito no dialeto normando. Entre os informantes, encontra-se João de Early, ligado ao Marechal pelo amor, palavra muito forte: "é o ápice da amizade varonil" (1987, p. 50).

O principal informante do poeta foi João de Early, que trabalhou com documentos contidos em pergaminhos. A memória do Marechal foi guardada por João de Early. O Marechal fala pela voz de João, o qual era vinte anos mais novo do que ele. Deste modo, a informação vem dele, Marechal, de sua memória. Suas recordações são marcadas pela precisão. A memória do Marechal é a de um analfabeto.

O poema constitui um panegírico do Marechal, porque a literatura da família tinha características próprias e seu objetivo principal era honrar a memória dos antepassados da linhagem.

O objetivo de Duby no seu livro consiste em recuperar a cultura dos cavaleiros:

> O meu propósito é simplesmente o de esclarecer o que ainda se conhece pouco, recolhendo nesse testemunho, cujo valor excepcional já apontei, o que ele nos conta da cultura dos cavaleiros. Quero, apenas, tentar ver o mundo como esses homens o viam (1987, p. 54-55).

O mundo da cavalaria formava um universo masculino. Nessa sociedade vigorava o tabu do incesto. Aí as mulheres circulavam como sombras. A esposa ocupava uma posição marginal. O casamento era um grave assunto, resolvido entre os homens. Embora houvesse mulheres combatentes, a presença delas nos torneios não foi, ao que parece, frequente.

O torneio caracterizava-se pela exibição do erotismo. Nos torneios, as mulheres exerciam duas funções: estimular a valentia dos guerreiros e fazer com que os homens se distraíssem. Cantava-se, dançava-se e a cortesia fazia sua aparição discreta.

Neste poema, formado por quase vinte mil versos, aparecem somente três mulheres. Duby fala de "mulheres decididas a decidir elas mesmas o seu destino" (1987, p. 64).

A cavalaria buscava monopolizar as mulheres aristocráticas. O historiador lembra a importância do dinheiro e da usura na sociedade feudal do período que estuda. Recorda o amor existente entre os homens. Evoca as relações entre mulheres e homens nas cortes. O Marechal conquistou muitos amigos por causa do dinheiro.

Na formação política feudal, de acordo com nosso autor, "a rainha" era "um signo abstrato" (1987, p. 68).

Nas casas nobres, a presença do adultério era latente. O amor cortês cercava-se de perigos. No universo masculino, fechado, havia flutuações entre o amor e o ódio. Devido à suposta ligação entre o Marechal e a rainha, o rei toma a iniciativa de romper com ele, que faz sua retirada da corte, "traído ou fingindo-se traído" (DUBY, 1987, p. 71).

Os reis encarnavam a sabedoria, que constituía a primeira entre as três funções sociais [Georges Dumézil].

A cortesia marcava-se pela dissimulação e pelo segredo e, conforme o historiador, havia curta distância entre o romance cortês e a realidade da cavalaria, a "dos comportamentos masculinos e femininos" (DUBY, 2001, p. 75). O amor cortês tinha a sua verdade social.

No poema, raramente aparecem os burgueses, os padres, menos ainda. Quanto aos camponeses, afirma Duby: "Nenhuma alusão encontramos às massas dos que tinham a função de lavrar a terra. Uma única, aliás, – o comentário de que os camponeses sofriam com as guerras" (1987, p. 76). O historiador trata neste ponto da questão muito cara a ele, das três ordens, das três funções na sociedade feudal.

O Marechal teve o seu período folgazão e vigoroso e desconfiava muito dos padres.

Os combatentes não nobres, inferiores, faziam a guerra por dinheiro. No poema, o elogio feito ao Marechal é, sobretudo, o louvor dos combatentes a cavalo, a apologia da cavalaria. Segundo nosso autor, "os versos [mostram] o que a classe dominante pensava de si mesma" (1987, p. 78).

O historiador reconstitui o cenário em que se desenvolve o poema. A Inglaterra aparece dominada por uma aristocracia vinda da França. Dois freios da sociedade feudal eram "o elo feudal" (1987, p. 79) e a ideologia monárquica. Entre os cavaleiros a solidariedade cultural mostrava-se rigorosa.

Para Duby, o Marechal "era um homem novo" (1987, p. 81). Para estudá-lo, ele recorre a uma fonte, o diploma régio. Os marechais faziam parte da domesticidade. O autor os situa assim: "Os marechais [...] estavam subordinados a um dos principais oficiais, o condestável, encarregado dos estábulos senhoriais e de tudo o que dizia respeito aos cavalos" (1987, p. 83).

Os ofícios domésticos eram hereditários.

O rei foi gradualmente perdendo seus poderes. João Marechal, pai do Marechal, desejava fazer o seu próprio jogo, isto é, a guerra.

A ascensão social do Marechal foi atingida por meio do casamento e da valentia. As estratégias matrimoniais constituíam um trunfo na luta pela ascensão social. O casamento servia para a ascensão dos cavaleiros, pois, com ele, entravam na posse de bens trazidos pela esposa por causa do dote.

Ao falar da meninice do Marechal, Duby explora a situação da criança na sociedade cavaleiresca.

A respeito da guerra, o historiador afirma que "a luta feudal [a guerra] era entrecortada de mil tréguas" (1987, p. 88). Na Inglaterra, a guerra aparecia como mais cruel, pois o país caracterizava-se por maior rudeza.

O futuro Marechal, quando menino, tinha como companheiro de brincadeiras o rei Estevão. Um dos sinais da condição infantil era o abandono da casa paterna, desde cedo, pelos rebentos dos cavaleiros.

O Marechal tinha grande ligação com o irmão mais velho, por quem guardou luto, mas como nada devia ao pai, não chorou a sua morte. O historiador estende-se sobre a educação recebida pelo Marechal e sobre a inveja existente no seu meio. A respeito da amizade e de sua importância observa: "A amizade respeitosa [é] a mais segura riqueza que pode haver no mundo" (DUBY, 1987, p. 95).

O Marechal prospera porque tem o amor do senhor de Tancarville. Recebe a investidura como cavaleiro. A cavalaria constituía um sacramento. O Marechal era pobre. Como afirma Duby, "com a espada na cinta, Guilherme se tornou um homem em meio aos homens". Ele conquistou "o poder sobre si mesmo" (1987, p. 100). Mas a errância, se trazia a liberdade, trazia também o perigo. É o momento, para o Marechal, do "enorme terror" (1987, p. 101).

Se o Marechal era um cavaleiro pobre, seu irmão mais velho, o filho primogênito João Marechal, andava pelo mundo esbanjando magnificência.

O Marechal ganhará sua vida nos torneios, mas se caracteriza pela ingenuidade. Os jovens cavaleiros têm uma posição especial na sociedade. Nos romances, sua solidão é vivida de maneira dolorosa, como crise, como penitência. O isolamento aparece como vergonha. A garantia do cavaleiro é a família.

Duby agora define de outra forma seu projeto com o livro *Guilherme Marechal*: fazer "o estudo dos processos de ascensão social na aristocracia do Ocidente em torno de 1200" (1987, p. 105). Ele quer ver como certas casas ascenderam.

Para o jovem cavaleiro, tratava-se de conseguir a vitória dentro de seu grupo.

O Marechal consegue integrar-se num grupo familiar, o de Patrício de Salisbury, conde de Salisbury. Nesta sociedade, o tio materno tem tanto direitos quanto deveres privilegiados.

O conde foi morto traiçoeiramente. Para a ascensão de Guilherme, um fato decisivo foi o de ter sido ele o vingador da sua morte. A moral da linhagem era a mais exigente moral feudal. A luta travada por Guilherme "contra os assassinos do tio" (1987, p. 109) alcançou repercussão.

Ele também se constitui num defensor tanto do rei quanto da rainha. Tornou-se, para o soberano, um familiar. Como o rei lhe dedica estima, seu futuro está garantido.

"A condição monárquica" atinge sua maturidade: ela se emancipa "da confusão feudal" (DUBY, 1987, p. 110). O jovem rei tem, em Guilherme, seu instrutor.

Henrique, o Moço, tem a sua "mesnada" (1987, p. 111), a sua companhia. Guilherme tinha a função de um prefeito de palácio.

Neste ponto de seu relato, Duby afirma ter recorrido a documentos de arquivo para conhecer o seu assunto. A "mesnada", anda, "erra" pelo país, como "enxame vagabundo" (1987, p. 112). Nela, andavam juntos gastar e errar. A alegria deve caracterizar a "mesnada" (1987, p. 114).

O sacramento militar é ministrado a Henrique, o Moço, por Guilherme. A guerra, para o historiador é "uma ocupação, maneira e meio de vida" (1987, p. 114).

A fidelidade doméstica surgia como o principal. A "mesnada" de Henrique, o Moço, cessada a errância, volta aos torneios.

Aos trinta anos, o Marechal era senhor de si. Conquistar honra e apreço: tal a função do Marechal. A ética cavaleiresca tinha suas determinações: a fidelidade, o valor, o manejo das armas, honra e função dos cavaleiros, a conquista temerária do amor das damas. A temeridade era característica do Marechal.

Uma outra virtude cavaleiresca era a largueza: a distinção social é instaurada por ela. Ela quer dizer desperdício. A moral dos cavaleiros chocava-se com a realidade. Nessa, impunha-se um poder novo, o da moeda, o do dinheiro. Este aparecia como necessário à cavalaria para seus torneios.

Nosso autor mostra o período áureo do gosto pelos torneios, uma vez que o poema traz informações ricas sobre eles. O historiador fala do processo de recrutamento dos participantes, dos promotores dos torneios, dos riscos grandes de morte neles.

O torneio constituía uma forma de negócio. Eles eram também "um meio de resistência da aristocracia ao poder real" (1987, p. 127).

Os torneios eram a ocasião do exercício do mecenato. Seu número era enorme. Uma multidão mostrava-se atraída por alguns deles. Duby descreve um grande torneio ocorrido em Lagny. Os torneios tinham um sistema aperfeiçoado de comunicação. Tinham seus arautos, intermediários dos quais dependia o sucesso dos jogos.

De acordo com o historiador, "cada unidade [representa] uma casa" (1987, p. 131). O dinheiro fazia-se presente nos torneios. Henrique, o Moço, demonstrava neles prodigalidade. O esporte era uma atividade que gerava lucros.

Os torneios mostravam "afinidades de costume" (1987, p. 134). Neles havia folguedos, obstáculos, exibições. Nosso autor procura mostrar em que o jogo consistia. Nos torneios havia duas palavras-chave: apontar e ferir. Duby descreve o desenrolar das refregas. Os louros e honras conquistados. O momento do desbarato e da trégua. As presas conquistadas. Como se dava a caça aos adversários e o tumulto. Fazer prisioneiros: tal era o jogo, um jogo alegre e brutal.

Havia também discursos. O butim era o núcleo da discussão. Desse mesmo modo existiam negociações. Para o historiador, "o que distingue o torneio da guerra [é] essa liberalidade extravagante e necessária" (1987, p. 15). Uma festa: nisto consistia o torneio. Nele, somente os traficantes ganhavam.

O Marechal associa-se com o flamengo Rogério de Gaugi para combater nos torneios. Todavia, segundo Duby, "Guilherme Marechal nada conservava para si, salvo a glória" (1987, p. 154). Guilherme também se associa com o conde de Saint-Pol, um barão de altíssima posição.

Guilherme era precavido e devoto. Nosso autor fala da guerra feudal e afirma que a amizade dos cavaleiros não era por ela abalada. Ele também fala do papel dos credores.

O Marechal vai para a cruzada. Os cruzados recebiam presentes.

Guilherme teve uma longevidade espantosa. Ele pode explorar os direitos que o matrimônio lhe conferiu. Direitos enormes. Os barões das fronteiras possuíam regalias e poder. A esposa de Guilherme trouxe como dote de casamento "um belo senhorio" (1987, p. 174).

Na Irlanda existiam pendências ásperas entre os clãs locais. Eram recalcitrantes os irlandeses nativos. Entre os domínios de Guilherme, a mais rica parcela era a Irlanda.

As herdeiras eram motivo de barganha entre os senhores e o rei. Para Duby, "o rei da Inglaterra buscava 'obstinadamente' reforçar o poder real" (1987, p. 177).

O casamento trouxe subitamente riqueza a Guilherme. O tesouro do Marechal era sua mulher, já que todos os bens e poder dele vêm da esposa. O poder mostra-se mais importante que a riqueza. O Marechal tornou-se intocável. O rei foi obrigado a torná-lo um chefe.

Para o nosso historiador, havia "um único poder autêntico", o "dos homens casados" (1987, p. 181). O casamento trazia autoridade. O resultado da pobreza era a impotência. A investidura de um filho de um membro da cavalaria era a ocasião de "uma festiva dilapidação de riquezas" (1987, p. 182).

Com o matrimônio transpunha-se uma decisiva fronteira. Com ele, houve para o Marechal mudança de classe. O círculo da dominação revelava-se estreito no mundo feudal.

Para o autor, a sociedade feudal é "cimentada" pela "*caritas*" [pela "amizade"] e pela "fé" (1987, p. 182-183). O historiador fala a respeito do jogo de poderes existente no "estágio superior da sociedade feudal" (1987, p. 182).

Uma combinação de serviço, igualdade e lealdade fundava a ordem feudal.

Com o casamento, o Marechal passou a ser o chefe da linhagem, o patrono, o que deveria mostrar devoção e generosidade. Exercer o poder associado à condição de grande senhor constituiu para ele "uma experiência nova" (1987, p. 185). O Marechal alcançou o "baronato real" pelo casamento. Para Duby o baronato inglês tem a especificidade de ser "aberto e relativamente fluido" (1987, p. 186).

Os chefes de linhagem tinham sua própria política. Um pacto poderia ser consequência da amizade. Além disso, na política familiar, as filhas tinham utilidade, pois podia-se fazer uma aliança para "favorecer heranças desmembradas" (1987, p. 188).

O Marechal procurou garantir "conivências neutras" (1987, p. 189). Ele conseguiu terras que eram feudos. Como barão, participava da alta política.

O historiador se refere ao poder exercido pelo rei dentro do sistema feudal. No caso do Marechal, ele tratava João sem Terra "como um poder rival e não dominante" (1987, p. 191). Os reis são tratados de forma profana pelo biógrafo de Guilherme.

A respeito da lealdade mostrada pelo Marechal, nosso autor levanta a questão da moral existente na relação de vassalagem, porque o poder real fundava-se numa rede de amizades vassálicas.

O Marechal recebeu dignidades de João Sem Terra. Duby fala da força representada pelos vínculos domésticos e da "fraqueza do poder feudal; [e também da] fraqueza, ou mesmo nulidade do poder real" (1987, p. 198).

A Regência do reino inglês foi assumida pelo Marechal. As medidas tomadas por ele "dão estabilidade ao [...] governo" (DUBY, 1987, p. 206).

Os familiares do Marechal foram promovidos por ele. A honra é colhida "a braçadas" (1987, p. 206) pelo Marechal. Ele, vencedor da batalha de Lincoln, dirigiu uma arenga à suas tropas, na qual realçou o papel da honra. Mostrou-se fiel a uma moral, a da cavalaria.

Ele vivia a sua apoteose. Como diz o historiador, "a excelência" como cavaleiro levou o Marechal "ao cume" (1987, p. 210).

A guerra feudal: acontecimento e estrutura

A política medieval constitui o tema de outra obra de Georges Duby, *O domingo de Bouvines, 27 de julho de 1214*,[2] da qual abordaremos alguns aspectos.

O historiador define Bouvines como "um acontecimento [...] retumbante" (DUBY, 1993, p. 9).

Contra sua vontade, o rei da França, Felipe Augusto, empreendeu uma guerra contra uma coalizão de adversários, em 27 de julho de 1214. Na batalha, o rei francês conseguiu uma vitória de caráter fundador, que deu bases sólidas à monarquia francesa.

O historiador caracteriza, no livro, as propostas da história "nova" (1993, p. 9) da qual mostrou-se praticante exemplar, dizendo que ela

> descartava na verdade a descrição dos acontecimentos, repugnava a narração, empenhando-se antes em colocar, em resolver problemas, negligenciando as trepidações de superfície; pretendia observar a evolução da economia, da sociedade, da civilização (1993, p. 9-10).

O que se buscava era tratar, sem complacência, de questões árduas.

Nosso autor escolheu escrever um livro sobre Bouvines por uma atração, a do prazer. Ele sentiu a necessidade da exploração do acontecimento para investigar o deslocamento das "bases de uma cultura" (1993, p. 10). O acontecimento esclarece muitas questões, por isso, seu valor: "Por seus efeitos de ressonância, por tudo aquilo cuja explosão provoca a ascensão desde as profundezas do não-dito, pelo que ele revela ao historiador das latências" (1993, p. 10).

O acontecimento traz à tona vestígios, traços banais raramente evocados:

> Pelo próprio fato de ser excepcional, o acontecimento faz emergir, no afluxo de palavras que ele libera, vestígios que, se não nos detivéssemos nele, permaneceriam nas trevas, desapercebidos, os traços mais banais de que raramente se fala no cotidiano da vida e sobre os quais nunca se escreve (1993, p. 11).

Na noite mesma da batalha começou-se a falar de Bouvines e não se parou mais de falar do acontecimento. Testemunhos diversos e numerosos acumularam-se sobre o evento. Bouvines provocou repercussões políticas amplas. Duby retomou os

---

2 Rio de Janeiro: Paz e Terra, 1993 [1ª edição francesa: 1973].

relatos existentes sobre o acontecimento. Os fatos do dia podem indicar uma estrutura [Fernand Braudel].

O primeiro nível de abordagem, para nosso autor, é o aspecto etnográfico da política militar no início do século XIII. O segundo nível é a circunscrição do "campo do político". Aqui misturavam-se inextricavelmente o profano e o sagrado. O terceiro nível é a observação da montagem e desmontagem do evento. Para o historiador, "um acontecimento [...] só existe pelo que dele se diz" (1993, p. 11).

O projeto de Duby consiste em fazer "a história da lembrança de Bouvines, de sua deformação progressiva, pelo jogo, raramente inocente, da memória e do esquecimento" (1993, p. 12). Ele procurou ver como se comportavam os homens de guerra.

O dia 27 de julho de 1214 caiu num domingo. Neste dia, dia do senhor, várias coisas são proibidas, inclusive combater. Para os fiéis do século XIII, era muito ameaçadora a cólera celestial. Era preciso que fossem evitadas três máculas: a do sexo, a do sangue derramado, a do dinheiro. A proibição foi transgredida, num domingo, por milhares de guerreiros. Naquele dia, ousaram combater-se dois reis, personagens sagrados.

O rei da França obteve uma vitória brilhante. O acontecimento foi memorável, mas só existe pelas marcas que deixou. É delas que vai falar essencialmente o livro de Duby. Dois são os tipos de marcas. Uma imagem foi cuidadosamente conservada, a de Bouvines. Outras marcas foram as deixadas nos homens da mesma época, numerosas, instáveis, difusas. Isto constitui "uma longa litania que exalta, tranquiliza e consola" (1993, p. 14).

A proposta do nosso autor é a de "avaliar, nos diversos níveis de uma cultura, o vigor, a precisão [de um acontecimento] e suas ressonâncias afetivas" (1993, p. 15).

O que interessa ao historiador são os indícios formados pelos documentos. É o caso de um texto constituído de um poema. Ele conta a vitória de Felipe Augusto. Transmite uma informação considerada um troféu. O objetivo do autor consistia em reavivar "o sentimento de uma comunhão de interesses e de valentia" (1993, p. 16). Essas duas vitórias militares foram olhadas por todos como triunfos de uma nação.

A pedra do monumento a Bouvines perdeu-se, contudo o texto sobreviveu. Cópias foram feitas dele. Isso foi decisivo. O documento tornou-se mais acessível pelo trabalho dos erutidos modernos. Vários são os responsáveis pela sobrevivência de Bouvines.

Para Duby, Bouvines "é ao mesmo tempo a conclusão e o ponto de partida" de "uma rede de intrigas" (1993, p. 18).

Nosso autor procurou lançar um olhar distinto sobre os indícios do evento. Eis o que ele afirma da versão positivista de Bouvines:

> Para a história positivista – aquela a que já aludi e que não é nada negligenciável – a batalha de Bouvines se inscrevia expressamente na dinâmica de uma história do poder. A jornada formava como que um nó, mais volumoso que outros, numa cadeia contínua de decisões, tentativas, hesitações, sucessos e fracassos todos alinhados sobre um único vetor, o da evolução dos Estados europeus (1993, p. 18).

O historiador faz várias críticas à história positivista: fala das metas inatingíveis desse tipo de história; explica que as causas e os efeitos da batalha não podem ser apreendidas na sua eficiência respectiva; refere-se aos anacronismos e contrassensos dessa história; lembra sutis evoluções que ela desconsidera.

A primeira etapa do trabalho do nosso medievalista é estudar o sistema cultural. Para ele, "as marcas [...] profundas [do fato] revelam aquilo de que, no cotidiano da vida, pouco ou quase nada se fala" (1993, p. 20).

O programa de Duby é fazer uma abordagem sociológica da guerra no início do século XIII. Ele quer perseguir as deformações do fato vivido, desvendar a ação do esquecimento e do imaginário sobre uma informação.

Para ele, a crônica de Guilherme, o Bretão, oferece "a marca mais imediata, mais clara e mais abrangente do acontecimento", porque ela é a versão oficial da luta: "Esse texto vem da corte do rei da França. Ele fornece o relato oficial do combate e se inscreve desse modo numa tradição historiográfica então quase secular. Esta tem suas raízes na abadia de Saint-Denis" (1993, p. 20).

A necrópole de Saint-Denis trazia uma imagem impressionante – a da monarquia francesa na sua continuidade. Suger reconstruiu suntuosamente a Igreja. Ele,

> numa síntese magistral de onde brotou a arte gótica, essa arte régia, essa "arte da França", como se dizia naquele tempo, quis associar a estética imperial da região do Mosela à da Nêustria e às inovações formais que acabavam de eclodir no sul da Gália: a nova basílica exprimia, assim, a união de todo o reino sob a autoridade de um soberano proclamado herdeiro direto de Carlos Magno (DUBY, 1993, p. 21).

Os reis eram personagens sagrados. No começo do reinado de Felipe Augusto a autoridade real fortaleceu-se. Como a cultura escrita conheceu uma expansão rápida, os príncipes acreditavam que o prestígio desta estava assegurado pelo panegírico.

Guilherme o Bretão era um fiel servidor de Felipe Augusto. Guilherme era uma espécie de arrivista cultural. Aprender a escrever e falar bem era, para as pessoas de baixa extração, a via da ascensão social. Por isso, muitos ingressavam na Igreja e depois afastavam-se dela, dedicando-se a outros afazeres.

Guilherme estudou nas escolas de Paris, as melhores. Ele entrou na capela real entre os trinta e os quarenta anos. Conseguiu tornar-se bispo. Quem se mostrasse engenhoso e dócil tinha um futuro garantido. Tornou-se indispensável ao rei. Para Duby ele faz "do ocorrido naquele dia [em Bouvines] um acontecimento [e] é o primeiro a fazer" isso (1993, p. 23). Ele redigiu no calor da hora um relato marcado pelo exagero, criando uma verdadeira história do reinado. Nosso autor comenta a importância da ação de Guilherme:

> Realiza-se desse modo uma transferência que merece especial atenção: o empreendimento historiográfico passa das mãos monásticas para as de um clérigo, e de uma abadia para a própria casa do rei. Sinal da solidez de um poder que se afasta um pouco das celebrações litúrgicas e começa a se secularizar (1993, p. 23-24).

Guilherme o Bretão fala somente de guerras. Ele quer, sobretudo, fazer a celebração de Bouvines. Sua narrativa procura realçar a glória de uma dinastia, a dos Capetos. É o melhor testemunho da batalha.

Duby afirma que ela foi redigida "em latim, [...] pois a casa do rei [...] é antes de mais nada uma capela" (1993, p. 24). Sua tradução em língua vulgar sinaliza para uma mutação cultural. A narrativa de Guilherme é honesta, clara e precisa. A prosa do cronista apresenta-se movimentada, saborosa, admirável. Ele reconstitui o cenário, a intriga, os atores da batalha. Cria o mito de Bovines.

Passemos agora ao "Nascimento do mito" (DUBY, 1993, p. 195).

Bouvines, incontestavelmente, foi um evento significativo. Pela primeira vez, depois de um século, um rei conduzia uma batalha. Era a primeira vitória obtida por um rei capetíngio. Nas palavras de Duby, foi "a afirmação peremptória da legitimidade de um direito" (1993, p. 195).

Ao longo dos séculos os Estados europeus tiveram o seu destino determinado por Bouvines. Na corte do rei francês logo se percebeu a importância do evento. Os cinco relatos utilizados por Duby atestam esta importância, bem como a abadia da congregação de Saint-Victor, que o rei Felipe fundou perto de Senlis.

Entre a escrita da história e a prece existiam "afinidades muito próximas" (1993, p. 196). Os sábios receberam para reflexão um discurso fragmentado. O acontecimento repercutiu em ondas sucessivas. Nosso autor procurou fazer a avaliação dessas ressonâncias pelo estudo dos traços deixados por elas.

No século XIII, a cultura europeia preocupa-se de maneira forte com o registro histórico. Buscavam-se exemplos que pudessem conduzir à salvação do povo cristão. Pensava-se que os homens não poderiam julgar o passado com sensatez enquanto a história não tivesse sido consumada. O passado era para os homens um instrumento de meditação sobre o fim do mundo.

Segundo o historiador, "nas cortes, [...] multiplicados por toda parte, verdadeiros focos de luz de uma cultura que se dessacralizava, também se tinha um interesse cada vez maior pela história e muitos se punham a escrevê-la" (1993, p. 198).

O objetivo dos historiadores era o trabalho no sentido da manutenção de uma formação social, de uma moral, de um poder. Procurava-se igualmente responder à curiosidade dos membros da nobreza. Manuscritos inumeráveis de histórias, crônicas e anais se perderam, contudo.

Duzentas e setenta e cinco dessas fontes foram examinadas por Duby. Na sua maioria, elas vieram da região do Império. O medievalista se pergunta quais delas mostram a repercussão de Bouvines, e somente noventa e duas dessas histórias mencionam o acontecimento. É surpreendente a constatação de que um terço dos escritos celebrando Bouvines, isto é, trinta e três deles, vinham da antiga Francia. As representações maiores vieram do condado de Flandres.

Parece que na Inglaterra a repercussão de Bouvines foi profunda. Do outro lado da Mancha são, em grande medida, elogiosas as alusões à vitória do rei francês.

Das regiões do Império vem quase um terço das menções à batalha. Um terço dos relatos vindo da Lotaríngia silencia sobre Bouvines. Há registros do relato na Itália.

Houve uma desatenção de caráter voluntário em relação a Bouvines. Segundo nosso autor, "na própria França, mal se transpõe o Loire instala-se o silêncio. Nenhum indício traduz melhor essa desatenção voluntária que a espessura do muro que então separa o reino em dois" (DUBY, 1993, p. 200). A Aquitânia está ocupada na sua cruzada dirigida contra os cátaros.

Bernardo Itier, monge bibliotecário de Saint-Martial de Limoges, então uma encruzilhada importante de peregrinos e informações, toca em muitos assuntos, mas nada diz sobre Bouvines. A batalha, todavia, repercutiu em áreas longínquas, embora em algumas regiões houvesse "camadas de indiferença" (1993, p. 201).

Duby afirma que "dos noventa e dois testemunhos, setenta e cinco resumem-se a poucas linhas. Nove dentre eles contentam-se em situar o acontecimento no espaço e no tempo. Um décimo acrescenta apenas que era um domingo" (1993, p. 201-202).

O centro do acontecimento é constituído pela captura do conde de Flandres. Alude-se ao pequeno número de mortos. Os condes prisioneiros não são omitidos em nenhum dos dezessete relatos de maior extensão. A derrota do imperador não é silenciada nos relatos de Vincent de Beauvais.

Comentando estas informações, o autor afirma:

> Esta análise dá o perfil do acontecimento: o rei de França aprisionou o conde de Flandres e alguns outros condes, além de um grande número de cavaleiros nobres; jogado ao solo, ele se levantou para por a correr um "falso" imperador, excomungado; isto se passava num domingo. Quando a memória se reduz à sua expressão mais simples, ela retém um milésimo, 1214, e o nome de uma ponte sobre um riozinho flamengo (1993, p. 203).

Houve casos de relatos nos quais as lembranças foram deformadas e amplificadas. As "amplificações foram feitas de início pelos que serviam o rei da França, e as deformações, pelos que não gostavam dele" (1993, p. 203).

A maioria dos escritores alemães nada dissera a respeito da derrota. As versões alemãs buscam tornar menos humilhante a derrota do imperador.

Uma parte importante dos relatos ingleses empenha-se na suavização da glória capetíngia. O poema escrito em homenagem a Guilherme Marechal sustenta que o herói real da batalha foi um inglês, o conde de Salisbury, "que aconselhou o imperador a se retirar e lealmente se deixou capturar em seu lugar" (DUBY, 1993, p. 205).

A descrição de Roger de Wendower é bem informada e menos parcial. O rei Felipe se apoiou nas três "ordens":

> Ele percebeu com precisão que o rei Felipe se apoiava nas três "ordens", nos condes, nos barões e nos cavaleiros que o rodeavam, mas também nos soldados a cavalo e a pé, nas comunas das aldeias e cidades, que lhe davam o apoio do povo, enquanto em toda parte

> os bispos, os clérigos e os monges oravam e cantavam sem cessar, multiplicando as missas "pela manutenção do reino" (1993, p. 205).

O relato em prosa de Guilherme o Bretão é, como vimos, "o que oferece o melhor registro, mais direto, menos confuso" (1993, p. 206). Conforme nosso autor, Guilherme apressou-se, com esse relato recém-escrito, em retomar a matéria, no afã de celebrar o triunfo do rei da França, edificando "um monumento literário mais suntuoso, [procurando] cantar Felipe como Virgílio cantou Enéias" (1993, p. 207).

A *Filípida*, eis o nome do poema, é uma obra laboriosa, um panegírico que delineou o mito de Bouvines:

> Depois de 1214, começou então a compor a *Filípida*, um vasto poema – que terá finalmente quase dez mil versos –, e levou adiante a obra lenta, pausada e laboriosamente. Ao cabo de três anos, dez cantos estão escritos; em 1224 fica pronta uma segunda versão, em doze cantos, que será traduzida em prosa francesa antes do fim do século. Ao longo desse panegírico, cuja leitura para nós é fastidiosa, vê-se esboçar, como uma sobreposição fotográfica, os primeiros lineamentos de um mito (1993, p. 207).

O tema único da *Filípida* é Bouvines. Os antecedentes da vitória são apresentados em sete mil versos. Fala-se do combate de Felipe contra os hereges e os judeus. É mostrada a matança em Berry, de sete mil camponeses. Duby diz que "a entrada do soberano na política é esplêndida, cercada pelo fulgor das chamas, pelos salpicos de sangue das vinganças do Eterno" (1993, p. 207).

É citada a luta árdua contra uma raça demoníaca e corrompida, os Plantagenetas. Condena-se o rei João como amigo dos cátaros, dos heréticos. Vencido, ele voltou contra a Igreja a sua maldade.

Critica-se também a Oto de Brunswick, o outro rei iníquo, que perseguia os peregrinos. No poema de Guilherme, a luta aumenta de proporção, assumindo o caráter de uma tragédia. A luta é cruel, colossal. Para Duby, "o mais importante são os 'ornamentos', todos os buquês de epítetos, com adereços barrocos, sobre a constatação da partida" (1993, p. 209).

A narrativa acolhe o fabuloso. O ângulo de visão é deslocado. "Em primeiro lugar", afirma nosso autor, "pelo efeito de uma leve mudança de enfoque" (1993, p. 209).

A batalha passa a ter um caráter trágico. Estabelecem-se os contrastes entre o escuro e o claro. Os inimigos de Filipe aparecem sedentos de sangue e querem matar o rei, uma iniquidade. Fernand, prisioneiro em Paris, é a presa mais bela.

Oto é a encarnação do Anticristo. Guilherme mostra sua ingenuidade ao tratar do projeto de reforma eclesiástica de Oto que jogaria os religiosos na pobreza. Para Guilherme, é legítimo a Igreja ser bem vestida e gorda.

Segundo Duby, "Esse primeiro deslocamento determina outro que leva a retocar mais francamente o cenário" (1993, p. 210).

O historiador completa assim suas reflexões:

> Felipe está irreconhecível. Já não é o velho chefe ardiloso, prudente, meio enferrujado, da história verídica, que se esquivava por receio de esfalfamento e para evitar maiores perdas, que temia arriscar tudo de uma vez e no dia 27 de julho só sonhava com uma coisa: esconder-se nos pântanos para recomeçar a guerra quando os riscos tivessem razoavelmente diminuído. O herói da *Filípida* é destemido (1993, p. 210).

O feudalismo: ideologia e imaginário

Para completar este capítulo, passamos à abordagem de um dos mais importantes e ambiciosos livros de Duby, *As três ordens ou o imaginário do feudalismo.*[3] Trataremos apenas da primeira parte, "Campo da investigação" e do primeiro item da segunda parte, "Primeiros enunciados".[4]

O autor começa por estudar o livro *As três ordens,* de Charles Loyseau, publicado em 1610. Nele se fala de três ordens, três estados. De três funções que se complementam. De uma solidariedade que é triangular. Ela transmite "um sentimento de equilíbrio" (DUBY, 1999, p. 261). Eis como o Duby desenvolve estes temas:

> Uns se dedicam em particular ao serviço de Deus, outros a conservar o Estado por meio das armas, e outros mais a alimentá-lo e mantê-lo através dos exercícios da paz. São as três ordens ou estados gerais da França, o clero, a nobreza e o terceiro "estado". Esta proposição é uma das que inauguram o *Traité des Ordres e Simples Dignitez* que

3 Lisboa: Estampa, 1982. [1ª edição francesa: 1978].

4 In: Duby, Georges. *Obras selectas de Georges Duby.* Presentación y compilación de Beatriz Rojas. México: Fondo de Cultura Económica, 1999, p. 261-270 e 270-277, respectivamente.

> Charles Loyseau, parisiense, publicou em 1610; imediatamente bem recebido e considerado muito útil, foi reeditado constantemente durante o século XVII. Nestas palavras se encontra definida a ordem social, a ordem política, quer dizer, a ordem. Três "estados", três categorias estabelecidas, estáveis, três divisões hierarquizadas: Como na escola, essa sociedade modelo onde a criança aprende a permanecer sentado e comportar-se bem, a marchar em fila, a obedecer, a classificar-se, isto é, a situar-se em sua classe: a "classe": os grandes, os médios, os pequenos: o primeiro, o segundo, o "terceiro" estado. Ou melhor três "ordens", que é a palavra que Loyseau prefere. A mais elevada dirigida para o céu, as outras para a terra; as três dedicadas a sustentar o "Estado" (agora em maiúscula): a do meio se ocupa da segurança e a inferior alimenta as outras. Portanto, três funções complementares. Solidariedade triangular: uma base, um vértice, e essa ternaridade que misteriosamente gera um sentimento de equilíbrio (1999, p. 261).

A variedade caracteriza a nobreza como corpo social. A mais perfeita das divisões é aquela que ocorre entre as espécies. Para Duby, é necessário ver onde se encontram, nessa "construção harmoniosa", "os eixos" (1999, p. 261-262). A estrutura do Antigo Regime é ternária, correspondendo à estrutura que caracteriza o universo.

O prólogo de Loyseau tem um caráter justificador. Nele a ordem é vista como necessária. A hierarquia apresenta três níveis. Os homens têm necessidade de ser governados. A desigualdade é uma exigência da disciplina.

O nosso medievalista desenvolve este tópico:

> A disciplina requer a desigualdade. Não podemos viver juntos em igualdade de condição, mas por necessidade é preciso que alguns mandem e outros obedeçam. Entre os que mandam há várias ordens, posições e graus. A ordem vem de cima. Se propaga por via hierárquica. A superposição de graus assegura sua expansão (DUBY, 1999, p. 262).

A ordem baseia-se em uma pluralidade de ordens: as três ordens têm uma origem enigmática. Segundo Gregório Magno, não pode a Criação ser governada de modo igualitário. Existe uma homologia entre a Terra e o Céu, entre a sociedade humana e a divina.

Aos jovens estão abertos três caminhos, são três funções, três estados. Eles correspondem a graus de um processo progressivo de purificação, de uma ascese. Este discurso tem um caráter maniqueísta, portanto.

Duby procura delimitar sua investigação: "A imagem apresentada por Loyseau é muito similar à da sociedade perfeita. Há entre Loyseau e Torquat, escritor do século XX, uma estrita concordância. Existe neles uma nostalgia – a de uma humanidade regenerada. A trifuncionalidade constitui a forma da perfeição social" (1999, p. 264-265).

Nosso autor comenta o tema das três ordens:

> É uma imagem muito similar da sociedade perfeita a que projetam duas frases que se fazem eco, duas frases laterais que podem traduzir-se assim: 1. "Tripla é pois a casa de Deus que cremos uma": aqui embaixo uns oram *(orant)*, outros combatem (*pugnant*) e outros trabalham *(laborant)*, os quais três estão juntos e não podem estar desunidos, de modo que sobre a função *(officium)* de um se baseiam as obras *(opera)* dos outros dois, e cada um por seu lado ajuda aos demais. 2. "Demonstrou que desde a origem o gênero humano está dividido em três, entre os homens de oração *(oratoribus)*, os agricultores *(agricultoribus)* e os homens de guerra (*pugnatoribus);* trouxe a prova evidente de que cada um deles é objeto de cuidados por parte dos outros". Três funções, pois, as mesmas três e conjugadas de forma similar. Porém desta vez a proclamação ascende desde o fundo das idades. Foi lançada 600 anos antes de Loyseau, 950 antes do senhor de Torquat, na década de 1020, por Adalberão, bispo de Laon e por Geraldo, bispo de Cambrai (1999, p. 264-265).

Na França ocorreu a permanência milenar de uma imagem da sociedade. Esta representação mental constitui uma estrutura.

O historiador desenvolve estes temas:

> Meu propósito de justapor estes textos é ressaltar a permanência na França durante um milênio de uma imagem da ordem social. A figura triangular sobre a qual, no pensamento dos bispos do ano mil, se erigiu uma sociedade una e tripla como a divindade que a criou e julgará, no seio da qual o intercâmbio de serviços mútuos conduz à unanimidade a diversidade das ações humanas, não difere com efeito da figura triangular que sob o reinado de Henrique IV serviu para fundar sobre um conjunto de símbolos, que os primeiros progressos das ciências humanas não tardarão a questionar a teoria

> da subordinação do povo ao jugo da monarquia absoluta e é a essa mesma figura triangular que em nossos tempos, em lugares que certamente se reduzem cada vez mais, porém dos quais ainda não se retirou totalmente a vida, se aferra a nostalgia de uma humanidade regenerada finalmente purificada de dupla purulência, branca e vermelha, que segrega a grande cidade e que se veria livre, ao mesmo tempo do capitalismo e da classe operária. Trinta ou quarenta gerações sucessivas imaginaram a perfeição social sob a forma de trifuncionalidade. Essa representação mental resistiu a todas as pressões da história. É uma estrutura (1999, p. 265).

Tal estrutura articula-se "com outra mais profunda, mas ampla, envolvente, esse sistema também trifuncional que os trabalhos de Georges Dumézil situaram admiravelmente entre os modos de pensamento dos povos indo-europeus" (1999, p. 265).

Há uma relação evidente entre as estruturas citadas, a europeia e a indo-europeia. Duby trata de delimitar sua investigação. Na trifuncionalidade de Georges Dumézil, por exemplo, as virtudes de heróis e deuses estão reunidas em três constelações.

O nosso historiador cita o panegírico elaborado pelos bispos, afirma que a trifuncionalidade fundamenta um sistema de valores, procura situar seu problema e escolhe estudar uma imagem, a das três funções.

Seu campo de investigação limita-se ao norte da França. Aí situa-se uma formação sociocultural homogênea, uma província literariamente muito fecunda.

Nosso autor trata do conceito de soberania, busca caracterizar a ideologia das três funções. O problema histórico é o da cronologia. Tratando das fontes escritas, fala de uma escrita solene e oficial, que veicula uma margem grande de incerteza.

O historiador procura, portanto, ver como se difunde o modelo original da trifuncionalidade social.

Em relação à ideologia trifuncional, Jacques de Goff fala do surgimento na sociedade cristã de um novo esquema.

Duby explicita sua proposta:

> Eu gostaria de prolongar a investigação ao longo dos séculos XI e XII, até o momento em que as alusões às três funções sociais – às três ordens – se multiplicam, quando é certo que a "teoria" está "muito difundida", que o "esquema", tem "um grande êxito"; sair, até onde seja possível, da indecisão (1999, p. 268).

O autor quer responder à pergunta formulada por Georges Dumézil: "Por que, como essa escolha entre estruturas latentes." Quer investigar com precisão, descobrir no sistema ideológico uma engrenagem, ver como se situa contextualmente a trifuncionalidade considerada como sistema histórico, suas transformações e erros. Analisar como o modelo trifuncional se relaciona com as relações sociais em sua realidade concreta. O historiador está preocupado com uma questão central, a das relações, na evolução das sociedades, entre o material e o mental.

Duby desce aos detalhes no tratamento destas questões:

> Assim localizada, a interrogação desemboca em outra categoria de problemas. O modelo das três funções sociais, esse postulado, essa evidência cuja existência não se demonstra jamais, que nunca é evocada senão em suas vinculações com uma cosmologia, uma teologia e evidentemente uma moral, que serve de base a uma dessas "formações discursivas polêmicas", que são as ideologias, pondo portanto a serviço do poder uma imagem simples, abstrata da organização social, que relações tem esse modelo com a realidade concreta das relações sociais? A ideologia, como bem sabemos, não é um reflexo do real vivido, mas um projeto de atuação sobre ele. Para que a ação tenha alguma possibilidade de ser eficaz, a disparidade entre a representação imaginária e as "realidades" da vida não deve ser muito grande. Porém a partir daí, se o discurso é escutado, cristalizam atitudes novas que modificam o modo como os homens percebem a sociedade de que formam parte. Observar o sistema onde está incluído o esquema das três ordens no momento em que se revela no reino de França, tentar seguí-lo de 1025 a 1225 nos seus infortúnios, é enfrentar uma das questões centrais que se colocam hoje às ciências do homem, a das relações entre o material e o mental na evolução das sociedades (DUBY, 1999, p. 269).

Os intelectuais medievais viviam no isolamento. A ideologia das três ordens procurou ocultar e reduzir as contradições do sistema feudal. O autor está preocupado com o estudo das relações que os sistemas simbólicos estabelecem com a realidade, quer estabelecer o confronto entre o modelo trifuncional e o mundo que adotou tal modelo. Procura enunciar a este de maneira clara: "É hora de passar às palavras que pela primeira vez, entre as 'fontes' provenientes do norte da França, formularam claramente um modelo" (1999, p. 270).

Nessa formulação temos duas frases, duas vozes, três tipos de agir. Essas vozes vêm de grandes personagens. Um deles, Adalberão é um traidor, oriundo da nobreza mais alta. Do mesmo tronco que ele provinha Gerard de Cambrai. Ele era um servidor do imperador Henrique II, de quem recebeu a nomeação para bispo de Aix. Era um jovem muito autoconfiante.

Estes dois bispos eram primos, dois aristocratas envolvidos na mesma política.

Duby fala do papel exercido pelos bispos no ano mil, da magia, da consagração, da unção. Ele é um personagem sagrado, tem a função de ordenador, a *sapientia*. Como dom, ele ensina, ele conserva a cultura clássica. O historiador refere-se ao processo de permanente renascimento da latinidade.

A missão episcopal aparecia como dupla: predicar e rezar. O bispo situa-se na junção do sagrado e do profano. O bispo deve exercer seu papel na harmonização dos dois mundos. Deve ser guia do povo e dirigir-se ao rei. O autor evoca o conteúdo do discurso episcopal dirigido aos reis. O bispo é um produtor, natural, de ideologia.

Reims era o coração da França. Os seus bispos queriam para si, como monopólio, a consagração dos reis francos do Ocidente.

As catedrais de Laon e de Cambrai conservaram as formas políticas existentes entre os francos. Os bispos exerciam uma tarefa política. Gerard era um leonês e ligara-se com o rei da França, foi seu conselheiro. Ele foi um participante da Assembleia que reformou a Igreja. Gerard de Cambrai pertencia ao círculo formado em torno do rei Capeto e aconselhava-o com uma pregação moral.

O rei era um personagem sagrado, mas sua posição era ambígua, já que ele detinha a espada e o cetro.

O nosso autor estende-se sobre a educação recebida pelo rei Roberto, a função dos bispos, a arte da retórica. Sustenta que os bispos tinham, em relação ao rei, uma posição magistral. Vê na retórica um instrumento para governar os príncipes. Para ele, a missão dos bispos "consiste em revelar ao rei os princípios de sua ação temporal e em particular as ordenações da sociedade humana. Quer dizer, a tripartição" (DUBY, 1999, p. 276).

O historiador fala de um poema de Adalberão escrito entre 1027 e 1031. A frase de Adalberão sobre a tripartição aparece, porém, em outro livro. O enunciado da tripartição ocorre em 1025. O autor informa que o discurso de Adalberão é de 1024. Foi o bispo que utilizou o tema das três funções. Ele aparece numa frase única. O tema formado aparece como um "postulado", o "da trifuncionalidade social" (1999, p. 277).

Nota-se entre os bispos um tom diferente. Os redatores da *Gesta* obedecem a regras de retórica. O bispo tinha o seu círculo. Os escolares eram marcados pelo virtuosismo. Duby informa que "a enunciação do princípio trifuncional aparece num ponto preciso de duas obras refinadas". Entre eles havia um acordo esclarecedor e necessário. O surgimento do tema trifuncional explica-se pela "estrutura de um sistema" (1999, p. 277).

capítulo 6

Arte, sagrado, sociedade: a sociologia histórica da arte medieval

Trataremos desde tema em Duby socorrendo-nos da sua magnífica síntese "Idade Média – arte e sociedade".[1]

A arte medieval teve um caráter funcional, uma função sacrificial. Servia para comunicar-se com o além: "Em sua maioria, esses monumentos, esses objetos, essas imagens serviam também de mediadores faorecendo a comunicação com o outro mundo, um outro mundo de que pretendiam ser um reflexo, uma aproximação" (DUBY e LACLOTTE, 1997, p. 16).

As manifestações artísticas eram controladas pela Igreja: "A autoridade eclesiástica repetia que não cabia aos artistas inventar imagens. A Igreja as construíra e as transmitira [...] eram os prelados que decidiam a sua 'receita', ou seja, o tema, as figuras e a respectiva disposição" (DUBY e LACLOTTE, 1997, p. 17).

Porém a arte tinha também uma terceira função, a do prazer: "no espírito dos contemporâneos foi se ampliando imperceptivelmente o lugar daquilo que no edifício, no objeto, na imagem não é funcional, mas proporciona o simples prazer" (1997, p. 17).

Duby explicita o seu objetivo com o trabalho:

> não se pretende nas páginas que seguem explicar a evolução das formas artísticas por meio da evolução das estruturas materiais e culturais da sociedade. A intenção é colocá-las em paralelo, para ajudar a melhor compreender uma e outra" (1997, p. 17).

---

1 In: Duby, Georges e Michel Laclotte (coord.) *História artística da Europa, v. 1 A Idade Média*. Rio de Janeiro: Paz e Terra, 1997, p. 15-125.

O historiador mostra o surgimento de uma civilização e de uma arte novas: "a leste [...] a civilização antiga prossegue a sua história sem rupturas [...] a oeste [...] instala-se a desordem por três séculos, durante os quais se misturam os ingredientes de uma nova civilização. De uma nova arte" (DUBY e LACLOTTE, 1997, p. 19).

Eis as características da arte dos povos bárbaros:

> Ao norte, a oeste, nos pântanos e nas florestas, [...] vivem as tribos "bárbaras". Essas populações dispersas, seminômades, de caçadores, criadores de porcos e guerreiros têm costumes e crenças muito diferentes. Também sua arte é diferente: não é a arte da pedra, mas a do metal, das contas de vidro, do bordado. Não há monumento, apenas objetos que as pessoas transportam consigo, armas, jóias, esses amuletos com que os chefes se enfeitam na vida e que são postos ao lado de seus cadáveres no túmulo. Não há relevos, apenas o cinzelado. Uma decoração abstrata, símbolos mágicos entrelaçados em que às vezes se inserem as formas estilizadas do animal e da figura humana (1997, p. 20).

As duas culturas têm um peso desigual. A do sul, muito mais forte, com as invasões do imperador Justiniano no século VI, foi mais revigorada ainda.

Ocorreu um enxerto cultural:

> Em Roma, às margens do Adriático, [...] que ostentavam aquilo em que se ia transformando então a arte antiga sob a influência do pensamento plotiniano e de uma espiritualidade que, ao recusar a sombra como uma das manifestações da matéria, condenava a profundidade – e consequentemente o pleno relevo – e era um convite a esmagar as imagens no espelhado dos mosaicos (1997, p. 21).

As guerras, dentre elas a expansão muçulmana, provocaram grandes estragos. Diante dos bárbaros, a cultura do sul enfraqueceu-se. A opressão dos camponeses derivou do surgimento de uma aristocracia mesclada, que acentuou também o predomínio do pensamento germânico, do comportamento germânico e de sua maneira de tratar a imagem.

A cultura romana, que fascinava os invasores, manteve o seu prestígio. A Igreja cristã, latina, conservou os aspectos mais ricos da arte e da cultura antigas. Apropriou-se da herança cultural romana em sua totalidade, anexando a escola, por exemplo.

Em Roma os bispos foram construtores. Sobre as basílicas, explica Duby: "Seguindo o modelo das salas onde os magistrados faziam justiça em nome do soberano, [os bispos] construíram basílicas, longas naves com corredores laterais que iam confluir na abside, onde se erguia a cadeira episcopal" (1997, p. 24).

Ainda sobre o mesmo tema acrescenta o autor: "os bispos, que por muito tempo foram todos oriundos das grandes famílias romanas, dedicavam-se, graças à pompa das liturgias, da música e das artes visuais, a realçar a glória de sua cidade e de seu magistério" (1997, p. 24).

Os batistérios simbolizavam a vitória cristã: "Os prelados adornavam com especial cuidado esses locais de conversão, de reprodução periódica de uma sociedade nova, esses lugares de integração. O batistério, era, de fato, o símbolo esplendoroso de uma vitória do cristianismo" (1997, p. 24-25).

A grande escultura monumental desapareceu por séculos. A Igreja usava as imagens como instrumento de divulgação de sua doutrina.

No culto aos mortos, realizava-se a confluência íntima de três culturas: a cultura das cidades romanas em sua evolução recente, as culturas de base, nativas, e as culturas de importação, bárbaras.

Os evangelizadores se implantaram nas ilhas, Irlanda e Inglaterra. Levaram livros para lá, escritos em latim clássico. De acordo com o autor: "Nessas terras sem cidades as instituições da Igreja assentavam no mosteiro. Era lá que havia os livros, as imagens, todos os reflexos do espírito romano" (1997, p. 29).

A ordem beneditina triunfou por corresponder, de maneira perfeita, "às expectativas da alta sociedade" (1997, p. 29).

Para o historiador, os monges "oravam pelo povo [...] esses homens puros, disciplinados, instruídos, desempenhavam o papel de intermediários titulares" (1997, p. 29). Duby afirma também: "Imperceptivelmente, o poder e o dever de consagrar a Deus as riquezas do mundo passaram para as mãos dos monges beneditinos" (1997, p. 30).

Eles, que promoveram a obra de arte, conservaram fielmente as tradições antigas. Nas abadias, os monges operavam a restauração do ensino das artes liberais, considerado indispensável para a compreensão do latim dos textos sagrados.

Uma fusão de caráter fecundo operou-se na província franca, entre as tradições germânicas e as galo-romanas.

A sagração dos reis francos constitui um elemento decisivo na história da arte na Europa. Para nosso autor, os reis "tinham consciência de que a metade de suas pessoas pertencia à Igreja, o que os obrigava a pôr todo o seu poder a serviço de

Deus, a glorificá-lo e, portanto, a participar diretamente da criação artística" (DUBY e LACLOTTE, 1997, p. 32).

Carlos Magno decidiu fazer a construção de edifícios de pedra, como o primeiro imperador já havia feito, e mandou vir de Roma alguns bronzes, para a capela de Aachen.

A Renascença Carolíngia afirmou-se e foi brilhante, mas não parece que a grande arte do tempo tenha sido monumental. Ela se aplicou a pequenos objetos portáteis, como outrora ocorrera entre as tribos germânicas. Eram atributos simbólicos do poder.

A respeito da importância do livro, afirma Duby:

> Para um cristianismo que nas suas formas mais apuradas era antes de tudo cerimonial, uma questão de ritos e proferições, o livro de fato merecia um tratamento privilegiado, pois continha, qual um tabernáculo, a parte mais essencial do sagrado presente neste mundo: o Verbo (1997, p. 36).

A Renascença Carolíngia teve seu apogeu e declínio no século IX. O declínio ocorreu devido a novas invasões, operadas pelo banditismo.

No século X, começam a concentrar-se, em torno dos castelos, os poderes de comando: as invasões foram causadoras também de rejuvenescimento, favorecendo as trocas de todo tipo.

Afirma Duby:

> Durante as tréguas, os acampamentos de piratas tornavam-se locais de negócio, e os monges que fugiam diante dos saqueadores não partiam de mãos vazias: levavam seus livros, os seus relicários, suas lendas, os seus modos particulares de cantar os salmos ou de construir, e essas formas, transplantadas para as províncias onde se instalavam, misturavam-se com as locais, acelerando sua renovação (1997, p. 39).

Acrescenta o historiador: "Escandinavos e húngaros acabaram por fixar-se; converteram-se; introduziram-se na comunidade europeia com seus patrimônios culturais, seu modo de entalhar a madeira, de decorar os tecidos ou os amuletos" (1997, p. 39).

Houve o renascimento do Império na Germânia:

> Foi [...] na Germânia, a parte do Império mais recentemente evangelizada, submetida, organizada em províncias que tinham sofrido menos que outras com as pilhagens, onde se resguardava grande quantidade de relicários e onde as estruturas do Estado carolíngio melhor resistiram, que floresceu o renascimento iniciado no tempo de Carlos Magno (DUBY e LACLOTTE, 1997, p. 41).

Neste renascimento houve a preeminência da arquitetura: É o caso dos "muros dos grandes galpões onde o imperador presidia os banquetes e as catedrais e basílicas monásticas, maciças, solidamente equilibradas" (1997, p. 41).

Eis algumas características destas últimas: A arte germânica "culmina nas pinturas das perícopes e na ourivesaria desses frontais de altar onde reaparecem em placas de ouro as figuras inscritas em relevo nas encadernações dos livros" (1997, p. 41).

A doutrina católica aparecia nas fachadas: "Nas fachadas dessas igrejas às vezes foram colocadas portas de bronze, à maneira romana, onde os prelados construtores ousaram dispor imagens ao ar livre, à vista do povo, como forma de pregação muda" (1997, p. 41-42).

A escultura pública constitui a inovação principal das artes na Germânia. As artes do tesouro também estiveram presentes.

As invasões tiveram um caráter destrutivo e criador:

> Na realidade, Roma ocupava nessa altura [o ano 1000] uma posição marginal. As forças vivas encontravam-se em outros lugares, no noroeste da Europa, nas províncias da França que as últimas invasões haviam simultaneamente devastado e fecundado (1997, p. 42).

A tentativa de levar para Roma a sede do Império, realizada por Oto III no ano 1000, demonstrou o poder de uma miragem. A mola principal do crescimento econômico foi o fator demográfico, a expansão populacional.

As duas imagens que serviram de referência à nova moral, de caráter civil, foram as da hierarquia e da casa.

O sistema político, com base na senhoria, encontrou sua descrição na ideologia das três ordens.

Por necessidade de munificência e ostentação, os senhores pequenos ou grandes obrigavam-se a estimular grandemente a criação de objetos belos. A disseminação dos centros artísticos foi o primeiro efeito da fragmentação característica do feudalismo. A fragmentação diminuía o esplendor daqueles centros, pois os potentados, que tentavam imitar Carlos Magno, dispunham de recursos bem menores.

As despesas militares repercutiram na arte europeia:

> A primazia dada na sociedade feudal às despesas militares repercutiu-se de duas maneiras na história da arte europeia. De um lado, negativamente, ao dilapidar nos combates recursos que poderiam ter alimentado a criação artística. De outro lado, positivamente, porque os cavaleiros tornaram-se invencíveis (DUBY e LACLOTTE, 1997, p. 47-48).

Os triunfos dos senhores feudais da Europa ajudaram no revigoramento do comércio e na congregação europeia. As cidades e o Estado renasceram. Segundo Duby, os "príncipes quiseram ostentar seu novo poder. Ajudaram a reconstruir e ornamentar as grandes igrejas onde iam solenemente orar no meio dos prelados e dos monges" (1997, p. 49).

Os santos eram seres de grande poder: "Nenhum deles [os proprietários de senhorias] descuidava do serviço de Deus, e muito menos do serviço desses entes poderosos, também invisíveis embora mais próximos, os santos protetores, curandeiros, intercessores" (1997, p. 50).

Relíquias e milagres multiplicaram-se:

> havia milagres por todo lado, pois as relíquias [...] eram objeto de transações muito ativas. Raros eram os homens ricos que não as guardavam em suas casas, que não as usavam sobre o corpo, e o primeiro gesto de piedade era honrar essas parcelas do sagrado, cuidar delas, revesti-las de ornamentos (1997, p. 50).

Nos mosteiros celebravam-se de modo permanente Deus, os mortos, os santos. Entre os mosteiros e os chefes de guerra as relações eram íntimas. Os mosteiros constituíam uma antecipação do paraíso e eram muito luxuosos. Nas mãos dos monges caíam os resultados do crescimento econômico.

Os mosteiros multiplicaram-se:

> Nos tempos feudais, a fragmentação do poder real multiplicou os mosteiros. Cada senhor, desde que para tanto tivesse os meios, fundava um para suas próprias necessidades espirituais e as de seus súditos. Era o complemento natural do castelo, qual outra fortaleza, mais sólida, mais luxuosamente construída, pois parecia ainda mais últil (1997, p. 52).

As congregações monásticas eram organizações vastas que promoveram a expansão das artes no século XI e a congregação de Cluny caracterizou-se pela ousadia:

> O papel protagonista coube à mais vigorosa de todas [as congregações de monges], a ordem de Cluny. Múltiplas razões predispunham-na a assumir a chefia do movimento de renovação que resultava em prolongar o renascimento otoniano e carolíngio, retornando com ousadia aos princípios estéticos da Antiguidade clássica (DUBY e LACLOTTE, 1997, p. 54).

Cluny provocou uma inflexão da ordem de São Bento, pois a atividade dos monges estava totalmente concentrada nos ofícios litúrgicos.

O abade Odilon foi um destacado construtor. Os monges de Cluny acumulavam no santuário as luminárias, os metais preciosos, para tornar assim mais brilhante o interior dos oratórios.

Em Cluny vigorou a grande escultura figurativa, imitação de Roma:

> Naquele tempo, já ninguém se privava de admirar os ornatos talhados nas fachadas dos monumentos [romanos]. Por isso, os chefes da *ecclesia cluniasiensis* e os das abadias sob sua influência, se arriscaram nos últimos decênios do século XI a fazer ressurgir na pedra a grande escultura figurativa à entrada das novas igrejas. Era uma vitória contra longas e fortes resistências mentais [como a de São Bernardo] (1997, p. 57).

A escultura pública de grande porte desenvolveu-se. Suger inventou uma arte real nova. Com ele, Deus se encarna e torna-se luz:

> A obra de Suger é o apogeu das inovações monásticas do século XI. Mas ultrapassa-as, apoiando-se na nova teologia e, tal como esta, demonstrando pela imagem e pelo propósito arquitetônico que tanto Deus é luz quanto encarnou. Essas obras e as palavras que seu autor emprega para justificar o empreendimento comprovam as mudanças decisivas que se produzem no noroeste da Europa entre 1110 e 1140 (1997, p. 60).

A moeda passa a ser sinônimo de poder. A necessidade de comunicação aumenta. Começa-se a pensar que o mundo material não está condenado à corrupção. E que a Criação não está terminada. A Igreja procura reformar-se. O episcopado volta a ser o núcleo central da Igreja. Passa-se a refletir sobre o caráter humano de Cristo. Na arte figurativa, cresce o papel de Maria.

A ordem de Cister alcança um êxito espetacular: "Atormentada pela invasão do dinheiro e pela expansão de todas as cobiças, a nova sociedade venerou esses adeptos do eremitismo e da renúncia, o que explica o êxito da Cartuxa, e o outro, retumbante, da ordem de Cister" (1997, p. 66).

As abadias cistercienses caracterizavam-se por uma beleza austera, elas

> eram sólidas construções de pedra, pois os monges que lá viviam em comunidade queriam ser rigorosamente fiéis aos preceitos da regra beneditina. Mas um firme propósito de ascetismo despojava-as de quaisquer ornamentos supérfluos. Sua beleza só resulta da nobreza do material bruto sob o percurso regular da luz e do equilíbrio perfeito dos volumes (1997, p. 66).

A ordem de Cister baniu as imagens.

A Europa conheceu no século XIII uma nova expansão. As formas artísticas foram marcadas, em sua evolução, fortemente, pelos enfeites e relicários conseguidos, em grande quantidade, pelos cruzados em 1204 em Constantinopla.

As paisagens constituíam obras de arte. O historiador compara as paisagens rurais com as fazendas-modelos construídas pelos cistercienses e com as imagens que os capitéis das catedrais proporcionavam.

A arte encontrou novos promotores:

> Na sociedade urbana o círculo se ampliava, com homens capazes de ser magnânimos, de alegrar suas vidas e de realizar esse gesto eminentemente gratificante: fazer uma encomenda aos artistas. Entre os promotores da criação artística já não se contavam só guerreiros e homens de oração. Vinham juntar-se a eles os auxiliares e os parasitas do poder, os freqüentadores assíduos das casas nobres e dos estabelecimentos religiosos, os servidores de alto nível encarregados de administrar os negócios de um patrão, abastecer-lhes a casa, e que se serviam à farta do dinheiro que passava por suas mãos (1997, p. 72).

A grande arte conheceu um processo de vulgarização. As habilidades tiveram um progresso. As técnicas avançavam de modo impressionante. Constituiu-se no trabalho manual uma aristocracia. As oficinas artísticas conheceram a prosperidade. O surgimento da inovação ocorre em oficinas que serviam os grandes senhores e os chefes eclesiásticos. As oficinas itinerantes eram as melhores. A racionalidade encontrou no artista um expoente.

Como diz Duby,

> A unidade da Europa e das formas artísticas europeias foi também um resultado da concentração dos poderes. Após três séculos de desintegração, de desagregação feudal, a animação das trocas, a fluidez do instrumento monetário, a consolidação das regras do direito e a difusão da escrita tornaram-na de novo possível. Mas a concentração dos poderes temporais não foi total (1997, p. 75).

A maior formação política europeia era o reino francês. E Paris constituía para a Europa um modelo cultural:

> E de Paris, que se tornara a verdadeira capital [do reino da França], difundiram-se por todo o Ocidente as maneiras de se comportar corretamente em sociedade, de falar bem, de cortejar, de combater de forma honrada, de construir nesta terra, graças à combinação da polifonia com a arquitetura, prefigurações menos imperfeitas das perfeições celestes (DUBY e LACLOTTE, 1997, p. 76).

O poder espiritual se concentrou: "Quanto ao poder espiritual, concentrava-se totalmente. Se no século XIII a Europa parecia mais unida do que jamais esteve, deve-o sobretudo à coesão da instituição eclesiástica" (1997, p. 76).

A Igreja era a monarquia mais sólida. O papa pretendia ter a preeminência política, mas Roma vivia em desordem. No século XIII, a arte é a das catedrais. A catedral constitui o centro do poder eclesiástico:

> Desde que o papado reformador restaurara o episcopado, a catedral constituía a sede do poder eclesiástico. Era a peça-mestra de um sistema de ensino e coerção destinado a lograr finalmente a unanimidade do povo fiel e conduzi-lo à salvação. Por todos os meios, por bem ou por mal. Afastando-o das práticas religiosas imemoriais, a que os padres chamavam superstições. Contendo as divagações das almas inquietas. Lutando contra todos os desvios. As estruturas desse sistema já existiam. Eram as do Império Romano, uma rede de cidades, cada uma delas dominando um território. Em toda cidade, erguia-se uma catedral, e esta aparecia naturalmente como a fonte do poder. Não só de um poder de jurisdição que sancionava

> quaisquer desvios dos deveres do cristão, mas de um poder, misterioso, o dos sacramentos (1997, p. 77).

Estes eram usados pelos padres, pelo bispo, o que os particularizava.

A cavalaria tornou-se um sacramento: "Ao benzerem as espadas, os padres controlaram também esse outro rito de passagem, a armação do cavaleiro, de tal modo que a própria cavalaria também era vista como um sacramento" (DUBY e LACLOTTE, 1997, p. 78).

A eucaristia foi importante para a arte:

> A eucaristia nessa altura veio se estabelecer no centro de todo o sistema simbólico do cristianismo, e todos os medos, os desejos, as esperanças se voltavam para a hóstia – este objeto que ao mesmo tempo se devia mostrar e proteger, e em função do qual os artistas foram chamados a organizar o espaço interior dos locais de culto, a adaptar as formas dos tabernáculos, dos ostensórios, das custódias (1997, p. 78).

Duby trata da hierarquia que organizava o sistema escolar, da Universidade de Paris, capital do mundo cristão no século XIII e cadinho dos modos de criação artística e de pensamento. Em Paris as vanguardas estética e teológica estavam unidas intimamente.

Havia emulação entre as catedrais. Em sua maioria, vingaram os projetos de catedrais, expressão do orgulho e poder da Igreja secular.

A maior parte da catedral era ocupada pelos cônegos:

> Os cônegos deixavam ao povo uma parte da catedral, mas restrita: o edifício pertencia-lhes. Foram eles que conceberam suas estruturas. Esses sábios descobriram, um após o outro, os tratados de Aristóteles e os respectivos comentários árabes. Empenhavam-se febrilmente para aperfeiçoar os instrumentos do racionínio lógico. Convencidos de que a Criação é una assim como Deus é uno, esforçavam-se, para entender Deus, em evidenciar a ordem do mundo (1997, p. 81).

Continuando a abordar o tema das catedrais, afirma Duby:

> "A natureza divina", ensinava Tomás de Aquino, "conserva todos as coisas segundo uma conveniência sem confusão, de maneira que todas sejam coordenadas numa coerência correta". E Dante, um pouco mais tarde, afirmava que tudo está em ordem no seio de uma forma

> geral que torna o universo sensível semelhante a Deus. Empenhados em ordenar os seus conhecimentos e seus ensinamentos no quadro dessa "coerência", dessa "forma geral", os mestres da escola, quando chegavam ao fim de suas análises e de seus debates, construíam aquilo a que chamavam de suma. *Summa*: eis uma das palavras que melhor conviria para qualificar as catedrais renovadas. Elas são a projeção visual dessa busca de unidade que a escolástica então perseguia (DUBY e LACLOTTE, 1997, p. 83).

Duby fala do método lógico desenvolvido por Abelardo, da colaboração íntima havida entre os cônegos e os arquitetos, da síntese e da análise no pensamento da Escolástica, relaciona esta à catedral.

A proposta dos cônegos era a de que o espaço interno das catedrais se elevasse até aos céus. Do coro, jorrava uma luz ininterrupta.

A *Teologia mística* de Dionísio Areopagita guiou Suger. Havia uma magia nos vitrais: por eles, a luz era transfigurada. Eles deixaram uma lição, a da transformação em espiritual daquilo que é carnal. A caridade estava representada esplendidamente pelas grandes rosáceas.

Duby procura pela intenção dos construtores das catedrais. A imagem muda de função exercendo agora uma ação pedagógica.

O historiador fala também do "efeito do distanciamento" nas catedrais.

Criticou os gastos com as catedrais. A estatuária monumental ressurgiu. Surgiram as ordens mendicantes, dominicanos, franciscanos, que constituíram respostas da Igreja à heresia.

A instituição eclesiástica recuperou as rebeldias dominicana e franciscana. Tais ordens desenvolveram seu trabalho nas cidades. As igrejas de dominicanos e franciscanos visavam à pregação. As imagens que continham eram simples: imagens de Francisco ou cenas representando a vida evangélica. A pintura era um instrumento para o diálogo direto entre o fiel e Cristo.

As ordens mendicantes operaram uma reconversão da religião cristã, avassaladora e radical. A teocracia dominadora da instituição eclesiástica encontrou uma "dupla resistência". A imagem de piedade alcançou uma precoce vulgarização.

Generalizou-se o gosto pelo prazer. A obra de arte sofreu uma dessacralização progressiva. "A beleza das formas" constituía uma das "fontes de prazer" (1997, p. 91). A cultura profana e o direito civil desenvolvem-se. O Estado revigora-se.

A pastoral franciscana exerce o impacto sobre os detentores temporais do poder.

Os príncipes faziam cada vez maiores gastos para decorar as igrejas. Luís IX tinha o seu relicário, um espaço ao mesmo tempo sagrado e doméstico. No sul da Europa, ocorreu, por parte dos soberanos, uma resistência de ousadia maior.

A cultura profana desenvolveu-se nas áreas do direito, agronomia, medicina.

No século XIII, na sua segunda metade, as forças vivas europeias transferiram-se para a Itália, de forma lenta.

O batistério exerceu um papel político. Frederico II resistiu ao poder clerical vivamente. As instituições de paz encontraram no direito romano a sua base. O orgulho cívico exerceu impacto sobre o urbanismo e a decoração monumental. Dante e Giotto realizaram obra inovadora.

Como afirma Duby, "Frederico II [...] erigiu em Cápua, uma porta monumental" que constitui um lançamento "das bases da última Renascença, a grande" (1997, p. 97).

capítulo 7

Recepções de Georges Duby

Neste capítulo trataremos das reações de que foram objeto os trabalhos de Georges Duby seja por parte de filósofos, seja por parte de historiadores.

Olhares filosóficos: Guy Lardreau, Nilo Odália, François Dosse

Guy Lardreau

Começaremos pelo ensaio de Lardreau, o prefácio que escreveu para o livro de diálogos que manteve com Geoge Duby a propósito da obra deste.[1]

O autor inicia seu texto lembrando o prazer proporcionado pelas histórias, pelas narrativas; afirma que só na História encontramos histórias contadas; que Duby é lido pelas suas qualidades de grande escritor, "que faz 'efeito de vida' a partir da sua fragmentação, da sua dispersão" (LARDREAU, 1989, p. 11).

Ele recupera o itinerário historiográfico de Duby:

> De uma história de pressupostos realistas a uma história que cada vez mais se atribui nomes por objectos, do estilo que passa a fazer abertamente sua a preocupação estética, do sonho de uma Idade Média real à realidade de uma Idade Média sonhada - não será assim que começa por surgir, ingenuamente, o itinerário que vai da grande tese sobre o Mâconnais ao *Temps des cathedrales,* esse livro de título ruskiano, ou ao *Saint Bernard*, em que uma familiaridade

1 Lardreau, Guy. "Prefácio". In: Duby, Georges e Lardreau, Guy. *Diálogos sobre a Nova História.* Lisboa: Dom Quixote, 1989 [1ª edição francesa, 1980], p. 11-33.

> inaudita com todos os aspectos da erudição medievalista permite a encenação de uma Idade Média inteiramente interiorizada, como se o narrador se empenhasse na procura do seu próprio tempo perdido? (LARDREAU, 1989, p. 12).

O autor mostra a importância de Duby como historiador:

> Diferentes seriam ainda as [perguntas que faria à obra] o historiador, enquanto tal, fosse qual fosse o seu domínio, sobre a sua metodologia, o seu ofício, ao inventor de novos objectos de história, cujo tratamento intima a erudição tradicional a descobrir outros métodos (1989, p. 12).

Destaca as contribuições decisivas de Duby à medievalística do século XX:

> Diferentes [...] seriam as perguntas feitas à obra por um medievalista, que interrogaria em Duby aquele que promoveu a arqueologia da vida material dessas épocas obscuras, aquele que renovou a nossa ideia da cavalaria, que inventou os "jovens", a sexualidade e a família medievais, aquele que foi, na esteira de Marc Bloch, o reformador dos estudos medievais e encarnou para nós o sabor da Idade Média (1989, p. 12).

Finalmente, Lardreau indica em qual perspectiva inscrevem-se suas perguntas aos trabalhos de Duby:

> Como filósofo, esforcei-me por privilegiar esses diferentes aspectos nas minhas perguntas, mas de tal maneira que, em cada uma delas, insistisse a questão propriamente filosófica com que me abeirava de Georges Duby: como é que a história é possível? Isto é, que relações mantêm entre si o discurso e o objeto confundidos no próprio termo de história? E ainda, em que condições é que a História se qualifica na ordem dos saberes, e quais os seus títulos abonatórios? (1989, p. 12).

Depois, o autor desenvolve o ponto de vista do nominalismo, e vê a história como sonho, tanto do individuo, quanto de época.

Passando ao marxismo, vê neste uma nova versão do realismo histórico, fala da revolução marxiana, da construção por Marx de "um conceito de objetividade inaudito" (1989, p. 15), aborda o tema do historiador segundo o autor citado.

Em seguida, faz uma exposição do argumento marxista sobre o desenvolvimento histórico, afirma que a ideia de que a história tem um sentido constitui uma construção imaginária, lembra os limites do modelo marxista, afirma que o cenário da filosofia marxista da história é poderoso não pelo seu poder de compreensão, mas pelo que proporciona de prazer.

O autor esclarece a limitação do nominalismo, lembra o divórcio entre o discurso da disciplina histórica e a história prática, e assegura que "o realismo é a convenção obrigatória da prática histórica" (LARDREAU, 1989, p. 18).

Afirma que Duby preocupa-se com a ética no exercício da prática do historiador, que a história não tem como ser livre, discute a questão do anacronismo, fala do historiador como necessariamente nominalista e que Febvre via o nominalismo como integrante da História.

Lardreau defende a existência de duas teorias da história no marxismo:

> Por um lado, uma teoria que permite a análise sincrônica, estrutural das formações sociais, que tem por objectivo identificar, em cada uma delas, o jogo regulado de instâncias entre as quais se estabelecem relações de causalidade recíproca; [...] por outro lado, uma teoria do engendramento em cadeia dos modos de produção, na qual se reconhece o cenário imaginário de que falamos atrás, e, para chamar as coisas pelos seus nomes, uma das variantes laicas da teologia da história. É a partir deste ponto, a meu ver, que é possível desenrolar o fio catastrófico do marxismo (1989, p. 19-29).

Explica que a crítica do marxismo já foi feita e que o importante é o que para o fazer histórico não se pode contornar na elaboração teórica de Marx.

Lardreau afrma que o marxismo deve ser desfeito e procura separar-se das posições de Althusser e de Godelier, apesar dos méritos do último nas análises relativas às instâncias.

Quanto a Popper, Lardreau está de acordo com sua crítica do "marxismo" (1989, p. 21), mas ela, quando estendida ao conjunto da obra marxiana, não é aceitável. A teoria de Marx continua a oferecer utensílios que não se pode dispensar.

Lembra o autor que Foucault reconhece os méritos de Marx e defende que a posição de Duby quanto à teoria marxista é igual à de Foucault:

> A meu ver, esta atitude em relação ao marxismo é precisamente a de Duby, o qual, segundo a fórmula proposta no diálogo, contorna o marxismo; é por desfazer o marxismo que ele pode equacionar

> problemas que este tornava improváveis; mas não é por não hesitar em ir buscar conceitos a Marx que ele consegue constituir os objectos novos, suscitados por esses problemas, como positividades novas. Atrever-me-ia a falar, a propósito de Duby, de um pragmatismo crítico; crítico, porque perfeitamente esclarecido pelo seu nominalismo, a sua decisão de retomar determinado conceito o despoja imediatamente de tudo aquilo que ele poderia veicular de um "sentido da história"; pragmatismo, todavia, na medida em que o reconhecimento de um realismo obrigatório o leva, para construir o seu real, a ir buscar conceitos onde muito bem entende. E vejo, aliás, entre o pensamento de Foucault e o de Duby um profundo parentesco de atitudes. Em ambos, é o mesmo nominalismo radical que os leva a reconhecer, todavia, o caráter necessariamente *positivo* do saber histórico, como sua condição de existência; daí, também, em ambos, a mesma relação ambígua, mas essencial, com a obra de Marx. Se tivesse de resumir numa fórmula, diria que Duby é a história da época da filosofia de Foucault – ou, ao invés, que Foucault é a filosofia da época da história de Duby (1989, p. 21-22).

O autor passa a expor as instâncias, em termos teóricos, afirmando a existência delas. Assegura que deve ser postulado que a história tem um objeto real. Diz que existem três instâncias. E que "o seu efeito de evidência, a força com que se impõem provêm sem dúvida, simplesmente, do facto de reconduzirem o fantasma imemorial das 'três funções' indoeuropeias na forma da ciência" (1989, p. 22-23). Procura mostrar em que consiste esta última, que ele enxerga num sentido bastante alargado.

Nosso autor acredita na existência da "última instância" (LARDREAU, 1989, p. 23). Busca detectar o lugar do político; mostra como Duby procurou evidenciar as oposições sociais na sociedade feudal:

> Foi assim que Duby procurou sempre desenterrar essas oposições materiais brutais e simples sobre as quais se teceu o imaginário da sociedade feudal; descobrir, sob as clivagens criadas pela "nobreza" ou pela "cavalaria", sob o complexo edifício imaginário das ordens e dos estados, o fosso que separa aquele que está em armas daquele que morre de fome, o senhor de castelo a cavalo, bloco de ferro, daquele que olha para ele sempre debaixo, bloco de medo (1989, p. 25).

Procura definir a última instância: "Numa frase: a última instância não é apenas aquilo que me permite, opor, na vida social, a vida material à representação: ela permite-me também distinguir, em cada fenômeno social, seja qual for sua esfera, o imaginário do real" (1989, p. 25).

A última instância econômica resume-se nas necessidades sociais de sobrevivência. Não existe prática produtiva em estado puro, pois ela apropria-se do mundo simbolicamente.

As espécies vivas são condicionadas por duas necessidades de caráter absoluto: a agressividade deve ser rarefeita, a natalidade, regulada. Os dispositivos de cultura com os quais a sociedade responde às citadas exigências de caráter fundamental não são menos fundamentais que a produção econômica.

Para o autor, se os homens sempre realizaram a produção, esta foi sempre modelada pela tradição. A "superestrutura" (1989, p. 28) não existe. Para produzir os homens devem ceder quanto ao desejo.

Quanto ao político, ele é visto como nodal, "como conversor no qual se ajustam as exigências naturais e as respostas culturais, pervertidas umas pelas outras" (1989, p. 28).

Lardreau pensa que não existe uma instância determinante:

> Com efeito, o conceito de última instância e a tese segundo a qual esta é determinante não são de modo nenhum solidários. Mais, o conceito de *determinação* em última instância, se quer dizer alguma coisa, parece-me implicar uma causalidade simples, linear, estranha à teoria das instâncias. Esta implica, pelo contrário, uma doutrina muito mais sutil da causa, capaz de integrar a idéia de ação recíproca, não apenas na sua indeterminação grosseira, mas nas suas determinabilidades concretas mais exorbitantes à teoria clássica da causa: que um efeito possa perdurar e reproduzir-se muito para além da morte da sua causa, que um efeito possa tornar-se causa da causa, etc (1989, p. 29).

O autor propôs uma leitura outra de Marx. Ele explica como funciona o determinismo da última instância no marxismo. Refere-se às instâncias e sua isonomia, recusa a ideia de uma determinação; em cada época encontramos o primado de uma instância, a primazia das práticas produtivas não parece fecunda para o pensamento das sociedades chamadas por Duby de senhoriais.

Para Duby, a "feudalidade é uma mentalidade medieval", "estado de espírito" (1989, p. 31).

Para Lardreau,

> o estudo das "atitudes mentais" levado a efeito por Duby não é [...] simplesmente um "enriquecimento" da história, o preenchimento de um "vazio" até então deixado no edifício, que não o afetasse grandemente. Nem sequer basta dizer que a sua extensão a domínios até então insuspeitados como objetos transformou a história por completo, dando-lhe um novo estilo. Ao deslocar o acento, ao mudar o ângulo de abordagem privilegiado das sociedades medievais, a obra de Georges Duby elabora a pouco e pouco, uma teoria nova das relações, das articulações, das trocas entre as diferentes instâncias que é possível reconhecer em cada sociedade. E estas poucas páginas tinham por ambição começar a medir a extensão, do ponto de vista do filósofo, dessa revolução realizada na História (LARDREAU, 1989, p. 32).

Nilo Odália

Passamos agora a um outro filósofo, brasileiro, que nos anos 1990 dedicou a Duby um trabalho pioneiro no Brasil.[2]

Odália principia pela análise do romantismo e do positivismo na historiografia:

> Da mesma forma que a grandiloquência finalista de Hegel marcara a ciência histórica, lavrando e semeando o solo do qual nasceriam, gigantescas e generosas, as obras do romantismo histórico, com ênfase especial em Michelet e Marx, também o positivismo, com seu espírito tacanho, meticuloso, asséptico e de um doentio cientificismo, marcou-a, de maneira a transformá-la numa espécie de quebra-cabeça, no qual cabia ao historiador apenas a tarefa de juntar os pedaços de documentos, escrupulosamente selecionados na esperança de dar voz aos desaparecidos, a fim de que eles mesmos nos contassem e nos informassem de suas épocas, suas desditas, seus ideais e anseios. Não nos cabe aqui entrar nos detalhes das relações íntimas que uma e outra concepções guardavam entre si, apenas salientar as diferenças que existem entre seus objetivos e consequências finais. Numa, a história parece superar-se no afã de buscar o infinito; na

2 Odália, Nilo. *O saber e a história. Georges Duby e o pensamento historiográfico contemporâneo.* São Paulo: Brasiliense, 1994.

> outra a história se amesquinha, se estiola e definha, e com ela a própria humanidade que se quer criar (ODÁLIA, 1994, p. 9-10).

O autor continua a tratar do positivismo historiográfico, a ele acrescentando o filosófico:

> O século XIX [...] não foi tão somente a século da história; ele foi também profundamente marcado pela presença superlativa das ciências físico-matemáticas e biológicas. Quem melhor encarnou e sintetizou a confiança irrestrita na ciência e no cientificismo daí decorrente foi Augusto Comte e sua filosofia positivista. Substituindo o determinismo histórico pelo científico, Comte foi o contraponto da escatologia hegeliana. Num e noutro, porém, a certeza de que estava reservada para o homem a felicidade de viver em uma nova sociedade. Fosse esta a resultante histórica da concretização, ao nível da realidade histórica, das ideias de liberdade, de justiça, fosse ela uma conquista do espírito científico, capaz por si só, pelo manejamento racional das rédeas da causalidade, de conseguir para o novo homem, de uma era científica, uma nova sociedade de abundância e felicidade. De outra parte, ao empirismo positivista, deve-se também, o surgimento de uma corrente histórica, cuja preocupação essencial foi a de tentar transformar a história numa ciência empírica, tomando como modelo as ciências físico-matemáticas (ODÁLIA, 1994, p. 8-9).

Para Odália, o método histórico foi objeto de dois ataques, vindos de horizontes diferentes; a linguística de Saussure e a filosofia de Nietzsche. De acordo com Odália, os historiadores Febvre e Bloch recuperaram a ciência da história:

> É só com Bloch e Febvre, espíritos inconformados com a mesmice histórica desses anos, que se inicia a recuperação de uma ciência histórica, que busca na diversificação de seus temas a diversidade que existe na realidade histórica vivida pelo homem. Embora confessadamente não marxistas e não hegelianos ambos os historiadores acabaram por contribuir de maneira decisiva para que se chegasse a uma concepção globalizante e integral da história, dois aspectos essenciais do pensamento daqueles dois filósofos alemães [Hegel e Marx] e que se pode sintetizar na expressão consagrada de que o homem é uma unidade feita de diversidades (1994, p. 10-11).

Odália define o objetivo do seu trabalho:

> Este ensaio tem por objetivo ser uma reflexão sobre o conhecimento histórico tomando por base parte da obra de Georges Duby, o eminente historiador francês – que, a meu ver, mais do que nenhum historiador foi capaz de sintetizar as duas tradições históricas; a dos *Annales* e a que nasce de Hegel e Marx, de maneira a ser possível pensar-se que hoje, só a ciência histórica é capaz de nos permitir ter uma visão do homem e de sua sociedade tão rica e integral quanto o é sua vida real (1994, p. 11).

Com Hegel ocorreu a aproximação entre filosofia e história. O autor relembra a importância das revoluções ocorridas nos séculos XVIII e XIX. E define a história como uma ciência marcada por seu caráter concreto.

A história política foi progressivamente abandonada e tal foi um dos sinais iniciais da história que se desenvolvia.

O Romantismo, com Michelet à frente, integra novos conteúdos à história. Esta assume um caráter pantagruélico. Mas o explosivo crescimento da história no século XIX inquieta Nietzsche e outros autores.

A linguística saussureana e a antropologia estrutural põem "em dúvida a certeza finalista – base de todos os sistemas derivados do hegelianismo" (ODÁLIA, 1994, p. 19).

O estruturalismo constituiu-se uma fonte nova de inspiração.

O autor situa a contribuição dos *Annales* à historiografia:

> Graças sobretudo à obra realizada pela Escola dos *Annales*, de Bloch e Febvre até os seus mais recentes representantes, o historiador pode retomar seu trabalho de reconstrução do passado no interior de um novo contexto, qualitativamente diferente, liberto das cadeias do finalismo e franqueado à contribuição de todas as ciências humanas, dando condições para que a história possa ser o privilegiado terreno comum da vasta empreitada em que se consubstancia a busca do homem (1994, p. 21).

Nilo Odália lembra as críticas do estruturalismo à história bem como o diálogo existente entre os historiadores. Trata, ainda do caráter exemplar da obra de Duby. E da busca de uma totalidade nova:

> A obra de Georges Duby é um exemplo dessa nova postura do historiador perante seu objeto. Uma primeira observação é a de que sua obra não deve ser analisada somente nos livros por ele pessoalmente produzidos, mas também naqueles que complementam sua obra,

> apesar de serem assinados por outros. Este intercurso entre obras não pode e não deve ser compreendido de uma forma foucaultiana, de textos que remetem a outros textos. Não se trata de reafirmar que um texto remete a outros textos. Um espaço topológico não se define pelo fato de que seus vários pontos se remetem uns aos outros. A relação é mais abrangente e totalizante, isto é, cada ponto define uma nova totalidade (ODÁLIA, 1994, p. 22).

A obra de Duby, aí incluídos os livros dirigidos por ele sobre a história da vida privada ou do cotidiano, possui um caráter holográfico. Para Odália o homem constitui o centro da história e Duby é um exemplo como historiador: "Finalmente, se tomo Duby como exemplo, dentro da historiografia contemporânea, é porque vejo em suas obras as qualidades não de um historiador atemporal, mas ao contrário, é ele quem melhor exprime o que esperamos de um historiador de hoje" (1994, p. 23).

Ele lembra a "profunda originalidade" e a "inquestionável erudição" de Duby. Faz a apreciação do livro do autor francês, *A economia rural e a vida nos campos no Ocidente Medieval:*

> Tudo tem início num livro que, tratando do elementarmente básico para a sobrevivência humana – o econômico, o geográfco e o demográfico –, assume desde o princípio a postura de quem o descreve como uma paisagem necessária, porém sem lhe atribuir um valor exclusivo para a compreensão de sua atuação (1994, p. 25).

O mundo apresentado no livro revela-se surpreendente:

> O que realmente interessa [no trabalho citado] é nos colocar em contato, quase físico, com as condições reais, econômicas, geográficas e demográficas, em que se desenvolve a trama vivencial de homens que, dentro de suas limitações e rudeza constituem um mundo sempre surpreendente (1994, p. 26).

Uma constatação de caráter prosaico é o ponto de partida de Duby:

> Nessa visão sintética do mundo ocidental é importante verificar que Duby parte de uma constatação prosaica e, talvez, reiterativa, a de que embora o mundo rústico medieval seja dominado pelo campo, pelo rural, o que predomina em nosso conhecimento é o mundo dos padres e dos cavaleiros (1994, p. 26).

Para Odália, o historiador francês se apoia nas ciências sociais e reconstitui o tempo e a paisagem:

> Um tempo, o mundo carolíngio, inicialmente dos séculos IX e X, depois o dos séculos XI a XIII, e uma paisagem, esses são os limites da ação do homem; o primeiro, uma cronologia e uma periodização que permitem estabelecer a variação, a estagnação, a decadência ou a expansão. A segunda nos permite compreender o cenário em que se dá a ação do homem: o campo [o que ele é, o que significa, como se estrutura]; a técnica, ou as técnicas, de que se vale o homem rural para arrancar da terra a sua sobrevivência, mas também a daqueles a que se subordina; a relação do homem com sua família, o *mansus* [a casa], sua relação com os outros homens e com a terra, seu número [demografia], fundamental para compreender que seu aumento ou diminuição está nos revelando implicitamente um momento de expansão ou de depressão (ODÁLIA, 1994, p. 27-28).

Ainda: "Duby nos dá uma definição de campo: paisagem trabalhada pelo homem em torno de pontos fixos de residência" (1994, p. 28). Nele, as condições de vida mostram-se precárias, com a presença de um fantasma, o da fome.

Eis como se apresenta a família nas áreas rurais, de acordo com Odália:

> É nela [a paisagem] que se estabelece o que é primordial na organização da produção, a família. É em torno dela que ocorrem todos os atos de vida: a produção, o consumo, a própria estrutura da vida e do campo, Ela é o centro em torno do qual se forma a unidade produtora, o *mansus*, que engloba em sua compreensão a residência e a terra explorada. (1994, p. 28-29).

Odália fala da família, da mobilidade social, do enriquecimento e do empobrecimento dos camponeses. Sobre as senhorias, explica: "As grandes fortunas fundiárias, contudo, são da Igreja e dos grandes senhores, representadas por extensos domínios, senhorias" (1994, p. 29).

Acrescenta a respeito destes territórios: "Os domínios senhoriais (*mansus indominicatus*) que correspondem a uma família, particularmente numerosa, se assemelhavam na sua configuração aos outros *mansus*" (1994, p. 29). Cita o poder e a ociosidade dos senhores, seus gastos ostentatórios: "Não existindo a noção de lucro, o importante ao senhor é demonstrar sua riqueza pelo gasto ostentatório, pelo oferecimento de bens aos protegidos e pela generosidade" (1994, p. 29).

O autor fala, ainda, do conceito de dom, da baixa produtividade e da mão de obra abundante. Explica que havia a convivência de três regimes de relação de trabalho, a escravidão, a servidão, o trabalho assalariado. Os imigrantes também estavam presentes.

A administração das propriedades era feita sem programação de gastos e atividades. Os mosteiros eram uma exceção a esta regra: "Apenas nos mosteiros havia uma certa preocupação em estabelecer o montante do que se iria consumir para a manutenção dos que ali viviam – o único sinal de racionalidade no que tange à produção" (ODÁLIA, 1994, p. 30).

Os senhores tinham como ideal a "autarcização de suas propriedades" (1994, p. 30), a qual não ocorria. Havia um pequeno comércio entre os senhores. Tributos pagavam-se em dinheiro. O mundo estava em movimento, vivia uma transformação. As economias camponesas evaporaram-se rapidamente.

Odália passa a considerar "o mundo carolíngio dos séculos XI a XIII" (1994, p. 31).

As fontes para o estudo do período são escassas. O "Renascimento" (1994, p. 31) carolíngio tentado pelo alto clero fracassou.

Segundo ele, as rupturas documentais ocorrem no tempo e no espaço.

Acontece o nascimento de um grupo de administradores, especializados na palavra escrita. Também há um progresso generalizado da economia rural. Os primeiros sinais de um progresso na economia e nas técnicas aparecem.

Quanto ao senhorio, Odália escreve: "Duby conclui que todas as evidências documentais vão em direção à instituição senhorial e é nos quadros dela que se ordena tudo o que se conhece sobre a economia feudal" (1994, p. 32).

A noção de lucro introduz-se entre os senhores. Existe uma contínua expansão dos campos cultivados. O senhor surge como figura privilegiada. Há uma maior divisão das unidades agrárias produtivas.

Observa-se uma forte alta da taxa demográfica. Surgem novas correntes migratórias e novas relações sociais. O progresso técnico da agricultura não evita o ressurgimento avassalador da fome. Aparecem modificações profundas na troca de mercadorias. Um ativo comércio desenvolve-se. Uma economia monetária tem início. Cobram-se taxas para uso da terra. Uma nova mentalidade instala-se.

Para finalizar este tópico, o autor diz: "Concluamos com Duby a descrição desse primeiro espaço histórico que é, antes de mais nada, a paisagem mais geral que serve de apoio ao homem medieval" (1994, p. 35). Segue uma longa citação de Duby, a qual resumiremos.

O historiador francês refere-se ao progresso agrícola. À maior intensidade da conquista agrária. Houve uma reviravolta na expansão. Ocorreu um crescimento comercial brusco. Os circuitos comerciais conheceram uma ampliação. Multiplicaram-se os homens mais bem formados em métodos de gestão racionais. Aconteceu o reforço dos antagonismos entre um grupo de empresários e os homens comuns do campo. Os camponeses se agrupam em fortes comunidades de defesa.

Depois vem o tópico sobre "as divisões sociais: Uma hierarquia tripartite".

As categorias sociais conheceram uma alteração. A relação cavaleiro e camponês resolvia-se nunca dialética cruel. Prodigalidade e guerra marcavam a vida dos cavaleiros. Havia mobilidade social entre os camponeses. A respeito do livro de Duby *Guerreiros e Camponeses,* afirma nosso autor:

> Neste livro, a preocupação de Duby é a de preencher a paisagem geral descrita com o que realmente conta para a história, a saber, como se organizam e a que normas e princípios obedeciam as inter-relações entre os diversos camponentes da hierarquia social, que ele chama de atitudes mentais (ODÁLIA, 1994, p. 38).

Quanto ao dom e ao contradom, o autor assim se manifesta:

> Para tanto ele [Duby] vai utilizar os conceitos de dom e contradom, formulados por Mauss, com a significativa diferença de que para ele se trata, no caso do guerreiro, de uma posse violenta dos bens e uma conseqüente oferta, que se faz pelo consumo ostentatório de tais bens (1994, p. 38).

O cavaleiro é visto como um agente econômico, mas, na sociedade medieval, ele não constitui o centro de equilíbrio desta e desprezava os que tentavam imitá-los.

A ética do cavaleiro "forma a armadura da consciência de classe" (1994, p. 39) do grupo de cavaleiros. O que mais interessa ao cavaleiro, não era produzir, mas destruir.

Na economia do período o que se destaca é uma expansão.

Duby fala em sistema senhorial e não em sistema feudal:

> Para Duby, não tem sentido falar num sistema feudal quando se leva em conta modificações que se produzem nessa sociedade. Como ele próprio afirma no decorrer de sua obra e posteriormente, reitera em seu exercício de ego-história [o autor refere-se ao livro de Duby, *A história continua,* de 1991] é preferível utilizar o conceito de *sistema* senhorial, pois as relações entre os homens passam a ser

> intermediadas pelos senhores, aos quais incumbe, ou a seus prepostos, o exercício da autoridade de governo, sejam elas tarefas administrativas ou judiciais (1994, p. 40).

Ocorreu a estratificação de uma nova ordem social. O tema das três ordens aparece neste momento do livro:

> Essas três ordens – cavaleiros, padres e camponeses – possuem, de certa maneira, o monopólio das atribuições que lhes cabe. Assim, ao cavaleiro incumbe o exercício das artes da guerra. É ele o guerreiro capaz, presume-se, de manter a paz, fazer a guerra e defender o senhor e as outras ordens. Ao clero estão reservadas não apenas as obrigações referentes à religião, mas cabe-lhe também o exercício do saber (1994, p. 40).

O clero assume, portanto, as atividades intelectuais, mas também desempenha várias funções. Por exemplo, a administração das abadias, às quais eram ofertadas propriedades fundiárias.

A função do trabalho cabia aos camponeses, à terceira ordem.

A violência definia a relação entre guerreiros e camponeses. A relação entre cavaleiros e clero caracteriza-se pelas disputas em torno da hegemonia.

"A segunda dimensão: O mundo do Imaginário. O saber e o ideológico" (1994, p. 42) constitui o próximo tópico a ser desenvolvido pelo autor.

O rei perde progressivamente sua autoridade. O guerreiro transforma-se num agente econômico. Uma configuração nova do poder aparece. Firma-se um novo modo de produção, o senhorial:

> A ascensão dos Plantageneta marca o fim do império carolíngio e do poder real que o caracterizou. Uma nova configuração de poder se esboça tendo por centro uma nova força política e uma nova força econômica: os senhores feudais e o modo de produção senhorial (1994, p. 42).

Temos o surgimento de novas ideologias: "É nesse quadro que surgem, no início do século XI, ideologias que buscam dar conta das transformações que ocorrem no seio da sociedade" (1994, p. 42).

Tais ideologias disputam entre si a hegemonia, no início do século XI. A paz de Deus, a trifuncionalidade, o monasticismo de Cluny são formações ideológicas dos grupos dominantes. As heresias são ideologias ligadas aos meios populares.

A teoria da trifuncionalidade constitui o centro das atenções de Duby.

Odália passa agora a analisar o livro *As três ordens, ou o imaginário do feudalismo*. Ele evoca o denominador comum das ideologias dominantes: "não devemos esquecer [...] que subjaz a todas essas ideologias um elemento comum, a saber, todos os seus formuladores são homens da Igreja, religiosos que têm como primeira missão a salvação das almas e a prédica da palavra de Deus" (1994, p. 43-44).

As divisões da Igreja terão grande significação. A teologia é importante na Idade Média. Ela traça os limites das ideologias. O autor fala do papel do ideólogo: "Cabe ao ideólogo, por possuir o saber, modelar o real de acordo com as interpretações de tais textos [religiosos]. O modelo hierárquico celeste é aplicado à terra" (1994, p. 44).

O papel da ideologia é lembrado: "Cabe à ideologia, fundamentada na teologia, esclarecer e explicar a posição destinada a cada homem na hirarquia terrestre" (1994, p. 45). A ideologia carrega consigo a possibilidade de conhecimento.

Segundo o autor, Duby quer estudar mentalidades.

Odália afirma que Benoît de Saint-Maure dessacraliza a teoria trifuncional:

> Pode ocorrer que num determinado momento de seu desenvolvimento a ideologia possa afastar-se de alguns dos pressupostos do saber. Assim [...] Benoît de Saint-Maure transgride o princípio fundamental da teologia quando põe o *príncipes* no centro de sua argumentação. Ele dessacraliza a teoria trifuncional, embora o faça inconscientemente. É possível pensar-se que seja um dos primeiros sinais da decadência do saber (1994, p. 46).

O autor mostra a grande preocuação de Duby com a relação entre os elementos materiais de uma civilização e o imaginário:

> Em cada um dos livros diretamente relacionados com os problemas ideológicos a preocupação de Duby será sempre a de analisá-los buscando estabelecer entre eles e a infraestrutura descrita anteriormente, uma relação que não se esgota na complementaridade. É necessário notar também que tanto em *L'économie rurale* quanto em *Guerriers et paysans*, nos quais [...] o objetivo principal é estabelecer as paisagens em que circula e vive o homem, já se inicia a preparação do que em seguida se concretizará, a saber: desvendar a íntima relação entre o que Braudel chamava de civilização material e sua representação ao nível do imaginário (ODÁLIA, 1994, p. 46-47).

Odália faz o balanço e também a classificação das obras do historiador francês. Começa pelas obras gerais, a tese de doutorado, *L'économie rurale...*, *Guerriers et paysans,* livro este que representa, segundo ele, uma culminação na obra de Duby. Depois vêm os estudos referentes às representações culturais e ideológicas. Um caso a parte é o da obra *O domingo de Bouvines.* A novidade de *Guilherme Marechal* é apontada bem como o objetivo de Duby ao escrever o livro *São Bernardo.* Nas palavras do autor:

> Talvez aqui seja o primeiro momento adequado para fazer um balanço, sumariamente discriminatório, e uma primeira classificação, por assunto, de algumas das obras de Duby. Chamaríamos de obras gerais as que buscam descrever as distintas paisagens em que se movimenta o homem. São obras que [...] descrevem a civilização material e permitem, nesse nível, sabermos como se processam os contatos interpessoais no dia a dia de cada indivíduo e dos grupos a que pertencem. Nesta classificação entram claramente os seus três primeiros livros: a tese sobre Mâcon, a *L`économie rurale et vie des campagnes dans l' Occident Médiévale* e o *Guerriers et paysans.* Esses livros se imbricam e, de alguma forma, se pressupõem, pois neles muitos dos temas e forma de tratamento são recorrentes. *Guerriers et paysans* é o ponto de culminação em que se esgota a tarefa de descrever o homem imbricado em sua paisagem geográfica, sócio-econômica e demográfica. Num segundo momento dessa classificação, teríamos os estudos que buscam identificar, no nível do imaginário, as representações ideológicas ou culturais que se originam daquelas paisagens. Teríamos então, aqui arroladas, as seguintes obras: *Le dimanche de Bouvines* (1973), *Le temps des cathédrales* (1976), *Les trois ordres ou l'imaginaire du feódalisme* (1978), *Saint Bernard – L'art cistercien* (1979), *Guillaume le Marechal ou le meilleur Chevalier du monde* (1984) e *Le chevalier, la femme et le prêtre.* Se excluirmos dessa relação o primeiro, *Le dimanche de Bouvines,* que merece uma análise à parte, pois seu objetivo é mostrar como se constrói, no decorrer da história, um fato histórico, face alternativa do processo de constituição de uma ideologia, os demais se relacionam com o processo de formação ideológica, que caracteriza os grupos dominantes. A novidade em *Guilhaume le Marechal* está no fato de que, embora não tenha sido ele o elaborador do texto sobre o qual se apoia Duby para recriar a mentalidade do guerreiro, seu autor, Jean, o escritor, em razão das fontes que aparentemente usou para escrever a biografia do

> marechal, dela está muito mais próximo que os teóricos religiosos. Os demais nos falam mais de perto, mesmo quando falam dos outros, da mentalidade dos religiosos. Com *Saint Bernard - L'art cistercien*, o historiador francês vai em busca das relações entre o sistema religioso criado por São Bernardo e a arquitetura que sua ordem acaba por adotar com uma planificação de espaços, linhas e luz favoráveis aos seus objetivos (ODÁLIA, 1994, p. 47-48).

Odália detalha as características da ordem cisterciense, marcada por um monasticismo de caráter ascético, por uma ética ascética.

A arquitetura dos monastérios e igrejas bernardinos responde ao ascetismo da ordem cisterciense. O despojamento é a marca desta arquitetura. Trata-se de "uma concepção arquitetônica voltada para o interior da comunidade" (1994, p. 50).

Em *São Bernardo* Duby tem por objetivo "mostrar os meandros de uma mentalidade monacal" (1994, p. 50).

Os cistercienses tornaram-se ricos proprietários, eles que pregavam a pobreza. Sua ascensão e declínio constitui uma história singular. Duby transmite, de acordo com Odália, dos monges a imagem de capitalistas.

A teoria funcional em São Bernardo aparece com clareza e de forma conservadora. Ainda sobre a trifuncionalidade assinala o autor: "Contudo é em seu livro *Les trois ordres, ou l'imaginaire du féodalisme*, uma de suas obras preferidas e, talvez, a mais cuidadosamente trabalhada, que a teoria da trifuncionalidade será examinada de forma detalhada e profunda" (1994, p. 50).

Odália passa a esmiuçar as razões históricas da trifuncionalidade nos séculos X a XII. Sobre sua presença no norte da França ensina:

> À primeira indagação [De Dumézil sobre a trifuncionalidade: onde?"] a resposta é breve: a França do Norte, cujo perfil social é bem diferente das demais regiões francesas. De outra parte, circunscrever a área geográfica parece ser um bom método quando se pretende analisar as formações ideológicas e suas transformações. A razão: estudá-las dentro de formações culturais e sociais homogêneas (1994, p. 53).

O historiador francês recupera o contexto das frases dos bispos em relação à trifuncionalidade. E o sistema global em que se encaixa tal teoria. Odália fala da globalidade buscada por Duby:

> Não é esse, por acaso, o caminho que nós, leitores de Duby, vimos palmilhando desde a tese de Mâcon, passando pela *L'économie rurale* e pelo *Guerriers et paysans*, nos quais parece anunciar-se de maneira incerta, essa globalidade que se expande e começa a se firmar com *Saint Bernard, L'temps des cathédrales* e finalmente, explode e se consolida com *Les trois ordres, ou l'imaginaire du féodalisme*? (1994, p. 54).

Duby mostra o ressurgimento do tema trifuncional. Seu ponto de partida constitui-se de duas frases. Ele faz a biografia dos bispos. Fala da família de Adalberão, explica que o bispo tem caráter sagrado, porque possui o poder de ordenar padres, a sabedoria e a palavra. Sua missão é dupla: orar e pregar. Também "ao bispo é reservado o rei como seu primeiro súdito, que, por sua vez, tem por missão conduzir os demais súditos, ou seja, o povo" (1994, p. 56). Finalmente, "os bispos são os que detêm o poder de sugerir as modificações nas relações sociais" (1994, p. 56).

A trifuncionalidade ressurge nos momentos de crise. Ela responde às disputas dentro da Igreja, de caráter teórico.

No início do século XI, ocorre a consolidação do modo de produção senhorial.

Odália compara Adalberão com Platão:

> O texto e a posição assumidos por Adalbéron lembram muito - e isto corre sob minha responsabilidade e não de Duby - os de Platão, quando define e tenta explicar a teoria das ideias. Tanto quanto Platão, Adalbéron se coloca - embora não como aquele na qualidade de filósofo, mas como um bispo, senhor da palavra e da sabedoria - na posição de um intermediário privilegiado que, por ter ascendido ao mundo invisível das ideias, ou de Deus, traz sua mensagem decodificadora aos terrenos. Existem dois mundos; o do imutável, o reino de Deus, onde as coisas estão todas em seu lugar, ocupando um espaço que as diferencia, onde o movimento e as transformações são impensáveis; e o terreno, no qual a presença do mal provoca a alteridade e a transformação. É necessário, portanto, que a sociedade humana, para bem cumprir os desígnios divinos, seja ordenada, da mesma maneira que a república platônica, setorizando, se assim podemos dizer, seus diversos componentes humanos. Diferentemente, contudo, da república platônica, nessa ordem proposta por Adalbéron, o franqueamento de barreiras é uma anormalidade que se deve combater (ODÁLIA, 1994, p. 57-58).

Havia entre bispos e reis uma situação complementar e híbrida. Os bispos participam do divino. Ao bispo compete a transmissão da palavra divina, uma palavra de ordem, de lei. A figura do rei aparece como híbrida e andrógina. Os atributos do rei são a juventude e a sabedoria.

A teoria trifuncional responde à paz de Deus, defendida pela ordem de Cluny. Para Adalberão e Gerard parecia insuportável uma relação de igualdade entre bispos, reis e monges.

O autor assinala ainda que "a mesma crítica é feita ao monasticismo de Saint Bernard de Clairvaux, que ousa transformar a função de pregar, de educar, de converter pela palavra numa tarefa semelhante àquela desempenhada pelos cavaleiros" (1994, p. 59).

Os bispos condenam a igualdade e a heresia que enfatiza o igualitarismo.

A Cruzada constitui "um valor emblemático" (1994, p. 60) da atuação de São Bernardo.

Adalberão duvida da eficácia da atuação do rei na sociedade.

O monasticismo de São Bernardo triunfa.

O modelo trifuncional de Adalberão e Gerard é o que se encontra mais bem formulado. O reaparecimento de tal modelo ocorre nos textos de Benoît de Saint-Maure, um século e meio mais tarde. O modelo trifuncional de Benoît transforma a cavalaria numa verdadeira ordem. Eis, resumida a trifuncionalidade segundo Benoît:

> Em resumo, Benoît de Saint-Maure traz a figura trifuncional do céu para a terra, culminando um processo de transferência de atributos da sabedoria para uma aristocracia ampliada, mantendo, contudo, o limite social que a separa da massa, do povo. Daí, diz Duby, ser indissociável essa transformação da história da aristocracia, do Estado, do exército, da economia e da própria relação de parentesco. Do Estado, porque este procura se organizar e se racionalizar para aperfeiçoar seus sistemas de controle e fiscais; do exército, porque se transformam as condições de guerra e surgem os *brabançons,* soldados mercenários; da economia, porque os pólos de desenvolvimento se transferem do campo para as cidades; da relação de parentesco, pois os filhos primogênitos perdem sua primazia (1994, p. 61).

A obra de Benoît fundamenta, pois, uma "moral civil" (1994, p. 62).

O imaginário confere uma dimensão nova à infraestrutura.

Odália faz a relação entre pensamento e o cotidiano dos bispos:

> [O imaginário] nos leva a entrar em contato, embora dele quase fale apenas alusivamente, com o cotidiano desses príncipes e reis, dessa nobreza e cavaleiros que fazem da extorsão e da ostentação seu credo de vida, desse povo que sofre e sobrevive, e, sobretudo, desses bispos, padres e monges que viviam com seus pensamentos e ações voltados para o céu e para o divino, mas que nem por isso deixavam de ter os pés bem assentados sobre a terra, sobre a realidade cediça, turbilhonária, em constante processo de transformação de seus dias. Revelam-na, quando gostariam de escondê-la (1994, p. 62).

Odália fala do imaginário, da segunda dimensão da obra de Duby:

> Com *Les trois ordres ou l'imaginaire du feódalisme*, mais do que em qualquer outro de seus livros sobre a mentalidade medieval, Duby cria uma segunda dimensão em seu trabalho, que funciona como uma cúpula que se fecha sobre a infra-estrutura e nos permitirá, de seu interior, olhando por meio dessas duas primeiras dimensões, aproximarmo-nos, ainda que indiretamente, do cotidiano desses homens, que fizeram o que chamamos de Idade Média (1994, p. 63).

Passa agora para "A terceira dimensão. O cotidiano" (1994, p. 64).

Odália começa falando da história científica e grandiloquente de Hegel e Marx e afirma, de certo modo restritivamente: "Esquecíamos que essas estruturas colossais eram e são vividas pelos homens" (1994, p. 65).

A historiografia passou a trazer à luz um cotidiano, mais rico, mais diverso, mais sofisticado. Encontra novos temas. Criou uma história da mentalidade. O autor diz que "o imaginário é a coisa mais íntima que o homem possui" (1994, p. 66).

Eis como Odália vê o papel do imaginário.

> É nele que enxergamos com clareza suas [do homem] paixões, seus sofrimentos, suas alegrias, suas exaltações, suas maneiras peculiares de sentir e avaliar seus obstáculos e dificuldades, suas obstinações, seus desejos e, também, talvez principalmente, seus ideais (1994, p. 66).

O autor evoca os valores. Fala do "saber comum que se impregna numa mentalidade" (1994, p. 67). Lembra as relações existentes entre o imaginário e o cotidiano e afirma que o imaginário dá sua consistência do cotidiano.

Procura, portanto, descobrir em Duby "o cotidiano por meio do imaginário" (1994, p. 62).

Destaca dois episódios importantes do livro *Guilherme Marechal:*

1) A morte do Marechal.

Assistir à morte do Marechal funciona como um contradom. O Marechal vai para a Inglaterra para morrer perto dos seus. Na hora da morte o Marechal mostra "ostentação e magnificência" (1994, p. 68). Nesta hora revela-se a intimidade do cavaleiro. O primogênito recebe toda a herança e o filho mais novo, nada. O Marechal se despoja pouco a pouco de tudo.

2) A intriga contra o Marechal. O rei deixa partir o Marechal "porque perdera o amor por ele" (1994, p. 70).

Ainda sobre o cotidiano, Odália lembra "um último episódio para exemplificar de que forma o cotidiano, o factual pode ser reescrito e reconstruído, de maneira a se tornar o cotidiano, enquanto mentalidade de um povo, de uma nação extraído do livro *Le dimanche de Bouvines (27 juillet 1214)*" (1994, p. 70).

O autor recorda a descrição do cenário da batalha de Bouvines. O ponto de partida da luta de Bouvines encontra-se no segundo relato. O segundo capítulo descreve os participantes da batalha. Duby analisa ironicamente os cavaleiros e sua falsa guerra. Em redor do acontecimento uma construção de caráter ideológico ocorreu. Para Odália, Guizot faz de Bouvines uma "construção ideológica" (1994, p. 71).

A historiografia francesa transformou Bouvines num mito, o da nacionalidade e da unidade francesas. O imaginário dá novas feições e colore o cotidiano.

Odália relaciona o imaginário com o poder e a submissão.

"Para os primeiros [os poderosos], o imaginário é como uma representação sublimada do poder, sua justificativa racionalizadora; para os segundos [os humildes] uma razão motivadora de sua submissão" (1994, p. 72). O imaginário constitui, pois, um recurso estratégico, de manutenção no poder, de sobrevivência. Ele funciona como couraça. O autor fala da "precariedade da submissão" (1994, p. 73).

Nilo Odália procura definir o cotidiano:

> Enfim, o que quero afirmar é que se o cotidiano é algo mais do que a simples descrição dos fatos miúdos do dia a dia de um povo, de uma comunidade, de uma nação, ele o é porque nele se integra um imaginário, vivido com a mesma intensidade dos fatos miúdos, e que serve para conferir-lhes um significado, nem sempre apreendido de maneira direta (ODÁLIA, 1994, p. 73).

Com o título de "A textura histórica" (1994, p. 74), o autor apresenta as suas conclusões.

O primeiro capítulo mostrou o desalojamento da filosofia pela história na tarefa de pensar "o homem como totalidade" (1994, p. 74).

Os demais capítulos evidenciaram a criação de um conhecimento histórico como "espaço histórico-topológico, com base, na obra extensa e variada de Georges Duby".

Ocorreu o surgimento do "homem integral" e da "história total". Esta manifestou-se como uma narrativa de caráter significativo.

A obra de Duby mostra-se, para Odália, exemplar:

> Se é possível, pelo menos para mim, tomar a obra de Duby como exemplar para tentar demonstrar a ciência histórica como um conhecimento holográfico, isso se deve, ao seu domínio da língua como instrumento de comunicação que é, ao mesmo tempo, uma forma de explicação do que está sendo narrado (1994, p. 75).

Michelet operou, de acordo com Odália, a invenção da história. Com a sua narrativa, ele criou um paradigma. Com Michelet a narrativa da história "cria os critérios de sua própria cientificidade" (1994, p. 77). O paradigma criado por ele é o do conhecimento histórico romântico republicano.

Em Duby a documentação é a base de tudo. O autor retoma seu objetivo:

> Se tomo a obra de Duby para escrever um trabalho sobre o saber histórico é exatamente pelo fato de que ela constituiu um espaço histórico com tais dimensões que passa a ser um espaço privilegiado, de onde o historiador é capaz de usufruir todas as outras ciências sociais, delas retirando tudo o que possa tornar mais visível o homem que queremos conhecer (1994, p. 79-80).

Odália faz sua última apreciação de Duby, falando sobre o conteúdo da obra:

> Numa obra como a de Georges Duby vemos entrecruzar-se Marx e Lévi-Strauss, Mauss e Goldmann, Dumézil e Braudel, modos de produção e relações de parentesco, sociedades dualistas com figuras trifuncionais, dons e contradons, participação e redistribuição, imaginário e infraestrutura, e tantas outras figuras, conceitos e categorias, que seria tão fácil dizer delas que nada mais são do que um grande embrulho de ecletismo. Mas não seria verdadeiro, pois perderíamos o que elas nos trazem de melhor: uma melhor compreensão do homem em suas diversas dimensões, em suas diversas estaturas, em suas múltiplas contradições, em sua imensa fragilidade, mas também em sua enorme capacidade de criar e inventar, de

> tornar suportável e passível de vida o que às vezes parece impossível. Seria, talvez, o caso de perguntar o que seria da história sem essa textura histórica? (1994, p. 80).

François Dosse

Passemos agora a François Dosse, filósofo-historiador e grande admirador de Duby. Dedicou em várias obras análises à obra do historiador francês. Veremos aqui um ensaio-síntese que ele fez sobre ela.[3]

Na "Introdução" (DOSSE, 2001, p. 101), ele afirma que Duby faz sua conversão à história graças aos geógrafos. Refere-se às grandes monografias que marcaram uma época dos *Annales*. À ambição de globalidade demonstrada por Duby.

A tese do autor constituiu a prova do trabalho de campo. O trabalho constitui prova do caráter fértil da escola histórica francesa. Dosse afirma que "Duby [foi] leitor fervoroso da revista *Annales* desde antes da guerra", e que ele pertence aos *Annales*, "uma escola histórica que triunfa e renova profundamente o discurso historiográfico" (2001, p. 102).

Duby foi herdeiro dos grandes mestres dos *Annales*:

> Herdeiro de Marc Bloch no que se refere à preocupação constante de delimitar bem as categorias sociais que estuda, Georges Duby é também herdeiro direto de Lucien Febvre, no que tange à atenção dada aos fenômenos das mentalidades, bem como de Fernand Braudel, que ele conhece em 1956 e cuja ambição de globalidade adotará, rejeitando a fragmentação do campo do historiador (2001, p. 102).

O autor desenvolve depois o item: "A ambição de construir uma história global" (DOSSE, 2001, p. 102).

Para ele, a obra de Duby é imensa e constitui o resultado de um objetivo: a construção de uma história de caráter global. Ainda segundo ele, o historiador é um incansável desbravador. A história para ele forma uma ciência relacional. Ele se preocupa com a união de objetos antigos e novos e, por isso, quer estabelecer a complexidade do real.

Numa primeira abordagem da obra, Dosse afirma:

---

3 Dosse, François. "Georges Duby, o historiador da globalidade". In: *A história à prova do tempo. Da história em migalhas ao resgate do sentido*. São Paulo: Edunesp, 2001, p. 101-110.

> Já em sua tese sobre Mâcon, Georges Duby supera a simples monografia regional de uma paisagem social específica não só para dela extrair ensinamentos gerais, publicados em 1962 com *L'économie rurale et la vie des campagnes l'Occident Médiéval* [*A economia rural e a vida no campo no Ocidente Medieval*] e depois em 1973 em *Guerriers et paysans* [*Guerreiros e camponeses*], mas para revelar a imbricação das múltiplas formas de inserção do poder e de seu enraizamento no próprio mosaico dos territórios (2001, p. 102-103).

Duby procura correlacionar dois fenômenos diferentes: "O que ele extrai de seu arquivo, os documentos oficiais, é a correlação entre dois fenômenos de ordem diferente: o desmoronamento da monarquia carolíngia e um bloqueio do desenvolvimento econômico" (2001, p. 103).

Quanto aos castelos, afirma Dosse: "A sociedade fecha-se então localmente em torno de seus castelos" (2001, p. 103).

Os senhores tinham um modelo relativo ao consumo: "Quanto aos senhores, tando leigos como eclesiásticos, impulsionam com vigor um crescimento produtivo que realize plenamente um modelo de consumo inspirado na vida principesca" (2001, p. 103).

A paz de Deus estava relacionada com as cruzadas: "A violência bélica reflui nas províncias fronteiriças, nos confins do mundo cristão, para permitir que a paz de Deus prospere. Essa violência acaba por encarnar-se nas grandes cruzadas externas, fonte de solidariedades internas" (2001, p. 103).

O surto urbano solapou o poder senhorial. O que permitiu que o poder do Estado monárquico se afirmasse foi a cidade.

Duby realizou o estudo de mutações múltiplas. Trata-se, para Dosse, de um historiador modelar:

> Georges Duby focaliza [...] em seus estudos da sociedade medieval, as múltiplas mutações a partir de suas imbricações e incidências em todos os níveis da atividade econômica, política e cultural. Nesse sentido, ele é um modelo, sejam quais forem as possíveis retificações que possam ser feitas no plano historiográfico. Nesse nível, a economia carolíngia é hoje objeto de controvérsias, e o historiador belga. A. Verhulst deseja uma reconsideração desse campo de estudos a partir de bases diferentes dos pontos de vista de Henri Pirenne, Georges Duby ou Robert Fossier, por ele considerados catastróficos (DOSSE, 2001, p. 103).

Para Duby, descobrir as temporalidades longas não implicou rejeitar o acontecimento. No livro *Guilherme Marechal* o acontecimento foi reintroduzido nas suas raízes estruturais. Ele buscou o significado da cavalaria, com seus ritos guerreiros e seus torneios.

O livro *O domingo de Bouvines* serviu de pretexto para a construção arqueológica da sociedade medieval, no princípio do século XIII. Na obra, as estruturas revelam-se dentro do acontecimento e por ele. *O domingo de Bouvines* demonstra de maneira viva como é possível casar estruturas e acontecimento.

Duby procurou estabelecer, numa história global, o lugar das mentalidades. O mental possui uma temporalidade própria, escandida em três ritmos.

Ocorreu o deslocamento da relação do historiador com seus materiais. O objeto da translucidação são as próprias fontes. O historiador deve buscar uma articulação com a realidade que seja significante.

A história social encontrou na história das mentalidades um instrumento para a sua construção. As mentalidades permitem perceber incoerências no interior de uma totalidade de caráter complexo.

O desafio lançado pelos antropólogos aos historiadores foi sentido de maneira intensa por Duby, que buscou as correlações e a totalidade significante.

O livro *As três ordens*, marcado pela influência de Georges Dumézil, pode ser definido como estruturalista. Na verdade Duby submete Dumézil a uma inversão. Enquanto para este o mito constitui o dado inicial, para Duby o que é proposto pela estrutura aparece desarticulado pela história.

Duby procura ver como ocorre, nas práticas sociais, a significância do mito, de natureza histórica.

A ideologia tem, na sociedade feudal, um papel de primeira ordem. O esquema trifuncional resultou da revolução feudal. O século XI viu o retorno dos valores ideológicos.

O rei encarnava agora o poder de manter a paz e não o de guerrear. O poder político passou a ter um objetivo de proteção. O poder temporal faliu. Havia uma oposição entre os homens de guerra e os não guerreiros. Dosse afirma que "na ausência do poder político são os clérigos que tentam restaurar o equilíbrio social" (2001, p. 107).

O autor busca o significado do modelo trifuncional: "Duby mostra explicitamente que esse modelo imaginário permite justificar o monopólio do poder econômico e político por uma minoria privilegiada e ocultar numa estrutura tripartite o dualismo subjacente que poderia abalar o sistema" (DOSSE, 2001, p. 107).

Houve, na época, a busca de um consenso em torno da ideologia. O esquema social trifuncional foi formulado por dois bispos e surgiu por volta de 1025. Qual era o objetivo do esquema das três funções?: "O esquema trifuncional impõe-se desde fins do século XII a senhores e cavaleiros com o fim de implantar a distinção irredutível entre as três ordens constitutivas da sociedade francesa diante da ascensão da burguesia urbana" (2001, p. 107).

Ampliando seus comentários sobre o tema, Dosse assinala:

> Com esse mergulho na eficácia de uma estrutura simbólica, Georges Duby mostra ao mesmo tempo que não se pode pensar uma sociedade a partir da simples mecânica do reflexo e que uma estrutura simbólica deve ser estudada em seu processo de historicização (2001, p. 107-108).

Duby dedicou-se também ao estudo das manifestações de natureza anímica na arquitetura e na pintura. Na obra *O tempo das catedrais* mostram-se as formas em evolução como sinais de um mundo em transformação. Qual era a função da arte medieval? Para Duby, "A arte medieval não é vista como um em si, um absoluto irreal, mas, ao contrário, o historiador busca sua origem espacial, a era geocultural sobre a qual ela ganhou corpo, seus patrocinadores, sua função" (DOSSE, 2001, p. 108).

O itinerário da arte medieval vai do sagrado ao profano: "Duby detecta uma trajetória que vai do sagrado, da identificação entre universo celeste e terreno, ao mundo profano do qual o homem emerge na singularidade de seu corpo e de sua personalidade" (DOSSE, 2001, p. 108).

A arte românica constitui a expressão das novas estruturas sociais do século XI. O mundo agrícola encontrou no mosteiro seu "repositório espiritual" (2001, p. 108). O claustro representa simbolicamente os quatro pontos cardeais. Um mundo perfeito, tal é a visão que o clero busca exprimir.

Afirma Dosse que "a arte é um discurso sobre Deus, um meio de tornar visível a estrutura harmônica do mundo divino" (2001, p. 108).

Houve no século XIII o deslocamento radical da criatividade artística. O mosteiro foi substituído pela catedral como lugar de celebração religiosa. Para o autor, "a catedral é a encarnação de uma demonstração lógica da fé" (2001, p. 109). Surge uma cultura nova, uma arquitetura de caráter profano.

A estética de Duby é histórica:

> Com a troca de patrocinadores, também mudam as fontes de inspiração do artista. A estética, nessa abordagem histórica, é então a expressão privilegiada de uma época da qual não é dissociável. Ela permite que Duby se aproxime ainda mais do ponto para o qual tende a sua obra: a reconstrução global do universo medieval (2001, p. 109).

Duby abriu campos novos de investigação. As relações entre mulheres e homens são o último dos campos abertos. O historiador francês escreveu um livro sobre o casamento no mundo feudal: *Le chevalier, la femme e le prêtre*. No seu trabalho, "Duby revela duas visões conflituosas do bom casamento: a visão dos clérigos e a visão dos senhores, que acabam por reconciliar-se com o fortalecimento das bases do poder monárquico" (2001, p. 109).

O matrimônio formava a articulação dos elementos material e espiritual.

Quanto à *História da vida privada,* nela Duby desenvolve "a perspectiva de relacionamento da esfera privada com a pública, de suas interações" (DOSSE, 2001, p. 109). A antropologia deu uma contribuição nova para o estudo do parentesco. O desdobramento lógico desse campo novo ocorreu com a *História das mulheres,* de Duby e Perrot.

A história global caracteriza-se por sua riqueza e incompletude.

Visões historiográficas: Beatriz Rojas, Jacques Dalarun, Aaron Gurêvitch

Beatriz Rojas

Passaremos agora ao ensaio de Beatriz Rojas, escrito como apresentação de uma antologia de textos de Duby publicada no México.[4]

A autora toca em vários pontos importantes da obra de Duby, seus métodos para abordar a história e a união da História e da Geografia em Duby, a maneira como ampliou suas perspectivas, ao incorporar no seu trabalho a história das mentalidades, as reflexões do grande medievalista a respeito das atitudes mentais e os comportamentos sociais; o caráter amplamente social da história produzida por ele; a intensa articulação do material com o mental que realiza; a captação da totalidade da sociedade medieval por um corte transversal nas obras *O ano mil* e *O domingo de Bouvines*, a

4 Rojas, Beatriz. "Presentación". In: Rojas, Beatriz. *Obras selectas de Georges Duby*. Presentación y compilación de Beatriz Rojas. México: Fondo de Cultura Económica, 1999, p. 7-19.

análise do livro *Guilherme Marechal*, em que a morte deste é ocasião de manifestações emocionais "*dictadas por los usos sociales y mentales*" (ROJAS, 1999, p. 12).

Veja-se sua análise da história da arte medieval praticada por Duby:

> En la última etapa de este libro llegamos al mundo de la expresión artística, pictórica y arquitetónica. De una expresión artística vital para la época, por ser forma de expresión de sentimentos y de búsqueda de comunicación entre los hombres y la eternidad. Pero que también presenta un proyecto de sociedad. Através de textos como "Dieu est lumière", Duby nos muestra como se vive la religiosidad y la función del arte en una religión que se vive publicamente y que tiene como objetivo brillar material y simbolicamente. En cambio en "Rigueur" aparece uma concepción diferente, más ensimesmada y encerrada en el fuero interior del creyente. Aislada del mundo, sin pretensiones intelectuales, adopta como modelo de la plegaria, el trabajo comunitario y la renuncia al lujo. Dos actitudes qui se dan, si no paralelamente, si en cadena. La una propiciada por la otra, para servir a dos concepciones de la práctica de la religión (ROJAS, 1999, p. 12).

Também merecem ser citadas as considerações relativas aos trechos selecionados do primeiro volume do livro *Damas do século XII*, "Alienor" e "Isolda":

> Através de estas dos historias [Duby] analiza el comportamiento de una sociedad ante la relación mujer-hombre, visto bajo dos perspectivas: una historica y otra literaria. Primero una reina insatisfecha, condenada por sus veleidades amorosas, pero en el fondo usada como pieza de la diplomacia real. Luego el amor incontenible de Tristán causado por un elixir, amor irreal puesto que literario, pero nutrido de imágenes construidas para servir de modelo de conducta y de sentimientos. Dos formas de ver nada más a la mujer sino también al amor y explicar su conducta en función del pragmatismo de la época y también de la construción de imaginación (ROJAS, 1999, p. 12).

Jacques Dalarun

Trataremos agora do estudo dedicado a Duby pelo medievalista francês Jacques Dalarun.[5] Ele aborda de uma maneira ampla a obra de Georges Duby: fala

5 Dalarun, Jacques. "Introduction". In: Duby, Georges. *Feodalité*. Paris: Gallimard, 1996, p. IX-XXIII.

que ela possui uma unidade; que a tese de 1953 anunciava as interrogações futuras. Trata, também, do fascínio demonstrado por Duby em relação ao obscuro e afirma que o projeto historiográfico dele tem uma coerência. Lembra que tal projeto sofreu duas inflexões, uma estética, outra temática. Recorda que o grande historiador estabeleceu uma irmandade intelectual com os intelectuais medievais. Cita a escrita poderosa do historiador Duby. Ensina que a história nasce do historiador.

Para Dalarun, Duby recupera a atitude do autor em relação ao livro como revelador da psicologia dos homens medievais. Fala do vocabulário do escritor Duby, que aproxima o vocabulário agrícola do relativo à sexualidade. Menciona a irrupção do material puro nas análises sutis e nas sínteses vastas. Por fim, explica que Duby passou da história demonstrativa à história narrativa.

Tratando dos planos da obra do nosso autor, Dalarun esboça seus contornos globais:

> Donc tout réduire aux arêtes d'une structure. À la forme nue, car "je le dis pour les simples qui ne savent distinguer la couleur de la forme: la forme est essentielle à l'être". Peintre de la phrase, Georges Duby est architecte du récit. Il recourt le plus volontiers à deux plans types. De 1953 a 1973 domine le "cadre commode" un découpage en grandes tranches chronologiques à l'intérieur desquelles des subdivisions articulent l'économique, le social, de politique, le mental en un ordre mouvant. À ce modèle se rattachent *La Société aux XI e XIIe siècles dans la région mâconnaise* (1953), *la partie médievale de l'Histoire de la civilisatión française* (1958), *L'économie rurale et la vie des campagnes dans l'Occident médiéval* (1962), les trois albuns de Skira (1966-1967) tels qu'ils appairessent reúnis dans *Le temps des cathédrales* (1976), *Guerriers et paysans* (1073), auxquels out peut encore tardivement relier *Le Moyen Âge, de l'Histoire de France* (1987). Mais déja se profilait une autre architecture, des *L'An Mil (1976), Les Procès de Jeanne d'Arc (1973), Le Dimanche de Bouvines (1973), Saint Bernard* (1976). A partir de 1978 s'impose la nouvelle ordonnance: projeter em tête d'ouvrage um éclat critique – une énonciation dans les *Trois Ordres* (1978), une "affaire" avec *Le Chevalier, la femme et de prêtre* (1981), une mort pour *Guillaume le Marechal* (1984); puis revenir bien en amont, guetter les premiers symptômes de l'éclosion à venir en lui conservant cependant sa part d'aléatoire – après la "Révélation", la "Genèse"; reprendre ensuite avec plus d'ampleur l'analyse de la crise, integrée cette fois dans le fil d'une chronologie et dans le cadre d'une synchronie – "Circonstances";

> en tracer enfin, en aval, le destin historique ou historiographique: "Éclipse", "Ressurgence"; mais aussi pour Bouvines, pour Bernard: "Légendaire", "Héritage". "L'histoire [est] d'abord stricte chronologie". Après une decenme (1953-1963) consacrée aux soubassements économiques et à la terre, l'auteur, suggère Robert Fossier, se serait concentré prendant la décennie suivante (1963-1973) sur l'étude de la société e principalment de la chevalerie, avant que se développe "un mouveau rameau, celui de l'imaginaire". Ainsi Georges Duby se déplace-t-il résolumment, en un mouvement que restitue pour l'essentiel le présent volume, des "infrastructures" vers les "surperstructures". ["C'est - à - dire que j'aborde lá [avec Les Trois Ordres] por la première foi d'une façons profonde l'histoire d'une idéologie"]. Si le plan de l'ouvrage se complexifie, c'est en premier lieu parce que la matière affrontée est moins aisément saisissable (DALARUN, 1996, p. XX-XXI).

Aaron Gurièvitch

Finalmente, apresentamos o ensaio, de caráter essencialmente crítico dedicado a Duby pelo medievalista russo Aaron Gurièvitch.[6]

O autor não conseguiu dialogar com Duby. Ele busca no seu estudo os princípios de método do medievalista francês. Procura estabelecer a correlação entre teoria e prática no autor.

Traça a biografia de Duby. Fala no discípulo de Febvre e Bloch. Para Gurièvitch, Duby teve uma "etapa braudeliana" (GURIÊVITCH, 2003, p. 119). De acordo com o medievalista russo, a qualidade da História Nova é boa. A carreira de Duby como historiador aparece descrita, surgindo inclusive o historiador da arte.

Como a sociedade vive com a visão de mundo ou imagem por ela criada, Duby dedicou-se à discussão das mentalidades.

Eis como Gurièvitch vê o objetivo fundamental da ciência histórica: "A interação de história da civilização material e da estrutura social, por um lado, com a história das representações coletivas e da cultura, por outro, é onde se vê o objetivo central e a tarefa da ciência histórica" (2003, p. 114).

Duby, nas suas pesquisas, permaneceu sempre no mesmo período histórico. O autor fala da importância da cronologia, criticada por Furet. Para Gurièvitch, "a

6 Gurièvitch, "Diálogo com Georges Duby". In: *A síntese histórica e os Annales*. São Paulo: Perspectiva, 2003, p. 113-147.

afirmação de que o próprio historiador cria o objeto da pesquisa e constrói, 'inventa' a fonte histórica é encontrada não raro entre diferentes 'novos historiadores', de Furet a Chartier. Eu suponho que essa ideia requer definição" (2003, p. 116).

Guirêvitch explica em que medida o historiador cria a fonte para a sua própria pesquisa:

> Ele só se torna fonte histórica, "coisa para nós" quando o historiador o destaca da série de outros "monumentos" mudos, remanescentes inertes do passado, quando ele lhe faz determinadas perguntas e assim o inclui na estrutura do seu diálogo com os homens do passado. Nesse sentido o historiador realmente cria a fonte para a sua pesquisa (2003, p. 117).

O autor cita a preocupação de Duby com as fontes e com a cronologia. Para Guriêvitch, alguns partidários da história-problema têm desprezo pelos aspectos que Duby valoriza. Segundo o autor russo, os historiadores quantitativos desprezam os fatos singulares e isto é muito perigoso. É mesmo uma arbitrariedade, pois o historiador não considera a lógica interior nem a integridade da fonte.

O estudioso refere-se à diferença entre a História e as Ciências Naturais. O material do historiador são os pensamentos e enunciados dos homens singulares.

O fato histórico tem seu valor. O medievalista critica o conceito de história-problema. Para ele Duby, não compartilha da concepção de história-problema. Ele discute a posição de Duby na historiografia. Fala da produtividade excepcional do historiador francês. Lembra o seu contato com o marxismo e diz que Duby reteve sua "eficácia heurística" (GURIÊVITCH, 2003, p. 119) já que sua assimilação do marxismo foi crítica.

Para Guriêvitch, o marxismo teve, na escola histórica francesa, um grande papel. Marx exerceu influência em Bloch e nos historiadores jovens dos anos 40 e 50. Duby recebeu influência de Marx, mas não tornou-se marxista.

Duby fala em modo de produção senhorial. No feudalismo a política exerceu um papel dominante em relação à economia. Para ele, destaca-se o poder exercido pelo senhor sobre os homens, porque a exploração do campesinato passa pelos poderes do senhor.

Quanto à propriedade medieval, Guriêvitch está em acordo com Duby. Concorda que houve unidade entre economia e política no feudalismo.

Duby possui, da ideologia, segundo Guriêvitch, um conceito extensivo.

O historiador russo lembra o conceito de globalidade. Fala do conceito de formação social, utilizado por Duby. Da sua subjetividade. Do imaginário do historiador.

Lembra a importância decisiva do conceito de história-problema na Nova História. Afirma que Duby se apoia em Febvre e em Bloch. E que sua escolha não é livre.

Passando a Jacques Le Goff diz ser este contrário à filosofia da história. Recorda a atenção de Le Goff aos métodos históricos. Refere-se às diferenças entre Le Goff e Duby:

> De fato, não devemos perder de vista as diferenças entre Le Goff e Duby. Nesse sentido enquanto o primeiro foi um dos iniciadores das edições *Faire de l'histoire e La Nouvelle Histoire*, nas quais generaliza a experiência da Nova História e em seus trabalhos coloca com uma constância invejável e sem precedentes novos problemas do conhecimento histórico, Duby não se permite com tanta frequência ir além dos limites da história concreta da França medieval. Ele não tem um "gosto especial pela teoria" e temos de concordar com suas palavras (2003, p. 122).

Guriêvitch critica o desprezo entre historiadores pela filosofia da história. Evoca os princípios e os problemas de método da ciência histórica. Cita a influência dos métodos dos cientistas sociais sobre Bloch e Febvre. Cita também a influência de Propp e Bakhtin na França.

Assegura que houve a interação entre a história e a antropologia cultural. E que a multidisciplinaridade está na ordem do dia.

Existem, segundo pensa, premissas teóricas nos historiadores. Fala em conjeturas e esquemas simplificados. A metodologia de Duby está dentro de seus estudos.

Guriêvitch chega à teoria das três ordens, grande tema de Duby. Critica a proposta deste último a respeito do assunto. Lembra a "ideologia" (GURIÊVITCH, 2003, p. 125) trifuncional europeia de Dumézil. Para Guriêvitch, é uma questão ainda em aberto. Desenvolve seus pontos de vista sobre mito e ideologia. Vê em Duby um excesso de ideologização. Cita o contexto amplo da "ideologia trifuncional" (2003, p. 125).

Ideia explorada pelo clero e presente na consciência coletiva. A teoria das três ordens desenvolveu-se num contexto concreto. Qual era a ideia fundamental de Duby a respeito?

> Duby demonstra que a imagem da sociedade, desenhada em forma de esquema trifuncional, por um lado traduzia a visão da realidade social pelos representantes da elite eclesiástica e por outro, foi por eles utilizada com determinados objetivos sócio-políticos e ideológicos. O imaginário (l'imaginaire) se entrelaça com o real e participa do funcionamento do regime social – é essa a idéia central de Duby. Além disso, no século XIII esse esquema ideal encontra a sua materialização nas instituições sociais – no Estado das três classes (2003, p. 126).

Foi imposta aos camponeses a obediência aos senhores. Mostra-se que a ideologia das três ordens tem um significado social. Diz-se o que foi, conforme Duby, a revolução feudal. Explica-se o nascimento da teoria trifuncional. Para Guriêvitch, é duvidoso que a teoria trifuncional tenha contribuído para que as contradições sociais fossem abrandadas.

O autor refere-se ao conteúdo dos sermões do século XIII.

Segundo Guriêvitch, não houve ameaça de rebelião camponesa séria no começo do século XI e as obras dos bispos Adalberão e Gerard não estavam destinadas ao campesinato, ao vulgo. O livro de Duby é muito valioso, tem o estatuto de um clássico, de acordo com o medievalista russo.

Guriêvitch resume assim a obra:

> O livro de Duby *As três ordens da sociedade ou o mundo imaginário do feudalismo* é uma investigação histórica de grande valor. É um clássico dos estudos medievais modernos. Ele revela com uma profundidade e uma plenitude excepcionais as ideias, representações e ilusões da sociedade sobre si mesma. Como salienta Duby, o mundo imaginário *(l'imaginaire)* não reflete tanto a realidade quanto a recria. A estrutura da sociedade francesa do início do século XI não correspondia aos esquemas ideais dos bispos, era mais complexa e confusa. Com isso podemos concordar. Mas ao mesmo tempo eu suponho que a teoria da articulação trifuncional da sociedade traduz bem uma espécie de modelo sociológico do feudalismo. Porque essa sociedade, composicionalmente mais complexa do que a representaram Gerard e Adalberão, em realidade se construía com base na articulação das funções sociais. De sorte que não se trata apenas de ilusão mas também de uma apreensão bastante profunda, pelos teólogos, da natureza da sociedade à qual eles pertenciam (2003, p. 127-128).

As três ordens manifestaram-se também na Inglaterra, fundamentalmente com o mesmo sentido.

O conceito de serviço aparece como ideia fundamental no feudalismo:

> O conceito de serviço, como o de hierarquia a ele imediatamente vinculado é a ideia central dessa sociedade, que atravessa todas as relações: das relações do fiel com o Senhor às relações do súdito com o senhor, da estrutura da Igreja à vida matrimonial. A ideia de servir unia aspectos sociais e religiosos a aspectos mentais, emocionais, e por isso se estendia inclusive ao amor do trovador à dama (GURIÊVITCH, 2003, p. 127).

A noção de que o todo prevalecia sobre as partes integrava a mentalidade feudal. Como Duby desenvolve o tema da mentalidade feudal, o autor russo assim se pronuncia sobre o assunto:

> A mentalidade feudal, que penetrava todos os aspectos das relações sociais, dos produtivos aos familiares e dos jurídicos aos artísticos, determinava a individualidade histórica da sociedade medieval europeia. Em realidade, a organização da economia baseada na propriedade rural, com grandes proprietários de terras, donos do poder local e com camponeses dependentes, existia em sociedades de diferentes tipos e diferentes épocas; o regime militar dos cavaleiros com armas pesadas também não é uma *diferentia specifica* do Ocidente Medieval. Entretanto a grande propriedade de terra do Oriente ou da Roma imperial, com os "agricultores imperiais" ou o colonato, não se transformou em feudal, e assim o guerreiro feudal ainda não se tornara um cavaleiro. O singular na história era a natureza específica da ética, do sistema de valores e mentalidades vinculado ao princípio de servir que não transformava o miserável em escravo ou servo e deixava lugar para o desenvolvimento do indivíduo (2003, p. 129-130).

Guriêvitch fala da fecundidade do enfoque das mentalidades. Vê em Duby um sociologismo excessivo. Critica os historiadores da Nova História e as hipóteses formuladas por Duby. Lembra as dificuldades da síntese em história. Menciona o caráter controlado da invenção histórica em Duby.

Cita o "subjetivismo" (2003, p. 31) de Duby e fala da antiguidade do relativismo histórico, que segundo ele, constitui uma ilusão histórica. Para ele, não se pode negar que os recursos técnicos do historiador progrediram. Em seguida, lembra um aspecto citado por Febvre, o de que a visão de cada período histórico é individual.

Passa depois a tratar do ofício dos historiadores, afirmando: "o que eu escrevo não é somente a minha história, mas uma variante da visão moderna da história" (2003, p. 132), porque o meio em que vivem tem importância na produção dos historiadores.

Para Gurièvitch, o sonho acalentado por Febvre, de uma investigação de caráter coletivo, não vingou, pois o trabalho de criação se faz na solidão.

A Nova História e os *Annales* existem realmente. Os historiadores dessa corrente estão voltados para a síntese histórica, este é mesmo o traço que distingue a Nova História.

De acordo com Gurièvitch, Duby age seletivamente ao realizar a história da aristocracia e da cavalaria. Por isso, o autor russo se pergunta por que a plebe não é estudada. Para ele, novos problemas sobre o vulgo medieval devem ser apresentados. Sobre o povo, muitas fontes existem.

Ele se pergunta sobre a maneira de avaliar as hagiografias. Fala das informações contidas nelas. Cita os dados existentes nos penitenciais. Trata das *visiones* (2003, p. 134), já que havia entre os visionários muitas pessoas do vulgo.

Lembra aspectos originais do cristianismo. Vê nos sermões um material riquíssimo. Evoca as fórmulas de maldições e bênçãos da Igreja. Afirma que os *exempla* constituem uma enciclopédia relativa à vida popular, já que neles aparece a religiosidade popular em seus aspectos inéditos.

O erudito russo lembra as interpretações que permitem o acesso às camadas culturais de "sedimentação profunda" (GURIÊVITCH, 2003, p. 135) e afirma que fontes relativas ao povo precisam ser interpretadas por metodologias novas.

Esses monumentos são de natureza religiosa, porque se voltavam para o rebanho de fiéis. Uma nova camada da vida e da mentalidade do período medieval emergiria da investigação destas fontes, maciças, seriais.

Os registros relativos ao direito costumeiro são lembrados. Também as sagas, os monumentos produzidos pela Escandinávia do norte. Não se pode, no ponto de vista dele, esquecer os registros arqueológicos.

O autor lembra as fontes alemãs e escandinavas a respeito dos de baixo. Explica ser "necessário penetrar na mentalidade, no mundo espiritual dos 'ignorantes medievais'" (2003, p. 137).

São várias as fontes existentes sobre a mentalidade da plebe da Idade Média. Há testemunhos indiretos e torna-se necessário inventar métodos novos para o estudo dos testemunhos citados, fazer a descoberta de "enfoques não banais do material" (2003, 137).

O autor russo vê em Furet um inimigo da história das mentalidades.

O problema relativo à cultura popular foi apresentado com muita acuidade por Bakhtin, mas Duby faz objeções ao estudo da cultura popular, o que traz dificuldades na discussão do problema. Tais objeções tão comparadas às de Furet relativas à investigação das mentalidades.

Os filólogos e intelectuais inspiram a arte espiritualista. Quanto ao caráter das artes gótica e românica, há acordo do autor com Duby.

As pequenas formas da arte religiosa mereceram atenção especial. Para o autor russo o esquema histórico da arte medieval segundo Duby não pode ser "imposto" (2003, p. 139) a todas as modalidades culturais.

Ele se pergunta sobre as razões da não integração, por Duby, do conceito de cultura, no seu sentido antropológico. O conceito de cultura popular só pode ser pensado por "uma história antropologicamente orientada" (2003, p. 139).

Existem fontes indiretas para o estudo da cultura popular. Como Duby realizou, a respeito da cavalaria, estudos brilhantes, Guriêvitch o critica por não ter investigado as camadas populares da população no seu comportamento. O autor, portanto, completa e corrige Duby.

Ele aborda o culto dos santos e cita o caráter das hagiografias. Os santos populares excluídos da canonização continuavam a ser idolatrados pelo povo. A Igreja procura de maneira intermitente escutar os anseios do povo: a sua força vinha daí.

O autor passa a tratar da perseguição da Igreja à crença nas bruxas. A Igreja imitou o modelo popular. É necessário estudar a religião e a cultura populares de maneira atenta. Nos movimentos populares o campesinato não foi esquecido. A Igreja reconheceu mais tarde a aliança entre as bruxas e o Diabo.

A cultura popular é o grande problema da história atual.

A carreira de Duby constituiu uma ampliação sucessiva da visão histórica. Ele foi aprofundando progressivamente seu conhecimento da sociedade medieval.

O historiador russo aborda, em seguida, a proposta de Duby no livro *São Bernardo e a arte cisterciense*: "Na arte cisterciense ele estuda os vínculos entre a espiritualidade dos monges e a sua prática procurando ao mesmo tempo incluir nessa análise também as peculiaridades da arte e da arquitetura da ordem de Bernardo de Clairvaux" (GURIÊVITCH, 2003, p. 143-144).

Guriêvitch cita o autor alemão K. Schreiner, que fez críticas ao livro de Duby, *O tempo das catedrais:*

> O crítico alemão ocidental ressalta que esse livro não contém o que promete: o encontro e o cruzamento da arte com a sociedade se dão no nível associativo e antes por meio da "empatia" que, de forma argumentativa e o estilo belo de exposição substitui por vezes os testemunhos históricos (2003, p. 144).

Guriêvitch lembra o trabalho de Duby sobre o casamento feudal. Fala das mudanças no casamento. E das relações do matrimônio com os fenômenos socioeconômicos.

Para ele, Duby tinha como preocupação permanente a articulação das mentalidades com os outros aspectos da história.

O autor cita a crítica de Duby a Pfister sobre o casamento: "não fica claro em que bases ele nega aos homens do século XI a capacidade de cometer atos sob a influência do amor. Não dispomos de informação suficiente para afirmações tão categóricas" (2003, p. 145). O medievalista russo considera grandemente arbitrária tal hipótese do autor francês. Ele fala da crítica de A. Boureau ao "evolucionismo" (2003, p. 145) de Duby. E continua:

> Mas a questão não está nem aí. Trata-se da metodologia do estudo das mentalidades. A hipótese de que nos tempos antigos existia um certo padrão de comportamento universalmente obrigatório é bastante arbitrária. Ela exclui a dispersão nas diretrizes vitais dos homens, que podiam inclusive se desviar da norma. A Boureau também discorda de Duby neste caso, supõe que haja nele uma certa presunção geral de evolucionismo no estudo da consciência. Só gradualmente surge a livre opção individual que aparentemente existia no início (GURIÊVITCH, 2003, p. 145).

O autor critica os estudos relacionados à história das mentalidades. Fala das possibilidades e também dos limites da síntese histórica. Cita a divergência entre Bloch e Duby a respeito da "função das mentalidades" (2003, p. 146).

Guriêvitch recorda o objetivo e o sentido da perspectiva histórico-antropológica. Insiste na importância dos problemas relativos ao método. Recupera as mentalidades segundo Bloch. Volta a fazer críticas a Duby.

As mentalidades implicam uma "refração sumamente complexa" (2003, p. 146). O historiador estuda as mentes humanas no seu real conteúdo. A mentalidade não consegue esgotar os quadros existentes no mundo. Nelas, os vínculos e correlações entre fenômenos de ordem diferente são antes postulados que demonstrados.

No final do seu ensaio, Guriêvitch afirma que, no livro *A história continua*, Duby mantém suas teses dos *Diálogos* com Lardreau.

capítulo 8

Contrapontos (1): Georges Duby e a medievalística contemporânea

Os grandes mestres dos *Annales*: Marc Bloch, Lucien Febvre e Fernand Braudel

Faremos inicialmente uma apresentação da obra dos grandes mestres dos *Annales* que de um modo ou outro foram marcantes na carreira de Duby - Bloch, Febvre, Braudel -, para estabelecer um contraponto ao itinerário de Duby por nós reconstruído.

Começamos por Bloch,[1] um dos maiores historiadores do século xx. Sua influência foi duradoura e decisiva. Seu percurso universitário foi marcado pela excelência. Lutou na Primeira Guerra Mundial. Trabalhou na Universidade de Estrasburgo. Sua tese, de 1919, *Reis e servos* é curta.

Conheceu fracassos em suas candidaturas ao Collège de France, entrando em 1936 para a Sorbonne.

O seu livro *A estranha derrota* constitui um trabalho ensaístico de história imediata. Participou na Resistência, sendo executado, em junho de 1944, pelos alemães. Foi um mártir. Alguns aspectos de sua personalidade são pouco conhecidos. Ele esteve presente nos problemas de sua época.

Buscou conhecer cientificamente a sociedade:

1 Burguière, A. "Bloch Marc, 1886-1944". In: Burguière, André (org.). *Dicionário das Ciências Históricas*. Rio de Janeiro: Imago, 1993, p. 104-108.

> A responsabilidade do sábio consistia para ele em fornecer aos políticos a iluminação de um conhecimento científico da sociedade, e não em transmitir uma mensagem. E a própria política tem por tarefa não gerir os conflitos com ideologia, mas impor as reformas que devem melhorar a sociedade (BURGUIÈRE, 1993, p. 105).

Quanto à sua participação na Resistência diz Burguière: "As tarefas do resistente prolongavam a ascese do historiador" (1993, p. 105).

Ele se impunha a compreensão como um dever. Procurou estabelecer entre o passado e o presente uma relação dialética:

> O dever de compreender que Marc Bloch atribui ao historiador supõe um ir e vir constante entre a experiência vivida do presente e os traços documentados deixados pelo passado. Pois o movimento da sociedade em que se misturam mudanças rápidas e fenômenos de longo prazo só se torna intelegível nessa relação dialética entre o passado e o presente (BURGUIÈRE, 1993, p. 105).

A sensibilidade de Bloch caracteriza-se como reformista. Sua ascese era cotidiana. Ele procurou integrar os métodos das ciências sociais à história. Submeteu a crença a uma abordagem antropológico-histórica. A realeza, na sua dimensão mágica, constitui o objeto do livro *Os reis taumaturgos* (1924).

Marcado pela Geografia, "disciplina que resplandecia na França no início do século" (BURGUIÈRE, 1993, p. 106), seus primeiros artigos, publicados na *Revue de Synthèse,* estavam situados não em uma moldura cronológica, mas numa moldura de caráter regional. Para Bloch o espaço formava ao mesmo tempo o suporte e o objeto da pesquisa histórica. Ele viu o espaço rural como uma produção social.

A respeito do método regressivo blochiano assim se expressa Burguière:

> O eixo principal de sua reflexão em *Les Caractères originaux de l'histoire rurale française* (1931) leva-o a decifrar o espaço rural como um palimpsesto no qual cada migração, cada reorientação da vida sócio-econômica teria imprimido, de maneira mais ou menos duradoura, sua marca. Marcha "regressiva" que Marc Bloch ilustrou brilhantemente no que se refere às estruturas agrárias, mas que aspirava a estender a outros objetos, outros *corpus* [*ou corpora*] documentais: trata-se na ocorrência de partir das formas presentes para reencontrar, com fundamento no que sugere a repartição das comunidades agrárias, o encaminhamento de uma história (1993, p. 106).

A Universidade de Estrasburgo foi para Bloch, intelectualmente, uma terceira baliza.

Quanto à relação de Bloch com Febvre e à criação dos *Annales* afirma Burguière: "Ele ali [em Estrasburgo] ligou-se em primeiro lugar a Lucien Febvre e, dessa amizade profunda, decisiva para sua carreira de historiador, nasceria dez anos mais tarde a aventura dos *Anais (Annales)*" (1993, p. 106).

"As virtudes relativas ao método comparativo" foram reveladas a Bloch por Meillet. Burguière se detém nos trabalhos científicos de Bloch no período dos *Annales*. A universidade de Estrasburgo possuía especialistas caracterizados por uma qualidade excepcional. O autor fala das resenhas escritas tanto por Bloch quanto por Febvre nos *Annales*, as quais, como vimos tiveram papel decisivo na formação do historiador Duby.

Burguière passa à análise da obra de Bloch em seus elementos fundamentais:

> Para Marc Bloch, a passagem de uma atividade à outra [dos textos escritos para os *Annales* à sua obra pessoal] era talvez mais difícil [do que para Febvre] na medida em que o paradigma que definia a Revista, a história econômica e social, era também o que dominava sua obra: estudo dos grupos humanos, e não de indivíduos, problemas produtivos, monetários (*Le problème de l'or au Moyen Âge*, 1933 e o *Esquisse d'une histoire monétaire de l'Europe*, publicado em 1954), trajetórias tecnológicas *(Avènement et conquêtes du moulin a eau*, 1935) que pesam sobre a organização e a evolução das sociedades; análise de representações que inspiram tanto sua ação de animador científico quanto seus artigos e livros (1993, p. 107).

Burguière fala agora do conteúdo dos livros de Bloch, *Os reis taumaturgos e A sociedade feudal:*

> Entre *Les rois thaumaturges e La société feódale* (1939-1940), será que o caminho de Marc Bloch se aproximou um pouco do marxismo, como o pensa G. Duby? No primeiro caso, ele estudava o ritual mágico mediante o qual o poder monárquico se apresentava como o patrimônio imaginário de uma sociedade que transpõe os séculos e transcende as fronteiras de classe. No segundo, pelo contrário, ele procura explicar as atividades morais ou afetivas por seu enraízamento social e por seu engaste nas condições econômicas da época. Tal evolução provocava algumas reticências da parte de Lucien

> Febvre, que em sua resenha da *societé féodale*, censura a Marc Bloch seu "sociologismo" (1993, p. 107).

Relativamente à noção de mentalidade houve desacordo entre Febvre e Bloch:

> Na verdade, se há desacordo entre os dois homens [...] não se liga ele ao lugar que a análise histórica devia conceder ao marxismo, mas à maneira de abordar a noção de mentalidades. Lucien Febvre seguiu entre *La terre et l'évolution humaine e o Problème de l'incroyance chez Rabelais,* uma trajetória inversa à de Marc Bloch, esforçando-se por estender sua exploração a todos os níveis do universo mental, integrando numa mesma totalidade, que só pode aparecer num destino individual, os fenômenos intelectuais e os psicológicos. Marc Bloch, pelo contrário, progressivamente concentrou suas pesquisas nos fenômenos mentais mais distantes do pensamento refletido, mas também os mais articulados com a vida social e material. É incontestavelmente essa via da história das mentalidades, atenta, antes de tudo, às práticas e aos hábitos, que melhor se prolongou e que conhece hoje em dia, sob o nome de antropologia histórica, o maior êxito (BURGUIÈRE, 1993, p. 107).

Finalmente Burguière trata da história comparativa, da qual como sabemos Bloch foi um pioneiro e que constituiu uma de suas maiores contribuições à metodologia histórica:

> Coube a Marc Bloch mostrar que a História podia, pelo método comparativo, adquirir rigor científico sem nada perder de sua utilidade. Ele o fez mediante um grande artigo-programa, *Pour une histoire comparée des sociétés européennes* (1928), mas também mediante diversos estudos sobre os ministeriais alemães e franceses, sobre a senhoria francesa e a mansão inglesa etc. [...] O método comparativo permanece, no entanto, na contribuição teórica de Marc Bloch e nos programas dos *Anais (Annales),* a inovação que suscitou menos êmulos e na qual a obra do grande medievalista ainda é inteiramente pioneira (1993, p. 107-108).

Trataremos agora da contribuição de Lucien Febvre[2] à historiografia. Ele foi um historiador excepcional, cuja obra se enraíza na renovação intelectual profunda

---

2 Revel, J. "Febvre, Lucien, 1878-1956". In: Burguière, André (org.). *Dicionário das Ciências Históricas.* Rio de Janeiro: Imago, 1993, p. 324-327.

ocorrida na França no final do século XIX e princípios do XX. Sofreu uma quádrupla influência: da Geografia de Vidal de la Blache, de Durkheim e da escola sociológica francesa, da psicologia e a influência negativa da história positivista. Com Michelet sua filiação é intelectual e afetiva.

Sua tese de 1911, *Philippe II e La Franche-Comté,* revela várias opções. Ele aí procura abordar globalmente seu tema. Aplica o modelo de Vidal de la Blache em Geografia, busca as interações, de caráter complexo entre as sociedades humanas e o meio geográfico. O livro *La Terre et la evólution humaine* mostra as virtudes de uma interdisciplinaridade fundada na reflexão e está na origem do nascimento dos *Annales.*

Os fundadores desta escola historiográfica não podiam ser considerados marginais. Segundo Revel "o que constituiu a verdadeira originalidade dos primeiros números dos Anais (*Annales*) foi, ao mesmo tempo, a extraordinária inventividade de um programa bulímico e o engajamento pessoal, o empenho de seus diretores" (REVEL, 1993, p. 324).

De Febvre a revista publicou uma enorme massa de textos. Ele exerceu um trabalho de caráter militante:

> Esse trabalho militante, que passa pelo crivo a produção dos historiadores, multiplica os projetos e tenta organizar, de acordo com o modo voluntarista, o campo da pesquisa, logo encontra onde se empenhar ainda mais quando A. de Monzie confia a Febvre a concepção da *Encyclopédie Française* (1932) (REVEL, 1993, p. 134).

Febvre empenhou-se em criar e animar a VI Seção da École Pratique de Hautes Études, projeto ao mesmo tempo combativo e marginal. Promoveu e executou de maneira prolixa a história das mentalidades. Para ele a problemática psicológica era importante. Seu livro sobre *Lutero* mostra intenções e tensões entre o reformador e a sociedade. *O Rabelais* (1942) elenca possibilidades abertas à história das mentalidades.

Passamos agora à consideração da obra de Braudel.[3] Aymard refere-se a dois êxitos maiores de Braudel: *La Mediterranée* (1949) e *Civilisation Matérielle, économie et capitalisme.* Diz que "a primeira criou escola, impôs pouco a pouco aos

---

3 Aymard, M. "Braudel, Fernand, 1902-1985". In: Burguière, André (org.). *Dicionário das Ciências Históricas.* Rio de Janeiro: Imago, 1993, p. 108-112.

pesquisadores uma certa maneira de pensar e de escrever a história" (AYMARD, 1993, p. 108).

O último representou uma suma de debates e leituras realizadas durante toda a vida. A obra foi escrita no período do capitalismo que vai, no século XX, do crescimento até a crise, que significa a volta da história econômica:

> Esta parecia, no fim da década de 60, ter cedido lugar a modos de orientação novos. Mas [...] tratava-se de uma história econômica diferente, menos otimista, menos concentrada nos problemas do crescimento das economias pré-industriais, menos segura de seus indicadores [preços, população etc.] e de seus métodos, mais atenta também às sugestões e inquietações do mundo contemporâneo (AYMARD, 1993, p. 109).

Braudel ocupou uma posição central em termos institucionais. Aymard cita também o papel exercido por Braudel, na França, no terreno das ciências sociais.

Ele buscou entre as ciências do homem uma unidade profunda. O apelo de Braudel não foi seguido por ninguém. Ele deu uma contribuição para que as ciências do homem fossem unificadas, mas procurou mostrar que, antes de mais nada, é a "escrita" que define a história. Aymard fala da troca entre história e ciências sociais e analisa *La Mediterranée*, a geo-história presente nele. Fala do espaço e dos três níveis superpostos e inseparáveis do tempo: o geográfico, o social, o individual.

Nas suas palavras:

> A geoistória [sic] de *La Mediterranée* é colocada sob o signo do espaço e do tempo. Por um lado, um espaço que constitui um mundo em si, e que perde precisamente no século XVI o papel central que fora o seu desde a mais alta Antiguidade: um Mediterrâneo maior, cuja função tem sido, durante milênios, reunir e aproximar, atraindo suas riquezas, os mundos complementares, mas estranhos um ao outro, da Europa, da África e da Ásia. Por outro lado, um tempo que um mergulho em profundidade divide logo em três níveis superpostos e inseparáveis, que faz o leitor explorar na ordem inversa seguida pelo autor. No início, portanto, esse tempo mais lento, quase imóvel, pratica retornos insistentes, ciclos que recomeçam sem parar que definem os equilíbrios frágeis mas duradouros entre o homem e o seu meio, os animais e as plantas, a terra e o mar, o solo e o clima, e as soluções firmadas no interior da moldura das civilizações: é o

> *tempo geográfico*. Depois, mais próximo e mais móvel, o *tempo social* do longo prazo: o das economias, dos estados, das sociedades, das civilizações em sua dinâmica e em sua relação conflitante. Por fim, *o tempo individual*, o tempo curto dos acontecimentos e dos homens: aquele ao qual os historiadores se encontram, desde então, impedidos de limitar suas ambições (1993, p. 110).

O autor trata do impacto do conceito de longa duração na historiografia francesa:

> De todas as pistas abertas por *La Mediterrannée*, os historiadores seguiram sobretudo uma, a do longo prazo: é o tempo das economias, entre os séculos XII e XVII, que serviu de quadro para as grandes investigações dos anos 50 e 60 sobre os tráficos comerciais, e a vida marítima, a demografia, a guerra, o mundo das cidades e dos campos: a segunda edição de *La Mediterrannée* (1966) incorpora assim os resultados dos trabalhos que a sua leitura orientou e estimulou (AYMARD, 1993, p. 110).

Aymard aborda depois a trilogia de Braudel, publicada em 1976. Mostra um caminho diferente: a história econômica europeia no período pré-industrial: o livro constituiu uma "empresa ambiciosa". Há nele uma divisão em três partes. Além da economia de mercado, que constitui o ponto de partida, fala de duas zonas opacas. Uma delas a vida material, cotidiana, subterrânea. O capitalismo forma uma outra zona, de sombra.

Há um conflito entre capitalismo e economia de mercado. Braudel liberta os conceitos. O autor sintetiza a epopeia braudeliana:

> Braudel segue desde 1952, um caminho diferente, o de uma história econômica da Europa pré-industrial que Lucien Febvre lhe pediu, e que levou à publicação do primeiro volume de *Civilisation matérielle et capitalisme* (1967), e depois dos três volumes de *Civilisation matérielle, écconomie et capitalisme* (1979). [...] Empresa ambiciosa, ampliada da Europa para o resto do mundo, terminando numa interrogação a respeito do nosso tempo, sobre nossa crise e sobre o futuro do próprio capitalismo, ela organiza-se segundo uma divisão tripartida familiar. Mas o ponto de partida situa-se, nesse caso, no segundo livro, *Les jeux de l'échange*, que analisa a zona relativamente clara da economia de mercado, em que F. Braudel recusa-se deixar aprisionar, e aprisionar sua descrição da vida econômica. Pois para ele ela só assume um sentido mediante referência às duas zonas opacas, que escapam às regras do

> mercado, nas quais está inserida. "No nível do chão", a da "vida material, constituída de rotinas, de heranças, de êxitos muito antigos", de equilíbrios também muito frágeis entre o "possível e o impossível", ligados ao número de homens, ao clima, às opções, feitas na própria origem das civilizações no domínio agrícola e industrial: alimentos e bebidas, habitat e vestuário, aparelhagem técnica do artesanato e dos transportes etc. É nesse nível que se desenvolveu e ainda se desenvolve a vida cotidiana das massas campesinas e das sociedades com predomínio rural, e é nesse nível também que se desenvolve, em nossos dias, muito viva nas sociedades industriais do Oeste e do Leste, toda uma economia "subterrânea" ou "fora do mercado". Mas acima da economia de mercado, existe uma outra zona de sombra, a do próprio capitalismo, que subverte ou modifica a seu talante as regras do jogo e organiza os intercâmbios, a produção, a própria vida do mundo de maneira a tirar vantagem. A história da modernidade, entre o século XVI e o século XVIII, desenvolve-se assim segundo uma dupla dinâmica: a de uma extensão ao mundo inteiro da economia – mundo europeia, pois esta se organiza, como o sugere também *I. Wallerstein* (*The Modern world-system. Capitalist agriculture and the Origens of the European World – economy in the Sixteenth Century,* Nova Iorque 1974), de forma hierarquizada em torno de um centro... que é ao mesmo tempo uma cidade (mesmo que ela se apóie num espaço nacional) e um porto. Seja, cada uma por sua vez, Veneza, Amsterdam e Londres, aguardando, mais próximas de nós, a vez de Nova Iorque, depois ... Pois essa dialética renovada do espaço e do tempo não se fechou: mais do que nunca o futuro de nossas sociedades está ligado a esse conflito aberto entre capitalismo e economia de mercado. (AYMARD, 1993, p. 111).

A publicação do livro de Braudel, *A Identidade da França*, constituiu uma surpresa.

Michelet e Fustel de Coulanges

Duby se pronunciou sobre alguns historiadores do século XIX, entre eles Michelet e Fustel de Coulanges. Veremos apreciações destes autores como contraponto às posições do nosso medievalista.

Comecemos por Michelet.[4]

---

4 Viallaneix. P. "Michelet, Jules, 1798-1874". In: Burguière, A. (org.) *Dicionário das Ciências Históricas.* Rio de Janeiro: Imago, 1993, p. 541-542.

Viallaneix traça o perfil de sua carreira. Foi professor no Collège de France e dirigiu o Arquivo Nacional. Escreveu obras como a *Histoire de la Révolution Française e Histoire de France;* concebia a atividade intelectual como o "heroísmo do espírito". Viu a sociabilidade humana como um postulado. Para ele, a história verdadeira residia nos costumes. Buscou fazer a história cultural dos povos. Ele ampliou o campo histórico. Nele encontramos o brilho do verbo e a novidade metodológica. Ele procurou casar a História com a Geografia.

O autor reconstitui a Idade Média de Michelet:

> De um modo geral, como o observa Jacques Le Goff, Michelet, igualmente atento ao "material" e ao "espiritual", interpreta com uma felicidade que não vem apenas da inspiração, mas primeiro do método, dos momentos e dos atos decisivos da Idade Média: a cruzada dos mendigos, o florescimento da arte gótica, a transmissão da peste ou da dança macabra, a pregação do "Evangelho eterno", o "advento do ouro" e a intensificação das trocas comerciais no século XIV, a "legenda" de Joana d'Arc reconstituída com a ajuda dos autos do processo e, certamente, como o reconheceram os antropólogos, a feitiçaria (VIALLANEIX, 1993, p. 142).

O Renascimento de Michelet é um precursor do de Burkchardt, o seu século das luzes ainda interessa o historiador de hoje; sua história da Revolução, oposta à de Tocqueville, é marcada pela sua modernidade, pois usou a tradição e buscou os odores das ruas na sua grande obra sobre a Revolução. Possuía uma visão grandiosa e influenciou os *Annales.*

Quanto a Fustel de Coulanges, que encontrou em Duby um admirador entusiasta, sua vida e obra foram reconstituídas por F. Hartog.[5] Ele fala da carreira: Fustel foi um professor universitário, historiador profissional. Cita as primeiras obras. Analisa *A Cidade Antiga* (1864), um clássico marcado pela austeridade, limpidez e contenção: Nele o grande historiador estuda a família antiga; faz a história de uma crença; vê que a única liberdade no mundo antigo é a do Estado. Fustel fez uma história patriótica; buscou repensar a história francesa com seu livro *Histoire des institutions politiques de l'ancienne France* (1º volume: 1875). Estudou também o problema da propriedade fundiária, nas suas origens.

---

5 Hartog, F. "Fustel de Coulanges, Numa Deny, 1830-1899". In: Burguière, André (org.). *Dicionário das Ciências Históricas.* Rio de Janeiro: Imago, 1993, p. 344.

Escatologia e heresia

Como contraponto ao *Ano mil* de Duby apresentaremos dois trechos de um livro de um historiador brasileiro sobre o tema.[6]

Segundo o autor,

> não podemos negar o medo do ano 1000 nem exagerá-lo e ver nele uma prova do atraso daquela época, [...] aquela foi uma sociedade extremamente dinâmica, que estava em pleno processo de redefinição, e não paralisada como imaginavam os historiadores dos séculos passados. É inegável, porém, que em fins do século x e princípios do século xi havia uma angústia coletiva diante daquela crise de crescimento (FRANCO JÚNIOR, 1999, p. 84).

Em outro trecho do livro, o medievalista brasileiro assinala:

> a crise da sociedade cristã levou à dupla solução, uma psicológica, a reemergência do milenarismo, outra concreta, a montagem do feudalismo. Duas faces da crise que devem ser consideradas complementarmente sob risco de em caso contrário se ter uma visão parcial e deformante da questão, como aconteceu com os adeptos e detratores dos "terrores do ano mil". Colocados diante de um mundo que se encerrava (o do passado carolíngio e suas raízes romanas) e outro que começava (o da sociedade feudal), os homens do ano 1000 tiveram reações diversas. Alguns interpretaram o fato de maneira otimista (os milenaristas), outros pessimista (os apocalípticos) (Id., p. 85).

Vejamos mais de perto a questão do milenarismo e da escatologia.[7]

A "escatologia" se aplica às ideias que dizem respeito ao fim do mundo. O milenarismo significa que se espera um reinado milenar sob a tutela de Cristo. Representa o aparecimento de uma ordem perfeita na terra, uma espécie de Paraíso. Por volta do ano mil houve medo, não psicose. Sobre o abade Adson e o Anticristo explica Töpfer:

> Desde meados do século x, o abade Adson de Montier – en – Der havia escrito *De ortu et tempore Antichristi*, no qual retoma as fontes

6 Franco Júnior, Hilário. *O Ano 1000. Tempo de medo ou de esperança*? São Paulo: Companhia das Letras, 1999.

7 Töpfer, Bernhard. "Escatologia e Milenarismo". In: Le Goff, Jacques e Schmitt, Jean-Claude (dir.). *Dicionário temático do Ocidente Medieval*. Bauru: Edusc, 2002, v. 1, p. 353-366.

> desse gênero proveniente do Império Bizantino. Ele ali prediz que um rei dos francos – o último e o maior – governaria todo o Império Romano, em seguida deporia a coroa e o cetro no Monte das Oliveiras, em Jerusalém. Nesse momento apareceria o Anticristo (TÖPFER, 2002, p. 356).

O autor afirma também que "desde o fim da Antiguidade, as ideias escatológicas contendo um elemento milenarista [...] situavam-se fora da tradição doutrinal da Igreja" (Id., p. 364).

O Ano Mil foi no Ocidente europeu igualmente um período de heresias.[8]

Zerner começa por assegurar que: "A falta de clareza da heresia é grande, e no entanto ela está no coração do Ocidente, porque permitiu o nascimento do procedimento inquisitorial" (ZERNER, 2002, p., 503).

Quanto à heresia do período em torno do ano mil afirma:

"A heresia que surge no começo do século XI pensa por si mesma por meio de cinco casos precisos, datados, cujos autores são nomeados, ao que se deve acrescentar a reputação de heresia da Aquitânia" (Id., p. 504).

Feudalismo, senhorio, liberdade e servidão, terra

Para confronto com os pontos de vista de Duby veremos agora as posições de três medievalistas contemporâneos a respeito das questões referentes ao feudalismo, magno tema de nosso autor, e à Idade Média Europeia.

Comecemos por um estudioso que se destacou na abordagem teórica do assunto[9] e que aqui faz sua apresentação sintética.[10]

Guerreau começa por uma primeira caracterização do feudalismo. Trata-se de

> um sistema social fundado sobre a dominação e a exploração das massas rurais presas ao solo por uma aristocracia fundiária hereditária, sistema que reserva ao comércio uma posição lateral e subordinada, proibindo [...] qualquer mercado que não fosse setorial e fortemente controlado (GUERREAU, 2002, p. 440).

---

8 Zerner, Monique. "Heresia". In: Le Goff, Jacques; Schmitt, Jean-Claude (dir). *Dicionário temático do Ocidente Medieval.* Bauru: Edusc, 2002, v. 1., p. 503-521.

9 Guerreau, Alain. *O feudalismo. Um horizonte teórico.* Lisboa: Edições 70, s/d.

10 Guerreau, Alain. "Feudalismo". In: Le Goff, Jacques; Schmitt Jean-Claude (dir.). *Dicionário temático do Ocidente Medieval.* v. 1, Bauru: Edusc, 2002, p. 437-454.

Caracteriza depois o *dominium,* uma forma de dominação bífida, de caráter específico:

> Deve-se admitir [...] que se tratava do que podemos chamar de lógica do *dominium,* forma específica de dominação bífida, concernindo ao mesmo tempo os homens e as terras, lógica que não deixou sem combate seu lugar à lógica do mercado, que é a da Europa contemporânea que ainda conhecemos (Id., p. 440).

A organização feudal tinha como núcleo dois tipos de senhorio, que estavam fundidos: o fundiário e o banal.

A sociedade feudal tem no centro do seu dispositivo a *ecclesia.* A dominação feudal exerce-se de forma coletiva.

O sistema feudal na Europa tinha na *ecclesia* "a instituição dominante":

> A *ecclesia* foi a instituição dominante do sistema feudal europeu. Entendemos por instituição uma forma social de organização pensada como estável e perene, fundada sobre regras de funcionamento explícitas, distribuindo a seus membros ou aos indivíduos relacionados a ela papéis diferenciados, articulados uns aos outros. A *ecclesia* era uma instituição dominante na medida em que todos os habitantes da Europa medieval estavam obrigatoriamente relacionados com ela, que as regras ditadas por ela tinha um valor geral (pan-europeu) e coativo, e que acessoriamente, nem de longe suas posses materiais e sua capacidade de acumulação tinham equivalente. *Ecclesia,* église, *Kirche, church* ou *igreja,* designavam ao mesmo tempo o conjunto dos cristãos, a hierarquia do clero e um edifício. As línguas germânicas retiveram um vocabulário (derivado do grego *Kuriakon*) que designava a "casa de Deus": interessante combinação entre topografia e dominação. A imbricação dos três sentidos é de qualquer forma uma indicação fundamental. Na sua composição e extensão, a *ecclesia* identicava-se [sic] [identificava-se] à sociedade da Europa Medieval na sua totalidade (excepto os grupos judeus) e pertencer à *ecclesia* não era uma opção. Ela dispunha de uma copiosa série de procedimentos dissuasivos contra qualquer contestação: as rejeições individuais conduziam à excomunhão; as rejeições coletivas, rapidamente colocadas na categoria de heresia, desencadeavam uma repressão brutal, em que o "braço secular" estava antecipadamente desculpado de todos os excessos imagináveis (Id., p. 447).

Guerreau procura formular e responder à questão decisiva para entender a sociedade feudal:

> A característica globalizadora, obrigatória e hierárquica da *ecclesia* era única, e não há dúvida: enquanto instituição dominante a *ecclesia* constituía a armadura do sistema de dominação medieval, e deve-se reconhecer no alto clero a fração superior da classe dominante feudal. A questão - chave, cuja solução é indispensável para uma compreensão mínima da coerência do sistema feudal, é a seguinte: qual era a relação entre a estrutura do *dominium* e a instituição eclesiástica? A descrição que demos acima do *dominium* permitiu mostrar que a relação crucial desta estrutura (e ao mesmo tempo seu ponto fraco) era a ligação dos homens ao solo, a dominação de conjunto pressupondo que os homens fossem propensos a serem ligados a uma terra por uma estrutura que, tanto quanto possível, mantivesse sua dominação com um mínimo de coerção. Como a *ecclesia* exercia este papel determinante? (Id., p. 447-448).

O autor responde em seguida a esta última questão:

> A parte principal da resposta repousa na síntese sólida entre um sistema de representação (dos homens e do mundo) e um sistema de ritos e de atribuição exclusiva dos papéis rituais. O princípio básico que foi elaborado no decorrer do século IV e que encontrou sua expressão quase definitiva na obra de Santo Agostinho, consistia grosso modo no seguinte: o mundo é visto como uma vasta unidade dividida em dois conjuntos opostos e assimétricos, Deus e Satã, o bem e o mal, o espírito e a carne; o homem é fraco e sozinho não pode escapar do pecado, da morte e de Satã, mas este antagonismo intransponível é vencido por um terceiro elemento, pela união inefável dos dois outros e que permite desta forma a reconciliação e a salvação - é o que se chama indiferentemente de Cristo ou de *ecclesia*. O elemento principal repousava, portanto na concepção precisa deste terceiro elemento Cristo - *ecclesia*, já que através de sua definição passava diretamente a formulação abstrata do conjunto de estruturas de dominação e de controle da sociedade. Do século IV ao XVI, do arianismo ao calvinismo, a maioria das grandes batalhas internas do sistema feudal, todas as que questionavam sua organização, foram pensadas em termos cristológicos: divindade do Cristo, monofisismo, querela das imagens, *filioque*, catarismo (negação pura e simples!), presença real e transubstanciação. Evidentemente,

> é necessário juntar a essas concepções cristológicas o conjunto de elementos que definem os objetos de culto: a Trindade, a Virgem e os santos (Id., p. 448).

Guerreau assinala a convergência entre os processos formativos do feudalismo e da *ecclesia:*

> A organização de um novo sistema de produção e de trocas caminhava de forma exatamente paralela à instalação da *ecclesia*. Esta bela convergência raramente é observada: todo esboço de estado do sistema feudal que não considera este período (e a Alta Idade Média) continua fatalmente incompleto (Id., p. 450).

O autor estuda também o encelulamento, que significou o surgimento das comunidades de paróquias. Este processo, ocorrido nos séculos XII e XIII foi uma síntese real.

Assinala igualmente que o parentesco espiritual e o apadrinhamento assumiam importância crescente. Quanto ao primeiro fenômeno, afirma: "O parentesco espiritual era um puro artefato controlado pela *ecclesia:* a extensão do parentesco espiritual reforçava o domínio eclesiástico" (Id., 452).

O autor não cita em nenhum momento Duby, o qual não aparece também na Bibliografia.

Já um outro medievalista, Dominique Barthélemy,[11] não só cita Duby como o critica e propõe uma explicação alternativa à dele a respeito do senhorio. O autor caracteriza o senhorio como um poder privado. Refere-se à grande mutação ocorrida no século XII e diz que o poder cavaleiresco e nobre teve desdobramentos.

Afirma existir na historiografia um paradigma, o feudal, vigoroso. Ele implica a existência de guerras privadas que marcam um período da cavalaria e das lutas internas dentro dela. Aqui o autor faz uma crítica a Duby:

> Mas estas lutas são guerras totais? O paradigma dos "séculos de ferro" não nos habilita a observar os inumeráveis pactos que as interrompem, entre outros o da "paz de Deus". Ele é enganador se nos conduz a um balanço geral extremamente nefasto por comparação com outras épocas. O estudo de Georges Duby sobre o Mâconnais (1953) traz várias correções a esta impressão desastrosa, fazendo-nos

---

11 Barthélemy, Dominique. "Senhorio". In: Le Goff, Jacques ; Schmitt, Jean-Claude (dir.). *Dicionário temático do Ocidente Medieval.* Bauru: Edusc, 2002, v. 2, p. 465-475.

> redescobrir, enquadrada nos principais castelos, uma sociedade um pouco menos "feudal" (porque submetida a uma verdadeira complexidade) e, sobretudo, "menos conturbada" do que se afirmou (posto que dominada por uma elite de herdeiros, hábil para certos compromissos). Contudo, em sua obra, ele recorre ao tema tradicional da ascensão de um mau senhorio às expensas da ordem pública: a "independência" do castelão faz dele um tirano em sua terra porque apenas uma autoridade superior seria capaz de impor-lhe limites. Transpondo esse tema para além da periodização corrente (860-920), coloca o "desmembramento" entre 980 e 1030, e não mais de um reino, mas de cada "região" (*pagus*) na qual um conde hereditário havia feito até então, bem ou mal, perdurar a justiça. O incômodo nesta nova cronologia da revolução feudal é que ela não corresponde mais a nenhum acontecimento decisivo, repousando tão - somente sobre uma mutação documental cuja interpretação é contestável (BARTHÉLEMY, 2002, p. 467).

A crítica continua quando o autor aborda o tema do "costume" atingindo também Marc Bloch:

> O "costume" pareceu aos historiadores modernos o próprio princípio do "mau senhorio", novo e perverso, oposto ao direito, "propriamente senhorial". De fato, o tom é sempre mais ou menos negativo, menos com Marc Bloch, mais com Georges Duby. O costume não é instável, submetido ao acaso das relações de força? Há, igualmente um pouco de ingenuidade a opô-lo, de forma radical, ao nosso direito. Há também arrogância em negar às sociedades tradicionais todo sentido da lei. O costume é direito. Como bem o destacou, no século XI, Abbon de Fleury e Yves de Chartres, estabelecendo apenas uma distinção hierárquica entre os costumes e a lei fundamental, escrita ou não. Afinal de contas, a própria rejeição dos "maus" costumes supõe a existência dos bons. Da mesma forma, a censura aos "tiranos", aos "malfeitores" que dominam os castelos vizinhos aos mosteiros é feita para pleitear contra eles na instituição judiciária (jamais aniquilada) e em face da opinião social (sempre um elemento de pressão), isto é, no interior de um sistema de valores partilhado pelos próprios malfeitores. Diante dos normandos, os monges fogem com suas relíquias; diante dos senhores castelões, eles as exibiam e faziam-nas produzir milagres para obter justiça (Id., p. 469).

Barthelémy faz a caracterização da cavalaria:

> Há uma forte legitimidade social e política inerente aos simples título cavaleiresco. [...] Ser cavaleiro é pertencer a uma sociedade ampla, à elite de um lugar (*pagus*), reagrupada com frequência em torno de um duque ou de um conde poderoso, formando uma vasta rede de parentesco e de sociabilidade a despeito dos conflitos internos, isto é, das relações conflituosas, que perpassam a sociedade cavaleiresca. No século XI, toda a hierarquia social, todo o sistema das três ordens é estabelecido e defendido pela graça de Deus. Os senhores daquela época jamais reivindicaram a independência, nem desdenharam toda legalidade (Id., p. 470-471).

Ainda sobre o grupo de cavaleiros afirma:

> o grupo cavaleiresco não constitui um verdadeiro bando, oriundo do exterior e estabelecido em uma "castelania" como se fora terra conquistada. Na pessoa dos cavaleiros do castelo abordamos a própria sociedade local, seus elementos mais evidentes, lá instalados com suas divisões e diferenças internas. [...] De qualquer forma, é incomum, no século XI, que o verdadeiro proprietário de um senhorio fundiário ("allodio", villa) não detenha também a justiça inferior sobre seus camponeses (Id., p. 471).

O autor chega a propor sua versão do senhorio e do feudo:

> No século XI, a "honra" castelã é, para os contemporâneos uma evidência imediata e sintética. [...] Percebe-se que sob esta expressão encontra-se, ao mesmo tempo, o feudo e o senhorio, emblema do homem e riqueza material, função pública e patrimônio... (Id., p. 472).

Ainda em torno do feudalismo temos o ensaio do medievalista Pierre Bonassie.[12] Para ele não havia homogeneidade nem entre os escravos nem entre os homens livres. Os escravos dividiam-se entre vis, eram os escravos rurais, e bons. Os livres dividiam-se entre pobres e poderosos. Os *potentes* (BONASSIE, 2002, p. 65) eram uma aristocracia, riquíssima, rara e alta. As funções públicas são monopolizadas quase integralmente por eles. Os *pauperes* (Id., p. 65) obedecem e trabalham. A pobreza significava estar submisso a um poder.

O autor aponta os efeitos para os humildes do declínio do Estado romano:

---

12 Bonassie, Pierre. "Liberdade e servidão". In: Le Goff, Jacques; Schmitt, Jean-Claude (dir.). *Dicionário temático do Ocidente Medieval*. Bauru: Edusc, 2002, v. 2, p. 63-771.

> A decadência do Estado que veio após a queda do Império Romano não trouxe, para os humildes, apenas consequências nefastas: se por um lado, ela precipitou vários deles na dependência dos grandes, por outro ocasionou também a liberação dos pequenos proprietários do peso extenuante dos tributos (Id., p. 65).

A ordem social passou por uma revolução que trouxe uma modificação radical nas condições de servidão e liberdade.

Como explica o autor "a conquista da liberdade foi uma luta ardente e obstinada e durou séculos. [...] Esta luta foi marcada por rebeliões sangrentas e sobretudo fugas maciças e uma resistência surda" (Id., p. 67). Em torno do ano mil, na Europa, a liberdade torna-se o estatuto jurídico único.

Para os humildes, a liberdade, no entanto, é ilusória.

Os *milites*, que fazem o combate a cavalo, monopolizam a guerra. O camponês, desarmado, pode ser vítima das violências de todo tipo.

As terras concentram-se. A grande propriedade triunfa. Ocorre a transformação do alódio em tenência. Dá-se o estabelecimento do senhorio. Como afirma Bonassie, "o senhor que geralmente é o chefe de uma das inúmeras fortalezas que se constroem por toda parte – impõe seu *ban* – o poder de comandar, de julgar, e de castigar – a todos os homens que vivem na região em torno do castelo" (Id., p. 68).

Surgem inúmeras fortalezas. O *ban* é imposto pelo senhor. Os que moram no senhorio são afetados por novas sujeições e cargas. A servidão é imposta: "Assim, homens ainda designados como livres são doados e possuídos. De fato, impôs-se uma nova forma de dependência, que pode ser chamada de servidão" (Id., p. 69).

No século XI, nas diversas regiões, instaurou-se o regime senhorial, que trouxe mutações de caráter decisivo. Como afirma o autor, "com o regime senhorial ou feudal as formas tênues de dependência se estendem às populações rurais" (Id., p. 70).

O vínculo pessoal constitui o princípio que funda de modo integral a sociedade feudal. É muito relativa nessa sociedade, o conceito de liberdade. É socialmente que aparece a clivagem entre os livres e os que não o são.

A liberdade dos livres significava efetivamente impunidade e imunidade. O autor assinala que "a cavalaria termina por identificar-se com o conjunto de valores entre os quais se destaca a liberdade" (Id., p. 70). Liberdade e nobreza são inseparáveis na "mentalidade cavaleiresca" (Id., p. 71).

Quanto ao campesinato, "uma carga de desprezo o oprime" (Id., p. 71). Ele também está submetido arbitrariamente pelo senhor em termos judiciários, corporais e para escolher o cônjuge. Uma marca de caráter hereditário - eis o que é sempre a servidão.

Bonassie afirma que "todas essas sujeições são frequentemente compensadas por uma efetiva prosperidade material" (Id., p. 72) e "que servidão não significa miséria, assim como liberdade não significa abastança, longe disso" (Id., p. 73).

Duby não é citado nem no texto nem na bibliografia, na qual o autor arrola 16 títulos, dentre eles três de Marc Bloch. Pierre Toubert e Robert Fossier são citados no texto.

É justamente com um ensaio do último[13] que encerramos nossas considerações sobre o feudalismo e a terra.

Como sabemos, Duby dedicou parte de sua carreira do estudo das questões da terra e do campesinato medievais. Robert Fossier é especialista nestes temas. Desse modo, sintetizar sua contribuição proporciona a oportunidade de mostrar suas posições em contraponto às de nosso autor.

Na abertura do seu trabalho diz Fossier:

"Durante o milênio medieval, a terra e aqueles que trabalham são a base de toda a sociedade: as liberdades urbanas, o mecenato principesco, a audácia dos mercadores, só tem sentido em relação a esses dados essenciais".

Diz também:

> A terra é a fonte do poder, a origem da riqueza, o espaço da vida: ela é fonte de prestígio e sinal de prosperidade para sete entre dez homens às margens do mar latino, oito a nove na França ou na Germânia, todos ou quase todos mais ao norte ou a leste. A aldeia, em todas as formas que pode apresentar, é o núcleo da sociedade (Id., p. 543).

O estudioso procura definir a economia medieval:

> Se fosse preciso caracterizar em duas frases a economia medieval fundamental, diríamos que o ecossistema desses dez a doze séculos repousou sobre a exploração pelo homem, conjunta, complementar e indispensável, daqueles dois domínios naturais, [o ager e o saltus] e que a história

---

13 Fossier, Robert. "Terra". In: Le Goff, Jacques e Schmitt, Jean-Claude (dir.). *Dicionário temático do Ocidente Medieval*. Bauru: Edusc, 2002, v. 2, p. 543-557.

> da terra foi durante esse longo tempo um contínuo reajuste de um ao outro, avanço ou recuo, correções ou paliativo, de forma que, quando este "círculo vicioso" da agricultura foi rompido, a "Idade Média" terá acabado, e seus quadros iniciais serão deslocados (Id., p. 544).

O medievalista expõe seu método:

"São as condições empregadas na manutenção do equilíbrio ecológico que devemos examinar primeiro, antes de repor este longo esforço em seu quadro social e, sobretudo, no quadro concreto da aldeia, que assegura sua continuidade" (Id., p. 544).

Fossier tira conclusões sobre os rendimentos da agricultura:

> Seria imprudente, mais uma vez, generalizar estes dados. Nada é um "modelo" na Idade Média. Diremos apenas que, apesar das debilidades e desigualdades que foram reveladas, a produção rural pode alimentar os celeiros senhoriais possibilitando a retirada ou, se preferirmos, a "renda" que é a contrapartida ou a razão de ser da tutela senhorial. Pode igualmente alimentar as cidades em pleno crescimento bem como os mercados rurais, onde eram oferecidos os excedentes da produção e das exigências do senhor, mas também os dos camponeses mais ricos. Em compensação, notamos que o comércio dos produtos alimentares provenientes do *saltus* ou nunca tomou uma grande amplitude ou simplesmente atingiu um lugar comparável ao que conhecemos: limitava-se ao grão e à madeira onde realmente falta (margens do Mediterrâneo), à lã enquanto houve separação entre a tosquia e a tecelagem, ao sal e ao peixe de mar porque não são encontrados no interior das terras. O resto é superificial e exótico (Id., p. 551-552).

Passando ao estudo da "sociedade rural" assinala o autor: "A expansão geral das práticas econômicas mostrou suficientemente que, no plano dos progressos como das necessidades, não existe homogeneidade regional ou social no campo. [...] possuir terra é o elemento primordial da riqueza e do poder" (Id., p. 552). Ele afirma também:

> definitivamente, é a possibilidade de suprir suas necessidades que determina a hierarquia camponesa [...] como temos condições de aferir a fortuna em terras em um grupo camponês no final da Idade Média, sabemos que apenas um terço dos camponeses atinge esse "mínimo vital"; um segundo terço será obrigado a viver mesquinhamente à espera de um ganho inesperado e à mercê do bosque, os outros passarão fome (Id., p. 153).

Eis como Fossier vê a aldeia:

> a "aldeia" é uma criação medieval e este traço econômico e social é provavelmente o mais importante do milênio. [...] A Alta Idade Média conheceu um habitat sem rigidez, formado de pequenos povoados que ocupam as vastas habitações em forma de galpões, próprias a uma estrutura familiar mais ampla e a uma economia extensiva e superficial (Id., p. 553-554).

Finalmente, o autor se propõe explicar a estabilidade do universo camponês da Idade Média Ocidental:

> Pode-se, para terminar, propor uma explicação para esta estabilidade. Como suas necessidades vitais, estão intimamente ligadas à terra, como dominar a terra é a preocupação maior daqueles homens, eles sentiam pesar sobre si, e sem dúvida aceitavam o peso do seu meio-ambiente: a água, a árvore, o retorno da fecundidade do solo têm para eles maior importância que a Trindade ou o bailio real. A Igreja Cristã, tão pronta a captar as pulsões secretas, fez tudo para canalizar os velhos cultos agrários que a tinham precedido: ela enquadrou, guiou, assimilou, os jogos e as festas ao ritmo das estações, as "árvores de maio" e os fogos de São João, mas ela não quis ir até o fundo do subconsciente camponês: a terra é mulher, o homem a fecunda, e os frutos são seus. Os padres que levaram Maria para diante dos altares não ousaram fazer dela uma deusa-mãe, uma Ceres cristã (Id., p. 556).

Na bibliografia o autor cita dois livros de Duby: 1) *Economia rural e vida no campo no Ocidente medieval* 2) *Histoire de la France rurale.*

Parentesco, sexualidade, masculino/feminino, amor cortesão

Depois de termos apresentado no capítulo dedicado às *Sociedades e Sociabilidades Medievais* uma síntese do livro *Sociedades Medievais,* que oferece uma visão de conjunto do tema, com a profundidade e o brilho habituais de Duby; de ter resumido um ensaio esclarecedor sobre o casamento na Alta Idade Média; e de ter sintetizado os três volumes bastante inovadores e ricos sobre as *Damas do século XII,* apresentamos alguns ensaios de medievalistas que tratam destes assuntos, com o objetivo de mostrar contrapontos às posições estabelecidas pelo nosso autor.

Começaremos pelo domínio do parentesco.[14]

Em todas as sociedades relações que formam um conjunto e são definidas e construídas socialmente constituem o parentesco, que pertence mais à ordem cultural que à da natureza. Nas sociedades medievais o papel do parentesco aparece como central.

Em termos de parentesco, há uma ruptura em três pontos dos séculos medievais iniciais com o período anterior:

> O aparecimento de um sistema estritamente cognático, que faz da parentela [...] a única forma efetiva de agrupamento de consanguíneos; a instauração de um modelo de matrimônio monogâmico e indissolúvel [...]; a imposição, com o cristianismo do paradigma do parentesco espiritual, da *caritas*, que transforma os fundamentos das concepções de parentesco (GUERREAU-JALABERT, 200, p. 333).

Quanto à exclusão parcial das mulheres da sucessão, afirma a autora:

"Se as mulheres são (parcialmente) excluídas do jogo de sucessão, não é por causa de um princípio unilinear que regeria a filiação, mas em virtude de processos sociais nos quais se combinam a preeminência dos homens e o imperativo patrimonial" (Id., p. 325).

A bibliografia da autora comporta 26 títulos. Dois dos quais dela mesma e um livro de Duby: *O cavaleiro, a mulher e o padre. O casamento na França feudal.* E outro de Georges Duby e Jacques de Le Goff (eds.) *Famille et parenté dans l'Occident Médiéval.* Roma, 1977.

Passemos agora a um estudo sobre a sexualidade no período medieval.[15]

Segundo Rossiaud,

> De todas as funções humanas, a sexualidade é [...] a mais pessoal, mais vital, e também a mais normatizada nas sociedades antigas [...] o discurso sobre o sexo é essencialmente desenvolvido por homens – monges ou eclesiásticos – que, por voto, renunciaram a toda vida sexual (ROSSIAUD, 2002, p. 477).

A respeito do desejo diz o medievalista:

---

14 Guerreau - Jalabert, Anita. "Parentesco". In: Le Goff, Jacques e Schmitt, Jean-Claude (dir.) *Dicionário temático do Ocidente Medieval.* Bauru: Edusc, 2002, v. 2, p. 321-336.

15 Rossiaud, Jacques. "Sexualidade". In: Le Goff, Jacques e Schmitt, Jean-Claude (dir.). *Dicionário temático do Ocidente Medieval.* Bauru: Edusc, 2002, v. 2, p. 477-493.

"Para os filósofos do século XIII e seus antecessores – os pensadores da Antiguidade – o desejo é subversão e submersão no ser" (Id., p. 479).

Quanto ao casamento afirma Rossiaud: "A sociedade, apesar de tudo, curva-se bastante bem diante de um tipo de conjugalidade que obedece ao modelo de conjunção sexual forjado pelos doutores" (Id., p. 485).

Quanto às relações entre homem e mulher no casamento diz que "a posse marital do corpo da esposa é, sem dúvida, o dado da realidade mais partilhado socialmente" (Id., p. 487).

Para concluir, Rossiaud assegura que "a mulher é no universo patriarcal e machista medieval, o maior elemento de temor para o homem" (Id., p. 493).

Georges Duby é citado algumas vezes no texto. Na bibliografia, aparece um livro dele: *Idade Média, Idade dos Homens do Amor e outros ensaios.*

O próximo artigo a ser comentado por nós tem por tema o masculino e o feminino na Idade Média.[16] A época medieval é caracterizada pelo antifeminismo, a misoginia era um traço peculiar da época.

A autora se propõe preliminarmente "estudar as definições do masculino/feminino elaboradas por uma dada sociedade e questionar de maneira crítica os suportes intelectuais e teóricos que fundamentam estas representações" (KLAPISCHZUBER, 2002, p. 138).

A antropologia cristã elaborou uma teoria concernente ao masculino e ao feminino:

> Situando [...] a origem da desigualdade fundamental dos sexos na diferença entre o momento da criação dos corpos, a antropologia cristã qualificará como original e superior a orientação da razão humana para a contemplação do divino e, como segunda e inferior sua orientação para as necessidades temporais. Assimilando a primeira orientação da alma com seu elemento masculino e a segunda com o feminino, Agostinho lança as bases teóricas não só da dualidade fundamental da mulher, mas também de sua subordinação e da divisão dos papéis reais (Id., p. 141).

Quanto à divisão dos sexos no período medieval, a historiadora propõe a seguinte síntese:

16 Klapisch – Zuber, Christiane. "Masculino/Feminino". In: Le Goff, Jacques; Schmitt, Jean-Claude (dir.) *Dicionário temático do Ocidente medieval.* Bauru: Edusc, 2002, v. 2, p. 135-150.

> Aqui chegamos à junção das representações e das realidades sociais. Sem ir mais além, no campo de sua interação, recapitulemos alguns traços importantes relativos à síntese medieval dos sexos. Deve-se ter notado que falando do masculino/feminino na Idade Média, dificilmente evoca-se os valores ligados ao polo masculino, tanto o discurso medieval dominante atua pela separação, pela diferenciação do feminino a partir de um masculino concebido como plenitude e totalidade. Além disso, é impossível negligenciar a misoginia particular àquela época, que não somente concentra a atenção dos autores no feminino e infla desmesuradamente a análise, mas utiliza-a como categoria conceitual redutora nas investigações que não têm nada a ver com a mulher, nem com as mulheres. O feminino guarda, no entanto uma ambivalência irredutível vinda de sua construção ideológica e social. O homem é unidade, o masculino, unívoco. A mulher é ao mesmo tempo Eva e Maria, pecadora e redentora, megera conjugal e dama cortesã. Dentre estas facetas, o feminino não escolhe, justapõe. Assim, ele se furta obstinadamente a buscar sua natureza própria, que depende do espiritual, miseravelmente medido, e do corporal, no qual foi logo encerrado (Id., p. 149).

A outra elenca na bibliografia dezoito referências, entre elas seis trabalhos de Georges Duby.

Finalmente trataremos do amor cortês.[17] O amor cortesão é o amor acabado e perfeito. Ele constitui um objeto cultural, real. Quais as características do modelo ou ideologia cortês?:

> O que se chamou "ideologia cortesã" ou "modelo cortesão" permaneceu firmemente até o século XV, através da repetição de esquemas narrativos, de uma retórica amorosa rica em metáforas e de uma sensível reabilitação da tradição, simultaneamente, na poesia do século XV e no romance (RÉGNIER-BOHLER, 2002, p. 47).

Trata-se de um conceito desconcertante e enigmático.

A pergunta básica da estudiosa é: "qual é a realidade dos textos e a relação desta literatura com a sociedade que a engendrou?"

Para ela "a cortesia é uma arte de viver que implica polidez e o sentido da honra cavaleirosa" (Id., p. 48).

---

17 Régnier - Bohler, Danielle. "Amor cortesão". In: Le Goff, Jacques; Schmitt, Jean-Claude (dir.). *Dicionário temático do Ocidente Medieval*. Bauru: Edusc, 2002, v. 1, p. 47-56.

Na lírica o amor cortesão aparece como virtualmente adúltero. À dama, na ética do amor cortês, é dedicado um culto.

O romance Tristão é uma obra autenticamente cortês. No seu esquema, culpa e transgressão estão presentes.

No romance cortês o relacionamento entre o amante e a dama deve ser objeto de segredo.

Para a historiadora, "o amor cortesão marcou profundamente a concepção ocidental da mulher e do desejo" (Id., p. 53). Além disso, a autora explica que "a herança cortesã traduz a inquietude de uma sociedade que procura manter uma imagem gloriosa de si mesma" (Id., p. 54).

No modelo cortesão quem tem a posição dominante é a mulher. Contudo, na realidade amorosa da aristocracia feudal as inclinações sentimentais não eram levadas em conta.

Régnier – Bohler assegura que "o conhecimento das sociedades em cujo seio o modelo cortesão foi elaborado, aceito e perpetuado, mostra bem que se trata de uma superioridade da mulher completamente imaginária" (Id., p. 54). Em conclusão, a autora enxerga no amor cortês um instrumento de controle da sexualidade: "o amor cortesão [é] [...] um código de comportamento regulador do que poderia tornar-se descomedimento sexual" (Id., p. 55). Georges Duby é citado positivamente no texto. Três de seus trabalhos aparecem na bibliografia.

Cavalaria e Estado

Agora veremos como os medievalistas de hoje tratam das questões abordadas por Duby nos livros *Guilherme Marechal, O domingo de Bouvines e As três ordens.*

Começemos por um estudo sobre a cavalaria.[18]

Os guerreiros de elite formavam um grupo profissional. Surgiu uma cavalaria pesada. A conotação social dos cavaleiros era aristocrática. A cavalaria revelou-se uma confraria de caráter profissional. Os progressos da cavalaria não deixaram a Igreja indiferente. Os cavaleiros eram potentados locais, que defendiam as igrejas. Houve a inculcação nos cavaleiros de um ideal elevado. Muitos foram para a Cruzada, que foi parcialmente vitoriosa. A cavalaria possuía uma ideologia e uma

18 Flori, Jean. "Cavalaria". In: Le Goff, Jacques; Schmitt, Jean-Claude (dir.). *Dicionário temático do Ocidente Medieval*. Bauru: Edusc, 2002, v. 1, p. 185-199.

mitologia. Esta civilização foi idealizada e encontrou expressão na literatura. A cavalaria apresentou facetas múltiplas.

Os cavaleiros revelaram-se soldados, antes de tudo. Seu serviço implicava um contrato. As mentalidades monásticas foram influenciadas pelo vocabulário da guerra. O serviço da cavalaria era honrado e elevado. Os guerreiros eram designados pela palavra *miles* (FLORI, 1992, p. 187), no plural.

O prestígio da cavalaria revelou-se incomparável. A técnica explica o privilégio: o combate feito a cavalo foi fovorecido por avanços na técnica. Surgiu um método novo para combater, no século XII, no seu início: o choque frontal, que se impôs. Tal método foi o responsável pelo nascimento da cavalaria.

Os cavaleiros faziam uso da carga compacta. A cavalaria adquiriu sua forma definitiva. As armas defensivas dos cavaleiros eram a espada e a lança. As armaduras tinham caráter rígido. O cavaleiro usa o estandarte, o escudo, o broquel, o elmo.

Havia vários tipos de cavalo para combater. Juntamente com a cavalaria, cresceu o posto de escudeiro. No correr do século XII, os aspectos de tipo profissional da cavalaria, foram superados pelos jurídicos e sociais.

A cavalaria, na sua origem, foi compósita e seu progresso foi impulsionado pela militarização conhecida pela sociedade no século XI.

Os grandes possuíam uma clientela. No século XI os cavaleiros tiveram seu papel ampliado. O grupo dominante dividia-se entre os castelões e os seus vassalos/servidores, os *milites* (Id., p. 190). Senhores e camponeses compunham a sociedade laica.

Os cavaleiros conheceram a ascensão. A cavalaria tornou-se uma classe hereditária. O adubamento era a cerimônia de entrada na cavalaria. Houve a fusão entre a nobreza e a cavalaria, mas não identificação. Na segunda metade do século XIII a cavalaria tornou-se um "ornamento honorífico" (Id., p. 190). Como fenômeno, abarcou toda a Europa. No Império Germânico, distinguiu-se da nobreza de maneira clara e continuada. Havia os servos cavaleiros, chamados ministeriais.

Igreja e cavalaria, estiveram, na França em relações desde cedo.

A guerra como recurso foi justificada por Santo Agostinho. Reis, príncipes, imperadores tinham como meta defender a comunidade. Na sociedade cristã os homens situavam-se em dois grupos: o dos leigos e o dos monges e clérigos. Havia uma divisão de tipo funcional na sociedade feudal, as três ordens. Os guerreiros formavam uma ordem.

O autor conclui seu ensaio com uma síntese sobre os guerreiros, os castelões, a sociedade feudal:

> Existe [...] realmente, uma *ordo militum*, uma ordem dos guerreiros. Aos olhos da Igreja, sua importância cresce na proporção que dela necessita. Depois da era carolíngia, estabeleceu-se no Ocidente uma nova sociedade, denominada feudal, caracterizada pelo declínio do poder central, sobretudo na França, e pelo desenvolvimento dos principados, depois das castelanias (século X – XI). Doravante, a ordem pública está nas mãos dos castelões, assistidos por seus guerreiros. São eles que comandam, julgam e recebem as taxas. Eles que fazem reinar a ordem e a desordem (Id., p. 192).

A bibliografia de Flori apresenta 16 títulos, dos quais cinco do autor e três de Georges Duby: *As três ordens ou o imaginário do feudalismo, Guilherme Marechal ou o maior cavaleiro do mundo, A sociedade cavaleiresca.*

Passemos agora à questão do Estado.[19] Segundo Genet, "paradoxalmente, a amplidão do desmoronamento do Ocidente permitiu a emergência de novas estruturas políticas" (GENET, 2002, p. 398).

Eis as características do Estado carolíngio:

> o Estado carolíngio, [...] foi o primeiro Estado Medieval. Não se pode dizer que a monarquia merovíngia tenha sido algo além de um esboço de Estado. No entanto, em profundidade a situação merovíngia perdurou: [...] o Estado carolíngio permanece um Estado predador. Mas desde então ele tem uma maior eficiência. O sistema de redistribuição em favor dos grandes proprietários por intermédio de verdadeiras instituições (a vassalidade, a recomendação e o juramento prestado ao imperador e sistemas de transferência da terra como o benefício e o precário) que permitem estabilizar e regular a relação social é a própria essência do poder (Id., p. 400).

Houve uma revolução feudal: "O Estado não mais se resume a uma relação privilegiada entre o soberano e a aristocracia militar: ele está compreendido no conjunto de relações sociais que estruturam essa classe aristocrática; é exatamente isso que constitui a revolução feudal" (Id., p. 401).

Com o declínio carolíngio, emergiu lentamente, uma estrutura política nova, composta por dois poderes: a Igreja e a monarquia feudal, caracterizada assim: "apoiando-se na força moral" e na "legitimidade" sagrada da realeza, os capetíngios vão

19 Genet, Jean-Philipe. "Estado". In: Le Goff, Jacques; Schmitt, Jean-Claude (dir.). *Dicionário temático do Ocidente Medieval.* Bauru: Edusc, 2002, v. 1, p. 307-409.

> tornar, pouco a pouco, a monarquia feudal uma instituição de envergadura diferente dos principados feudais. [...] No coração da anarquia e da violência arbitrárias do feudalismo, a monarquia coloca-se como a imagem e a garantia da legimitidade e da sacralidade do poder, da justiça e da paz (Id., p. 404).

A monarquia feudal mostra duas faces que contrastam: "A monarquia feudal apresenta [...] duas faces contrastantes: uma de paz, de justiça, de religião; outra, de guerra. Mas elas são inseparáveis e o desenvolvimento de uma passa pelo da outra" (Id., p. 405).

Finalmente, o autor procura mostrar o nascimento de um novo Estado, o moderno: "Ao final do séculoXIII, ocorreu uma mudança decisiva que contém em germe a evolução futura e a transformação da monarquia feudal no que se pode denominar Estado moderno" (Id., p. 405). O esforço fiscal das monarquias será duradouro. A legitimação do imposto será feita pelo aparelho ideológico e jurídico do Estado. E "a fiscalidade do Estado rompe com o caráter amplamente arbitrário da cobrança feudal" (Id., p. 406). O sistema político é subvertido pelo fato do rei taxar os súditos. O autor relaciona o moderno Estado com o feudalismo: "O 'Estado Moderno' nasceu onde se desenvolveu o feudalismo (e onde foi importado pelos normandos ou pelos cruzados)" (Id., p. 406).

Duby não aparece na bibliografia do autor, de 17 títulos, onde são citados Guerreau e Le Goff.

Agora veremos como um medievalista atual trata da questão das três ordens,[20] um tema central na obra de Georges Duby.

Ao abordar o tema: "As três ordens funcionais" o autor começa com uma afirmação: "A sociologia dos autores carolíngios alimenta-se em uma segunda fonte viva [além do Pseudo – Dionísio Aeropagita]: a lembrança dos esquemas classificatórios romanos" (IOGNA-PRAT, 2002, p. 307).

Propõe igualmente uma questão: "Quando, como e por que a tripartição funcional de tipo indo-europeu revelada por Georges Dumézil (função mágico-religiosa; função guerreira; fecundidade e produção) foi adaptada a uma teoria cristã da organização da sociedade?" (Id., p. 308).

---

20 Iogna-Prat, Dominique. "Ordem(ns)". In: Le Goff, Jacques e Schmitt, Jean-Claude (dir.). *Dicionário temático do Ocidente Medieval.* Bauru: Edusc, 2002, v. 2, p. 305-319. Consultar também do mesmo autor: Iogna-Prat, Dominique. Le "baptême" du schéma des trois ordres fonctionnels. L'apport de l'école d'Auxerre dans la seconde moitié du IXe siècle. *Annales.* E.S.C., Janvier/Février, 1986, 1: 101-126.

O Império Carolíngio como construção política caracterizou-se pelo mimetismo. As três ordens como teoria encontraram sua primeira elaboração em Aimon. Via assim "as três ordens da Igreja: [...] os sacerdotes, clérigos conduzidos pelos bispos, os homens armados guiados pelos príncipes, o grupo indistinto dos produtores" (Id., p.308).

Houve quatro formulações importantes da elaboração teórica das três ordens: gregoriana, episcopal, monárquica e monástica.

A formulação monástica inverteu o esquema anterior e apresentou um programna de combate real:

> Heiric de Auxerre, discípulo de Aimon, inverte o esquema fazendo da primeira função a terceira, dentro da qual coloca a ordem dos monges excluindo os tradicionais representantes da função de oração, os clérigos guiados pelos bispos. Campeões da liberdade dos monges diante das prerrogativas episcopais, os cluniacenses do ano 1000 fazem desta versão monástica da teoria das três ordens um verdadeiro programa de combate em proveito da isenção, (quer dizer, a liberação do controle do bispo diocesano por parte do papado) (Id., p. 308).

Uma resposta do lado episcopal veio com a teoria formulada por Adalberão e as declarações de Cambrai:

> A teorização de Adalberon de Laon no seu *Poema ao rei Roberto,* e as declarações atribuídas a Geraldo de Cambrai pelas *Gestas dos bispos de Cambrai* são a resposta episcopal às tentativas de emancipação dos monges. A função de oração é constituída por clérigos sobre os quais se exerce o poder de ordem e jurisdição dos bispos. Dentro da sociedade cristã os prelados desempenham o papel de guias e tutores dos soberanos, que, pela consagração, se aproximam dos bispos (Id., p. 308).

Iogna-Prat carateriza assim as versões monárquica e gregoriana:

> As outras duas versões distinguem-se precisamente pelo lugar reservado aos soberanos dentro do esquema. Na visão monárquica, como aparece, por exemplo, na tradução em anglo-saxão atribuída ao rei Alfredo, o Grande (871-899), da *Consolação da filosofia,* de Boécio, o rei pertence – pela consagração, por sua força e fecundidade – às três funções ao mesmo tempo. O modelo gregoriano – qualificativo

> tirado de Gregório VII – nega, ao inverso, toda prerrogativa ao soberano, na medida em que fundamentalmente só poderia existir uma ordem dentro da Igreja, a dos clérigos conduzidos pelo papa, o rei ou o imperador sendo apenas os representantes mais famosos da segunda função: o poder laico (Id., p. 309).

Os esquemas de ordem instalam-se por volta de 1050: "o binômio gelasiano (auctoritas/potestas), os três graus de perfeição [...] as hierarquias dionisinas ou a teoria das três ordens funcionais".

Segundo Iogna-Prat, mudança fundamental ocorreu com o nominalismo e Guilherme de Ockam: o particular triunfou.

Na bibliografia são elencados dezoito títulos, entre eles o livro de Georges Duby, *As três ordens ou o imaginário do feudalismo.*

No capítulo sexto tratamos da arte medieval ou melhor da história da arte medieval, tal como foi reconstituída por Duby, numa perspectiva sociológica.

Retomaremos incialmente a análise do historiador sobre as artes românica e gótica e depois apresentaremos em contraponto a visão sobre arte medieval de especialistas da mesma do século XX.

Num de seus livros,[21] nosso autor apresenta uma síntese dos citados estilos artísticos e de seu significado social:

> As obras-primas da arte românica são [...] exatamente contemporâneas das primeiras realizações góticas; [entre elas] [...] não há sucessão, mas sim coexistência e contemporaneidade. Por outro lado, o que dá sem dúvida a ilusão de ingenuidade é que, efetivamente, nas representações figuradas, na escultura ou na pintura, o artista românico não copia o real. Ele elabora signos que nos dão a sua equivalência lógica, lógicos e por conseguinte simples, que eliminam todos os acidentes. Simplificação que pode dar a ilusão da falta de jeito, da impotência (infantil) para traduzir a complexidade das coisas verdadeiras. Mas é que a arte sacra não propôs ainda a si própria tratar a realidade de maneira ilusionista. A caminhada para aquilo a que se chama "realismo", em arte figurativa, é tardia. Ela exige um desenvolvimento da arte manual que não é requerido a uma arte abstracta como a dos artistas românicos. E essas formas mais abstratas, criadas pelos artistas românicos, têm efetivamente parentescos com as provenientes dos mecanismos de abstração progressiva inerentes ao

21 Duby, Georges e Lardeau, Guy. *Diálogos sobre a Nova História.* Lisboa: Dom Quixote, 1989, p. 73-74.

> processo de vulgarização de que falamos. Quando os modelos aristocráticos, refinados, muito sofisticados, são retomados por artífices aldeãos, quando as formas da grande arte se tornam progressivamente populares, sofrem uma espécie de simplificação, que as reconduz à abstração. Porque a arte românica é mais abstrata que a arte gótica, tem-se pois a ilusão de que ela é também mais popular, ao passo que, na realidade é uma arte muito mais aristocrática, uma arte de iniciados, de intelectuais, criada por um punhado de homens que detinham o monopólio da manipulação da matemática, dos números, das harmonias, os únicos que tinham contacto com os textos da Escritura. A organização das basílicas românicas, tal como a sua decoração, só muito acessoriamente tem, como você [Guy Lardreau] dizia, um caráter educativo para as multidões. O que elas transmitem, na verdade, é uma mensagem complexa, subtil, que só é suscetível de ser decifrada por um pequenino escol. Os utentes dessas obras são os mesmos que as conceberam: um meio muito fechado, muito estreito de intelectuais, uma *intelligentsia.* Penso que a arte gótica é sem dúvida mais fundamentalmente popular do que a arte românica, porque tem, essa sim, uma função pedagógica, e de uma pedagogia de massas. Porque é uma arte urbana, e porque é uma arte de bispos, logo uma arte de ensino, e de ensino do povo, ao passo que a arte românica é antes uma arte de monges, uma arte de consumo interno, elaborada para a satisfação egoísta, para o progresso espiritual egoísta de pequenas comunidades bem fechadas (DUBY et LARDREAU, 1989, p. 73-74).

Arte medieval e catedral

Vejamos agora como aparece a arte medieval nos verbetes "arquitetura", "escultura", "pintura e artes menores" de um conhecido dicionário dedicado ao período medieval.[22]

Quanto às arquiteturas românica e gótica diz Zarnecki:

> O estilo românico na arquitetura evoluiu durante o século XI e alcançou o apogeu no século seguinte, embora algumas experiências, sobretudo com a abóbada de pedra, fossem iniciadas no final do século X em igrejas monásticas da costa mediterrânea. Essas primeiras construções românicas espalharam-se da Lombardia à Catalunha, na direção oeste, na direção leste, até a Dalmácia e na direção norte

22 Loyn, H. R.(org.). *Dicionário da Idade Média.* Rio de Janeiro: Jorge Zahar, 1997.

> até a Borgonha. A combinação das realizações técnicas desses edifícios com o momumental estilo otoniano produziu algumas das mais impressionantes igrejas românicas. [...] Durante algum tempo, as formas românticas e góticas continuaram lado a lado mas, por volta do segundo quartel do século XIII, a vitória do novo estilo francês era completa. [...] A. Saint-Chapelle em Paris (1243-48), construída pra alojar as relíquias da coroa de espinhos do Cristo, é "um espaço fechado por vitrais", com os intrincados rendilhados da janela repetidos em relevo nas paredes. O chamado gótico radiante substituiu o alto gótico da primeira metade do século XIII e as catedrais de Colônia e Extrasburgo constituem célebres versões alemãs desse estilo, enquanto que na Inglaterra, o mecenato de Henrique III, por exemplo, a abadia de Westminster, pretendia claramente rivalizar com seu primo francês (ZARNECKI, 1997, p. 29-31).

Quanto às esculturas românica e gótica afirma o autor:

> No século XII, toda a Europa que reconhecia a autoridade papal empregava formas de arte românica, a qual, em casos isolados, penetrou até em países ortodoxos como a Sérvia e a Rússia. [...] Embora alguns capitéis românicos esculpidos sejam obras-primas (por exemplo, em Cluny, Silos, Moissac, Abadia de Hyde, Winchester), a glória da escultura românica encontra-se nos gigantescos tímpanos de Moissac, Autin e Vézelay e no friso de Wiligelmo na fachada da Catedral de Módena [...]. A escultura gótica emergiu [...] no primeiro quartel do século XIII, e a oficina responsável pela escultura da fachada da catedral de Notre-Dame em Paris foi a primeira a substituir o suave naturalismo do estilo de transição e seus drapeados graciosamente fluentes, por faces, gestos e planejamentos mais expressivos. As estátuas da Sainte - Chapelle (1243-48) são consubstanciações do novo estilo que, através dos marfins produzidos em massa em Paris nessa época, não tardaria a ser transmitido a toda a Europa (Id., p. 135-136).

Sobre a pintura medieval assinala o autor:

> Para o analfabeto, que durante a Idade Média constituía a grande maioria da população, as imagens pintadas nas paredes das igrejas eram tão importantes quanto o sermão proferido do púlpito, pois aí estavam claramente representados o Céu e o Inferno, Cristo e os Apóstolos, a Virgem Maria e os Santos [...]. A pintura

> mural era uma espécie de *bíblia pauperum*, assim como o livro para o clero, os humanistas e uma pequena minoria letrada em geral (Id., p. 301-302).

Passaremos agora à consideração da catedral.[23]

A catedral constitui uma realidade da arquitetura de grande precisão. Ela é dotada de certa complexidade:

> O termo "catedral" indica uma realidade arquitetônica muito precisa: a igreja da diocese eclesiástica, a sede do bispo. Na França, há uma catedral por diocese. Na realidade, uma análise mais aprofundada evidencia uma certa complexidade ligada à evolução administrativa e aos movimentos da população. A criação de novos departamentos em torno de Paris teve como consequência a transformação de igrejas paroquiais e de basílicas em catedrais. (Versalhes, Saint-Denis). Em sentido inverso, certas catedrais não são mais sedes episcopais, mas conservaram seu título. Quanto à palavra, seu sentido evoluiu consideravelmente desde a origem do cristianismo. O latim cathedra, na época do reconhecimento do cristianismo no século IV, designava a cadeira do bispo, geralmente situada no fundo da abside de frente para o altar e para os fiéis. Em outras línguas e outras sociedades, é da palavra latina *domus*, "casa", que vem o termo designativo da catedral: duomo em italiano, *dom* em alemão. Mais do que a casa do bispo, trata-se da casa de Deus. Rapidamente, *cathedra* foi adjetivada e associada à palavra *ecclesia*, que nomeia a comunidade de fiéis. A evolução semântica terminou na designação do conjunto arquitetônico antes de se substantivar em *cathedralis*. Durante o século VII a titulatura do edifício foi lhe acrescentada com a *ecclesia parisiaca* tornando-se a catedral Saint-Étienne. É a essa última significação, que se tornou corrente desde então, que está consagrado esse verbete. É necessário, para medir a importância da questão, remontrar às origens do cristianismo e seguir seu desenvolvimento até o final da Idade Média (ERLANDE-BRANDENBURG, 2002, p. 173).

Passemos para o período românico. No mundo europeu ocorreram modificações. Nas cidades havia a catedral e o castelo urbano. Novos aspectos destacam-se 1) A adaptação sofrida pelos edifícios. 2) As construções novas. Eles foram efeitos de

23 Erlande-Brandenburg, Alain. "Catedral". In: Le Goff, Jacques; Schmitt, Jean-Claude (dir.). *Dicionário temático do Ocidente Medieval*. Bauru: Edusc, 2002, v. 1, p. 173-184.

importantes fatos relativos à organização da catedral, internamente. Os fiéis alcançaram reconquistar o espaço.

Erlande-Brandenburg trata da nave, das capelas, do ambulatório. Afirma que "a catedral foi dividida em três espaços, seguindo uma fórmula que se prolongou até o Concílio de Trento. A leste, o santuário com o altar destinado ao bispo; no centro, o coro dos cônegos; a oeste, os fiéis" (Id., p. 179). A fachada ocidental foi renovada.

Na Inglaterra surgiram soluções arquitetônicas novas. Sedes episcopais e catedrais novas foram criadas. Surgiu a catedral única. Criaram-se conjuntos monásticos gigantescos. Houve a aproximação da catedral em relação à abacial.

Finalmente, o autor trata do período gótico. No século XII, em sua primeira metade, ocorre no complexo da catedral uma nova alteração: "O complexo da catedral redefinido na época carolíngia e amadurecido durante a época românica, ia sofrer a partir do século XII uma nova alteração".

Há uma mudança da demografia. O equipamento monumental defasou-se. O capítulo da catedral era numeroso. Fizeram-se programas de reconstrução amplos para as catedrais.

O exemplo de Paris foi estranho. O bispo Maurício de Sully, lançou, desde que foi eleito para a sede episcopal, um canteiro de obras vasto. Deu à catedral dimensões gigantescas. A catedral, vasta, era enquadrada pelo palácio e pelo claustro. Cada construção recebeu de Sully em acréscimo soluções renovadas de forma profunda.

Erlande-Brandenburg afirma que "o palácio organizou-se em três elementos claramente definidos: a capela, a sala (aula), a torre (turris)" (Id., p. 180-181).

Os edifícios conheceram, em sua organização, um maior rigor. A catedral foi submetida "às exigências da liturgia na organização dos diferentes espaços". Havia preocupações de tipo pedagógico em relação ao "programa iconográfico" (Id., p. 181).

O autor diz que "nem todos os prelados estavam em condições de lançar projetos tão ambiciosos e geralmente contentavam-se em renovar o edifício de culto" (Id., p. 181). Algumas catedrais ficaram inacabadas [Colônia, Florença, Quimper]. Alguns projetos foram abandonados.

Houve, quanto à "restauração do Duomo da cidade de Milão" (Id., p. 182), polêmicas. "Vários batistérios desapareceram [...] Originalmente, o adro não existia" (Id., p. 182). O estudioso afirma que "as dificuldades foram ainda mais sensíveis na construção dos palácios episcopais e dos recintos canoniais" (Id., p. 182).

Quanto ao hospital,

> o exemplo de Laon é excepcional: construído no século XII ao sul da catedral, o edifício rapidamente se revelou muito pequeno e foi reconstruído a sudoeste, no começo do século XIII. Os cônegos tinham desejado fazer dele uma instituição notável tanto pela disposição dos edifícios quanto por seu funcionamento (Id., p. 182).

No fim do século XV diversificou-se bastante o esquema das catedrais. Algumas delas mostraram-se dinâmicas: o dinamismo "aparece principalmente no recinto canônico, que continua a aumentar, e ainda mais no hospital" (Id., p. 183).

Segundo o historiador "a transformação prosseguiu até a Revolução: os palácios episcopais frequentemente ganharam o aspecto de residências principescas" (Id., p. 183).

A divisão interna e a fachada foram objeto de cuidados grandes. Buscou-se dar um caráter harmônico à fachada.

A catedral de Laon foi reformada: "No interior do espaço aberto até então tinha lugar uma arquitetura na arquitetura; os muros externos foram decorados, retomando a iconografia usual sobre as fachadas e os muros laterais" (Id., p. 183).

O concílio de Trento trouxe mudanças: "O movimento prosseguiu além da Idade Média. O Concílio de Trento, que mostra pelos fiéis uma preocupação tão marcada quanto a da Igreja Gregoriana, culminou numa reorganização do coro e do santuário" (Id., p. 183).

O culto passou a ser mais íntimo. E "cada uma destas transformações acarretou modificações importantes do mobiliário, às vezes sua total renovação" (Id., p. 183).

Erlande – Brandenburg faz sua síntese sobre as funções múltiplas da catedral:

> Visível à distância, emblema da cidade, a catedral é na realidade o coração de um conjunto de múltiplas funções: centro religioso, intelectual, econômico, caritativo, artístico, uma cidade sagrada e simbólica dentro da cidade. Lugar dos principais centros e nós de organização do espaço urbano e do urbanismo (com sua praça), ela é também um centro de poder, objeto de conflitos, particularmente entre o bispo e os cônegos (Id., p. 184).

Na bibliografia não aparece o livro, clássico e magistral, *O tempo das catedrais*, de Georges Duby. Nela são elencados dezessete títulos, dentre os quais três do autor e um de Le Goff, *Histoire de la France religieuse*.

capítulo 9

Contrapontos (2): o itinerário historiográfico de Jacques Le Goff

Para traçar a carreira historiográfica do grande medievalista Le Goff, valemo-nos de um longo depoimento seu a Marc Heurgon.[1]

Vida, estudos, mestres, primeiros livros

Começamos pelo trato dos anos posteriores à Segunda Guerra. A ida de Le Goff a Praga foi obra do acaso. Ele queria dedicar-se à História Medieval. Recebeu uma proposta de caráter tentador e fez um estágio, o primeiro, durante as férias do ano 1946, na Tchecoslováquia. Ele falou da sedução do país e de sua capital, Praga. Conseguiu também uma bolsa de estudos de um ano (1947-1948).

Leu muitos trabalhos, livros e artigos sobre seu tema. Fez um estágio no Instituto Francês de Praga, cidade da qual enaltece a beleza ao mesmo tempo que critica os turistas. Fala de bebidas que aprecia, de bolos de frutas. Lembra compositores checos, como Dvorak e Smetana. Recorda a tomada do poder pelos comunistas e a instauração de uma democracia popular na Tchecoslováquia. O clima dos festejos da Universidade de Charles, pelos seus seiscentos anos, foi fúnebre.

Relata-se o suicídio ou assassinato de Jan Masaryk, de quem foi feito um "retrato tocante e justo" num filme a ele dedicado, realizado por seus sobrinhos. Fala-se de Eduardo Benes, de quem é feito um perfil. Le Goff volta a Paris e só retorna a Praga em 1992, para receber uma condecoração. A divisão do país constituiu, segundo ele, um erro. Ele pode encontrar gente com alto nível em Bratislava.

1 Le Goff, Jacques. *Uma vida para a história. Conversações com Marc Heurgon*. São Paulo: Edunesp, 1998.

Nosso historiador decepcionou-se com a esquerda cristã. A grande catástrofe da política francesa do período pós-guerra, de acordo com ele, foi a evolução direitista dos homens que fizeram a Resistência, particularmente os do MRP. Le Goff mostrou desânimo em relação à política e distanciou-se desta.

"Vacinado" contra a tentação comunista, recebeu injúrias e censuras de intelectuais comunistas na época em que frequentou a École Normale, cujo clima político descreve.

Relata o desligamento em relação ao catolicismo. Le Goff não aceita a Igreja Católica como instituição, à qual é comparado o Partido Comunista, que segundo pensava "funcionava de maneira semelhante ao que ocorria na Igreja" (LE GOFF, 1998, p. 72).

Le Goff mostra admiração por Pierre Mendes France, com quem, levado pelo especialista em história romana Claude Nicolet, almoçou. Mas também faz reservas ao político francês.

Considera-se um "militante enrustido". Diz ter aderido ao sindicalismo, refere-se ao laicismo do Sindicato Estudantil de Lille. Fala de 1956, quando ocorreu o choque terrível da invasão soviética na Hungria. Houve a militância, na base, contra a guerra da Argélia. Mostra-se favorável ao PSU. Fala da luta contra os elementos fascistas da OAS [Organisation Armée Secrète].

Le Goff descreve o casamento e a interrupção da sua militância nos fins de 1962,

> porque tinha acabado de me casar e queria dedicar à minha esposa, que vinha da Polônia, a maior parte do meu tempo. Mas também porque, uma vez terminada a guerra da Argélia, tendo esta adquirido a sua independência, muitos foram atingidos por uma certa desmobilização, enquanto o PSU se perdia em disputas internas, sem alcançar a sua recomposição (Id., p. 75).

A capacidade militante deste partido é enaltecida ao mesmo tempo em que se fazem críticas a ele. É citada a corrupção dos políticos na França.

Em relação a De Gaulle, Le Goff assegura ter ele prestado à França um serviço imenso. Diz que ele tentou manter uma Argélia francesa liberal mas terminou por concordar com a sua independência. Segunda Le Goff, a política interna de De Gaulle foi marcada pelo reacionarismo, mas tem por De Gaulle um reconhecimento e admiração grandes, além de considerar positiva, no conjunto, sua atuação.

Nosso autor ataca o presidencialismo. Diz que a chegada da esquerda, em 1981, ao mando, perverteu a política francesa. Ele se coloca questões em relação ao sufrágio universal e mostra-se hostil à democracia direta.

Le Goff passou o ano 1951-1952 em Oxford, com uma bolsa de estudos da Universidade de Oxford.

Refere-se à sua vocação para a pesquisa: "Sentia em mim uma vocação de historiador e parecia claro que não seria nos limites de um liceu que ela poderia se desenvolver, embora eu tivesse gostado da minha experiência de um ano no Liceu de Amiens" (Id., p. 78-79). Ele pretendia fazer o estudo histórico das universidades medievais, a partir dos materiais da Bodleian Library e também aprender a língua inglesa.

Seu testemunho em relação aos ingleses e à Inglaterra é desfavorável. Diz ser o povo inglês dentre aos que conheceu, o "mais estrangeiro" (Id., p. 79), cujo comportamento é regido por um código enigmático. Sentiu-se em inferioridade na Inglaterra, potanto, sua admiração pelo país é abstrata.

Rejeitou o Colégio de Oxford, alojou-se numa pensão familiar onde só se conversava sobre o tempo; não era necessário seguir nenhum curso; fala dos costumes ingleses; diz ter vivido uma vida solitária, fala da música clássica, dos concertos do colégio que o desagradavam, como é o caso dos compositores Haendel e Tchaikovsky, dos fins de semana marcados pelo tédio; do que os ingleses bebiam e de sua relação com a bebida. "De minha parte, gosto de beber, mas detesto me embebedar e tenho horror de estar entre bêbados" (Id., p. 80).

Quando os jovens do local onde se alojava vieram se despedir dele, diz ter sentido vergonha do seu comportamento durante o estágio em Oxford. Ainda em relação à Inglaterra, lembra um colóquio realizado em Cambridge para estudar a sua obra:

> Em 1994, um grupo de colegas resolveu fazer-me uma homenagem por ocasião dos meus setenta anos e organizaram um colóquio a meu respeito, sobre meus trabalhos. Esse colóquio internacional de três dias, em Cambridge – eu estava hospedado no magnífico Kings' College –, foi apaixonante e os colegas ingleses, de uma gentileza extraordinária. O que mais me sensibilizou foi que eles tinham tido essa iniciativa, ao passo que minhas relações foram maiores com os medievalistas franceses, certamente, mas também com italianos, alemães, americanos ou suíços, ou ainda poloneses (Id., p. 81).

Le Goff fala dos acasos: "Devo dizer que sou muito atento ao acaso; ele parece ter um grande peso nas carreiras, inclusive na dos funcionários, como eu, que parecem seguir caminhos previamente traçados" (Id., p. 81). Cita três acasos na sua vida. Sua ida para Praga; a nomeação feita a Braudel para o concurso em que nosso autor se apresentou, como presidente do júri da Agrégation; sua ida para a École Française de Roma.

Ingressa por meio de manobras na IV Seção da École des Hautes Études, onde seu diploma referente a estudos superiores foi muito elogiado por Lucien Febvre e Maurice Lombard. Considera Roma um lugar de sonho para fazer o seu trabalho de tese sobre as universidades medievais, pesquisando nos arquivos do Vaticano.

Refere-se à importância de Jean Bayet, de quem traça um perfil e com quem teve um confronto pessoal. Bayet tinha um temperamento difícil por razões pessoais. Era pai de duas filhas, "ambas eram muito dedicadas, mas isso não permitia que ele esquecesse de seu único filho homem, fuzilado aos dezenove anos quanto estava na Resistência" (Id., p. 84).

Em Roma a paixão pelas bibliotecas conquistou Le Goff de forma definitiva. Diz em continuação:

> Foi nessa época que mudei o meu campo de pesquisa e o tema do que deveria ter sido a minha tese. Eu havia partido para estudar as universidades, mas comecei a me interessar pelo fato de que o universitário teve origem, se se pode assim dizer, no "mestre" do século XII, que era remunerado pelos estudantes em troca de seu trabalho. Era a noção de trabalho intelectual, do trabalho universitário que me interessava (Id., p. 84).

Lembra os laços intelectuais e afetivos com o abade Brien e os prazeres relativos à mesa. Ele descobriu, indicada pelo padre, uma fonte: os manuais de confessores. Ressalta a importância do exame de consciência. A fonte citada era muito rica. Vejamos nas palavras do próprio historiador como ele trata dos temas:

> Foi em Tivoli que ele [Brien] me indicou uma fonte que deveria me interessar em minhas pesquisas, os manuais para confessores, redigidos para orientar os padres na maneira de interrogar os fiéis que se confessavam. Esses manuais datam do século XIII, pois foi o IV Concílio de Latrão, em 1215, que determinou que todos os cristãos deveriam se confessar pelos menos uma vez por ano, por ocasião da Páscoa. Como Michel Foucault, considero essa data muito

> importante: ela está na origem do exame de consciência, da introspecção e de toda uma série de práticas intelectuais que desempenharam um papel muito significativo no desenvolvimento da psicologia coletiva do Ocidente. O confessionário (que só aparecerá no século XVI) foi o precursor do divã do psicanalista. Esses manuais estabeleciam de forma precisa as questões que deviam ser postas aos fiéis não apenas em virtude dos seus pecados, mas também em razão de seu ofício, de sua situação profissional e social. Era portanto uma fonte muito rica e me pus à procura de manuais de confessores nas diversas bibliotecas italianas (Id., p. 85).

Ele disse ter pesquisado em várias bibliotecas da Itália: Sienna, Mântova, Florença e num convento próximo a Veneza.

Depois, Le Goff foi nomeado para o CNRS [Centre National de la Recherche Scientifique] na função de adido de pesquisa. Foi um período melancólico, onde trabalhou sozinho. Diz não se adaptar à solidão. Define a importância tanto da pesquisa quanto do ensino. Fala da necessidade das investigações serem discutidas, por isso a pesquisa coletiva aparece como uma questão importante.

O historiador permaneceu depois durante cinco anos na Faculdade de Letras de Lille, a partir do outono de 1954, como assistente de Michel Mollat, elogiado e retratado num perfil favorável. Os alunos são citados e a Sorbonne criticada: "Eles eram interessados nos vastos problemas compreendidos pelo programa, muito longe do 'nhenhennhen' tradicional que eu próprio conhecera na Sorbonne" (Id., p. 87).

Como os primeiros estudos de Le Goff tinham por objetivo as universidades medievais, interessou-se pelo mundo do trabalho intelectual e formulou uma hipótese de trabalho:

> Eu queria fazer a história intelectual, não a história das ideias, mas da encarnação destas nos grupos sociais, de uma determinada civilização. Foi efetivamente no transcurso de minha permanência em Roma, trabalhando na Biblioteca Vaticana, falando com um certo número de especialistas e pesquisadores, em especial o abade Brien, que pensei em redimensionar um pouco o tema da tese e passei a me interessar pela concepção do trabalho e pelo mundo do trabalho na Idade Média, e particularmente no domínio intelectual. A ideia que me ocorreu então, como hipótese de trabalho, foi a de apresentar as universidades que nasciam nos séculos XII e XIII como uma nova espécie de trabalhadores intelectuais (Id., p. 88).

Em seguida, Le Goff trata do padre Chenu, com quem estabeleceu amizade e que considera excepcional figura humana. Cita dois trabalhos dele, seus encontros com ele, as censuras que a Igreja lhe dirigiu. Faz elogios ao homem e ao intelectual, refere as teses importantes de Chenu e a influência dele no seu trabalho de historiador. Vejamos alguns aspectos destas apreciações:

> Já arrebatado pelos seus escritos e por suas ideias, fui conquistado pelo homem, uma das pessoas mais vivas, mais apaixonadas, mais abertas, mais intrépidas, mais atentas para com o próximo que eu já conheci. No plano histórico, ele me mostrou (por vezes me apoiando numa direção em que eu me havia comprometido) que a teologia não pode ser separada da sociedade e da história (e reciprocamente), que o século XII é uma época de extraordinária efervescência social e intelectual, que a escolástica universitária e o aparecimento das ordens mendicantes estão relacionadas às cidades, que os docentes universitários são homens de ofício, profissionais agrupados em corporações (*universistas*), como os outros homens de ofício, em favor da promoção de um determinado trabalho. Meu ensino em Lille e o pequeno livro que saiu na ocasião, *Los intellectuels du Moyen Âge,* nutriram-se dessas leituras e dessas conversações. Escrevi e publiquei esse trabalho antes de ter lido a obra-prima do padre Chenu, *La thélogie au XIIe siècle,* um grande livro de história social, religiosa e intelectual (Id., p. 89).

O padre Chenu faleceu aos 95 anos, em 1990. Le Goff pronunciou durante as exéquias de caráter solene na catedral de Notre Dame, um discurso de adeus.

Ao ministrar um curso em Lille sobre os comerciantes e a economia medieval, Le Goff pode estabelecer um parentesco entre os comerciantes e os universitários, em primeiro lugar na sua relação com o universo urbano. Os comerciantes constituem um novo grupo social, de caráter urbano.

Nosso autor não realizou sua tese de doutorado, para a qual fizera muitas leituras e se familiarizara com o conjunto do período medieval, particularmente os séculos XI a XIII.

Aborda em seguida os primeiros livros por ele publicados. Sobre o primeiro deles *Marchands e Banquiers du Moyen Âge* (1956) afirma: "Fiz o possível para integrar trabalhos estrangeiros em particular os italianos e os artigos dos *Annales,* pouco conhecidos na época, para delinear a religião, a cultura e a mentalidade dos mercadores" (Id., p. 91). Quanto ao segundo livro, *Las intellectuels au Moyen Âge* (1959) diz:

> Escrevi com prazer essa atualização, na qual esboçava o que me interessava nas relações entre os fenômenos urbanos e o mundo das escolas e as mudanças na representação e na prática do trabalho intelectual. [...] Para a recente reedição, organizei eu próprio uma farta bibliografia, que creio bastante atualizada [...], e acrescentei um prefácio de dez a quinze páginas, onde apresento os principais pontos sobre os quais a minha posição mudou (Id., p. 91-92).

Le Goff ficou ainda um ano em Lille, como assistente de Guy Fourquin e não querendo nem ir para um liceu nem para o CNRS e recusando-se a ir para o estrangeiro, pensou esse entrar para a École des Hautes Études. Ele encontra Braudel, diretor da instituição duas vezes.

Trata em seguida de Maurice Lombard,[2] que muito o influenciou:

> Maurice Lombard é o historiador que mais admirei e creio ter sido o que mais me ensinou. A *priori*, é bastante curioso, pois ele era especialista em Islã medieval, e nunca me interessei em fazer pesquisas sobre o Islã (direi até, que os meus trabalhos sobre o Ocidente medieval pecam, talvez, entre outras coisas, por uma insuficiente presença do Islã). Então, por quê? Em primeiro lugar, como acontece com muita frequência, foi o acaso que ajeitou as coisas (LOMBARD, 1993, p. 93).

Lombard fora, quanto às aulas de Agrégation, o melhor preparador. Ele tinha dons especiais para uma história de tipo especial e dava grande importância ao papel da tecnologia na história:

> Lombard era um homem não muito alto, atarracado, de ombros largos, de fisionomia muito viva. Exprimia-se sem gesticulação, mas com gestos largos e, quem o visse, sem saber o que dizia, sentiria que ele abarcava os continentes. Tinha um senso prodigioso do espaço e compreendemos, com ele, que não se pode fazer boa história se não a situamos no espaço. Não era talvez o que se poderia chamar de geografia histórica ou até história geográfica, não se tratava

2 Para um perfil historiográfico de Maurice Lombard, consultar: Le Goff, Jacques. "Lombard, Maurice, 1904-1964". In: Burguière, André (org.). *Dicionário das Ciências Históricas*. Rio de Janeiro: Imago, 1993, p. 500-502.

> de geopolítica, que era sobretudo coisa de alemães, como se sabe; era verdadeiramente um espaço no qual aconteciam as coisas, no qual havia mercadorias, produtos, a moeda, os metais preciosos e, depois, sobretudo, pessoas: guerreiros, peregrinos, mercadores... Era a história de um mundo que se desloca e depois para, porque se tratava também de sedentários, no caso das invasões bárbaras e da conquista árabe, era um mundo de sociedades que se definiam como territórios e seguiam caminhos. Tínhamos assim uma ancoragem da história no espaço, que era uma prodigiosa revelação. Depois havia a importância que ele concedia à tecnologia. Lombard ministrava um curso extraordinário sobre as invasões dos bárbaros e sobre um assunto que a *priori* nos interessava muito pouco, as técnicas militares e os armamentos; ele explicava as matérias-primas indispensáveis, a necessidade de um domínio da ciência das ligas – esses povos usavam a fundição – , o que resultava na eficiência das armas, a espada longa de corte duplo, que foi o instrumento da vitória quando da invasão desses bárbaros metalúrgicos. Havia o lado militar, se é possível dizer, e depois havia o lado artístico, extraordinário esse também, sobre a arte dos metais (Id., p. 93-94).

A carreira de Lombard, nascido na Argélia, onde conheceu Fernand Braudel, foi marginal. Ele escreveu uma parte da tese sobre o Islã entre os séculos IX e XI, lecionou na Universidade de Rennes, após a guerra, por um ano e apoiado por Lucien Febvre, elegeu-se para a VI Seção da École des Hautes Études.

Le Goff seguiu, com outros discípulos fiéis de Lombard, durante cinco anos o seminário deste em Paris.

Ele escrevera a pedido de Braudel três artigos para os *Annales*. Trabalhar com ele foi apaixonante para nosso autor. Seus temas eram os espaços, as cidades muçulmanas de grande porte. Ele tinha predilação pelos mapas, que eram admiráveis.

Le Goff foi indicado por Braudel para assistente e depois diretor de estudos na VI seção, com a ajuda de Lombard e Ruggiero Romano. Começava para ele uma carreira nova. Lombard morreu em 1964.

Na École dos Hautes Etúdes Le Goff fez novas amizades, constituiu um novo grupo.

Passemos agora ao capítulo "O ofício do historiador. Mestres e inspiradores".

Os *Annales* representaram uma revolução historiográfica: "com os *Annales* pode-se falar em uma verdadeira revolução na concepção da história, pela busca de uma história total, não deixando de lado nenhum aspecto das sociedades e dos homens, quer se trate da história das técnicas, da história econômica, da sensibilidade, da alimentação" (Id., p. 99).

Mas o programa e a orientação que os *Annales* desenvolveram aparecem em quatro escritores de grande porte: Voltaire, Guizot, Chateaubriand, Michelet.

Nos seus trabalhos *Nouvelles considérations sur l'histoire* (1744) e *Essai sur les moeurs*, há páginas de grande lucidez. Em *Chateaubriand, nas Memóires d'outre tombe* há uma concepção da história muito profunda. Já Guizot, grande historiador e desprezível como político, deixou uma "insuperável" análise do feudalismo.

Le Goff frente a Michelet, Bloch, Febvre e Braudel

Le Goff foi fascinado pela história, pela leitura de Michelet, autor difícil e entusiasmante, o qual difere de Walter Scott, que deixou uma imagem de grande sedução em relação à Idade Média: "muito rapidamente", diz nosso medievalista, "compreendi tratar-se, além de um grande escritor, de um mestre da disciplina que me atraía" (Id., p. 191).

Sua obra, de caráter literário, possui um fundamento científico, baseia-se em fontes arquivísticas e documentos. Quanto à relação do grande historiador romântico com os arquivos, nosso historiador diz: "Michelet devorou os arquivos e se lançou sobre eles como um verdadeiro trabalho" (Id., p. 102).

O *Préface à l'histoire de France* (1869) constitui, segundo Le Goff, "verdadeiro manifesto da história nova" (Id., p. 102). Ele quer uma história que enfatize tanto o material quanto o espiritual. O programa de Michelet assemelha-se ao dos *Annales*. Michelet foi objeto de um livro belo de Lucien Febvre, que viu nele um predecessor da escola que criara, juntamente com Bloch. Michelet tinha ao mesmo tempo o conhecimento dos materiais documentais e uma força visionária.

A ideia de Le Goff quanto a uma Idade Média diferente vem de Michelet.

De acordo com Le Goff, a concepção micheletiana de uma "ressurreição integral do passado" é equivocada, mas ele apresenta uma "história viva" com "homens e mulheres de carne, com um coração" (Id., p. 103). O objetivo da história não é aquele expresso por Michelet, seu esforço consiste na explicação. O historiador não nega o tempo, ele é seu especialista. A concepção micheletista arrisca-se a ser "anti-histórica" (Id., p. 104).

Em seu artigo "Les Moyens Âge de Michelet" o ponto de partida de Le Goff foi a paixão, a sensibilidade, a afetividade de Michelet. Para Le Goff, em *Le*

Peuple, o caminho tomado por ele é perigoso, já que o povo não é uma noção boa. Michelet foi um ator na vida política da França e permaneceu fiel a valores espirituais e religiosos. De acordo com Le Goff, a Revolução negara a História e a Restauração a libertou.

Michelet sentiu fascínio pela Idade Média, pela arte gótica, na qual enxergou a modernidade. A Renascença, a Reforma, Lutero trouxeram a liberdade, que, para Le Goff, retorna a posições medievais. Michelet rompe com a Idade Média, caminho consolidado após 1850.

A Revolução Industrial é condenada por Mchelet. Barthes em seu livro sobre ele "viu sobretudo em Michelet, segundo suas próprias palavras, uma rede de obsessões" (Id., p. 106). Esta noção interessa a Le Goff, que a usou em alguns de seus artigos achando que fornece muitas luzes para o historiador.

"Dessa forma", explica Le Goff,

> o sistema ideológico e cultural no qual é tomado o homem medieval, o imaginário que o habita impõem à maioria dos homens, clérigos ou leigos, ricos e pobres, poderosos ou fracos, estruturas mentais comuns, objetos semelhantes de crença, de imaginação, de obsessão. O homem ocidental de hoje conservou, mais ou menos atenuadas, remodeladas em novas síndromes, algumas sinuosidades de mentalidade ou de comportamento. Mas a evocação dessas obsessões nos mostra sobretudo nossas diferenças do homem medieval. Para restituir sua imagem, o historiador deve recorrer ao seu sentido de mudança (Id., p. 106).

A publicação da *Correspondence générale e dos Cours du Collège de France* mostram o gênio resplandecente do historiador e do homem Michelet. Este escritor gigante foi da história nova, o mestre, mostrando que a história é sinônimo de vida.

Passemos agora a "Marc Bloch e os primeiros *Annales*".

Para o nosso historiador, Bloch é o maior dos medievalistas: "Marc Bloch é de longe para mim o maior medievalista e historiador que, ainda que eu não o tenha conhecido, deixou em mim, com Maurice Lombard, a marca mais profunda. É aquele cuja obra e personalidade mais me impressionaram" (Id., p. 108).

Le Goff fala da grandeza do livro *A Sociedade feudal*, do seu amor pela obra *Les caracteres originaux de l'histoire rurale française*, de que Bloch e Duby o ensinaram a ver como a terra era fundamental na Idade Média:

> Tive de ler seus livros muito rapidamente, um após outro e confesso que não me lembro em que ordem. Mas aquele que causou em mim, de imediato, a mais forte impressão foi *La Société feódale* (1939-1940) vigorosa e original síntese que transfigurava a história das instituições através de uma concepção global da sociedade, integrando história econômica, história social e história das mentalidades. A impressão em mim produzida foi muito grande na medida em que, sou obrigado a repeti-lo, a imagem que eu possuía do caráter feudal era a que Halphen me havia proporcionado, e que me decepcionara profundamente. De repente, consegui ver o que se poderia dizer da sociedade feudal. Depois, no transcorrer da minha carreira, fui levado a ter grande apreço por *Les caracteres originaux de l'histoire rurale française.* [...] Fui me tornando muito sensível, com a idade, aos aspectos "profissionais" desse livro, à utilização de novas fontes, de novos documentos – os cadastros –, ao estudo das paisagens, dos solos, da forma dos campos, ao que nisso pudesse ter de utilização inteligente dos aspectos técnicos e materiais na história econômica e social. É a Marc Bloch que eu devo, e em seguida a Georges Duby, a compreensão da importância fundamental da terra, da economia rural na Idade Média, quando 90% da população era camponesa. Esse não era o campo sobre o qual mais particularmente eu havia privilegiado minhas reflexões e minhas investigações. Não trabalhei muito, então, sobre o mundo rural – afora alguns pequenos estudos sobre os camponeses da Idade Média; e às vezes lamento um pouco isso. Trata-se de um mundo de capital importância, e Marc Bloch foi primeiramente homem da sociedade rural (Id., p. 109).

Quanto ao livro *Os reis taumaturgos,* de 1924, ele foi um dos companheiros íntimos de Le Goff. Este trabalho de muito grande erudição, era também inovador, de modo absoluto. Ele deve fornecer o modelo de uma história política nova, com um componente novo e essencial: o imaginário, importante para os tipos todos de história.

Bloch tinha várias qualidades como historiador, como a capacidade de síntese, o uso rigoroso das palavras, o que constituía uma lição metodológica. Foi um pioneiro da história comparada, um campo que permanece ainda grandemente aberto. Ele mostrou como os rituais eram importantes:

> Marc Bloch assinala também a importância dos rituais, porque o poder taumatúrgico dos reis que conseguiram difundir essa crença na Idade Média – ou seja – o rei da França e o rei da Inglaterra – vem

> de um ritual, visto tratar-se da sagração real – no caso do rei da França, a sagração em Reims – que lhes confere esse poder. Mas, ao mesmo tempo, ainda que Marc Bloch o tenha indicado, não se insistia suficientemente no fato de que tocar as escrófulas obedece propriamente a um ritual; pois – e isso permite compreender melhor como se pôde acreditar na eficácia do milagre real – o rei o faz apenas em algumas ocasiões, em algumas festas, em certos lugares, segundo um determinado rito que compreende não somente o contato da mão, mas o sinal da cruz e uma fórmula: há nisso todos os ingredientes, se assim se pode dizer, que conduzem ao sentimento de autenticidade e de crença. Marc Bloch nos permitia assim, a mim pelo menos, ver todo o interesse do recurso aos métodos dos etnólogos e dos antropólogos (Id., p. 113-114).

Le Goff afirma ser a arte de resenhar trabalhos uma das suas lacunas como historiador. Diz que as resenhas tiveram um papel de grande importância na primeira fase dos *Annales* (1929-1940). A maioria delas era escrita por Bloch e Febvre e tinham grande valor, mas eles exerciam esta tarefa de modo diferente:

> Lucien Febvre e Marc Bloch, que eram, como se sabe, muito diferentes – foi essa complementaridade que conferiu eficiência aos *Annales* – não intervinham da mesma maneira. Eu diria, retomando uma metáfora agrícola que, talvez, agradasse a Marc Bloch, que Lucien Febvre fazia a resenha extensiva e Marc Bloch, a intensiva. Lucien Febvre tinha ao seu lado uma pilha de livros – chamava, aliás, sua rubrica de "A espátula"; era a época em que se precisava cortar as páginas dos livros – dos quais ele lia um parágrafo aqui outro acolá. Dessa forma ele concebia uma ideia do livro, destacava uma passagem que lhe parecesse muito interessante ou, ao contrário, que o arrepiasse, escrevia a sua resenha em geral em algumas linhas; pode-se falar de uma crítica de humores, mas que era feita por um homem muito erudito, dotado de uma bela escrita, e que contribui para conferir um ar impetuoso à revista. Para Marc Bloch, o método era diferente: tinha-se a impressão de que ele começava por escolher o que iria ler e que nisso mergulhava. Dedicava à obra uma análise de uma extensão proporcional ao interesse; podia-se já saber, ao longo da resenha, se a leitura do livro valia a pena ou não. Aliás, ele ia em geral ao essencial, via qual o problema colocado pelo livro, se o seu autor havia ou não encontrado uma boa solução, e só acrescentava a essa crítica essencial, positiva ou negativa, apenas

> alguns detalhes. Mas estes, creio eu, nada deviam ao acaso da leitura rápida e eram sempre significativos. Havia então uma adequação entre o livro e a resenha e, para o leitor, isso correspondia a um guia de leitura de uma qualidade excepcional (Id., p. 114-115).

Le Goff fala da grandeza do livro *L'étrange défaite*, trabalho modelar de um historiador com sensibilidade para o estranhamento, livro que representa uma reflexão verdadeira de caráter histórico. É um ensaio do que o próprio Bloch chama de "história atual".

Nosso autor aborda o livro metodológico póstumo *L'apologie pour l'histoire ou métier d'historien*, ressaltando o aspecto inovador da obra e a importância para o historiador dos problemas de método. Trata da questão dos ritmos históricos e de sua diferença e dos múltiplos tempos da história, estabelecendo uma comparação entre Bloch e Braudel sobre este tema, depois de sublinhar a concepção de Bloch da importância formadora da história para as crianças e homens futuros:

> Tomarei apenas um exemplo nessa obra: não é para diminuir a importância do artigo de Fernando Braudel "La longue durée", que exerceu uma merecida influência, mas, ao se ler atentamente o *Métier d'historien*, constata-se que Marc Bloch exprime de uma maneira talvez menos eficaz que Fernand Braudel, mas mais próxima das realidades históricas o fenômeno fundamental da diferença de ritmos históricos, dos diferentes tempos da história. Fernand Braudel estilizou, se assim posso dizer, essa concepção exprimindo-a essencialmente em três formas de ritmos: os lentos e profundos da longa duração, das estruturas; o médio, da conjuntura; e o rápido, ofegante, o dos acontecimentos. Bloch diz que esses ritmos são muito numerosos e que um dos deveres do historiador é esclarecer a ação na evolução da sociedade dessa multiplicidade de tempos da história, constituindo uma cadeia e uma polifonia que vai mais longe que as relações entre estrutura, conjuntura e acontecimento. Isso foi para mim, sem que eu me desse conta perfeitamente no começo, algo de fundamental e que permanece uma das minhas grandes reflexões sobre a história objetiva e sobre a maneira do historiador fazer história (Id., p. 123).

Le Goff diz ter sido apoiado por Braudel desde que passou a pertencer à Sexta Seção da École des Hautes Etudes; considera a ele como o grande historiador francês, faz elogios e restrições a Braudel. Eis o perfil de Fernand Braudel nas próprias palavras do nosso autor:

> Desde o meu ingresso na VI Seção da Hautes Études, em 1959, tive a sorte de me beneficiar por muitos e muitos anos da amizade, da cortesia e do apoio de Fernand Braudel. Desde que tinha lido *La Mediterranée* eu tinha pelo historiador tal admiração que, para mim, que o considerava o maior historiador vivo, a ideia de me tornar seu colaborador, de me aproximar e de ouvi-lo era uma grande oportunidade. Num momento em que, como hoje, a imagem de Braudel é atacada e em que uma revista como *L'Histoire*, que sem dúvida acolheu o meu testemunho, celebra o décimo aniversário de sua morte sob o título "Faut-il brûler Braudel?", tenho a dizer com vigor que isso seria uma abominação. Primeiro porque queimar-se-ia o maior historiador francês da segunda metade do século XX, como também um escritor de uma qualidade excepcional, que teve uma considerável ação formadora em relação à história e aos historiadores. Tratava-se, de resto, de um homem – e sou daqueles que não mascaram as suas fraquezas, por havê-las sofrido – que tinha também traços de generosidade real e de encanto brilhante. E para mim é sempre um orgulho e uma honra ter sido distinguido por Braudel, ter-me beneficiado de sua generosa amizade durante um longo tempo. [...] Não são os anões que atacam o gigante que me farão mudar de posição (Id., p.129).

Grandes obras e coleções de ensaios de Le Goff

Chegamos agora à abordagem da grande obra de Le Goff, *La Civilisation de l'Occident Médieval.*

Este foi o mais ambicioso e importante livro escrito por ele. Aí procurou compreender as coisas no seu fundo. O plano do livro comportava o estudo das mentalidades e sensibilidades. Era "uma encomenda. Mas o que me foi proposto permitia a utilização das minhas pesquisas e das minhas reflexões" (Id., p. 148). O trabalho constitui "um ensaio de síntese do conjunto dos aspectos e dos problemas do Ocidente Medieval" (Id., p. 148).

Ele se beneficiou de preparação longa e de aspiração antiga. O autor estudara as universidades, seu nascimento e desenvolvimento. Ele buscou abordar a Idade Média de uma forma precisa e ampla.

E concentrou-se na "Idade Média Central, aquela na qual aparecem as estruturas, os elementos de longa duração na história do Ocidente, que iriam se desenvolver e prosseguir até o fim do século XVIII e o início do XIX, ainda perceptíveis no nosso mundo contemporâneo" (Id., p. 149).

Na parte inicial do livro, a cronológica, nosso historiador procura explicar os movimentos amplos que trouxeram a transformação do Ocidente Medieval, seu grande desenvolvimento. Mostrar que o Estado Moderno foi construído a partir das práticas do feudalismo. Tratou do que chamou de "longa Idade Média". Estudou também a cidade-Estado e as relações das cidades com o Estado Monárquico. A parte estrutural da obra comporta um prefácio que mostra os dois objetivos do autor: o estudo do espaço e do tempo e sua relação com o vivido.

Dois livros dos anos sessenta foram *Pour um autre Moyen Age* (1977) *e L'imaginaire Médiéval.* Reúnem artigos produtos de pesquisas, mas que tinham coerência entre si.

Chegamos agora ao tema: "As tarefas da Nova História". Quando fala da fórmula nova da revista *Annales*, à direção da qual pertencia, Le Goff traça um perfil da obra do grande medievalista Duby referindo-se também à relação entre ambos.

Diz ter sido impressionado pela tese de Duby sobre o Macônnais, faz elogios a ele, afirma ter admiração pelo livro dele sobre Bouvines, que reintroduziu o evento, e que o autor "demonstrou de forma admirável qual era, do ponto de vista do fenômeno da guerra, do ponto de vista simbólico, do ponto de vista social e político, numa perspectiva de história total, estruturada, toda a densidade histórica que redundou no episódio de Bouvines" (Id., p. 203).

Duby não apreciou a evolução conhecida pela revista *Annales* no período posterior a Braudel, já que tinha restrições à "antropologia histórica" e à noção de "cultura popular".

As relações entre ambos a partir deste período não foram íntimas, embora permanecessem amistosas.

Trataremos agora do livro *La Naissance du Purgatoire,* de 1981. Tanto este trabalho como aquele sobre São Luis não são repentinos, mas estudos pensados longamente e de redação e elaboração demoradas.

Le Goff, no período que trabalhava no *Purgatório,* estava interessado na "cultura popular, na etnologia" (Id., p. 219). Em seu seminário, fazia estudos sobre textos que o apaixonavam. Eles referiam-se ao Apocalipse. O mais célebre deles é aquele que se atribuiu, erroneamente a São João.

Um detalhe que impressionou Le Goff foi o do fogo purgador a que eram submetidos vários condenados. O purgatório passou a ser substantivo, de adjetivo que era. Tratava-se de um lugar, localizado no além, onde as pessoas eram purgadas. O vocabulário revelou-se uma questão central:

> A passagem do adjetivo ao substantivo pareceu-me algo importante. Sempre estive atento, na linha de Lucien Febvre, por exemplo, ao vocabulário, e mantenho, contra alguns, a convicção de que o aparecimento de uma palavra, a mudança de uma forma gramatical corresponde a uma mutação de concepção, a uma mutação de pensamento (Id., p. 219-220).

No purgatório, certos mortos podiam ser salvos após um período expiatório (Id., p. 219-220).

O purgatório mudava a visão que os cristãos tinham do além de maneira fundamental e em consequência, as possibilidades de salvação alteravam-se. A palavra purgatório surge em torno de 1170.

O autor estudou a criação, divulgação e difusão do purgatório nos meios religiosos. O Purgatório encontrou nos cátaros uma oposição absoluta, o que ocorreu também com os protestantes. Esse terceiro lugar foi, para Le Goff, muito importante:

> Acredito [...] que diante do maniqueísmo do paraíso e do inferno, o aparecimento do purgatório é significativo de uma evolução das mentalidades, dos comportamentos, das estruturas sociais e, claro, das crenças religiosas. Vejo, portanto, nesse fato, uma espécie de fenômeno social total, retomando a terminologia de Durkheim. (Id., p. 220).

Na primeira fase de sua carreira, quando da produção do livro *La Civilisation de l'Occident Médiéval* de Le Goff tinha da Idade Média uma visão segmentada e contrastante, um mundo de choques e contrastes. Mas lentamente, a civilização ocidental afastou-se do maniqueísmo, inventando intermediários, como "o purgatório, lugar intermediário por excelência" (Id., p. 221).

Com este fenômeno, historicamente positivo, o além foi apropriado pelos homens. A sacralidade em seu conjunto, em especial aquela referente ao poder real, foi objeto de apropriação dos homens.

Abordemos finalmente o livro *São Luís*, uma tentativa de biografia completa, pois, com ele, nosso medievalista buscou chegar até a personalidade, a individualidade de um personagem.

Para Le Goff,

> Uma verdadeira biografia histórica não pode ser senão a tentativa de descrever uma figura individual, sem logicamente separá-la de sua sociedade, de sua cultura, de seu contexto; pois não há oposição entre indivíduo e sociedade, e sim uma permanente interação entre eles. É preciso então tentar desmontrar que se tem essa possibilidade (Id., p. 261).

Le Goff explicita a hipótese norteadora do seu trabalho:

> Utilizei como uma das linhas diretrizes da minha investigação biográfica uma hipótese que outros já tinham levantado antes de mim, mas sem tirar disso as consequências. Muito cedo, São Luis foi – emprego um termo um pouco anacrônico – "programado" pela sua mãe e pelos seus conselheiros para ser um rei cristão ideal, empresa que não apenas correspondia à piedade dessas pessoas, mas que era sobretudo política. Como toda dinastia, a dos Capetos estava à procura de um santo entre seus membros para torná-la ela própria santa. [...] Tratava-se [...] de encarnar o rei cristão ideal e, apesar dos defeitos revelados pelo confessor e por Joinville, São Luis no essencial teve êxito no seu cometimento. [...] [Ele] chegou a ser a encarnação desse ideal (Id., p. 263-264).

Em resumo, explica o autor:

> Procurei [...] nessas três perspectivas e nesses três níveis, o dos acontecimentos e da cronologia, o da crítica fundamental das fontes de produção da memória e da ideia de individualidade e, por fim, o dos valores de sua época, realizar o que chamei de maneira por demais ambiciosa de uma biografia total (Id., p. 265).

considerações finais

Nosso trabalho procurou fazer uma apresentação ampla da obra do grande medievalista francês Georges Duby, ligado à Escola dos *Annales*, responsável por uma revolução historiográfica no século XX.

Duby, apropriando-se das grandes conquistas desta corrente historiográfica, em particular sua relação íntima com as ciências sociais, produziu um conjunto variado e rico de trabalhos, marcados por seu caráter inovador, que proporcionaram para seus leitores uma visão muito original e abrangente da Idade Média Europeia, particularmente no que se refere à França nos séculos XI e XII.

No primeiro capítulo da nossa tese procuramos recuperar a autoimagem do nosso autor sobre sua carreira, numa espécie de Duby visto por Duby.

Usando uma documentação diferenciada mas convergente buscamos mostrar os grandes momentos de seu trabalho, as descobertas, as mudanças de perspectiva, a sua contribuição para a historiografia.

O primeiro texto de que nos valemos, seu depoimento de ego-história para um livro organizado por Pierre Nora, tem a característica preciosa de entremear a vida e a obra de Duby, revelando aspectos importantes de sua produção historiográfica, juntamente com apontamentos sobre sua família, educação secundária e superior, opiniões políticas e teóricas.

O segundo depoimento, a sua autobiografia intelectual *A história continua*, constitui não somente a história do historiador Duby mas uma visão pessoal do que ele chama de "escola histórica francesa". No livro, ele fala pouco dele mesmo, mas ainda assim aparecem nele notas pessoais como seu encontro com Lucien

Febvre, sua amizade com Fernand Braudel, a admiração pelo editor de obras de arte suíço Albert Skira.

Contudo, o principal deste magnífico trabalho é formado pela reconstituição de todas as etapas de sua carreira de historiador, com destaque para a elaboração de sua tese de doutorado, cujo desenrolar ele conta em detalhes, assim como as descobertas nela presentes que fizeram dela um clássico do medievalismo francês.

No livro também aparece o processo de produção das principais obras por ele escritas, a síntese da proposta delas, o que cada uma significou como realização do seu programa de estudos ou ampliação dele. Duby discute não somente como pesquisou para cada obra, mas como procurou problematizar cada uma e como cada uma delas refletiu as opções teóricas e metodológicas que ele foi enfrentando na sua carreira de mais de cinquenta anos de trabalho como historiador.

O último conjunto de depoimentos que utilizamos para recuperar a autoimagem de Duby sobre sua obra, uma série de entrevistas concedidas a revistas francesas entre 1970 e 1986, apresenta-se muito esclarecedor.

Nelas, ele procurou sempre refazer com precisão seu itinerário historiográfico, falando do significado da sua grande tese sobre o Mâconnais, publicada em 1953, estendendo-se sobre seus grandes livros que foram sempre inovações na sua problemática de medievalista, sua atividade de pesquisador incansável, suas mudanças de enfoque e de tipo de documentação utilizada, suas transformações teóricas e metodológicas.

No segundo capítulo da nossa tese, dedicado aos problemas historiográficos, metodológicos e teóricos enfrentados por Duby na construção de sua obra, procuramos estudá-las a partir de materiais diversos.

O seu ensaio de 1961 sobre a história das mentalidades representou uma vitória dos *Annales* diante da escola metódica e, praticamente, fundou este tipo de história em termos metodológicos.

Trata-se de um estudo denso, que partindo das iluminações de Febvre, constrói um objeto teórico novo, apropriando-se do marxismo, da obra de Lévi-Strauss, da psicologia social norte-americana e apoiando-se na sua experiência de medievalista que publicara, em 1953, uma tese que se tornaria clássica e na qual ele apresentou em novos termos a discussão sobre o senhorio.

O seu livro *O Ano Mil* representa uma ilustração magnífica de suas concepções em torno das mentalidades. Nele Duby apresenta os cronistas e historiadores do período, com destaque para Raul Glaber, o melhor escritor da época segundo ele, dá uma interpretação da "revolução feudal" e reconstitui a mentalidade deste tempo marcado pela ansiedade coletiva diante do milênio.

Nos seus *Diálogos* com o filósofo Guy Lardreau, Duby faz ao mesmo tempo um balanço sistemático de sua obra extensa, inovadora e de grande variedade, relativa à Idade Média Ocidental. Realiza igualmente uma discussão de suas concepções teóricas e metodológicas, debatendo o marxismo, o caráter dos *Annales*, o estatuto do documento e outros temas.

No seu ensaio "História social e ideologia das sociedades" discorre sobre a importância do fenômeno ideológico para o historiador, apoiando-se no conceito de ideologia de Althusser e o aplicando para análise da teoria das três ordens funcionais, tema importante na sua obra e ao qual dedicou um dos seus livros mais densos e inovadores – *As três ordens ou o imaginário do feudalismo*.

Nos seus artigos sobre história cultural, da qual foi um dos pioneiros, na sua forma renovada, na França, Duby apresenta e discute questões centrais sobre a memória feudal, os sistemas de valores e sua história, a natureza da história cultural.

Neles aparece toda a sua experiência como historiador medievalista, da qual se aproveita para submeter as novas questões colocadas pelas problemáticas culturais ao crivo de uma experimentação no seu campo de estudos.

No terceiro capítulo, cujo tema é "A economia política do feudalismo", sintetizamos alguns trabalhos importantes de Georges Duby.

O primeiro, *Guerreiros e camponeses* (1973), representa o último estudo de fôlego do grande medievalista a respeito da economia e sociedade medievais. Constitui um panorama vasto da economia europeia da Idade Média, destacando não somente a economia agrária mas também a mercantil e o papel do dinheiro. Trata-se de um livro muito profundo e original onde o historiador empregou de maneira bastante feliz instrumentais teóricos distintos mas convergentes na iluminação de seu objeto de investigação: a antropologia, a economia de Polanyi, o marxismo, a história das mentalidades.

O segundo texto, "Os feudais" (1970), oferece um panorama muito amplo e rico de toda a época feudal na França. Nele nosso historiador estende-se não somente sobre os aspectos econômicos e sociais da Idade Média francesa, mas igualmente sobre os elementos políticos, religiosos, ideológicos em geral e sobre a linhagem, no período.

No terceiro texto, introdutório a uma *História da França* (1975-1976), o medievalista, além de oferecer uma síntese do seu tema, A França rural feudal, discute amplamente problemas metodológicos referentes ao estudo da época, como o da situação das fontes existentes, sempre com pontos de vista estimulantes e problematizadores.

No capítulo quarto estudamos globalmente as sociedades e sociabilidades medievais. Neste tópico, apresentamos a densa síntese de Duby denominada *sociedades medievais*, na qual, além de recuperar as grandes linhas de força da época, o autor discute questões metodológicas relativas à história social e à das mentalidades, com colocações preciosas e pertinentes sobre ambas.

No capítulo tratamos também do casamento nas condições históricas do feudalismo e, principalmente, sintetizamos a trilogia de Duby sobre a história das mulheres medievais, intitulada *Damas do Século XII*, na qual o autor proporcionou uma contribuição historiográfica significativa, explorando de maneira original documentos conhecidos. Estes livros mostram como as mulheres medievais foram submetidas às mentalidades e práticas de controle de uma sociedade profundamente misógina.

No capítulo quinto vimos o tratamento dado por Duby, em algumas obras, à política no mundo do feudalismo.

Em primeiro lugar, apresentamos sinteticamente seu livro *Guilherme Marechal* no qual o historiador oferece uma contribuição de primeira ordem para o esclarecimento da política na sociedade feudal, ao mesmo tempo em que ilumina com densidade o universo da cavalaria e da ética cavaleiresca, narrando com brilho a vida aventurosa e plenamente vitoriosa de um grande cavaleiro feudal.

Em seguida, abordamos alguns aspectos do livro de Duby, *O domingo de Bouvines*, estudo que o próprio autor considerou como um marco inovador na sua carreira, na maneira de tratar o assunto e na concepção em relação às fontes. Nele o autor enfrentou com muita felicidade o tema do grande acontecimento político - militar trabalhando - o em suas relações com as estruturas da sociedade feudal ao mesmo tempo em que mostrava a construção do mito Bouvines como elemento formador da nação francesa.

Finalmente, apresentamos uma amostra da obra-prima *As três ordens*, trabalho austero no dizer do próprio autor, onde vemos Duby colocar em novas bases a discussão do feudalismo, apreciando-o na perspectiva da ideologia e do imaginário. Deste modo ele contribuiu também para um conhecimento mais aprofundado da política medieval, ampliando os horizontes de tratamento desta.

No sexto capítulo, tratamos da história da arte medieval construída por Georges Duby, na qual, com sua visão de historiador-sociólogo situa as manifestações artísticas no seu contexto sócio-cultural, sempre respeitando sua especificidade como construção artística.

No sétimo capítulo procuramos recuperar algumas análises suscitadas pela obra historiográfica de Duby, vindas de vários lugares do mundo e produzidas seja por filósofos [Guy Lardreau, Nilo Odália, François Dosse] seja por historiadores profissionais [Beatriz Rojas, Jacques Dalarun, Aaron Guriêvitch].

Com exceção de Guriêvitch, cuja contribuição se situa num plano crítico, temperando elogios e restrições ao nosso historiador, os outros autores procuraram, sobretudo, compreender a grande força inovadora das obras de Duby, mostrando com detalhes, muitas vezes amplos, como foi significativa a mutação historiográfica representada pela sua obra nos temas e problemáticas relativos à Idade Média europeia e mais além, na própria concepção e métodos da historiografia contemporânea.

No oitavo capítulo, como um primeiro contraponto à obra de Duby apresentamos de forma resumida a trajetória dos grandes mestres dos *Annales*, com os quais, com exceção de Bloch, Duby esteve pessoalmente em contato, caso de Febvre e Braudel e com cuja obra explicitamente (Bloch e Febvre) ou não (Braudel) sua produção estabeleceu uma interlocução.

Apresentamos também, sobre temas abordados por Duby, a posição de medievalistas contemporâneos, tais assuntos são os relativos ao feudalismo, senhorio, liberdade e servidão, terra, ordem, parentesco, Estado, cavalaria, escatologia e milenarismo, heresia, sexualidade, masculino/feminino e amor cortesão.

Como segundo contraponto à obra historiográfica de Duby apresentamos a trajetória intelectual e a produção historiográfica de um historiador seu contemporâneo, Jacques Le Goff, um dos mais eminentes medievalistas do século XX e que, como Duby, desenvolveu seus trabalhos dentro das diretrizes dos *Annales*.

A obra de Le Goff apresenta além desta primeira similaridade com a de Duby, a sua ligação profunda com o *Annales*, a característica de procurar igualmente abarcar a Idade Média no conjunto de suas manifestações vitais, tanto materiais quanto espirituais.

Contudo, sua carreira, personalidade e suas problemáticas, voltadas para o desenvolvimento de uma antropologia histórica da Europa Medieval, divergem profundamente das de Duby.

Ambos, com suas obras diferentes e complementares, nos oferecem um panorama extremamente vasto, original, atraente e imensamente renovador da civilização europeia medieval.

fontes e bibliografia

Fontes (Trabalhos de Georges Duby)

DUBY, Georges. *O ano mil.* Lisboa: Edições 70, 1986.

______. L'art, l'écriture et l'histoire. Entretien avec Georges Duby. *Le Débat*, nov. 1996.

______. *O cavaleiro, a mulher e o padre. O casamento na Europa feudal.* Lisboa: Dom Quixote, 1988.

______. Campo de la investigación. Primeiras enunciaciones. In: *Obras selectas de Georges Duby*. Presentación y compilación de Beatriz Rojas. México: Fondo de Cultura Económica, 1999, p. 261-277.

______; LARDREAU, Guy. *Diálogos sobre a Nova História.* Lisboa: Dom Quixote, 1989.

______. *O domingo de Bouvines. 27 de julho de 1214*. Rio de Janeiro: Paz e Terra, 1993.

______. En el noroeste de Francia, en el siglo XII: Los "jovenes" en la sociedad aristocrática. In: *Obras selectas de Georges Duby.* Presentación y compilación de Beatriz Rojas. México: Fondo de Cultura Económica, 1999, p 248-260.

______. *Eva e os padres.* São Paulo: Companhia das Letras, 2001.

______. Los feudales. In: *Obras Selectas de Georges Duby*. Presentación y compilación de Beatriz Rojas. México: Fondo de Cultura Económica, 1999, p. 101-139.

______. *Guilherme Marechal ou o melhor cavaleiro do mundo*. Rio de Janeiro: Graal, 1987.

______. *Heloísa e Isolda e outras damas no século XII*. São Paulo: Companhia das letras, 1995.

______. Histoire/société/imaginaire. Entretien de Georges Duby a Dialectiques. *Dialectiques*, Paris, v. 10-11, p. 111-123, 4° sem. 1975.

______. A história. Um divertimento, um meio de evasão, um meio de formação. (Declarações de Georges Duby recolhidas por Philippe Venaut). In: LE GOFF, Jacques *et al. A Nova História*. Lisboa: Edições 70, 1978.

______. *A história continua*. Rio de Janeiro: Jorge Zahar, 1993.

______. A história cultural. In: RIOUX, J. Pierre; SIRINELLI, Jean-François (dir.). *Para uma história cultural*. Lisboa: Estampa, 1998, p. 403-408.

______. História de las Mentalidades. In: *Obras Selectas de Georges Duby*. Presentación y compilación de Beatriz Rojas. México: Fondo de Cultura Económica, 1999, p. 44-66.

______. História Social y ideologia de las sociedades. In: *Obras Selectas de Georges Duby*. Presentación y compilación de Beatriz Rojas. México: Fondo de Cultura Económica, 1999, p. 67-83.

______. A história dos sistemas de valores. In: *Idade Média, Idade dos homens. Do amor e outros ensaios*. São Paulo: Companhia das Letras, 1989, p. 131-142.

______. O historiador, hoje. In: LE GOFF, Jacques *et al. A Nova História*. Lisboa: Edições 70, 1978.

______. Idade Média – Arte e Sociedade. In: DUBY, Georges; LACLOTTE, Michel (coord.). *História Artística da Europa*. Rio de Janeiro: Paz e Terra, 1997, t. 1., p. 15-125.

______. Introdución. In: *Obras Selectas de Georges Duby*. Presentación y compilación de Beatriz Rojas. México: Fondo de Cultura Económica, 1999.

______. Os leigos e a paz de Deus. In: *A sociedade cavaleiresca*. São Paulo: Martins Fontes, 1989, p. 37-47.

______. *A lembrança das ancestrais*. São Paulo: Companhia das Letras, 1997.

______. Le lignage Xe-XIIIe siècle. In: NORA, Pierre (dir.) *Les lieux de mémoire II. La nation. Héritage. Historiographie. Paisages.* Paris: Gallimard, 1986, p. 31-56.

______. Linhagem, nobreza e cavalaria no século XII na região do Mâconnais. In: *A sociedade cavaleiresca.* São Paulo: Martins Fontes, 1989, p. 59-84.

______. El matrimonio en la sociedad de la Alta Edad Media. In: *Obras selectas de Georges Duby.* Presentación y compilación de Beatriz Rojas. México: Fondo de Cultura Economica, 1999, p. 278-292.

______. A matrona e a malcasada. In: *Idade Média, Idade dos homens. Do amor e outros ensaios.* São Paulo: Companhia das Letras, 1989, p. 41-58.

______. Memórias sem historiador. In: *Idade Média, Idade dos homens. Do amor e outros ensaios.* São Paulo: Companhia das Letras, 1989, p. 166-174.

______. Le Moyen Âge. Entretien avec Georges Duby, (N.C., 1970). In: BERQUE, Jacques *et al. Aujourd'hui l'histoire.* Paris: Editions Sociales, 1974, p. 201-217.

______. O modelo cortês. In: DUBY, Georges; PERROT, Michelle (orgs.). *História das mulheres no Ocidente.* Lisboa: Afrontamento, 1990, v. 2. Idade Média, p. 331-351.

______. As origens da cavalaria. In: *A sociedade cavaleiresca.* São Paulo: Martins Fontes, 1989, p. 23-36.

______. El placer del historiador. In: *Obras seletas de Georges Duby.* Presentación y compilación de Beatriz Rojas. México: Fondo de Cultura Económica, 1999.

______. Problemas e métodos em história cultural. In: *Idade Média, Idade dos homens. Do amor e outros ensaios.* São Paulo: Companhia das Letras, 1989, p. 125-130.

______; DUBY, Andrée. *Les procès de Joanne D'Arc.* Paris: Gallimard, 1973.

______. A propósito do amor chamado cortês. In: *Idade Média, Idade dos homens. Do amor e outros ensaios.* São Paulo: Companhia das Letras, 1989, p. 59-65.

______. O que se sabe do amor na França do século XII? In: *Idade Média, Idade dos homens. Do amor e outros ensaios.* São Paulo: Companhia das Letras, 1989, p. 28-40.

______. O Renascimento do século XII. Audiência e patrocínio In: *Idade Média, Idade dos homens. Do amor e outros ensaios.* São Paulo: Companhia das Letras, 1989, p. 143-160.

______. *São Bernardo e a arte cisterciense.* São Paulo: Martins Fontes, 1990.

______. *Senhores e Camponeses. Os primórdios do crescimento económico europeu do século VII ao século XII.* Lisboa: Estampa, 1980.

______. Las sociedades medievales: Uma visión de conjunto. In: *Obras Selectas de Georges Duby.* Presentación y compilación de Beatriz Rojas. México: Fondo de Cultura Económica, 1999, p. 140-155.

______. *O tempo das catedrais 980-1420.* Lisboa: Estampa, 1979.

______. A vulgarização dos modelos culturais na sociedade feudal. In: *A sociedade cavaleiresca.* São Paulo: Martins Fontes, 1989, p. 145-153.

ROJAS, Beatriz. *Obras selectas de Georges Duby* (Presentación y compilación de Beatriz Rojas). México: Fondo de Cultura Económica, 1999.

Bibliografia

AGUIRRE Rojas, Carlos Antonio. *Braudel e as ciências humanas.* Londrina: Eduel, 2003.

______. *La escuela de los Annales. Ayer, hoy, manãna.* Barcelona: Montesinos, 1999.

ALPHANDÉRY, A; DUPRONT, A. *La Chrétienté et l'idée de croisade.* Paris: Albin Michel, 1954-1959. 2 v.

ALTET, X. Barral I. Francastel, Pierre, 1900-1970. In: BURGUIÈRE, André (org.). *Dicionário das ciências históricas.* Rio de Janeiro: Imago, 1993, p. 340-341.

______. Focillon, Henri, 1881-1943. In: BURGUIÈRE, André (org.). *Dicionário das ciências históricas.* Rio de Janeiro: Imago, 1993, p. 337.

ALTHUSSER, Louis. *Positions 1964-1975.* Paris: Editions Sociales, 1976.

ANDERSON, Perry. *Considerações sobre o marxismo ocidental.* Porto: Afrontamento, 1976.

ARIÈS, Philippe. *História social da criança e da família.* 2ª ed. Rio de Janeiro: Guanabara, 1981.

AUBENQUE, Pierre. Aristóteles, 385-322 a.C. In: HUISMAN, Denis (dir.). *Dicionário dos filósofos.* São Paulo: Martins Fontes, 2004, p. 61-72.

AYMARD, M. Braudel, Fernand, 1902-1985. In: BURGUIÈRE, A. (org.). *Dicionário das ciências históricas*. Rio de Janeiro: Imago, 1993, p. 108-112.

BARTHÉLEMY, Dominique. Senhorio. In: LE GOFF, Jacques; SCHMITT, Jean-Claude (dir.). *Dicionário temático do Ocidente Medieval*. Bauru: Edusc, 2002, v. 2, p. 465-475.

BARTHES, Roland. *Michelet*. Paris: Seuil, 1974.

BENOIST, Jean-Marie. Levi-Strauss Claude, 1908. In: HUISMAN, Denis (dir.). *Dicionário dos filósofos*. São Paulo: Martins Fontes, 2004, p. 597-602.

BERNARD, P. Durkheim, Émile, 1858-1917. In: BURGUIÈRE, André (org.). *Dicionário das ciências históricas*. Rio de Janeiro: Imago, 1993, p. 250-251.

BLOCH, Marc. *Os reis taumaturgos. O caráter sobrenatural do poder. França e Inglaterra*. São Paulo: Companhia das Letras, 1993.

BONASSIE, Pierre. Liberdade e Servidão. In: LE GOFF, Jacques; SCHMITT, Jean-Claude (dir.). *Dicionário temático do Ocidente Medieval*. Bauru: Edusc, 2002, v. 2, p. 63-77.

BOTTOMORE, Tom (ed.) *Dicionário do pensamento marxista*. Rio de Janeiro: Jorge Zahar, 1988.

BURGUIÈRE, A. (org.). *Dicionário das ciências históricas*. Rio de Janeiro: Imago, 1993.

BURGUIÈRE, A. Bloch, Marc, 1886-1944. In: BURGUIÈRE, A. (org.). *Dicionário das ciências históricas*. Rio de Janeiro: Imago, 1993, p. 104-108.

______. Anais (Escola dos) (*Annales*, Ecole des). In: BURGUIÈRE, A. (org.). *Dicionário das ciências históricas*. Rio de Janeiro: Imago, 1993, p. 48-54.

BURKE, Peter. *A escola dos Annales, 1929-1983. A Revolução Francesa da Historiografia*. São Paulo: Editora Unesp, 1991.

CHAMBOREDON, J.-C. Émile Durkheim: le social objet de science; du moral au politique? *Critique (Aux sources de la sociologie)*, Paris, jun/jul. 1984, p. 445-531.

CHARTIER, R. Livro. In: BURGUIÈRE, André (org.). *Dicionário das ciências históricas*. Rio de Janeiro: Imago, 1993, p. 498-500.

______ (dir.). *Práticas da leitura*. São Paulo: Estação Liberdade, 1996.

COSTA, Milton Carlos. Georges Duby: teoria e prática da história das mentalidades. In: ANDRADE FILHO, Ruy de Oliveira (org.). *Relações de poder na Antiguidade e Idade Média. Estudos em homenagem ao professor Daniel Valle Ribeiro.* Santana de Parnaiba: Solis, 2005, p. 67-70.

DALARUN, Jacques. Introduction. In: DUBY, Georges. *Féodalité.* Paris: Gallimard, 1996, p. IX-XXIII.

DÉTIENNE, M. Mitologias. In: BURGUIÈRE, André (org.). *Dicionário das ciências históricas.* Rio de Janeiro: Imago, 1993. p. 555-557.

DOMINGUES, José Maurício. *Teorias sociológicas do século XX.* Rio de Janeiro: Civilização Brasileira, 2001, p. 24-28.

DOSSE, François. Georges Duby, o historiador da globalidade. In: *A história à prova do tempo. Da história em migalhas ao resgate do sentido.* São Paulo: Editora Unesp, 2001, p. 101-110.

______. O recurso geográfico dos historiadores. In: *História e Ciências Sociais.* Bauru: Edusc, 2004.

______. A era Lavisse. In: *A história em migalhas. Dos Annales à Nova História.* São Paulo: Ensaio, 1992, p. 36-42.

______. *A História.* Bauru: Edusc, 2003, p. 222-224.

DUBUISSON, Daniel. Dumézil ou la Société. In: *Mythologies du XXe siècle (Dumézil, Lévi-Strauss, Eliade).* Lille: Presses Universitaires de Lille, 1993.

DUMOULIN, O. Serial (História). In: BURGUIÈRE, André (org.). *Dicionário das ciências históricas.* Rio de Janeiro: Imago, 1993, p. 712-714.

ERLANDE-BRANDENBURG, Alain. Catedral. In: LE GOFF, Jacques; SCHMITT, Jean-Claude (dir.). *Dicionário temático do Ocidente Medieval.* Bauru: Edusc, 2002, v. 1, p. 173-184.

FLORI, Jean. Cavalaria. In: LE GOFF, Jacques; SCHMITT, Jean-Claude (dir.). *Dicionário temático do Ocidente Medieval.* Bauru: Edusc, 2002, v. 1, p. 185-199.

FOSSIER, Robert. Terra. In: LE GOFF, Jacques; SCHMITT e Jean Claude (dir.). *Dicionário temático do Ocidente Medieval.* Bauru: Edusc, v. 1, 2002, p. 543-557.

FRANCO JÚNIOR, Hilário. *O ano 1000. Tempo de medo ou de esperança?*. São Paulo: Companhia das Letras, 1999.

GEARY, Patrick. Memória. In: LE GOFF, Jacques; SCHMITT, Jean-Claude (dir.). *Dicionário temático do Ocidente Medieval.* Bauru: Edusc, 2002, v. 2, p. 167-181.

GENET, Jean-Philipe. Estado. In: LE GOFF, Jacques; SCHMITTT, Jean-Claude (dir.). *Dicionário temático do Ocidente Medieval.* Bauru: Edusc, 2002, v. 1, p. 397-409.

GINASTIER, Paul. Mead, George Herbert, 1863-1931. In: HUISMAN, Denis (dir.). *Dicionário dos filósofos.* São Paulo: Martins Fontes, 2004, p. 679-680.

GLÉNISSON, J. Lavisse, Ernest, 1842-1922. In: BURGUIÈRE, André (org.). *Dicionário das ciências históricas.* Rio de Janeiro: Imago, 1993, p. 486-488.

GOLAND, Bernard. Boaventura, São, Giovanni Fidanza, 1221-1274. In: HUISMAN, Denis (dir.). *Dicionário dos filósofos.* São Paulo: Martins Fontes, 2004, p. 157-158.

GOULEMOT, J. M. Voltaire François, Marie Arouet. In: BURGUIÈRE, André (org.). *Dicionário das ciências históricas.* Rio de Janeiro: Imago, 1993, p. 769-770.

GUARIBA NETTO, Ulisses. T., *Leitura dos textos de Lucien Febvre e Marc Bloch nos Annales. Introdução e análise do conhecimento histórico.* Tese (doutorado em História) - Faculdade de Ciências e Letras, Unesp, Assis, 1973.

GUERREAU, Alain. Feudalismo. In: LE GOFF, Jacques; SCHMITT, Jean-Claude (dir.). *Dicionário temático do Ocidente Medieval.* Bauru: Edusc, 2002, v. 1, p. 437-455.

______. *O Feudalismo. Um horizonte teórico.* Lisboa: Edições 70, 1982.

GUERREAU-JALABERT, Anita. Parentesco. In: LE GOFF, Jacques; SCHMITT, Jean-Claude (dir.). *Dicionário temático do Ocidente Medieval.* Bauru: Edusc, 2002, v. 2, p. 321-336.

GURIÊVITCH, Aaron. Diálogo com Georges Duby. In: *A síntese histórica e os Annales.* São Paulo: Perspectiva, 2003, p. 113-147.

HARTOG, F. Fustel de Coulanges, Numa Deny, 1830-1889. In: BURGUIÈRE, A. (org.). *Dicionário das ciências históricas.* Rio de Janeiro: Imago, 1993, p. 343-344.

HAVET, J. Note sur Raoul Glaber. *Revue Historique,* v. XL, p. 41-48, 1889.

IOGNA-PRAT, Dominique. Ordem (ns). In: LE GOFF, Jacques; SCHMITT, Jean-Claude (dir.). *Dicionário temático do Ocidente Medieval.* Bauru: Edusc, 2002, v. 2, p. 305-349.

______. Le "baptême" du schéma des trois ordres fonctionnels: l'apport de l'école d'Auxerre dans la seconde moitiée du IXe siècle. *Annales.* [s.l.]: ESC, 1986, p. 106-126.

KLAPISCH-ZUBER, Christiane. Masculino/Feminino. In: LE GOFF, Jacques; SCHMITT, Jean-Claude (dir.). *Dicionário temático do Ocidente Medieval.* Bauru: Edusc, 2002, v. 2, p. 135-150.

LABRIOLA, Antonio, 1843-1904. In: HUISMAN, Denis (dir.). *Dicionário dos filósofos.* São Paulo: Martins Fontes, 2004, p. 582-58.

LARDREAU, Guy. Prefácio. In: DUBY, Georges; LARDREAU, Guy. *Diálogos sobre a Nova História.* Lisboa: Dom Quixote, 1989, p. 11-33.

LE GOFF, Jacques (dir.). *A história nova.* São Paulo: Martins Fontes. 1990.

______. Prefácio. In: BLOCH, Marc. *Os reis taumaturgos. O caráter sobrenatural do poder régio. França e Inglaterra.* São Paulo: Companhia das Letras, 1993.

______. Lombard, Maurice, 1904-1964. In: BURGUIÈRE, A. (org.). *Dicionário das Ciências Históricas.* Rio de Janeiro: Imago, 1993, p. 500-502.

______. *A invenção do purgatório.* 2ª ed. Lisboa: Estampa, 1985.

______. *Uma vida para a história. Conversações com Marc Heurgon.* São Paulo: Edunesp, 1998.

LOYN, H. R. (org.). *Dicionário da Idade Média.* Rio de Janeiro: Jorge Zahar, 1997.

MADEC, Goulven. Agostinho, Santo, 354-430. In: HUISMAN, Denis (dir.). *Dicionário dos filósofos.* São Paulo: Martins Fontes, 2004, p. 14-23.

MARROU, H. *História da Educação na Antiguidade.* São Paulo: Herder, 1971.

MASSON, François. Abelardo, Pedro, 1079-1142 (Abelardus). In: HUISMAN, Denis (dir.). *Dicionário dos filósofos.* São Paulo: Martins Fontes, 2004, p. 1-7.

MOUTSOPOULOS, Evanghelos. Platão, 427-347 a.C. In: HUISMAN, Denis (dir.). *Dicionário dos filósofos.* São Paulo: Martins Fontes, 2004, p. 774-781.

NORA, Pierre (dir.). *Les lieux de mémoire*. Paris: Gallimard, 1984-1992. 7 v.

ODÁLIA, Nilo. *O saber e a história. Georges Duby e o pensamento historiográfico contemporâneo*. São Paulo: Brasiliense, 1994.

PETIT, R. Raoul Glaber. *Revue Historique*. 1892. v. 17, p. 283-298.

PICLIN, Michel. Thomas de Aquino, 1225-1274. In: HUISMAN, Denis (dir.). *Dicionário dos filósofos*. São Paulo: Martins Fontes, 2004, p. 977-988.

QUANTITATIVA (História). In: BURGUIÈRE, A. (org.). *Dicionário das Ciências Históricas*. Rio de Janeiro: Imago, 1993, p. 633-638.

RAYMOND, Pierre. Althusser, Louis, 1918-1990. In: HUISMAN, Denis (dir.). *Dicionário dos filósofos*. São Paulo: Martins Fontes, 2004, p. 32-38.

RÉGNIER-BOHLER, Danielle. Amor cortesão. In: LE GOFF, Jacques; SCHMITT, Jean-Claude (dir.). *Dicionário temático do Ocidente Medieval*. Bauru: Edusc, 2002, v. 1, p. 47-56.

REIS FILHO, Daniel Aarão (org.). *O Manifesto Comunista 150 anos depois*. Rio de Janeiro: Contraponto, 1998.

REVEL, J. Febvre, Lucien, 1878-1956. In: BURGUIÈRE, A.(org.). *Dicionário das ciências históricas*. Rio de Janeiro, Imago, 1993, p. 324-327.

______. Os *Annales* em perspectiva. In: *A invenção da sociedade*. Lisboa: Difel, 1990.

______. *Las construcciones francesas del pasado*. Buenos Aires: Fondo de Cultura Económica, 2002.

ROJAS, Beatriz. Presentación. In: *Obras selectas de Georges Duby*. Presentación y compilación de Beatriz Rojas. México: Fondo de Cultura Económica, 1999, p. 7-19.

ROSANVALLON, R. Thierry, Augustin, 1795-1856. In: BURGUIÈRE, A. (org.). *Dicionário das ciências históricas*. Rio de Janeiro: Imago, 1993, p. 743-744.

ROSSIAUD, Jacques. Sexualidade. In: LE GOFF, Jacques; SCHMITT, Jean-Claude (dir.). *Dicionário temático do Ocidente Medieval*. Bauru: Edusc, 2002, v. 2, p. 477-493.

ROUSSELLE, A. Corpo. In: BURGUIÈRE, A. (org.). *Dicionário das ciências históricas*. Rio de Janeiro: Imago: 1993, p. 174-180.

SERGENT, B. Dumézil, Georges (1898-1986). In: BURGUIÈRE, A. (org.). *Dicionário das ciências históricas.* Rio de Janeiro: Imago, 1993, p. 248-250.

THOMAS, Y. Direito. In: BURGUIÈRE, A. (org.). *Dicionário das ciências históricas.* Rio de Janeiro: Imago, 1993, p. 236-243.

TOSEL, André. Labriola Antonio, 1843-1904. In: HUISMAN, Denis (dir.). *Dicionário dos filósofos.* São Paulo: Martins Fontes, 2004, p. 582-583.

VIALLANEIX, P. Michelet, Jules, 1798-1874. In: BURGUIÈRE, A. (org.). *Dicionário das ciências históricas.* Rio de Janeiro: Imago, 1993, p. 541-543.

VOLTAIRE, Arouet François Marie, conhecido como 1694-1778. In: HUISMANN, Denis (dir.). *Dicionário dos fil*ósofos. São Paulo: Martins Fontes, 2001, p. 997-1001.

ZARNECKI, G. Arquitetura, Escultura, Pintura e Artes Menores. In: LOYN, H. R. (org.). *Dicionário da Idade Média.* Rio de Janeiro: Jorge Zahar, 1997.

ZERNER, Monique. Heresia. In: LE GOFF, Jacques; SCHMITT, Jean-Claude (dir.). *Dicionário temático do Ocidente Medieval.* Bauru: Edusc, 2002, v. 1, p. 503-521.

agradecimentos

Agradeço ao professor Gelson Costa pela grande ajuda na correção da minha tese.

Agradeço à Clarice Gonçalves, nossa amiga e assessora do Departamento de História, pela digitação da tese e pela solicitude na resolução de todos os trâmites relacionados ao meu concurso de Livre Docência.

Esta obra foi impressa em Guarulhos no verão de 2015 pela P3 Gráfica e Editora. No texto foi utilizada a fonte Minion Pro em corpo 10,5 e entrelinha de 15 pontos.